车辆系统仿真理论与实践

邢俊文 李 军 主编

北京理工大学出版社

内 容 简 介

本书结合作者多年的教学和科研实践经验,对车辆系统仿真领域相关的理论、方法进行了全面阐述和总结,涵盖了轮式、履带两种车型。本书内容分为10章,包括:概论,连续系统的数学仿真,垂向动力学仿真,纵向动力学仿真,汽车横向动力学及单轨模型,履带车辆转向动力学仿真,动力传动部件及其性能仿真,车辆通过性模拟,结构体、温度场和两栖车流场性能仿真,以及联合仿真及其耦合分析。

本书适用对象为车辆工程相关专业的研究生,以及从事车辆论证、研发、制造、试验和教学的科研、工程和技术人员。

版权专有　侵权必究

图书在版编目(CIP)数据

车辆系统仿真理论与实践 / 邢俊文,李军主编. --北京:北京理工大学出版社,2022.3
ISBN 978 - 7 - 5763 - 1167 - 9

Ⅰ. ①车… Ⅱ. ①邢… ②李… Ⅲ. ①车辆 - 系统仿真 Ⅳ. ①U461

中国版本图书馆 CIP 数据核字(2022)第 046899 号

出版发行 /	北京理工大学出版社有限责任公司
社　　址 /	北京市海淀区中关村南大街5号
邮　　编 /	100081
电　　话 /	(010)68914775(总编室)
	(010)82562903(教材售后服务热线)
	(010)68944723(其他图书服务热线)
网　　址 /	http://www.bitpress.com.cn
经　　销 /	全国各地新华书店
印　　刷 /	唐山富达印务有限公司
开　　本 /	787毫米×1092毫米　1/16
印　　张 /	26.5
字　　数 /	618千字
版　　次 /	2022年3月第1版　2022年3月第1次印刷
定　　价 /	159.00元

责任编辑 / 江　立
文案编辑 / 江　立
责任校对 / 周瑞红
责任印制 / 施胜娟

图书出现印装质量问题,请拨打售后服务热线,本社负责调换

前言

车辆系统仿真是车辆系统及部件性能的论证、研发、试验、评估的重要手段,也是现代汽车和履带车辆计算机辅助设计的必不可少的工具。因此,对于从事车辆系统研究的人员而言,学习、掌握和应用车辆系统仿真理论、技术和方法是必需的。

车辆系统属于物理系统,该系统的仿真不同于其他领域的仿真,而是有其自身的特点和方法,尤其是在理论、方法和技巧方面还没有系统的资料介绍,在认识上也有一些误区,特别容易和动力学理论混为一谈。为此,本书从车辆系统模型和仿真的相关概念引入,结合二次建模仿真算法(仿真算法建模)和一次建模理论(物理建模)展开,从理论、方法和技能上系统阐述。在仿真算法方面,本书介绍了连续系统仿真算法及其应用实例,为学员独立编程和应用专业软件提供了依据和范例。在物理建模方面,本书结合车辆动力学知识,兼顾轮式和履带车辆,从垂向、纵向、横向动力学入手,针对车辆的垂向振动、纵向牵引、制动、加减速、转向等性能建模,进行了详细的理论和实例阐述;同时,本书结合车辆部件及其性能要求,对动力传动部件性能、车辆通过性、车辆结构件强度、动力舱温度场、两栖车水上流场的结构与性能建模进行了详细的阐述。本书结合教学实践,基于复杂系统建模和仿真,从方法技巧和案例方面展开,具有很强的操作性和实用性,对从事相关研究和学习的人员,将会起到重要的帮助作用。

"车辆系统仿真"这门课程的理论性、实践性和技能性很强,涉及自动控制理论、数值分析、计算机编程、车辆构造、车辆理论、车辆设计、有限元理论等专业知识。学习该课程,重在综合应用和实践操作。本书限于篇幅,对电动车和两栖车方面的内容涉及较少,也不可能面面俱到,敬请读者谅解。

本书由邢俊文、李军主编,姚新民、王普凯、张宇任副主编,参与本书编写工作的还有陈正宏、于魁龙、张更云、卢方杰、黄勇、刘锋、桂勇、李达。全书由邢俊文统稿。

本书是在大量的教学科研活动基础上总结形成的,可以作为车辆工程相关专业的研究生的选用教材和教师的教学参考书,也可以为该领域的工程技术人员提供参考。

  本书在编写过程中得到中国人民解放军陆军装甲兵学院的大力支持和协助，学院退休的贾小平教授在百忙之中审阅了全书，肯定了本书的出版价值，并提出了宝贵的修改建议。在此，一并表示衷心的感谢！由于编者经验和水平有限，书中难免存在不妥和错误之处，恳请广大读者批评指正。

编　者

目 录
CONTENTS

第1章 概论 ·········· 001

1.1 系统与模型 ·········· 001
　1.1.1 系统 ·········· 001
　1.1.2 模型 ·········· 002
　1.1.3 车辆系统及其模型 ·········· 007
1.2 系统仿真 ·········· 008
　1.2.1 定义及作用 ·········· 008
　1.2.2 分类及流程 ·········· 010
　1.2.3 算法及软件 ·········· 013
　1.2.4 建模与仿真的校核、验证和确认（VV&A） ·········· 015
1.3 系统的数学模型 ·········· 018
　1.3.1 系统数学模型及一般表达形式 ·········· 018
　1.3.2 连续时间系统的数学模型 ·········· 022
　1.3.3 离散时间系统的数学模型 ·········· 029
　1.3.4 计算机控制系统的数学模型 ·········· 036

第2章 连续系统的数学仿真 ·········· 038

2.1 数值积分法 ·········· 038
　2.1.1 几种常用的数值积分法 ·········· 038
　2.1.2 变步长法 ·········· 043
　2.1.3 算法误差和稳定性问题 ·········· 045
　2.1.4 算法的比较和选择 ·········· 047
　2.1.5 病态系统的仿真方法 ·········· 048
2.2 离散相似法 ·········· 050
　2.2.1 离散相似法的原理及应用 ·········· 050

        2.2.2 离散相似模型的精度和校正问题 ······ 052
        2.2.3 面向结构图的离散相似法 ······ 054
    2.3 间断非线性系统的数学仿真算法 ······ 058
        2.3.1 平均值法 ······ 059
        2.3.2 条件函数求零算法 ······ 060
        2.3.3 间断点估计法 ······ 063
    2.4 分布参数系统仿真算法 ······ 064
        2.4.1 差分解法 ······ 064
        2.4.2 线上求解法 ······ 067

第3章 垂向动力学仿真 ······ 069

    3.1 路面激励模型 ······ 069
        3.1.1 路面不平度和路面谱 ······ 069
        3.1.2 空间频率和时间频率功率谱密度函数的关系 ······ 071
        3.1.3 相干函数 ······ 072
    3.2 车辆振动简化模型 ······ 073
        3.2.1 单自由度振动模型 ······ 073
        3.2.2 汽车振动模型 ······ 079
        3.2.3 履带车辆振动模型 ······ 081
    3.3 人体-座椅系统振动模型 ······ 083
        3.3.1 振动模型 ······ 084
        3.3.2 振动响应 ······ 085
        3.3.3 振动传递特性 ······ 086
    3.4 垂向部件动力学模型 ······ 086
        3.4.1 弹性元件 ······ 086
        3.4.2 阻尼元件 ······ 091
        3.4.3 橡胶金属部件 ······ 092
        3.4.4 轮胎 ······ 092

第4章 纵向动力学仿真 ······ 095

    4.1 运动方程 ······ 095
        4.1.1 汽车模型 ······ 095
        4.1.2 坦克模型 ······ 097
    4.2 外力分析 ······ 099
        4.2.1 重力和地面法向反力 ······ 099
        4.2.2 滚动阻力 ······ 100
        4.2.3 爬坡阻力 ······ 103
        4.2.4 空气阻力 ······ 104
        4.2.5 挂钩阻力 ······ 104

4.2.6 牵引力 ··· 105
4.2.7 惯性阻力 ··· 108
4.3 行驶极限 ··· 110
4.3.1 垂向载荷 ··· 110
4.3.2 前轮驱动与后轮驱动的附着率 ·· 110
4.3.3 四轮驱动的附着率 ·· 112
4.3.4 制动附着率 ·· 113
4.3.5 理想制动力分配 ··· 114
4.3.6 切向力图 ··· 115
4.4 加减速过程 ··· 117
4.4.1 汽车瞬态过程 ··· 117
4.4.2 加速过程 ··· 120
4.4.3 制动过程 ··· 124

第5章 汽车横向动力学及单轨模型 ··· 127
5.1 横向运动的运动方程组 ··· 127
5.2 解齐次微分方程 ··· 131
5.3 解非齐次微分方程 ·· 132
5.4 汽车操纵稳定性 ··· 138
5.4.1 稳态圆周行驶 ··· 138
5.4.2 特别影响因素 ··· 144

第6章 履带车辆转向动力学仿真 ·· 151
6.1 转向运动学 ·· 151
6.1.1 坦克的平面转向运动 ··· 151
6.1.2 履带转向运动学模型 ··· 152
6.1.3 坦克整体转向运动学关系式 ·· 155
6.2 平地均匀转向动力学 ··· 156
6.2.1 转向时作用在坦克上的外力 ·· 156
6.2.2 转向时作用在坦克上的外力矩 ··· 159
6.2.3 转向所需牵引力和制动力 ··· 161
6.2.4 平地转向条件 ··· 162
6.3 考虑横向力、纵向力作用下的转向动力学 ·· 163
6.3.1 纵向力作用下的转向 ··· 163
6.3.2 横向力作用下的转向 ··· 172
6.3.3 横向和纵向力复合作用下的转向 ·· 177
6.4 转向机构与转向功率平衡 ·· 182
6.4.1 转向机构类型 ··· 182
6.4.2 转向功率平衡 ··· 187

6.4.3　实例1——转向离合器 ……………………………………………… 190
　　6.4.4　实例2——行星转向机 ……………………………………………… 195

第7章　动力传动部件及其性能仿真 ………………………………………… 197

7.1　动力性 ………………………………………………………………………… 197
　　7.1.1　评价指标 ……………………………………………………………… 197
　　7.1.2　发动机特性及其效率 ………………………………………………… 197
　　7.1.3　传动系结构及机械效率 ……………………………………………… 202
　　7.1.4　行动装置功率损失及总效率 ………………………………………… 203
　　7.1.5　机械传动车辆的动力特性 …………………………………………… 204
　　7.1.6　液力传动车辆的动力特性 …………………………………………… 205

7.2　燃油经济性 …………………………………………………………………… 211
　　7.2.1　评价指标 ……………………………………………………………… 211
　　7.2.2　发动机的负荷特性 …………………………………………………… 212
　　7.2.3　发动机的万有特性 …………………………………………………… 213

7.3　变速、转向及制动性能 ……………………………………………………… 215
　　7.3.1　变速性能 ……………………………………………………………… 215
　　7.3.2　转向性能 ……………………………………………………………… 216
　　7.3.3　制动性能 ……………………………………………………………… 217

7.4　动力传动部件的性能模拟 …………………………………………………… 217
　　7.4.1　载荷工况 ……………………………………………………………… 217
　　7.4.2　发动机扭矩模型 ……………………………………………………… 218
　　7.4.3　动态模拟的当量系统模型 …………………………………………… 220
　　7.4.4　齿轮传动装置 ………………………………………………………… 229
　　7.4.5　摩擦式离合器 ………………………………………………………… 235
　　7.4.6　液力元件 ……………………………………………………………… 236
　　7.4.7　汽车转向系 …………………………………………………………… 239

7.5　发动机工作过程模拟 ………………………………………………………… 240
　　7.5.1　计算方法 ……………………………………………………………… 240
　　7.5.2　稳态计算模型 ………………………………………………………… 240
　　7.5.3　瞬态计算模型 ………………………………………………………… 253
　　7.5.4　计算实例 ……………………………………………………………… 254

7.6　发动机传、散热过程模拟 …………………………………………………… 266
　　7.6.1　计算方法 ……………………………………………………………… 266
　　7.6.2　耦合计算模型 ………………………………………………………… 267
　　7.6.3　耦合计算流程 ………………………………………………………… 274
　　7.6.4　计算实例 ……………………………………………………………… 275

第8章　车辆通过性模拟 ……………………………………………………………… 281

8.1　土壤特性模型 ………………………………………………………………… 281

         8.1.1　土壤的物理性质 ·· 281
         8.1.2　土壤的力学特性 ·· 282
　　8.2　土壤-车轮模型 ·· 285
         8.2.1　滚动阻力计算 ·· 285
         8.2.2　牵引力计算 ·· 288
　　8.3　土壤-履带模型 ·· 289
         8.3.1　履带接地压力 ·· 289
         8.3.2　滚动阻力计算 ·· 290
         8.3.3　牵引力计算 ·· 290
         8.3.4　履刺效应 ·· 291
         8.3.5　接地压力分布对牵引力的影响 ··· 292
　　8.4　车辆的软土通过性 ··· 295
         8.4.1　土壤的可行驶性 ·· 295
         8.4.2　圆锥指数法 ·· 297
　　8.5　车辆的几何通过性 ··· 299
         8.5.1　车辆失去几何通过性的类型 ··· 299
         8.5.2　车辆越障通过的条件 ·· 300
         8.5.3　车辆越障性能模型 ·· 309

第9章　结构体、温度场和两栖车流场性能仿真 ·· 310

　　9.1　车体结构强度仿真分析 ··· 310
         9.1.1　模型建立 ·· 310
         9.1.2　仿真分析 ·· 313
　　9.2　动力舱的温度场仿真 ··· 316
         9.2.1　CFD分析模型 ·· 316
         9.2.2　CFD分析边界条件 ·· 323
         9.2.3　CFD分析求解流程 ·· 325
　　9.3　两栖车的水上流场仿真 ··· 326
         9.3.1　流场网格划分 ·· 326
         9.3.2　重点区域网格处理 ·· 327
         9.3.3　边界条件 ·· 328
         9.3.4　初值 ·· 329
         9.3.5　数值计算 ·· 329

第10章　联合仿真及其耦合分析 ·· 332

　　10.1　复杂模型计算方法及要点 ··· 332
         10.1.1　仿真软件及用法 ·· 332
         10.1.2　计算要点 ·· 336
　　10.2　8×8轮式装甲车操纵稳定性建模与仿真 ··· 337

10.2.1　建立整车多体动力学模型 ··· 337
　　10.2.2　模型实车试验验证 ··· 345
　　10.2.3　操稳性变化规律仿真分析 ··· 347
　　10.2.4　车辆质心位置对高速稳定性影响分析 ····································· 352
10.3　履带车辆推进系统一体化建模与仿真 ·· 356
　　10.3.1　柴油机模型 ··· 356
　　10.3.2　动力传动系统模型 ··· 363
　　10.3.3　行动部分模型 ··· 385
　　10.3.4　整车性能联合仿真模型 ·· 390
　　10.3.5　联合仿真与试验分析 ·· 391

参考练习题 ·· 397
第1章 ·· 397
第2章 ·· 398
第3章 ·· 400
第4章 ·· 401
第5章 ·· 403
第6章 ·· 405
第7章 ·· 405
第8章 ·· 409
第9章 ·· 409
第10章 ··· 410

参考文献 ··· 411

第1章
概　论

系统仿真技术不仅在航空、航天、航海、原子能、电力、兵器等领域得到了广泛的应用，而且逐步应用于社会、经济、交通、生态系统等各个领域，已成为高科技产品论证、设计、生产试验、训练、更新等全生命周期各个阶段不可缺少的技术手段，并为研究和解决复杂系统乃至巨系统问题提供了有效的工具。

本章主要介绍有关系统、模型和系统仿真的基本概念，仿真技术的分类和步骤，以及系统数学模型和仿真验证等问题，为车辆系统仿真理论奠定概念基础。

1.1　系统与模型

1.1.1　系统

系统是指具有某些特定功能、按照某些规律结合起来、互相作用、互相依存的所有物体的集合，其基本特征为：整体性、相关性。首先，必须明确系统的整体性。也就是说，系统是一个整体，它的各部分是不可分割的。例如，一个工厂系统由管理部门、原材料仓库、生产车间及销售部门所组成，缺少其中之一，也就无法构成一个系统了。其次，要明确系统的相关性。系统内部各物体相互之间以一定规律联系着，它们的特定关系形成了具有特定性能的系统。例如，工厂的各部门都围绕着特定产品市场组织用户的订货、原材料采购、生产和销售，既相互依存又相互制约，按某一平衡关系运动着。

任何系统都存在3个方面需要研究的内容，即实体、属性和活动。

(1) 实体：存在于系统中的每一项确定的物体。

(2) 属性：实体所具有的每一项有效的特征。

(3) 活动：导致系统状态发生变化的一个过程。活动是在一段时间发生的情况，活动反映了系统的变化规律。

实体具有数不清的层次和特征，能反映实体的一切特征和运动规律的东西，只能是实体本身。因此，无论用什么方法来研究系统，最终均应该用系统的实体来加以检验。由存在系统内部的实体、属性和活动组成的整体称为系统的状态，处于平衡状态的系统称为静态系统，状态随时间不断变化着的系统称为动态系统。

在自然界中存在各种系统，有的完全由自然物构成，如星际系统、海洋系统、生态系统等；有的则由人工制造的各种物体所组成，如各种工程系统、社会经济系统等。系统的分类方法很多，按照不同分类方法可以得到各种类型的系统。按系统的生命特征可分为生命系统和非生命系统。按系统的物理特征可分为工程系统和非工程系统，电气、机械、化工、声学、热学等系统都属于工程系统，社会、经济、交通、管理、生态等系统属于非工程系统。按系统的状态变化是否连续可分为连续系统、离散系统及连续/离散混合系统，连续系统的状态变量是连续变化的，包括集中参数系统（如动力学系统和生态系统）和分布参数系统（如物理和工程领域中场的问题）；离散系统包括离散时间系统（如采样数据系统）和离散事件系统（如社会、经济、军事运筹和有限资源竞争问题）；混合系统（如含指挥决策的多武器作战系统）则是由连续系统和离散事件系统组成。虽然采样数据系统一类的离散时间系统的变量是间断的，但是它和连续系统具有相似的性能，它们的模型都能用方程的形式加以描述。例如，采样数据系统在一定的采样频率（如1 000次/s、10 000次/s等）下所测得的数据是间断的，而被测系统是连续的。离散事件系统一般带有随机性，即事件的发生不是确定性的，而是遵循某种概率分布，它的模型不能用方程的形式描述。同时，离散时间系统、集中参数系统和分布参数系统的研究方法是控制论，而离散事件系统的研究方法是排队论和运筹论。也就是说，从系统仿真研究的角度，根据描述形式和研究方法的不同，将系统区分为连续系统和离散事件系统两大类。

下面介绍与系统有关的常用术语。

(1) 系统环境：影响系统而又不受该系统直接控制的全部外界因素的集合。

(2) 系统边界：为了限制所研究问题涉及的范围，一般用系统边界把被研究的系统与系统环境区分开来。一些系统经常会受到系统外界因素变化的影响，如人类社会的活动可以改变生态环境，而生态环境的变化同样影响人类社会的发展。在建立系统模型时，要注意正确划清系统边界，边界的确定要根据研究问题的目的而定。确定研究目的后才能确定哪些属于系统内部因素、哪些属于系统外部环境。

(3) 内生活动：系统内部发生的活动。

(4) 外生活动：在系统环境中发生的对系统有影响的活动。

(5) 封闭系统：没有外生活动的系统。

(6) 开放系统：含有外生活动的系统。生命系统就是与环境进行物质交换的开放系统。

(7) 大系统、复杂系统：规模庞大、功能结构复杂、交联信息多的系统。分析、研究、设计这种系统的基本理论是大系统理论。

建立系统概念的目的在于深入认识并掌握系统的运动规律，不仅要定性地了解系统，还要定量地分析、综合系统，以便比较准确地解决工程、现代社会和自然中的种种复杂问题，获得更大的效益。定量地分析、综合系统的有效方法是模型法。

1.1.2 模型

系统模型是对实际系统的一种抽象，是系统本质的表述，是人们对客观世界反复认识、分析，经过多级转换、整合等相似过程而形成的最终结果，它具有与系统相似的数学描述或物理属性，以各种可用的形式，给出研究系统的信息。正确建立的模型，能更深刻、更集中地反映实体的主要特征和运动规律，从而达到对实体的抽象。在这一点上，模型优于实体。

无论是在纯科学领域还是在工程上，模型都有着十分广泛的应用，并获得了巨大的成功，对现实世界的影响很大。概括起来，模型有两个方面的作用，一是提高了人们对现实系统的认识能力，二是提高了人们对现实系统的决策能力，即认识世界和改造世界的能力。模型的作用如图 1.1.1 所示。

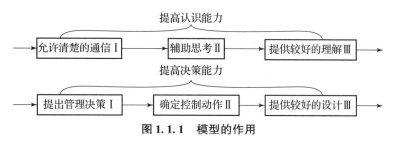

图 1.1.1　模型的作用

在提高认识能力方面，模型具有通信、思考、理解 3 个层次的作用。首先，一个模型应提供一个准确的、易于理解的通信模式，即在信息传递时，这种通信模式可以减少引起误解的概率；其次，在研究系统的各种不同问题或考虑选择假设时，需要一个相当规模的辅助思考过程；最后，一旦模型被综合成为一组公理和定律时，这样的模型将会使研究者更好地认识客观世界的现象。

同样，为了提高决策能力，也将模型划分出 3 个不同的干预层次：管理、控制和设计。管理是一种十分有限的干预方式，通过这种方式可以确定目标和决定行动的大致策略。但是，这些策略无法制订得十分详细，其具体实施必须委托给控制层。在控制层，动作与策略之间的关系是确定的，但由于在控制层中动作仅限于在某个固定范围内选择，因此仍然限制了干预的范围。在设计层，设计者能在较大程度上进行选择，扩大或替换部分真实系统，以满足设计者的要求。管理、控制和设计 3 个不同的干预层次中，实现一种设计所花费的代价更高，而且也不常进行，控制和管理却是一种连续的"在线"活动。

1. 实体模型和数学模型

系统仿真中所用的模型可分为实体模型和数学模型。

实体模型又称物理效应模型，是根据系统之间的相似性而建立起来的物理模型。静态实体模型中最常见的是比例模型，如用于水洞实验以及实验水槽中的鱼雷比例模型。动态实体模型的种类更多，如用于鱼雷姿态运动仿真的 3 自由度运动姿态模拟转台、用于仿真目标反射特性的目标仿真器。又如，在电力系统动态模拟实验中，有时利用由小容量的同步电动机、感应电动机与直流电动机组成的系统，作为电力网的实体模型用来研究电力系统的稳定性。

数学模型包括原始系统数学模型和仿真系统数学模型。原始系统数学模型又包括概念模型和正规模型，概念模型是指用说明文字、框图、流程和资料等形式对原始系统的描述；正规模型是用符号和数学方程式来表示系统的模型，其中系统的属性用变量表示，系统的活动则用相互有关的变量之间的数学函数关系式来表示。原始系统数学模型建模过程被称为一次建模。仿真系统数学模型是一种适合在计算机上进行运算和试验的模型，主要根据计算机运算特点、仿真方式、计算方法、精度要求，将原始系统数学模型转换为计算机的程序。仿真试验是对模型的运转，根据试验结果情况，进一步修正系统模型。仿真系统数学模型建模过程被称为二次建模。为了叙述方便，在以后的章节中将原始系统数学模型和仿真系统数学模型分别简称为数学模型和仿真模型。

因此，系统仿真可以作如下的定义，它是在计算机或/和实体上建立系统的有效模型

（数学模型或物理效应模型或数学－物理效应模型），并在模型上进行的系统试验。

相对而言，物理效应模型的造价昂贵且耗时长，而数学模型的产生和应用则更为方便和经济。因此，系统仿真中使用更多的是数学模型。

2. 数学模型的类型

数学模型的类型主要指它是随机性的还是确定性的，是集中参数型的还是分布参数型的，是线性的还是非线性的，是时变的还是时不变的，是动态的还是静态的，是时域的还是频域的，是连续的还是离散事件的等。数学模型分类如表1.1.1所示。

表1.1.1 数学模型分类

模型类型	静态系统模型	动态系统模型			
		连续系统模型			离散事件系统模型
		集中参数系统模型	分布参数系统模型	离散时间系统模型	
数学描述	代数方程	常微分方程传递函数状态方程	偏微分方程	差分方程、Z变换离散状态方程	概率分布排队论
应用举例	系统稳态解	工程动力学系统	热传导场	计算机数据采样系统	交通、市场或作战系统等

根据所用仿真方法的不同，通常将动态系统模型分为连续系统模型和离散事件系统模型。

连续系统模型是由表征系统变量之间关系的方程来描述的，主要特征是用常微分方程、偏微分方程和差分方程分别描述集中参数系统、分布参数系统和离散时间系统。其中，常微分方程、偏微分方程也可以转换成差分方程形式。究竟采用哪一种，这取决于研究者是对系统状态随时间变化的整个过程感兴趣，还是仅对某些时间点感兴趣，或者是所能得到的数据仅限于某些时间点。

离散事件系统模型中的状态变量只在某些离散时刻由于某种事件而发生变化，系统模型只能用流程图、网络图或表格来表示，其仿真结果是产生处理这些事件的时间历程。例如，电话系统模型主要是用到达模式（如电话呼叫概率）、服务过程（如通话过程）、排队规则（电话占线的处理规则）等概率模型来描述的。

3. 数学建模方法

数学建模的任务是，确定系统模型的类型，建立模型结构和给定相应参数。结构通常是指方程的阶次，参数则是指方程中的系数或状态模型中系数矩阵各元素等。

建模所遵循的主要原则是，模型的详细程度和精确程度必须与研究目的相匹配，要根据所研究问题的性质和所要解决的问题来确定对模型的具体要求。建立系统模型必须依据与系统有关的信息，因此研究数学建模过程的"信息源"是非常必要的。建模本身是一个持续的永无止境的活动集合，这些活动包括获取有关信息源、建立数学模型及模型应用等。

数学建模的信息源主要有3类：建模目的、先验知识和实验数据，如图1.1.2所示。

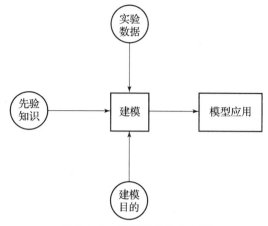

图 1.1.2 数学建模的信息源

1) 建模目的

事实上，一个系统模型只能对所研究的系统给出一个非常有限的映射。而且，同一个系统中有多个研究目的，不同的研究目的规定了建模过程的不同方向。另一方面，建模目的对模型的形式有很大的影响，在不同的建模目的下，同一个行为有时可定义为系统的内部作用，有时又可定义为系统边界上的输入变量。同样，如果仅需了解系统与外界的相互作用关系，那么可以建立一个以输入输出为主的系统外部行为模型；如果希望了解系统的内在活动规律，就要设法建立一个描述输入集合、状态集合及输出集合之间关系的内部结构状态模型。因此，建立系统模型的目的是建模过程的重要信息来源之一。

2) 先验知识

很多实际的系统中的内容是已经被前人研究过的，而且有些已经经过长期的研究积累了丰富的知识并形成了一个科学分支。在这个分支中，已经发现了很多原理、定理和模型。前人的研究成果可以作为后人解决问题的起点，这个观点同样可以应用于建模过程，其也是从以往的知识源出发而进行开发的。如果相同的或相关的过程已经有其他建模者为了类似的目的而进行过分析，且结论证明是正确的，那么就没有必要重复这部分工作，可以将这些先验知识作为建模的信息来源。从模型有效性的观点看，充分利用与系统有关的已有的知识和成果，能够提高建模的正确性。

3) 实验数据

在系统建模过程中，仅有先验知识是不充分的，还需要了解实际系统的自身特性，通过对系统进行实验和观测获得一定数量的实验数据，这些实验数据是建立系统模型的另一个重要信息源。

根据建模信息源的不同，建模途径主要有演绎法和归纳法两种。

演绎法建模倾向于运用先验信息。假定在理论上有些不足，那么就要求某些假设和原理，然后通过数学逻辑的演绎来建立模型。事实上这是从一般到特殊，并且将模型看作是从一组前提下经过演绎而得出的结果。此时，实验数据只被用来进一步证实或否定原始的原理。

演绎法有它的存在性问题，一组完整的公理将推导出一个唯一的模型。前提的选择可能成为一个有争议的问题。演绎法面临着一个基本问题，即实质不同的一组公理可能引出一组非常类似的模型,爱因斯坦曾经遇到过这个问题。例如,牛顿定理与相对论是有区别的,然而对于当前大多数实验条件来讲,两者将会产生极其类似的结果。

归纳法建模是从被观测到的行为出发的,并试图推导出一个与观测结果相一致的更高一级的知识,因此它是一个从特殊到一般的过程。归纳法是从系统描述分类中最低一级水平开始的,并试图去推断较高水平的信息。有效的数据集合经常是有限且不充分的。事实上,当模型所给出的数据在模型结构方面并不是有效时,任何一种表示都是一种对数据的外推。人们争论的问题是,如何附加最少量的信息就能完成这种外推。这个准则虽然是有效的,但是对于一些特殊问题却很难运用,因为它没有告诉我们如何去获得以及什么时候去获得这些最少量的信息。

工程实践中的建模者通常从工程观点出发,着眼于建模的目的,采用两种方法混合的途径进行建模。此时,如何进行混合是一个关键问题。建模过程总框图如图1.1.3所示。

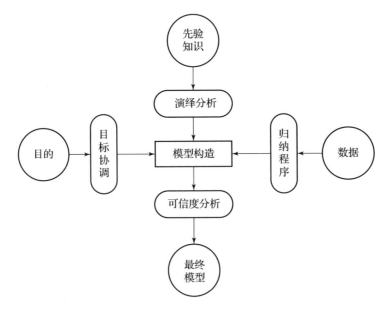

图 1.1.3　建模过程总框图

根据建模理论,按照对各种类型的系统的认识程度可以画出图1.1.4所示的模型型谱。

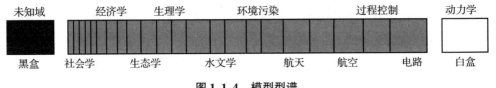

图 1.1.4　模型型谱

模型型谱的右端是白色的,表示人们对这些系统的内部结构和特性有比较深入的了解,即"白盒"问题,可以通过演绎的方法来建立它们的数学模型,具体建模方法有机理分析法、直接相似法、图解法等。模型型谱的中间是灰色的,表示人们对这些系统的内部结构和特性不是很清楚,即"灰盒"问题,则可以采用系统辨识法、实验统计法等演绎和归纳相结合的方法。模型型谱的左端是黑色的,表示人们对这些系统的内部结构和特性不了解,即

"黑盒"问题,则通常只能通过归纳的方法来建立模型。

在上述几大类数学建模方法的基础上进一步细分,具体建模方法有数十种,如定性推理建模法、概率统计法、网络图论法、面向对象的建模法。由于系统模型的形式正由单维数学符号映射向多维信息空间的综合映射转变,因此一些新的建模方法的概念不断出现,如基于 Agent 的建模法、多媒体建模法、多模式建模法,以及利用计算机的辅助建模法等。

分析数学模型的主要方法有解析法和实验法。由于近代系统结构复杂,其数学模型用解析法分析比较困难,因此多采用系统仿真的实验方法。

1.1.3 车辆系统及其模型

1. 车辆系统

车辆是指装有轮子的交通运输工具,包括轮式和履带式两种。本书仅讨论地面车辆,不考虑轨道车辆和气垫车辆。车辆依照运输和作业任务(人员或物资运输、勘探、作战、农耕、采矿、建筑、维修等)的不同产生不同类型的构型。不同构型的车辆依据作业任务在运用中对其时间因素、空间因素和限制性因素作出了具体的规定和要求。例如,车辆的速度、形状、尺寸、载重、功率等。基于车辆构型有不同的结构和组成,针对所分析问题及目的,可建立车辆整体或局部的简化子系统作为分析对象。

如图1.1.5所示,车辆系统通常包括车体、动力系统、传动系统、操控系统、行动系统、作业装置和辅助装置。车体是车辆的骨架,起承载、安装和传力作用,属于分布参数系统,其结构强度和减重成为分析的主要目标。动力系统是车辆的心脏和动力源泉,包括人力、畜力、内燃机、电动机、燃气轮机等,还包括动力辅助装置,不同类型的动力系统的特性不同,其结构组成也不同,内燃机通常以热力学理论为基础进行建模与仿真分析。传动系统用于弥补和完善动力系统的不足,满足车辆行驶需求,通常有变速机构、转向机构、制动机构、变矩器、传动箱、离合器、联轴器等,结构复杂,部件类型多,以机械液力系统为主,属于集中参数动力学系统,其传动比、力矩、速度、效率和疲劳寿命是分析的重点。操控系统是人与车的互动机构,以实现人的意图为目的,其行程、力、速度、控制规律是分析的重点。行动系统包括行驶推进装置和悬挂装置,决定着车辆的通过性和越野机动性;车辆平顺性、通过性、越野机动性以行动系统影响最大,其悬挂性能、轮胎-土壤相互作用、履带-土壤相互作用、行驶机构是分析的重点。作业装置和辅助装置因车辆的构型而各不相同,往往针对作业任务而设置。

由于车辆属于运输工具,最重要的性能都与其动力学相关,因此车辆系统属于连续系统,采用常微分方程组或偏微分方程组来描述。

2. 车辆系统的模型

车辆系统的模型包括实体模型和数学模型。实体模型通常建立在试验台上,可以是整车或部件的比例模型,模拟真实路面状态或使用环境,施加动力和负载,利用传感器和数据采集系统获得所需要的试验数据,以此对所分析的系统进行辅助设计或评价验证。实体模型依托实车部件或比例模型进行试验验证,其试验结果真实度高,往往应用在设计完成之后验证或必须依托实体模型的分析计算,设计之初主要还是依托数学模型和经验值修正来完成的。

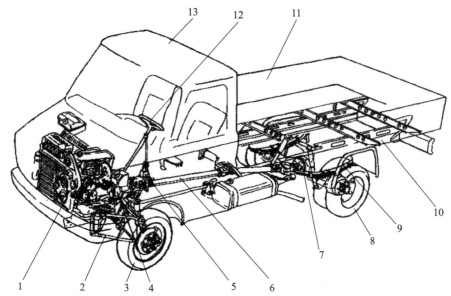

1—发动机；2—前悬架；3—转向车轮；4—离合器；5—变速器；6—万向传动装置；
7—驱动桥；8—驱动车轮；9—后悬架；10—车架；11—车箱；12—转向盘；13—驾驶室。

图 1.1.5 货车总体构造

数学模型是车辆系统计算机辅助设计的主要依托和手段，一次建模主要依据原始车辆系统的物理规律来完成，二次建模在一次建模的数学模型下完成。依据车辆系统的属性，其数学模型应为连续的、动态的模型，其主要特征是用常微分方程、偏微分方程和差分方程分别描述集中参数系统、分布参数系统和离散时间系统。其中，常微分方程、偏微分方程也可以转换成差分方程形式。车辆系统是一种复杂的连续系统，依据的分析目标不同，其复杂及耦合程度也会不同，从而导致数学模型的结构形式和求解算法也会有所变化。

1.2 系统仿真

1.2.1 定义及作用

1. 系统仿真的定义

什么是系统仿真？目前人们普遍接受的概念是，系统仿真是以相似原理、系统技术、信息技术及其应用领域有关专业技术为基础，以计算机、仿真器和各种专用物理效应设备为工具，利用系统模型对真实的或设想的系统进行动态研究的一门多学科的综合性技术。

仿真学科的理论体系包括以下 6 个方面。

1）相似理论

相似理论是研究事物之间相似规律及其应用的科学，是仿真科学的基本理论。系统仿真是通过研究模型来揭示原型（实际系统）的形态特征和本质，从而达到认识实际系统的目的。

所谓相似，是指各类事物间某些共性的客观存在。相似性是客观世界的一种普遍现象，它反映了客观世界的特性和共同规律。采用相似技术来建立实际系统的相似模型，这是相似理论在系统仿真中基础作用的根本体现。相似理论基本内容包括相似定义、相似定理、相似类型和相似方法。因为系统具有内部结构和外部行为,所以系统相似有两个基本水平:结构水平和行为水平。同构必具有行为等价的特性,但行为等价的两个系统并不一定具有同构关系。因此,系统相似无论具有什么水平,基本特征都归结为行为等价。不同领域中的相似有各自的特点,人们对各领域的认识水平也不一样,归纳一下,大致有如下基本类型。

(1) 几何相似。结构尺寸按比例缩小得到的模型,称为缩比模型,如风洞或水洞实验所用的模型。

(2) 离散相似。采用差分法、离散相似法等把连续时间系统离散化为等价的离散时间系统。

(3) 等效。保证数学描述相同或者频率特性相同,用于构造各类仿真器的相似原则。

(4) 感觉相似。感觉相似涉及耳、眼、鼻、舌、身等感官,人在回路中的仿真把感觉相似转化为感觉信息源相似,培训仿真器和虚拟现实均是利用了这种相似原则。

(5) 思维相似。思维相似包括逻辑思维相似和形象思维相似,逻辑思维相似用数理逻辑表示知识,建立知识的逻辑符号系统,对符号公式进行判断和推理,如早期专家系统的基于逻辑的心理模型;形象思维相似是人大脑右半球的功能。人工神经网络(ANN)是以脑神经为原型所构造的简化模型,用来实现对刺激的适应性反应。

2)模型论(建模理论)

模型论是以各应用领域内的科学理论为基础,建立符合仿真应用要求的、通用的、各领域专用的各种模型的理论和方法。建模对象包括人体、环境和实体等。模型论主要研究系统对象应具有什么样的模型,如何建立和获取模型,模型是否反映实际系统等。模型论中有模型的体系结构、建模的工具环境等技术和方法。

3)仿真系统理论

仿真系统理论是研究和论述构建符合应用需求的仿真系统的理论和技术,包括仿真系统的体系和构成,仿真系统的设计及其公共关键技术,仿真系统的研制和运用,仿真系统的规范、标准等。

4)仿真方法论

仿真方法论是指结合各应用领域的不同需求,研究仿真基本思想和方法,其中有定量仿真的理论方法(集中参数系统仿真方法、分布参数系统仿真方法和离散事件系统仿真方法),定性仿真的理论方法;人、实物在回路中的仿真方法;集中式仿真和分布交互式仿真方法;面向对象仿真方法;智能(如智能体、神经网络)仿真方法等。

5)仿真的可信性理论

仿真的可信性理论是指表述仿真过程及结果评价、控制的概念和方法的基本理论,研究仿真环境和真实环境的相似性的理论和方法,研究提高仿真可信性的各种方法、技术和规范,如 VV&A 工程方法。

6)仿真科学和技术的应用理论

仿真科学和技术的应用理论是指论述仿真运行实验设计、仿真管理、仿真过程的可视化、仿真及其结果综合分析的理论。

应用领域技术包括自然科学与工程仿真应用、社会科学仿真应用、管理科学仿真应用、生命科学仿真应用、军事领域仿真应用等。

2. 系统仿真的作用

仿真技术在应用上的特殊功效（安全性和经济性）使其获得了十分广泛的应用。首先，由于仿真技术在应用上具有安全性，因此航空、航天、航海等一直是仿真技术应用的主要领域。特别是在军用领域，仿真技术已成为武器系统研制与试验中的先导技术、校验技术和分析技术。因为武器系统都是多模式复合系统，所以为了测试其多种功能，就要在一不受控环境中，输入各种模式情况下所要求的各种激励信号，并确定系统对激励信号的响应灵敏度。由于受到实际飞行和航行试验条件的限制，多功能测试是难以实现的，而仿真试验可以比较方便地取得统计性数据。其次，仿真技术在应用上具有经济性，这也是其被广泛采用的十分重要的因素。世界上几乎所有大型的发展项目，如登月计划、战略防御系统、计算机集成制造、并行工程等，投资极大，又有相当大的风险，而仿真技术的应用可以用较小的投资换取风险上的大幅度降低。根据国外有关统计资料分析，由于采用系统仿真技术，武器系统靶场试验次数减少了 30%～60%，研制费用节省了 10%～40%，研制周期缩短了 30%～40%，从而使型号研制得到很高的效费比。

仿真技术在复杂工程系统的分析和设计中已成为不可缺少的工具。系统的复杂性，主要体现在 3 个方面，即复杂的环境、复杂的对象和复杂的任务。然而，不管系统多么复杂，只要能正确地建立起系统的模型，就可利用仿真技术对系统进行充分的研究。仿真模型一旦建立，就可以重复使用，而且改变灵活，便于更新。经过仿真逐步修正，可深化对系统内在规律和外部联系及相互作用的了解，以采用相应的控制和决策，使其处于科学化的控制与管理之下。

综上所述，系统性能研究涉及系统分析、设计、加工生产、试验、运行、评估、维护和报废（全生命周期）等活动。系统仿真技术在系统性能研究过程中的主要作用如下。

（1）优化系统设计。在复杂的系统建立以前，能够通过改变仿真模型结构和调整参数来优化系统设计。

（2）对系统或系统的某一部分进行性能评价。

（3）节省经费。仿真试验只需在可重复使用的模型上进行，所花费的成本比在实际产品上做试验低。

（4）重现系统故障，以便判断故障产生的原因。

（5）可以避免试验的危险性。

（6）可以进行系统抗干扰性能的分析研究。

（7）可以训练系统操作人员。

（8）可以为管理决策和技术决策提供依据。

1.2.2 分类及流程

1. 系统仿真的分类

除了可按模型的特性将系统仿真分为连续系统仿真、离散事件系统仿真类型外，系统仿真的分类方法还有以下 4 种。

1）根据计算机分类

（1）模拟计算机仿真。模拟计算机使用一系列运算器（如放大器、积分器、加法器、乘法器、函数发生器等)和无源器件(如系数器等)相互连接成仿真电路,由于各运算器并行操作,所以运算速度快,实时性好;其缺点是计算精度低,线性部件为千分之几,非线性运算误差在百分之几,而且排题工作繁复,模型变化后更改困难。

(2)数字计算机仿真。数字计算机仿真即将系统模型用一组程序来描述,并使它在数字计算机上运行。数字计算机精度高,一般可以达到所期望的有效数字位,且可以对动态特征截然不同的各种动态系统进行仿真研究,但运算速度慢(串行运算)。

(3)模拟数字混合计算机仿真。混合仿真系统有两种基本结构:一种是在模拟计算机基础上增加一些数字逻辑功能,称为混合模拟计算机;另一种是由模拟计算机、数字计算机及其接口组成,两台计算机之间利用 D/A 及 A/D 转换、交换信息,称为数字-模拟混合计算机,如图 1.2.1 所示。

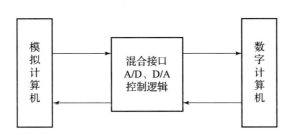

图 1.2.1　数字-模拟混合计算机

2)根据仿真时钟与实际时钟的比例关系分类

系统动态模型的时间标尺可以和实际系统的时间标尺不同,前者受仿真时钟控制,而后者受实际时钟控制。据此,可将系统仿真分为以下 3 类。

(1)实时仿真:仿真时钟与实际时钟是完全一致的。

(2)欠实时仿真:仿真时钟比实际时钟慢。

(3)超实时仿真:仿真时钟比实际时钟快。

3)根据仿真系统的结构和实现手段分类

(1)数学仿真。数学仿真是指实际系统全部由数学模型代替,并把数学模型变成仿真模型,在计算机上对实际系统进行研究的过程。

(2)物理仿真。物理仿真又称物理效应仿真,指的是研制某些硬件结构(实体模型),使之可重现系统的各种状态,而不必采用昂贵的原型。

(3)半实物仿真。半实物仿真又称硬件在回路中仿真。在某些系统研究中,常把数学模型、实体模型(物理效应模型)和系统的实际设备(实物)联系在一起运转,组成仿真系统,如图 1.2.2 所示,这种仿真称为半实物仿真。

(4)人在回路中仿真。人在回路中的仿真系统,要着重解决人的感觉环境的仿真生成技术,其中包括视觉、听觉、动感、力反馈等仿真环境,如图 1.2.3 所示。

(5)软件在回路中仿真。这里所指的软件是实物上的专用软件,如武器系统中的战术决策、信息处理、控制软件。这类仿真又称嵌入式仿真。

4)根据虚实结合的程序分类

在分布式交互仿真(Distributed Interactive Simulation,DIS)环境下,根据仿真训练可支持的实体类型的不同,定义了 3 种概念的仿真,如表 1.2.1 所示。

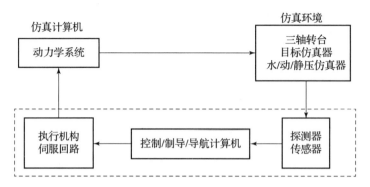

图 1.2.2　半实物仿真系统

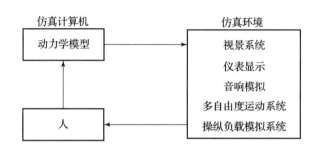

图 1.2.3　人在回路中仿真系统

表 1.2.1　根据仿真训练可支持的实体类型定义的 3 种仿真

序号	类别	特征
1	构造仿真	数学仿真
2	虚拟仿真	人在回路中仿真
3	实况仿真	硬件（包括对象）在回路中仿真 人在回路中仿真 软件在回路中仿真

（1）构造仿真。构造仿真包括模型、模拟军事演习、分析工具等的仿真，如计算机生成兵力（Computer Generated Force，CGF）等具有一定自主行为仿真软件的仿真。

（2）虚拟仿真。虚拟仿真包括各种人参与的仿真。

（3）实况仿真。实况仿真包括各种可操作平台、仪表和真实武器装备的仿真。

2. 系统仿真的工作流程

数学仿真和半实物仿真的工作流程可用系统仿真关系图来表示。数学仿真的 3 项基本要素是系统、模型和计算机，联系 3 项要素的 3 项基本活动是系统建模、仿真建模和仿真试验。半实物仿真与数学仿真不同的地方是在原来的计算机方框中增加了物理效应模型和被试验的系统实物，如图 1.2.4 所示。

数学仿真的工作流程如图 1.2.5 所示，主要工作流程内容如下。

（1）系统定义。根据仿真的目的，规定所仿真系统的边界、约束条件。

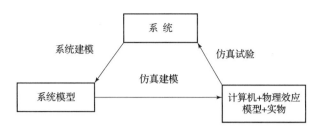

图1.2.4 半实物仿真系统仿真关系图

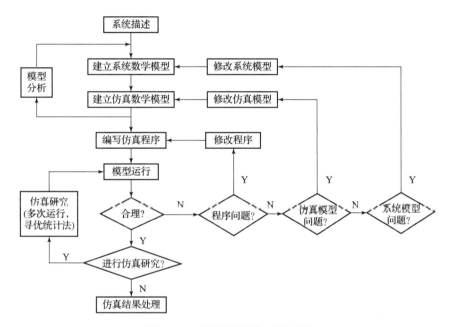

图1.2.5 数学仿真的工作流程

（2）数学建模。根据系统试验知识、仿真目的和试验资料来确定系统数学模型的框架、结构和参数。模型的繁简程度应与仿真目的相匹配，并要确保模型的有效性和仿真的经济性。

（3）仿真建模。根据数学模型的形式，计算机的类型以及仿真目的将数学模型转变成仿真模型，建立仿真试验框架，并进行模型变换正确性校核。

（4）装载。利用仿真软件将仿真模型输入计算机，设定试验条件及记录变量。

（5）试验。根据仿真目的在模型上进行试验。

（6）结果分析。根据试验要求对结果进行分析、整理及文档化。根据分析的结果修正数学模型、仿真模型、仿真程序，以进行新的试验。

1.2.3 算法及软件

1. 仿真算法

在建立了系统的数学模型后，需要将其转变为能够在计算机上运行（或试验）的仿真模型。由于数字计算机只能进行离散点的数值计算，因此必须将连续系统的数学模型离散化，推导出相应的递推计算公式，这一步骤通常称为仿真算法设计。仿真算法是将系统数学模型转换成适合计算机运行的模型（即计算机仿真模型）的一类算法。

1）集中参数系统数学仿真算法

集中参数系统的数学模型通常由一阶常微分方程组表示。根据系统的特征，如线性、非线性、病态、间断右函数等，可以将集中参数系统的仿真算法分为线性系统仿真算法、一般非线性系统仿真算法、病态系统仿真算法、间断右函数问题的仿真算法。常用的算法有数值积分法、离散相似法、置换法、根匹配法、增广矩阵法等。

2）分布参数系统数学仿真算法

分布参数系统是用偏微分方程描述的，有限差分法是求解偏微分方程的一种主要的计算方法。这类算法的原理简单、通用，且易于在计算机上实现。有限元法从变分原理出发，吸收了差分法的优点，并且能够处理复杂的几何形状。但在分布参数系统的仿真软件中，线上求解法仍是一种广泛使用的仿真算法。

3）离散事件系统数学仿真算法

离散事件系统的仿真模型通常采用流程图或网络图描述，如排队网络模型、Petri 网络模型等。在排队网络仿真建模中，不仅要明确 3 个基本的构成要素（临时实体的到达模型、永久实体的服务模型及临时实体的排队规则），还必须建立系统中各实体、活动及事件之间的逻辑关系。通常有 3 种仿真建模方法：面向事件的建模方法、面向活动的建模方法和面向进程的建模方法。相对应的 3 种典型仿真策略为事件调度法、活动扫描法和进程交互法。

2. 仿真软件

仿真软件是一类面向仿真用途的专用软件，它的特点是面向问题、面向用户。它的功能可概括为：①模型描述的规范及处理；②仿真试验的执行与控制；③资料与结果的分析、显示及文档化；④对模型、试验程序、资料、图形或知识的存储、检索与管理。根据上述功能的实现情况，仿真软件分为仿真程序、仿真语言、仿真环境 3 个不同的层次。

1）仿真程序

仿真程序采用通用的算法语言（如 C++、C）编制，功能较简单，容易建立。仿真程序应具有上面①~③项（即仿真建模、仿真执行与结果处理）的基本功能。由多个程序组成、能完整地完成一项功能或面向专门问题的软件称为程序包，如图像处理程序包、鱼雷系统仿真程序包。

2）仿真语言

仿真语言多属面向专门问题的高级语言，它是在通用高级语言的基础上，针对仿真问题研制的。它不要求用户掌握复杂的高级语言，而由机器自动翻译成高级语言或汇编语言，所以速度较慢，并且研制周期较长，但它面向用户，具有较强的仿真功能。

3）一体化仿真环境

J. O. Hentriksen 给一体化仿真环境下的定义是，它是软件工具的集合，包括设计、编制及校验模型，编写及证实仿真程序，准备模型及输入资料，分析模型及输出资料，设计及执行模型的校验。也有人说，它是以仿真数据库为核心的软件系统。仿真活动涉及多个功能软件，如建模软件、试验设计软件、仿真执行软件、结果分析软件等，各功能软件之间存在着信息联系，为了提高仿真效率，必须将它们集成起来形成一体化仿真环境。

仿真软件的设计与开发主要基于以下软件工具：①通用程序设计语言（如 C、C++）；

②仿真程序包（如 SIMLIB、GASP 和 GSP）；③仿真语言（如 SIMULINK、CSSLIV、ACSL、SICSL、ICSL、IHSL、GPSS、SIMULA 和 SIMCRIPT）；④一体化建模与仿真环境（如 TESS、EIMSS 和 WISE）。

目前，硬件向超高速、大容量、微型化及网络化方向发展，对仿真软件的设计开发产生了深刻的影响。仿真软件开发所采用的技术和手段，已从程序结构化设计发展到工程化、网络和分布式、面向对象的设计方式，用于分布式交互仿真系统设计开发的 MAK – RTI、P – RTI、KD – RTI 等软件工具，以及三维视景开发工具 MULTIGEN、VEGA、BLUE – SKY 等得到广泛的推广应用。且在特定领域，已经开发出许多专业的仿真软件环境，如 ADAMS、DADS、RecurDyn、EASY5、AMESim、SystemBuild 等，成为分析相关问题的有效工具和手段。

1.2.4 建模与仿真的校核、验证和确认（VV&A）

仿真是基于模型的实验，在建模过程中不可避免会忽略一些次要因素和不可观察的因素，且对系统进行一些理论假设和简化处理，因此模型是对所研究的系统的近似描述，继而又利用各种仿真算法开发出仿真模型并给出仿真结果。那么，上述建模与仿真过程必然存在所建立的概念模型是否正确地反映了仿真需求，所采用的数学模型是否合理，仿真程序的设计和实现是否正确，仿真结果与真实系统的一致性程度怎样等问题。这些问题都是仿真开发者、仿真用户和决策管理人员关心的问题，它们由建模与仿真的校核、验证和确认（Verification Validation and Accreditation，VV&A）来回答。

美国国防部 5000.61 条例中对 VV&A 的定义是，校核是确定仿真系统是否准确地代表了开发者的概念描述和设计的过程；验证是从仿真系统应用目的出发，确定仿真系统代表真实世界准确程度的过程；确认是官方正式地接收仿真系统能够为专门的应用目的服务的一种资格认可。校核、验证和确认是 3 个既相互独立又相互联系的过程，校核解决"是否正确建立了仿真系统"的问题；验证解决"是否建立了一个正确的、有效的仿真系统"的问题；确认则是在校核与验证的基础上，由仿真系统的主管部门和用户组成的验收小组，对仿真系统的可用性、仿真结果的可信性和有效性作出正式的确认。它们贯穿于建模与仿真的全生命周期中，目的是提高和保证模型和仿真的可信度，使仿真系统满足可重用性、互操作性等仿真需求。

1. VV&A 一般性过程

贯穿于建模与仿真（M&S）的全生命周期中的 VV&A 过程如下。

（1）确定 VV&A 需求。

（2）制订 VV&A 计划。

（3）概念模型。概念模型 V&V 的目的是确保概念模型满足 M&S 需求，预期达到的应用目标是合理、恰当和正确的。

（4）设计校核。

（5）仿真实现。在 M&S 的实现阶段，VV&A 人员与仿真系统开发人员协同工作，保证软件编码和硬件实现的正确性。主要工作是代码校核、硬件校核、初始数据校核和集成系统校核。

（6）仿真结果验证。仿真结果验证是 VV&A 工作中最重要的内容，通常涉及仿真结果与真实世界的比较问题，并需要真实世界数据的支持，通过全面的迭代测试和对所有功能、模型行为、仿真输出响应的分析来验证仿真系统和实际系统的一致性程度，说明 M&S 是否达到了预期应用目标。

（7）确认。仿真系统确认是由用户或官方正式评估仿真系统的可用性。

2. VV&A 的基本原则

在 VV&A 实践中，人们总结了它的一些基本原则和基本观点。如果能够深刻理解这些原则和观点，将有助于人们合理制订 VV&A 计划，指导 VV&A 工作的进行，提高工作效率。

1）相对正确原则

一方面，由于在建模过程中不可避免地要进行假设、省略和简化，因此模型是"先天不足"的，没有绝对正确的模型，也就没有绝对正确的仿真系统；另一方面，仿真系统的正确性是相对于其应用目标而言的，一个仿真系统对一个应用目标而言完全正确，而对另一个应用目标而言可能是完全不正确的。因此，VV&A 的目的不是证明仿真系统完全正确，而是确保仿真系统针对某个特定的应用目标是可用的、可信的。

2）有限目标原则

仿真系统 VV&A 的目标应紧紧围绕仿真系统的应用目标和功能需求，完全的 V&V 是不可能实现的也是没有必要的。对于与应用目标无关的项目，可以不进行 V&V 活动，以减少 VV&A 的开支。

3）全生命周期原则

VV&A 是贯穿仿真系统全生命周期的一项工作，仿真系统生命周期中的每个阶段都应该根据其研究内容和对实现应用目标的影响安排合适的 VV&A 活动。或者说，VV&A 工作与仿真系统的设计、开发、维护等工作是并行的，以便尽早发现仿真系统可能存在的问题和影响。

4）必要不充分原则

仿真系统的验证不能保证仿真系统应用结果的正确性和可接受性，即 VV&A 是必要的但不是充分的，因为如果仿真系统的目标和需求不够准确，VV&A 也就无法得到正确的结论。要尽量避免 3 类错误：第 1 类错误是仿真系统是正确的，但却没有被接受；第 2 类错误是仿真系统是不正确的，但却被接受；第 3 类错误是解决了错误的问题。

5）条件性原则

由于仿真系统是针对一定的应用目标进行设计开发的，在建模和仿真过程中必然会根据其应用目标的需要采取必要的简化，因此仿真系统的确认是相对其预期应用目标而言的。也就是说，仿真系统对某个应用目标是可信的、可用的，而对于另外的应用目标来说必须重新进行评估。

6）全局性原则

仿真系统的各子模型/模块/组件在目标范围内是可信的、正确的，并不能保证整个仿真系统的正确性，整个仿真系统的正确性必须从系统的整体出发进行校核与验证。

7）程度性原则

对仿真系统的确认得到的不是简单的接受或拒绝的二值逻辑问题，而是说明仿真系统相对其应用目标的可接受的程度如何。确认结论是要有翔实的校核和验证过程做基础的，随着仿真系统的不断扩大，层次越来越多，对仿真系统的确认更无法用非此即彼的结论。

8）创造性原则

对仿真系统的 VV&A 需要评估人员具有足够的洞察力和创造力，因为仿真本身就是一门创造性很强的科学技术，对其进行评价更需要足够的创造力。VV&A 不是一个简单的选择和应用 V&V 技术的过程，它涉及系统工程、软件工程、计算机技术、仿真技术以及所研究的系统领域知识，并要进行创造性应用才能真正达到其目标。

9）良好计划和记录原则

仿真系统的校核与验证必须做好计划和记录工作，良好的计划是 VV&A 成功的开始，整个 VV&A 过程要以标准格式进行记录和存档，这些文档既是对已完成的 VV&A 工作的总结，又是以后 VV&A 工作的基础。

10）分析性原则

仿真系统 VV&A 不仅要利用系统测试所获得的数据，更重要的是要充分利用系统分析人员的知识和经验，对有关问题尤其是无法通过测试来检验的问题，进行细致深入的分析。系统分析人员必须参与 VV&A 工作，如制订 VV&A 计划、选择合适的 V&V 技术方法等，分析人员对仿真 VV&A 的成功将起重要作用。

11）相对独立性原则

仿真系统的 VV&A 要保证评估工作具有一定的独立性，以避免开发者对 VV&A 结果的影响。尤其是对于大型复杂仿真系统，虽然独立的 VV&A 会增加一定的费用，但这是必需的。另外要注意的是，这种独立性不是完全的 VV&A 工作与仿真开发之间的过分独立，否则将导致一些工作的重复，不利于各自工作的顺利进行。

12）数据正确性原则

VV&A 所需要的数据、数据库必须经过校核、验证与确认，证明其具有正确性和充分性。数据是 VV&A 工作中的关键因素之一，数据的不正确和不合适将会导致模型和仿真的失败，同时必然会影响 VV&A 的成功。

3. VV&A 技术与方法

1）校核与验证方法

VV&A 技术与方法是在仿真系统 VV&A 过程中为完成 VV&A 工作各阶段目标而采用的各种技术、工作策略等的总称。仿真系统是融合了建模技术、系统科学、软件工程和其他有关专门领域知识的复杂系统，因此仿真系统的 VV&A 应该充分吸收有关领域成功的测试与评估方法。VV&A 校核与验证方法分为非形式化方法、静态分析方法、动态分析方法和形式化方法 4 类，其中动态分析方法中包括了统计技术。从非形式化方法到形式化方法，其理论性越来越强而难度也越来越大。下面介绍一些常用的校核与验证方法。

（1）非形式化方法。

非形式化方法是最常用的方法。非形式化方法和工具十分依赖人的主观因素，没有严格的数学形式化描述，但是这些方法在使用过程中并不缺少结构和形式上的指导原则，在实践中往往能够发挥重要作用。这些方法对仿真项目没有限制，可以在软件开发的各种项目中使用，包括人工检查、走查、审查等。

（2）静态分析方法。

静态分析方法关心的是基于源代码的特性的精度评估。这种方法应用很广，也有许多工具来辅助，如仿真语言编译器本身就是静态 VV&A 工具或 CASE 工具等。静态分析方法可以获得模型结构的许多信息，如模型内部的编码技术、数据流、控制流、集成精度。

（3）动态分析方法。

动态分析方法需要执行模型，基于模型的运行行为进行评估。在可执行的模型中插入探测器以收集模型行为，探测器的位置由人工或自动根据对模型结构的静态分析结果来确定。自动探测由处理器来实现，处理器分析模型静态结构并把探测器放在合适的位置上。动态分析方法一般按以下 3 个步骤进行：第 1 步，在程序模型或实验模型中加入探测器；第 2 步，执行模型，由探测器收集模型行为信息；第 3 步，分析模型输出，评估动态模型行为。具体的动态分析方法包括图形比较、运行测试、比较测试、回归测试、β 测试、功能测试、结构测试、灵敏度分析、统计测试等。

2）确认方法

确认是指由领域专家或决策部门对整个建模与仿真过程及其结果可信度进行综合性评估，从而认定仿真系统和仿真结果相对于特定的研究目的来说是否可以接受。确认是对模型或仿真是否满足具体的应用的一种官方认证。

在国外，由专门的确认代理和确认权威共同完成确认工作。确认代理是对确认评估负主要责任的一个组织，它给确认权威提供确认报告，确认权威最终决定确认结果。

车辆系统仿真可信度分析主要集中在校核和验证中，而确认属于行政审批环节。

1.3 系统的数学模型

系统是研究的对象，模型是系统行为特性的描述，仿真则是建立在模型上的试验。任何系统的动态特性都取决于两大因素，即内因（系统的结构、参数、初始状态）和外因（输入信息和干扰等）。换句话说，任何一个实际系统，不论它是电的、机械的还是液压的，也不论是生物学的还是经济学的，只要能把它的内外两大因素都用数学表达式描述出来，就得到了它的数学模型。有了数学模型，便可以在计算机上研究实际系统的动态特性了。建立系统的数学模型应遵循以下基本原则。

（1）清晰性：系统模型是由许多分系统、子系统模型构成的，在模型与模型间，除了研究目的需要的信息联系外，相互耦合要尽可能少，结构尽可能清晰。

（2）切题性：模型只应包括与研究目的有关的那些信息，而不是一切信息。对于同一个系统，模型不是唯一的，研究目的不同，模型也不同。

（3）精确性：在建立系统模型时，应该考虑所收集的用以建立模型的信息的精确程度，要根据所研究问题的性质和所要解决的问题来确定对精确程度的要求。对于不同的工程，精度要求是不一样的。即使对于同一个工程，由于研究的问题不同，精度要求也可能不一样。

（4）集合性：是指一些个别的实体能组成更大实体的程度，对于一个系统实体的分割，在可能时应尽量合并为大的实体。

1.3.1 系统数学模型及一般表达形式

系统模型的表达形式有很多，如数学方程式、图、表等，其中数学方程式是系统模型最主要的表示方式。系统的数学模型就是对系统与外部的作用关系及系统内在的运动规律所作的抽象，并将此抽象用数学的方式表示出来。

从系统学的角度，一个系统可以被定义成下面的集合结构：

$$S:(T,X,\Omega,Q,Y,\delta,\lambda) \tag{1.3.1}$$

式中　T——时间集；

X——输入集;

Ω——输入段集;

Q——内部状态集;

Y——输出集;

δ——状态转移函数;

λ——输出函数。

它们的含义与限制如下。

1) 时间集 T

T 是描述时间和为事件排序的一个集合。通常,若 T 为整数集 $\mathbf{Z}$ 或实数集 $\mathbf{R}$,则 S 称为离散时间系统或连续时间系统。

2) 输入集 X

X 代表界面的一部分,外部环境通过它作用于系统,而系统不直接控制集合 X。通常取 $X = \mathbf{R}^n$,其中 $n \in \mathbf{Z}_+$,即 X 代表 n 个实值的输入变量。还有一种常用的 X,即 $X = X_m \cup \varnothing$,其中 X_m 是外部事件的集合,$\varnothing$ 是空事件。

3) 输入段集 Ω

输入段集是这样一个映射,$\omega: \langle t_0, t_f \rangle \to X$,其中,$\langle t_0, t_f \rangle$ 是时间集中从 t_0(初始时刻)到 t_f(终止时刻)的一个区间。所有上述输入段所构成的集合都记作 (X, T),输入段集 Ω 是 (X, T) 的一个子集。一个输入段描述了在某时间间隔内系统的输入模式,当系统嵌套在一个大系统中时,上述模式由系统的环境所决定。当系统处于孤立的情况时,环境被一个段集所替代。考虑到重构,该段集应该包括作为大系统的一个组成部分的 S 所能接收到的所有模式。

当 $T = \mathbf{R}$, $X = \mathbf{R}^n$ 时,Ω 为分段连续段集,若 Ω 为 X_m(外部事件集)上的离散事件段集,则 $\omega: \langle t_0, t_f \rangle \to X_m \cup \varnothing$,并且除对于有限的事件时间集合 $\{\tau_1, \cdots, \tau_n\} \subset \langle t_0, t_f \rangle$ 以外,均使 $\omega(t) = \varnothing$。最后,在 $T = \mathbf{Z}$ 时,Ω 是一个有限序列集。

4) 内部状态集 Q

内部状态集 Q 表示系统的记忆,即过去历史的遗留物,它影响着现在和将来的响应,是内部结构建模的核心。例如,对于线性系统

$$\begin{cases} \dot{X} = AX + BU \\ Y = CX + DU \end{cases}$$

X 为状态集,是系统建模的核心。

5) 状态转移函数 δ

状态转移函数是一个映射 $\delta: Q \times \Omega \to Q$,它表示若系统在时刻 t_0 处于状态 q,并且施加一个输入段 $\omega: \langle t_0, t_f \rangle \to X$,则 $\delta(q, \omega)$ 表示系统在 t_f 的状态。因此,任意时刻的内部状态和从该时刻起的输入段唯一地决定了段终止时的状态。

对于每一个在 $q \in Q$, $\omega \in \Omega$, t 在 ω 的定义域中

$$\delta(q, \omega) = \delta[\delta(q, \omega_{t>}), \omega_{<t}] \quad \text{(半群公理)}$$

其中,$\omega_{t>} = \omega | \langle t_0, t \rangle$(由 t_0 到 t 的 ω 部分),$\omega_{<t} = \omega | \langle t, t_f \rangle$(由 t 到 t_f 的 ω 部分)。

对于任意时刻 t 的状态 $q_1 = \delta(q, \omega_{t>})$ 都应概括以前必要的历史情况,这是为了从该状态起继续实验,能和其他情况一样最终得到相同的终态。

根据给定的状态定义可知，状态集的选择不是唯一的，甚至其维数也是不固定的。因此，寻找系统的一个合适而有利的状态空间是一件很有意义的事。一旦找到了这样的状态空间，它将使我们能用当前的一个抽象的数值去替代过去的数值。这种内部结构的形式也大大简化了处理分解（内部结构的具体化）和仿真（和其他系统的关系）的技能。

状态集合是一个建模概念，在真实系统中并没有什么东西和它直接对应。另外，输入段集、状态集和状态转移函数这三者共同表示一个状态段集。

6）输出集 Y

输出集 Y 代表着界面的一部分，系统通过它作用于环境。除方向不同外，输出集的含义和输入集完全相同。如果系统嵌套在一个大系统中，那么，该系统的输入（输出）部分恰是其环境的输出（输入）部分。

7）输出函数 λ

输出函数的最简单形式是映射 $\lambda: Q \to Y$。它使假想的系统内部状态与系统对其环境的影响相关联。但是，上述的输出映射不允许输入直接影响输出，因此更为普遍的一个输出函数是下面的一个映射 $\lambda: Q \times X \times T \to Y$。换言之，即当系统处于状态 Q 时，并且系统的当前输入是 X 时，$\lambda(Q, X, T)$ 能够通过环境检测出来。进一步讲，输出函数，并不一定是时不变的，通常是一个多对一的映射，因此，状态常常不能直接观测到。

根据上面提出的形式化的定义，一个系统的行为是其内部结构的外部表现形式，即在叉积 $(X, Y) \times (Y, T)$ 上的关系。

这个关系可作如下计算，对于每一个状态 $q \in Q$ 和在 Ω 中的输入段 $\omega: \langle t_0, t_f \rangle \to X$ 存在一个相关联的状态轨迹

$$\mathrm{STRAJ}_{q,\omega}: \langle t_0, t_f \rangle \to Q$$

使得

$$\mathrm{STRAJ}_{q,\omega}(t_0) = q$$

和对 $t \in \langle t_0, t_f \rangle$，有

$$\mathrm{STRAJ}_{q,\omega}(t_0) = \delta(q, \omega_{t>})$$

上述的状态轨迹是一个可检测的结果，或者可在计算机仿真过程中被计算出来。这个轨迹的可观测投影是和 $q \in Q$，$\omega \in \Omega$ 相关的输出轨迹，即

$$\mathrm{OTRAJ}_{q,\omega}: \langle t_0, t_f \rangle \to Y$$

例如，使用简单的输出函数形式 $\lambda(q)$，则存在

$$\mathrm{OTRAJ}_{q,\omega}(t) = \lambda(\mathrm{STRAJ}_{q,\omega}(t))$$

这时，系统的行为就可以通过输入 – 输出关系 R_s 表现出来，即

$$R_s = \{(\omega, \rho) \mid \omega \in \Omega, \rho = \mathrm{OTRAJ}_{q,\omega}, \text{对于某一个 } q \in Q\}$$

每一个 $(\omega, \rho) \in R_s$ 的元素称为输出段对，它表示一个有关系的实验结果或观测结果，在该系统中，ω 是系统的输入，ρ 是观测到的输出。由于一个系统在初始时刻能处于任意一个状态，因此对于同一个输入段 ω 可对应多个输出段 ρ。

从上述系统学的观点可以描述我们所熟悉的数学模型形式。

1）时不变连续时间集中参数模型

$$M_1: (U, X, Y, f, g)$$

式中　$u \in U$——输入集合；

$\dot{x} = f(x, u)$，$x \in X$——状态集合；

$y = g(x, u)$，$y \in Y$——输出集合；

f——函数的变化率，满足利普希茨的条件；

g——输出函数。

这样的模型形式是由式（1.3.1）定义的集合结构的特殊情况。

事实上，$M_1 = S_1$，且

$$S_1:(T, X, \Omega, Q, Y, \delta, \lambda) \tag{1.3.2}$$

式中　$t \in T$——$[t_0, \infty] \subset \mathbf{R}$；

$X \equiv U$——R^m，$m \in \mathbf{Z}^+$；

$Q \equiv X$——R^n，$n \in \mathbf{Z}^+$；

$Y \equiv Y$——R^p，$p \in \mathbf{Z}^+$；

Ω——$\{\omega: [t_0, t_0+\tau] \to U$ 处处连续的函数，$\tau > 0\}$；

δ——假定微分模型具有唯一解 $\Phi(t)$，满足

$$\Phi(0) = q_0$$
$$\mathrm{d}\Phi(t)/\mathrm{d}t = f(\Phi(t), \omega(t))$$

则映射 $\delta: Q \times \Omega \to Q$ 能在解 $\Phi(t)$ 已知的情况下被确定。

2）离散事件系统模型

在某些情况下，特别是在制造系统、计算机网络系统、信息管理系统的研究中，真实世界的过程能看作是由一组事件所构成，而这些事件是在特定的时间点上发生变化的。可以给出离散事件模型 M_2 的公式来作为该系统的数学描述，即

$$M_2:(X_m, S_m, Y_m, \delta_m, \lambda_m, \tau_m)$$

式中　X_m——外部事件集合；

S_m——序列离散事件状态集合；

Y_m——输出集合；

δ_m——准转移函数；

λ_m——输出函数，$\lambda_m: S_m \to Y_m$；

τ_m——时间拨动函数，它也是一个映射 $\tau_m: S_m \to \mathbf{R}^0$，$\tau_m: S_m \to \mathbf{R}^+_{0,\infty}$，说明系统在没有外部事件作用下，在一个新的转移发生之前它将在状态 S 下保持多长时间。

准转移函数可以用以下两种方式之一来描述：δ_m^φ，映射 $S_m \to S_m$，这说明，假如没有外部事件发生，系统也将从一个给定状态进展到另一个状态；δ_m^{ex}，映射 $X_m \times S_m \times T \to S_m$，它说明，假如系统处于状态 S，同时在上一个状态转移发生后的时间 e 有一个外部时间 X，则将发生上述转移。

可以证明：$M_2 \equiv S_2$，且

$$S_2:(T, X, \Omega, Q, Y, \delta, \lambda) \tag{1.3.3}$$

式中　T——$[t_0, \infty] \subset \mathbf{R}$；

X——$X_m \cup \varnothing$；

Ω——$\{\omega | \omega: \langle t_0, t_1 \rangle \to X, \omega(t) \neq \varnothing$ 对 (t_0, t_1) 的大部分有限子集$\}$，为离散时间段集；

Q——从顺序集合 S_m 及时间拨动函数 τ_m 构造出来的实际状态集合，即

$$\tau_m : S_m \to R_{0,\infty}^+$$
$$Q : \{(s,e) \mid s \in S_m, 0 \leqslant e \leqslant \tau_m(S_s)\}$$

因此一个合成的状态是 (s, e) 对，其中 s 是一个顺序状态，而 e 是在这个状态下停留的时间；

δ——由 δ_m 构造而得，即映射 $Q \times \Omega \to Q$，对每个 τ，状态可从以下获得：

$$\delta(s, e, \varnothing) = s, e < \tau_m(S_s)$$
$$\delta(s, \tau_m(s), \varnothing) = \delta_m^\varphi$$
$$\delta(s, e, x) = \delta_m^{ex}(s, e, x)$$

前面给出了一个将系统看作为集合结构的一般定义，在实际情况下，人们是永远不会从这样一个一般结构出发的，而是采用一个更加特殊的"模型形式"。

1.3.2 连续时间系统的数学模型

1. 常用的数学模型

连续系统模型形式可以分为 3 类：连续时间系统模型、离散时间系统模型和混合模型（计算机控制系统模型）。常用的连续时间系统数学模型有以下 4 种。

1) 微分方程

设系统的输入为 $u(t)$，输出为 $y(t)$，它们之间的关系即系统的微分方程为

$$\frac{d^n y(t)}{dt^n} + a_{n-1} \frac{d^{n-1} y(t)}{dt^{n-1}} + \cdots + a_1 \frac{dy(t)}{dt} + a_0 y(t) = \\ b_m \frac{d^m u(t)}{dt^m} + b_{m-1} \frac{d^{m-1} u(t)}{dt^{m-1}} + \cdots + b_1 \frac{du(t)}{dt} + b_0 u(t), (m \leqslant n) \quad (1.3.4)$$

其中，$a_i (i = 0, 1, \cdots, n-1)$，$b_j (j = 0, 1, \cdots, m)$ 为常系数。

若引进微分算子 $p = \dfrac{d}{dt}$，则式（1.3.4）可以写成

$$p^n y + a_{n-1} p^{n-1} y + \cdots + a_1 p y + a_0 y = b_m p^m u + b_{m-1} p^{m-1} u + \cdots + b_1 p u + b_0 u$$

即

$$\sum_{j=0}^{n} a_j p^j y = \sum_{i=0}^{m} b_i p^i u$$

其中，$a_n = 1$，于是上式可写成下面形式

$$\frac{y}{u} = \frac{\sum_{i=0}^{m} b_i p^i}{\sum_{j=0}^{n} a_j p^j} \quad (1.3.5)$$

2) 传递函数

对式（1.3.4）两边取拉普拉斯变换，并假设 $y(t)$ 和 $u(t)$ 及其各阶导数的初值均为零，则可得

$$s^n y(s) + a_{n-1} s^{n-1} y(s) + \cdots + a_1 s y(s) + a_0 y(s) = b_m s^m u(s) + b_{m-1} s^{m-1} u(s) + \cdots + b_0 u(s) \quad (1.3.6)$$

设

$$G(s) = \frac{y(s)}{u(s)} \tag{1.3.7}$$

为系统的传递函数,则有

$$G(s) = \frac{b_m s^m + b_{m-1} s^{m-1} + \cdots + b_1 s + b_0}{s^n + a_{n-1} s^{n-1} + \cdots + a_1 s + a_0} \tag{1.3.8}$$

可见,在初值为零的情况下,用算子 p 所表示的方程与传递函数 $G(s)$ 在形式上是等价的。

3) 状态空间表达式

对于一个连续系统来说,微分方程和传递函数仅仅描述了系统的外部特性,即仅仅确定了输入量 $u(t)$ 与输出量 $y(t)$ 之间的关系,一般称为系统的外部模型。

为了描述系统的内部特性,引入状态变量。动态系统的状态变量是指能完全描述系统行为的最小一组变量,用向量 $\boldsymbol{X}$ 表示。系统的状态变量不一定具有严格的物理意义,线性时不变系统的状态空间表达式由状态方程和输出方程组成,即

$$\begin{cases} \dot{\boldsymbol{X}} = \boldsymbol{AX} + \boldsymbol{BU} \\ \boldsymbol{Y} = \boldsymbol{CX} + \boldsymbol{DU} \end{cases} \tag{1.3.9}$$

式中　$\boldsymbol{X}$——n 维状态向量,$\boldsymbol{X} = [x_1, x_2, \cdots, x_n]^T$;

　　　$\boldsymbol{U}$——r 维输入向量;

　　　$\boldsymbol{Y}$——m 维输出向量;

　　　$\boldsymbol{A}_{(n \times n)}$——系统矩阵;

　　　$\boldsymbol{B}_{(n \times r)}$——输入矩阵;

　　　$\boldsymbol{C}_{(m \times n)}$——输出矩阵;

　　　$\boldsymbol{D}_{(m \times r)}$——直传矩阵。

可见,状态方程是一阶微分方程组,非常适合用计算机求其数值解,因此,如果一个物理系统是用状态空间表达式来描述的,则可以直接利用状态方程编制积分求解程序对该系统进行仿真。

4) 结构图表示

结构图是系统中每个元件或环节的功能和信号流向的图解表示,它比较直观,对单输入单输出线性系统可通过结构图变换很容易得出整个系统的传递函数;而对多输入多输出或具有非线性环节的系统也可通过面向结构图的仿真方法得到系统的动态特性。图 1.3.1 为一单输入单输出线性系统的结构图。

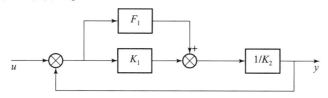

图 1.3.1　单输入单输出线性系统的结构图

2. 实现问题

在控制理论中,实现问题是指由微分方程或传递函数确定系统的状态空间表达式,由于状态空间模型易于在计算机上实现对系统的仿真,因此实现问题对于计算机仿真技术有实际的意义。对一个连续系统进行仿真,首先要建立系统的内部模型——状态空间表达式。

1) 化微分方程为状态方程

设系统的微分方程如式（1.3.4），先设系统不含输入量的导数项，即

$$\frac{d^n y(t)}{dt^n} + a_{n-1}\frac{d^{n-1} y(t)}{dt^{n-1}} + \cdots + a_1 \frac{dy(t)}{dt} + a_0 y(t) = u(t) \tag{1.3.10}$$

引入状态变量

$$\begin{aligned} x_1 &= y \\ x_2 &= \dot{y} \\ &\vdots \\ x_n &= \dot{x}_{n-1} = y^{(n-1)} \end{aligned} \tag{1.3.11}$$

则有

$$\begin{cases} \dot{x}_1 = x_2 \\ \dot{x}_2 = x_3 \\ \vdots \\ \dot{x}_{n-1} = x_n \\ \dot{x}_n = -a_0 x_1 - a_1 x_2 - \cdots - a_{n-1} x_n + u \end{cases} \tag{1.3.12}$$

把式（1.3.10）的微分方程写成矩阵形式

$$\dot{\boldsymbol{X}} = \begin{bmatrix} \dot{x}_1 \\ \dot{x}_2 \\ \vdots \\ \dot{x}_n \end{bmatrix} = \begin{bmatrix} 0 & 1 & 0 & \cdots & 0 \\ 0 & 0 & 1 & \cdots & 0 \\ \vdots & \vdots & \vdots & & \vdots \\ -a_0 & -a_1 & -a_2 & \cdots & -a_{n-1} \end{bmatrix} \begin{bmatrix} x_1 \\ x_2 \\ \vdots \\ x_n \end{bmatrix} + \begin{bmatrix} 0 \\ 0 \\ \vdots \\ 1 \end{bmatrix} u \tag{1.3.13}$$

$$y = \begin{bmatrix} 1 & 0 & 0 & \cdots & 0 \end{bmatrix} \boldsymbol{X}$$

简写成

$$\begin{cases} \dot{\boldsymbol{X}} = \boldsymbol{A}\boldsymbol{X} + \boldsymbol{B} u \\ y = \boldsymbol{C}\boldsymbol{X} \end{cases} \tag{1.3.14}$$

若系统中含有输入量的导数（一般输入导数项的次数小于或等于系统的阶数 n，即 $m \leqslant n$），这里以 $m = n$ 为例说明。系统微分方程如式（1.3.4）所示，其中 $m = n$。

取状态变量

$$x_1 = y - \beta_0 u$$
$$x_i = x_{i-1} - \beta_{i-1} u \quad (i = 2, \cdots, n)$$

可以推出（读者可以自己推导）

$$\dot{x}_1 = x_2 + \beta_1 u$$
$$\dot{x}_2 = x_3 + \beta_2 u$$
$$\vdots$$
$$\dot{x}_{n-1} = x_n + \beta_{n-1} u$$
$$\dot{x}_n = -a_0 x_1 - a_1 x_2 - \cdots - a_{n-1} x_n + \beta_n u$$
$$y = x_1 + \beta_0 u$$

则同样可得如下状态空间模型：

$$\begin{cases} \dot{X} = AX + Bu \\ y = CX + Du \end{cases} \tag{1.3.15}$$

式中

$$A = \begin{bmatrix} 0 & 1 & 0 & \cdots & 0 \\ 0 & 0 & 1 & \cdots & 0 \\ \vdots & \vdots & \vdots & & \vdots \\ -a_0 & -a_1 & -a_2 & \cdots & -a_{n-1} \end{bmatrix}$$

$$B = \begin{bmatrix} \beta_1 \\ \beta_2 \\ \vdots \\ \beta_n \end{bmatrix}, \beta_i = b_{n-i} - \sum_{j=1}^{i} a_{n-j}\beta_{i-j} \quad (i = 0,1,\cdots,n)$$

$$C = \begin{bmatrix} 1 & 0 & \cdots & 0 \end{bmatrix}$$

$$D = \beta_0$$

选取的状态变量不同，所得到的状态方程也不一样，即转换方程不唯一。

例：设系统微分方程为 $\dddot{y} + 6\ddot{y} + 11\dot{y} + 6y = 6u$，其中 y 为输出量，u 为输入量，试求系统的状态空间表达式。

解：选取状态变量为 $x_1 = y$，$x_2 = \dot{y}$，$x_3 = \ddot{y}$，并将 x_1，x_2，x_3 代入原方程，得

$$\dot{x}_1 = x_2$$
$$\dot{x}_2 = x_3$$
$$\dot{x}_3 = -6x_1 - 11x_2 - 6x_3 + 6u$$

用矩阵形式表示，则可写成

$$\begin{bmatrix} \dot{x}_1 \\ \dot{x}_2 \\ \dot{x}_3 \end{bmatrix} = \begin{bmatrix} 0 & 1 & 0 \\ 0 & 0 & 1 \\ -6 & -11 & -6 \end{bmatrix} \begin{bmatrix} x_1 \\ x_2 \\ x_3 \end{bmatrix} + \begin{bmatrix} 0 \\ 0 \\ 6 \end{bmatrix} u$$

$$y = \begin{bmatrix} 1 & 0 & 0 \end{bmatrix} \begin{bmatrix} x_1 \\ x_2 \\ x_3 \end{bmatrix}$$

2）化传递函数为状态方程

对于一个可实现的传递函数或传递函数矩阵其实现也是不唯一的，根据控制理论可分别给出可控标准型、可观标准型和对角型等。这里根据仿真的要求，仅列举可控标准型的建立。

设系统传递函数为

$$G(s) = \frac{b_{n-1}s^{n-1} + b_{n-2}s^{n-2} + \cdots + b_1 s + b_0}{s^n + a_{n-1}s^{n-1} + \cdots + a_1 s + a_0} \tag{1.3.16}$$

将式（1.3.16）改写成

$$G(s) = \frac{1}{s^n + a_{n-1}s^{n-1} + \cdots + a_1 s + a_0} \cdot (b_{n-1}s^{n-1} + b_{n-2}s^{n-2} + \cdots + b_1 s + b_0)$$

$$= \frac{Z(s)Y(s)}{U(s)Z(s)} \tag{1.3.17}$$

将

$$\frac{Z(s)}{U(s)} = \frac{1}{s^n + a_{n-1}s^{n-1} + \cdots + a_1 s + a_0}$$

和

$$\frac{Y(s)}{Z(s)} = b_{n-1}s^{n-1} + b_{n-2}s^{n-2} + \cdots + b_1 s + b_0$$

取拉普拉斯反变换，可得

$$\frac{d^n z(t)}{dt^n} + a_{n-1}\frac{d^{n-1} z(t)}{dt^{n-1}} + \cdots + a_1 \frac{dz(t)}{dt} + a_0 z(t) = u(t)$$

$$y(t) = b_{n-1}\frac{d^{n-1} z(t)}{dt^{n-1}} + \cdots + b_1 \frac{dz(t)}{dt} + b_0 z(t)$$

取状态变量为

$$x_1 = z_1, x_2 = \dot{z}, \cdots, x_n = z^{(n-1)}$$

便可得到可控标准型

$$\begin{cases} \dot{\boldsymbol{X}} = \boldsymbol{A}\boldsymbol{X} + \boldsymbol{B}u \\ y = \boldsymbol{C}\boldsymbol{X} \end{cases} \tag{1.3.18}$$

式中

$$\boldsymbol{A} = \begin{bmatrix} 0 & 1 & 0 & \cdots & 0 \\ 0 & 0 & 1 & \cdots & 0 \\ \vdots & \vdots & \vdots & & \vdots \\ -a_0 & -a_1 & -a_2 & \cdots & -a_{n-1} \end{bmatrix}, \boldsymbol{B} = \begin{bmatrix} 0 \\ 0 \\ \vdots \\ 1 \end{bmatrix}, \boldsymbol{C} = \begin{bmatrix} b_0 & b_1 & \cdots & b_{n-1} \end{bmatrix}$$

3）化系统结构图为状态方程

设一个一般系统的结构如图1.3.2所示，其中每个环节的传递函数 $G_i(s)$ ($i = 1, 2, \cdots, l$) 可用多项式表示，也可用零极点表示，即

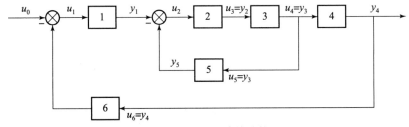

图1.3.2 一般系统的结构图

$$G_i(s) = \frac{b_{m_i}^i s^{m_i} + b_{m_i-1}^i s^{m_i-1} + \cdots + b_1^i s + b_0^i}{s^{n_i} + a_{n_i-1}^i s^{n_i-1} + \cdots + a_1^i s + a_0^i} \quad (m_i \leq n_i)$$

或

$$G_i(s) = \frac{K_i (s - Z_1^i)(s - Z_2^i) \cdots (s - Z_{m_i}^i)}{(s - P_1^i)(s - P_2^i) \cdots (s - P_{n_i}^i)} \quad (m_i \leq n_i)$$

各个方块之间的联结方式可用一个连接矩阵 $\boldsymbol{Z}$ 来表示

$$\boldsymbol{Z} = (Z_{ij})_{l \times l} \tag{1.3.19}$$

其中，每一个元素 Z_{ij} ($i = 1, 2, \cdots, l; j = 1, 2, \cdots, l$) 表示各环节之间的联结关系，$l$ 为

方块数。当 $Z_{ij} = K$ 时，则表示第 j 方块的输出乘以 K 之后再输入到第 i 环节中去。所以，$Z_{ij} = 1$ 表示直接联结，$Z_{ij} = 0$ 表示不联结，负号则表示负输入。对于图 1.3.2 所示的系统容易写出

$$Z = \begin{bmatrix} 0 & 0 & 0 & 0 & 0 & -1 \\ 1 & 0 & 0 & 0 & -1 & 0 \\ 0 & 1 & 0 & 0 & 0 & 0 \\ 0 & 0 & 1 & 0 & 0 & 0 \\ 0 & 0 & 1 & 0 & 0 & 0 \\ 0 & 0 & 0 & 1 & 0 & 0 \end{bmatrix}$$

可用计算机程序实现转换，其算法步骤归结如下。

(1) 输入方块数 l 以及各块传递函数 $G_i(s)$ 的参数。对于多项式输入 $a_i(i=1, 2, \cdots, n_i)$，$b_j(j=1, 2, \cdots, m_i)$；对于零极点输入 $P_i(i=1, 2, \cdots, n_i)$，$Z_j(j=1, 2, \cdots, m_i)$。

(2) 输入连接矩阵元素 $Z_{ij}(i=1, 2, \cdots, l; j=1, 2, \cdots, l)$。

(3) 若 $G_i(s)$ 为零极点输入，则需通过子程序变换成多项式形式。

(4) 将全部 $G_i(s)$ 变换成状态空间，并用可控标准型表示为

$$A_i = \begin{bmatrix} 0 & & & \\ \vdots & & I_{n_i-1} & \\ 0 & & & \\ -a_0^i & -a_1^i & \cdots & -a_{n_i-1}^i \end{bmatrix}, \quad B_i = \begin{bmatrix} 0 \\ \vdots \\ 0 \\ 1 \end{bmatrix}, \quad C_i = \begin{bmatrix} \gamma_1^i & \gamma_2^i & \cdots & \gamma_{n_i}^i \end{bmatrix}, \quad D_i = h_{n_i}^i$$

其中，$\gamma_j^i = b_{j-1}^i - b_{n_i}^i a_{j-1}^i (j=1, 2, \cdots, n_i)$。

(5) 由 A_i，B_i，C_i，$D_i(i=1, 2, \cdots, l)$ 组成 4 个对角块阵

$$\begin{cases} A = \mathrm{diag}(A_1 A_2 \cdots A_l) \\ B = \mathrm{diag}(B_1 B_2 \cdots B_l) \\ C = \mathrm{diag}(C_1 C_2 \cdots C_l) \\ D = \mathrm{diag}(D_1 D_2 \cdots D_l) \end{cases} \quad (1.3.20)$$

并组成系统

$$\begin{cases} \dot{X} = AX + BU \\ Y = CX + DU \end{cases} \quad (1.3.21)$$

式中，$X = \begin{bmatrix} x_1 & x_2 & \cdots & x_l \end{bmatrix}^T$，$Y = \begin{bmatrix} y_1 & y_2 & \cdots & y_l \end{bmatrix}^T$，$x_i = \begin{bmatrix} x_{i1} & x_{i2} & \cdots & x_{in} \end{bmatrix}^T (i=1, 2, \cdots, l)$。

(6) 式（1.3.21）中输入量 U 包括参考输入和交连输入两部分，即

$$U = u_0 + ZY \quad (1.3.22)$$

带入式（1.3.21），经整理后可得

$$\begin{cases} \dot{X} = \bar{A}X + \bar{B}u_0 \\ Y = \bar{C}X + \bar{D}u_0 \end{cases} \quad (1.3.23)$$

其中，$\bar{A} = A + BZ(I - DZ)^{-1}C$，$\bar{B} = B + BZ(I - DZ)^{-1}D$，$\bar{C} = (I - DZ)^{-1}C$，$\bar{D} = (I - DZ)^{-1}D$。

如果系统中加入了非线性环节，则由于非线性环节只是在两个线性环节之间起变换作用，即将一个线性环节的输出经过非线性变换作为另一个线性环节的输入，且由数字计算机特有的逻辑功能实现起来很容易；因此，只需在上述线性结构图基础上，在每两个相邻的线性环节之间串接一个 $F(Z_{ij})$ 环节，使

$$u_{ij} = F(Z_{ij})y_j \qquad (1.3.24)$$

而

$$u_i = \sum_{j=1}^{l} u_{ij} \qquad (1.3.25)$$

其中，Z_{ij} 表示假定没有加入非线性环节时系统连接矩阵的元素。这里重新定义 Z_{ij} 的标号以代表不同的非线性类型。

其算法步骤前 5 步同线性结构完全相同，得

$$\begin{cases} \dot{X} = AX + BU \\ Y = CX + DU \end{cases} \qquad (1.3.26)$$

输入向量

$$U = u_0 + F(Z_{ij})Y \qquad (1.3.27)$$

其中，u_0 为参考输入，$F(Z_{ij})Y$ 为交连输入，且

$$F(Z) = (F(Z_{ij}))_{l \times l} \qquad (1.3.28)$$

可假设 $F(0)$ 表示线性环节 i 和 j 之间不联结；$F(1)$ 为直接联结；Z_{ij} 为其他标号时 $F(Z_{ij})$ 表示 i 和 j 之间有某种类型的非线性联结。

3. 系统状态初始值设置

如果系统是非零初始条件，那么从外部模型（传递函数等）变换到内部模型（状态方程）还必须考虑如何将给定的初始条件——通常是给定输入 $u(t)$、输出 $y(t)$ 及其各阶导数的初始值——转变为相应的状态变量的初始值。

设系统的微分方程如式（1.3.4）所示（式中 $m = n - 1$），并设它的状态空间模型为

$$\begin{cases} \dot{X} = AX + Bu \\ y = CX \end{cases}$$

式中　　A——$n \times n$ 矩阵；

B——$n \times 1$ 矩阵；

C——$1 \times n$ 矩阵。

已知系统的初始条件为

$$y(0), \dot{y}(0), \cdots, y^{n-1}(0)$$
$$u(0), \dot{u}(0), \cdots, u^{n-2}(0)$$

则为了由上述初始值求出状态变量 x_1，x_2，$\cdots$，x_n 的初始值，可列出以下方程

$$y(t) = CX(t)$$
$$\dot{y}(t) = C\dot{X}(t) = CAX(t) + CBu(t)$$
$$\ddot{y}(t) = C\ddot{X}(t) = CA\dot{X}(t) + CB\dot{u}(t) = CA^2 X(t) + CABu(t) + CB\dot{u}(t)$$

于是可得下列矩阵方程

$$Y(t) = VX(t) + TU(t) \qquad (1.3.29)$$

式中

$$Y(t) = \begin{bmatrix} y(t) & \dot{y}(t) & \cdots & y^{(n-1)}(t) \end{bmatrix}^T$$

$$U(t) = \begin{bmatrix} u(t) & \dot{u}(t) & \cdots & u^{(n-1)}(t) \end{bmatrix}^T$$

$$V = \begin{bmatrix} C \\ CA \\ \vdots \\ CA^{n-1} \end{bmatrix}, \text{为 } n \times n \text{ 矩阵}$$

$$T = \begin{bmatrix} 0 & 0 & \cdots & 0 & 0 \\ CB & 0 & \cdots & 0 & 0 \\ CAB & CB & \cdots & 0 & 0 \\ \vdots & \vdots & & \vdots & \vdots \\ CA^{(n-2)}B & CA^{(n-3)}B & \cdots & CB & 0 \end{bmatrix}$$

由式 (1.3.29) 可得

$$X(t) = V^{-1}[Y(t) - TU(t)] \tag{1.3.30}$$

即，若 V^{-1} 存在，则可由式 (1.3.30) 求出 $X(t)$ 的初始值。由控制理论可知，V 矩阵是系统 (A, B, C) 的可观判别阵，若 V 非奇异，则 (A, B, C) 是完全可观的。也就是说，由外部输入输出的初始值转变为内部状态变量初始值的条件是，系统 (A, B, C) 是完全可观的。

1.3.3 离散时间系统的数学模型

1. 常用的数学模型

与连续时间系统对应，离散时间系统常用的数学模型也有以下 4 种。

1) 差分方程

设系统的输入为 $\{u(kT)\}$，输出为 $\{y(kT)\}$，二者的关系可以表示为

$$y[(k+n)T] + a_{n-1}y[(k+n-1)T] + \cdots + a_1 y[(k+1)T] + a_0 y(kT) =$$
$$b_m u[(k+m)T] + b_{m-1}u[(k+m-1)T] + \cdots + b_1 u[(k+1)T] + b_0 u(kT) \tag{1.3.31}$$
$$(m \leq n)$$

式中，T 为采样周期，输出变量的初始条件为 $y(0), y(T), \cdots, y[(n-1)T]$。

2) 脉冲传递函数

对式 (1.3.31) 两边取 Z 变换，并设输出量 y 和输入量 u 及其各阶差分的初始值均为零，可得

$$G(z) = \frac{Y(z)}{U(z)} = \frac{b_m z^m + b_{m-1}z^{m-1} + \cdots + b_1 z + b_0}{z^n + a_{n-1}z^{n-1} + \cdots + a_1 z + a_0} \tag{1.3.32}$$

称为离散系统的脉冲传递函数。

3) 离散状态空间表达式

类似地，差分方程和脉冲传递函数仅仅描述了离散时间系统的外部特性，称为外部模型。引入状态变量序列 $\{x(kT)\}$，则可以构成离散状态空间表达式，它描述了系统的内部特性，属于内部模型，即

$$\begin{cases} X(k+1) = \Phi X(k) + HU(k) \\ Y(k) = GX(k) + DU(k) \end{cases} \tag{1.3.33}$$

初始状态向量为 $X(0)$。

4）结构图表示

离散系统结构图表示和连续系统相似,只要将每一个方块内的传递函数换成 z 函数即可。离散闭环系统结构如图1.3.3所示。

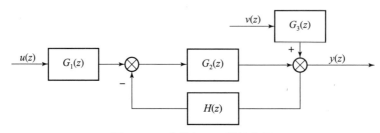

图1.3.3　离散闭环系统结构图

2. 连续系统数学模型的离散化

对连续系统的数学模型进行离散化处理,可以求得与其等价的离散模型,基于其离散模型容易实现快速实时仿真,这种仿真方法称为离散相似法。本节主要介绍如何由状态方程和传递函数向离散化状态方程和脉冲传递函数转换。

1）线性状态方程的离散化

设线性状态方程为

$$\begin{cases} \dot{X} = AX + BU \\ Y = CX + DU \end{cases} \quad (1.3.34)$$

其解析解是 $X(t) = \boldsymbol{\Phi}(t)X(t_0) + \int_{t_0}^{t} \boldsymbol{\Phi}(t-\tau)BU(\tau)\mathrm{d}\tau$,其中 $\boldsymbol{\Phi}(t)$ 为状态转移矩阵,$\boldsymbol{\Phi}(t) = \mathrm{e}^{At}$。

下面由状态方程的解析解来推导系统的离散化方程。给定采样间隔 T,对 kT 和 $(k+1)T$ 两个采样点,由上式可得状态变量的值分别为

$$X(kT) = \mathrm{e}^{AkT}X(0) + \int_{0}^{kT} \mathrm{e}^{A(kT-\tau)}BU(\tau)\mathrm{d}\tau \quad (1.3.35)$$

$$X((k+1)T) = \mathrm{e}^{A(k+1)T}X(0) + \int_{0}^{(k+1)T} \mathrm{e}^{A[(k+1)T-\tau]}BU(\tau)\mathrm{d}\tau \quad (1.3.36)$$

用 e^{AT} 左乘式(1.3.35),然后与式(1.3.36)相减,得到

$$X((k+1)T) = \mathrm{e}^{AT}X(kT) + \int_{kT}^{(k+1)T} \mathrm{e}^{A[(k+1)T-\tau]}BU(\tau)\mathrm{d}\tau \quad (1.3.37)$$

对上式中积分项进行积分代换,令 $\tau = kT + t$,得

$$X((k+1)T) = \mathrm{e}^{AT}X(kT) + \int_{0}^{T} \mathrm{e}^{A(T-t)}BU(kT+t)\mathrm{d}t \quad (1.3.38)$$

当给定系统输入 $U(t)$ 后,可根据上式求出离散化的状态方程。

在 $U(t)$ 未知的情况下,需要对 kT 和 $(k+1)T$ 两个采样时刻之间的输入量 $U(kT+t)$ 采用近似方法处理,通常有两种方法。第一种方法是令 $U(kT+t) \approx U(kT)$,$0 \leq t \leq T$,这相当于在输入端加了一个采样开关和零阶保持器,代入式(1.3.38),得到

$$X((k+1)T) = \boldsymbol{\Phi}(T)X(kT) + \boldsymbol{\Phi}_m(T)U(kT) \quad (1.3.39)$$

式中，$\boldsymbol{\Phi}(T) = \mathrm{e}^{AT}$，$\boldsymbol{\Phi}_m(T) = \int_0^T \mathrm{e}^{A(T-t)} B \mathrm{d}t$。

由上面的推导看出，式（1.3.39）是在假设输入量在采样间隔中保持常量推导而得，但 $U(t)$ 实际上是变化的，因而这样的近似处理会带来误差，如图1.3.4所示。

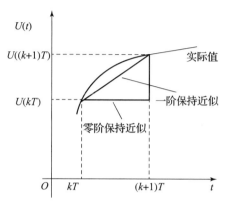

图 1.3.4 输入量 $U(t)$ 的采样和零阶、一阶保持近似

为了减小误差，第二种方法是通过两点 $(kT, U(kT))$，$((k+1)T, U((k+1)T))$ 作直线逼近 $U(t)$，$0 \leq t \leq T$，这样就有

$$U(kT+t) = U(kT) + \frac{U((k+1)T) - U(kT)}{T}t \approx U(kT) + \dot{U}(kT)t \qquad (1.3.40)$$

这相当于在输入端加了一个采样开关和一阶保持器，代入式（1.3.39），得

$$X((k+1)T) = \boldsymbol{\Phi}(T)X(kT) + \boldsymbol{\Phi}_m(T)U(kT) + \hat{\boldsymbol{\Phi}}_m(T)\dot{U}(kT) \qquad (1.3.41)$$

式中，$\hat{\boldsymbol{\Phi}}_m(T) = \int_0^T t \mathrm{e}^{A(T-t)} B \mathrm{d}t$。

式（1.3.39）和式（1.3.41）为线性连续系统离散化状态方程，输出变量的离散化形式可由输出方程直接确定。$\boldsymbol{\Phi}(t)$、$\boldsymbol{\Phi}_m(t)$、$\hat{\boldsymbol{\Phi}}_m(t)$ 称为系统的离散化系数矩阵。离散化系数矩阵的计算主要归结为计算状态转移矩阵 e^{AT}，这类算法有很多，包括相似变换法、最小多项式计算法、拉普拉斯变换法和指数函数展开法等。以指数函数展开法为例，将 e^{AT} 展成如下形式

$$\mathrm{e}^{AT} = I + AT + \frac{1}{2!}(AT)^2 + \cdots + \frac{1}{n!}(AT)^n + R_{n+1}(AT)$$

式中，$R_{n+1}(AT) = \sum_{k=n+1}^{\infty} \frac{1}{k!}(AT)^k$ 为级数展开的余项，当 $R_{n+1}(AT)$ 收敛到零时，e^{AT} 可以用级数的有限项来代替。

可以看出，输入量 $U(kT+t)$ 的近似处理会给导出的离散化状态方程带来误差。如果将状态方程化为齐次方程 $\dot{X} = AX$，则可避免式（1.3.39）中的积分项的近似处理所带来的误差，这种方法称为增广矩阵法。下面列举一些典型输入函数情况下的增广矩阵。

考虑单输入单输出系统 $\dot{\boldsymbol{X}}(t) = \boldsymbol{A}\boldsymbol{X}(t) + \boldsymbol{B}u(t)$，$\boldsymbol{X}(0) = \boldsymbol{X}_0$，$\boldsymbol{y}(t) = \boldsymbol{C}\boldsymbol{X}(t)$。其中，$\boldsymbol{X}(t)$ 为 n 维状态向量；$u(t)$、$y(t)$ 分别为输入、输出；$\boldsymbol{A}$、$\boldsymbol{B}$、$\boldsymbol{C}$ 为相应维数的常系数矩阵。

（1）输入为阶跃函数，即 $u(t) = u_0 \cdot 1 \cdot (t)$，$1 \cdot (t) = \begin{cases} 1, & t \geq 0 \\ 0, & t < 0 \end{cases}$。令第 $n+1$ 个状态变

量为 $x_{n+1}(t) = u(t) = u_0 \cdot 1 \cdot (t)$，则有 $\dot{x}_{n+1}(t) = 0$，且 $x_{n+1}(0) = u_0$。增广后的状态方程和输出方程可以写为

$$\begin{bmatrix} \dot{X}(t) \\ \dot{x}_{n+1}(t) \end{bmatrix} = \begin{bmatrix} A & B \\ 0 & 0 \end{bmatrix} \begin{bmatrix} X(t) \\ x_{n+1}(t) \end{bmatrix}, \begin{bmatrix} X(0) \\ x_{n+1}(0) \end{bmatrix} = \begin{bmatrix} X_0 \\ u_0 \end{bmatrix}, y(t) = \begin{bmatrix} C & 0 \end{bmatrix} \begin{bmatrix} X(t) \\ x_{n+1}(t) \end{bmatrix}$$

(2) 输入为斜坡函数，即 $u(t) = u_0(t)$。令 $x_{n+1}(t) = u(t) = u_0(t)$，$x_{n+2}(t) = \dot{x}_{n+1}(t) = u_0$，且 $x_{n+1}(0) = 0$，$x_{n+2}(0) = u_0$，则系统增广后为

$$\begin{bmatrix} \dot{X}(t) \\ \dot{x}_{n+1}(t) \\ \dot{x}_{n+2}(t) \end{bmatrix} = \begin{bmatrix} A & B & 0 \\ 0 & 0 & 1 \\ 0 & 0 & 0 \end{bmatrix} \begin{bmatrix} X(t) \\ x_{n+1}(t) \\ x_{n+2}(t) \end{bmatrix}, \begin{bmatrix} X(0) \\ x_{n+1}(0) \\ x_{n+2}(0) \end{bmatrix} = \begin{bmatrix} X_0 \\ 0 \\ u_0 \end{bmatrix}$$

$$y(t) = \begin{bmatrix} C & 0 & 0 \end{bmatrix} \begin{bmatrix} X(t) \\ x_{n+1}(t) \\ x_{n+2}(t) \end{bmatrix}$$

(3) 输入为指数函数，即 $u(t) = u_0 e^{-t}$。令 $x_{n+1}(t) = u_0 e^{-t}$，且 $\dot{x}_{n+1}(t) = -u_0 e^{-t} = -x_{n+1}(t)$，且 $x_{n+1}(0) = u_0$，系统增广后为

$$\begin{bmatrix} \dot{X}(t) \\ \dot{x}_{n+1}(t) \end{bmatrix} = \begin{bmatrix} A & B \\ 0 & -1 \end{bmatrix} \begin{bmatrix} X(t) \\ x_{n+1}(t) \end{bmatrix}, \begin{bmatrix} X(0) \\ x_{n+1}(0) \end{bmatrix} = \begin{bmatrix} X_0 \\ u_0 \end{bmatrix}$$

$$y(t) = \begin{bmatrix} C & 0 \end{bmatrix} \begin{bmatrix} X(t) \\ x_{n+1}(t) \end{bmatrix}$$

2) 传递函数离散化

传递函数离散化有加信号保持器的 Z 变换方法和两种直接求与传递函数等价的脉冲传递函数 $G(z)$ 的方法，即替换法和根匹配法。后两种方法简便且易于实现，经常被工程技术人员用作快速实时仿真。

(1) 加入采样器和信号保持器。

如果线性连续系统的模型表示为传递函数的形式，则可以在系统中加入采样器和信号保持器，然后由 Z 变换求出传递函数的离散形式——脉冲传递函数 $G(z)$，由此也可得到差分方程。

首先对系统的输入进行采样。假设采样周期为 T，由此得到离散的输入量 $u(kT)$($k=0$，1，2，…)，然后再利用信号保持器将其恢复为连续信号，在作用到系统 $G(s)$ 后产生输出 $y(t)$，对系统作同样的采样得到 $y(kT)$。上述离散化过程如图 1.3.5 所示。

图 1.3.5　传递函数的离散化过程

由 Z 变换理论，对应传递函数 $G(s)$ 的离散传递函数可由下式表示：

$$G(z) = \frac{y(z)}{u(z)} = z(G_h(s)G(s)) \quad (1.3.42)$$

式中，$G_h(s)$ 为信号保持器 $g(t)$ 的传递函数。采用不同的信号保持器，就得到不同的脉冲传递函数。表 1.3.1 给出了 3 种信号保持器的传递函数和相应系统 $G(s)$ 的脉冲传递函数 $G(z)$。

表 1.3.1 3 种信号保持器的传递函数和相应系统 $G(s)$ 的脉冲传递函数

信号保持器的传递函数 $G_h(s)$	脉冲传递函数 $G(z)$
零阶：$\dfrac{1-e^{-Ts}}{s}$	$\dfrac{z-1}{z} z\left[\dfrac{G(s)}{s}\right]$
一阶：$\dfrac{1+Ts}{T}\left(\dfrac{1-e^{-sT}}{s}\right)^2$	$\left(\dfrac{z-1}{z}\right)^2 z\left[\dfrac{G(s)(1+Ts)}{Ts^2}\right]$
三角形：$\dfrac{(1-e^{-sT})^2 e^{sT}}{Ts^2}$	$\left(\dfrac{z-1}{z}\right)^2 z\left[\dfrac{G(s)}{Ts^2}\right]$

假设输入信号为 $g(t)$，经时间间隔为 T 的采样后得到离散输入信号 $g(kT)(k=0,1,2,\cdots)$，零阶保持器将 kT 时刻的采样值作为常量一直保持到 $(k+1)T$ 时刻。若用 $g_h(t)$ 表示零阶保持器函数，则

$$g_h(t)=g(kT),\ kT\leqslant t\leqslant (k+1)T \tag{1.3.43}$$

一阶保持器是利用前两个时刻的采样值进行外推，得到 $g(t)$ 的线性近似函数，即

$$g_h(t)=g(kT)+\dfrac{g(kT)-g((k-1)T)}{T}(t-kT),\ kT\leqslant t\leqslant (k+1)T \tag{1.3.44}$$

为了减少信号的失真，还可采用三角形保持器，它是以当前两个时刻的采样值进行内插值得到 $g(t)$ 的线性近似函数，即

$$g_h(t)=g(kT)+\dfrac{g((k+1)T)-g(kT)}{T}(t-kT),\ kT\leqslant t\leqslant (k+1)T \tag{1.3.45}$$

如果在计算 $g_h(t)$ 时，$(k+1)T$ 时刻的采样值 $g((k+1)T)$ 未知，则不能直接采用这种方法，而只能采用滞后一个周期的三角形保持器。图 1.3.6 表示输入信号 $g(t)$ 通过零阶、一阶和三角形保持器后的函数 $g_h(t)$。

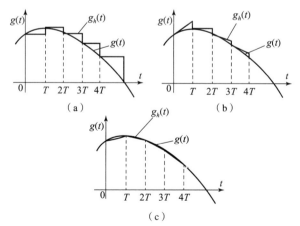

图 1.3.6 通过零阶、一阶和三角形保持器后的函数 $g_h(t)$
(a) 零阶；(b) 一阶；(c) 三角形

下面以系统 $G(s)=1/s$ 为例分别推导出加入零阶、一阶和三角形保持器时系统的差分方程。加入零阶保持器时，根据表 1.3.1，有

$$G(z) = \frac{z-1}{z} \cdot z\left(\frac{1}{s^2}\right) = \frac{z-1}{z} \cdot \frac{Tz}{(z-1)^2} = \frac{T}{z-1} \quad (1.3.46)$$

相应的差分方程为 $y_k = y_{k-1} + Tu_{k-1}$，称为欧拉公式。当加入一阶保持器时，根据表 1.3.1，可得

$$G(z) = \left(\frac{z-1}{z}\right)^2 z\left\{\frac{1+Ts}{Ts^3}\right\} = \left(\frac{z-1}{z}\right)^2 \left[\frac{Tz(3z-1)}{2z(z-1)^3}\right] = \frac{(3z-1)}{2z(z-1)} \quad (1.3.47)$$

相应的差分方程为 $y_k = y_{k-1} + \frac{3}{2}Tu_{k-1} - \frac{T}{2}u_{k-2}$。同样，对三角形保持器也可推导出差分方程为

$$y_k = y_{k-1} + \frac{T}{2}u_k + \frac{T}{2}u_{k-1} \quad (1.3.48)$$

（2）替换法。

替换法要求出 s 与 z 的替换公式，并通过代换将 $G(s)$ 转换为 $G(z)$。所求的替换公式应使 $G(z)$ 与 $G(s)$ 具有同样良好的稳定性和尽可能相同的动态特性。虽然 z 与 s 具有关系 $z = \exp(sT)$，但这是一个超越函数，必须导出更为简单的替换公式。

假定系统由微分方程 $\dot{y} = u$ 表示，由欧拉公式 $y_{k+1} = y_k + Tu_k = y_k + T\dot{y}_k$，则有

$$(z-1)y(z) = T\dot{y}(z)$$

或

$$\frac{y(z)}{u(z)} = \frac{T}{z-1}$$

由于 $\frac{y(s)}{u(s)} = \frac{1}{s}$，因此比较两式，可得

$$s = \frac{z-1}{T} \quad (1.3.49)$$

考虑 $G(z)$ 的稳定性（即其所有极点全部包含在 z 平面的单位圆内）与 $G(s)$ 稳定性的关系，设 $s = \alpha + j\beta$，由式 (1.3.49)，有

$$|z|^2 = |T(\alpha + j\beta) + 1|^2 = (T\alpha + 1)^2 + T^2\beta^2$$

若 $G(z)$ 稳定，则极点 z 必须位于单位圆心 $|z|^2 = 1$ 内，即

$$(T\alpha + 1)^2 + T^2\beta^2 = 1$$

或

$$\left(\alpha + \frac{1}{T}\right)^2 + \beta^2 = \left(\frac{1}{T}\right)^2 \quad (1.3.50)$$

式 (1.3.50) 说明替换公式 (1.3.49) 将 z 平面上的稳定域映射到 s 平面上以 $\left(-\frac{1}{T}, 0\right)$ 为圆心，$\frac{1}{T}$ 为半径的一个圆形区域，如图 1.3.7 所示。

由梯形公式也可以推导出一种简单而实用的替换公式。由梯形公式

$$y_{n+1} = y_n + \frac{T}{2}(y_n + y_{n+1}) \quad (1.3.51)$$

则有

$$(z-1)y(z) = \frac{T}{2}(z+1)y_z \quad (1.3.52)$$

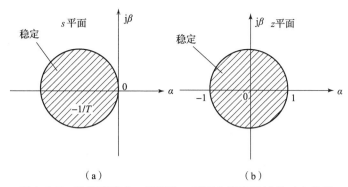

图 1.3.7　欧拉变换在 s 平面和 z 平面上稳定区域的对应关系
(a) s 平面；(b) z 平面

可得

$$s = \frac{2}{T} \cdot \frac{z-1}{z+1} \tag{1.3.53}$$

替换公式（1.3.53）也称为图斯汀替换，相应的仿真方法称为图斯汀方法。

按照与前面相同的方法考察其稳定性，有

$$|z|^2 = \frac{\left(1 + \frac{T}{2}\alpha\right)^2 + \left(\frac{T}{2}\beta\right)^2}{\left(1 - \frac{T}{2}\alpha\right)^2 + \left(\frac{T}{2}\beta\right)^2} \tag{1.3.54}$$

由式（1.3.54）可知，当 $\alpha \leqslant 0$ 时，$|z| \leqslant 1$，也就是说采用图斯汀公式(1.3.53)映射，s 平面的左半平面映射到 z 平面的单位圆内，如图 1.3.8 所示。因此，如果原来系统 $G(s)$ 是稳定的，由图斯汀公式(1.3.53)导出的 $G(z)$ 亦然。

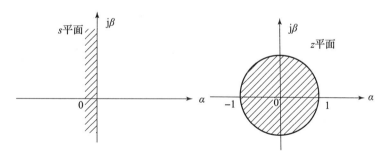

图 1.3.8　图斯汀变换在 s 平面和 z 平面上稳定区域的对应关系

（3）根匹配法。

另一种直接由传递函数 $G(s)$ 求相应 $G(z)$ 的方法是根匹配法。设线性连续系统的传递函数为

$$G(s) = \frac{K(s-z_1)(s-z_2)\cdots(s-z_m)}{(s-p_1)(s-p_2)\cdots(s-p_n)}, n \geqslant m \tag{1.3.55}$$

式中　K——系统的增益；

　　　z_i、p_j——零点、极点。

系统的特性完全由增益 K 和零点 z_i、极点 p_j 所确定。

根匹配法的主要思想就是利用 z 与 s 的转换关系 $z = \exp(sT)$，求出 z 平面上对应的零点、极点位置，得到

$$G(s) = K_z \prod_{i=1}^{m}(z - \exp(z_i T)) / \prod_{j=1}^{n}(z - \exp(p_j T)) \qquad (1.3.56)$$

当 $n \geq m$ 时，在 s 平面的无穷远处，实际上还存在 $n-m$ 个零点，可以认为它处在 s 平面负实轴的无穷远处，即 $s = -\infty$。那么，由关系 $\exp(-\infty T) = 0$，对应原点上的 $n-m$ 个零点，脉冲传递函数写成

$$G(z) = K_z \prod_{i=1}^{m}(z - \exp(z_i T)) z^{n-m} / \prod_{j=1}^{n}(z - \exp(p_j T)) \qquad (1.3.57)$$

如果 $G(s)$ 是稳定的，则极点 p_j 位于 s 平面的左半平面，那么 $\exp(p_j T)$ 必位于 z 平面的单位圆内，所以 $G(z)$ 也一定稳定，且与采样周期 T 无关。另外，K_z 可由某些特性点（如终值）来确定。

例：给定一个二阶系统的传递函数 $G(s) = \dfrac{y(s)}{u(s)} = \dfrac{1}{s^2 + 0.2s + 1}$，试用替换法求系统的脉冲传递函数 $G(z)$ 及差分方程（令 $T=1$）。

解：用图斯汀替换公式 (1.3.53)，有

$$\begin{aligned}
G(z) &= \frac{y(z)}{u(z)} = \frac{1}{\left(\dfrac{2}{T} \cdot \dfrac{z-1}{z+1}\right)^2 + 0.2\left(\dfrac{2}{T} \cdot \dfrac{z-1}{z+1}\right) + 1} \\
&= \frac{T^2(z+1)^2}{(4 + 0.4T + T^2)z^2 + (2T^2 - 8)z + (4 + T^2 - 0.4T)} \\
&= \frac{(z+1)^2}{5.4z^2 - 6z + 4.6} = \frac{0.185(z+1)^2}{z^2 - 1.11z + 0.852}
\end{aligned}$$

作反变换的差分方程为

$$y(k+1) = 1.11y(k) - 0.852y(k-1) + 0.185u(k+1) + 0.37u(k) + 0.185u(k-1)$$

1.3.4 计算机控制系统的数学模型

在对连续系统离散化时，人为地加入了采样开关和保持器，而在计算机控制系统中实际就存在采样开关和保持器，它由离散部分（数字计算机或数字控制器）和连续部分（保持器或数/模转换器以及控制对象）组成，如图 1.3.9 所示。

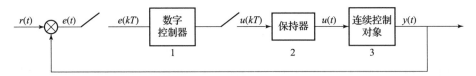

图 1.3.9 计算机控制系统

设数字控制器的运算关系为 1，即 $u(kT) = e(kT)$，则图 1.3.9 中的 1，2 两部分可合并，如图 1.3.10 所示。

假定保持器为零阶，即 $u(t)$ 是 $e(kT)$ 的阶梯状分段连续函数，则有

$$u(t) = \sum_{k=0}^{n} e(kT)[1 \cdot (t - kT) - 1 \cdot (t - kT - T)] \qquad (1.3.58)$$

对上式取拉普拉斯变换，可得

$$u(s) = \sum_{k=0}^{n} e(kT)\left[\frac{e^{-skT} - e^{-s(k+1)T}}{s}\right] = \frac{1-e^{-sT}}{s}\sum_{k=0}^{n} e(kT)e^{-skT} \quad (1.3.59)$$

令

$$G_h(s) = \frac{1-e^{-sT}}{s}, T(s) = \sum_{k=0}^{n} e(kT)e^{-skT} \quad (1.3.60)$$

则有

$$u(s) = G_h(s)T(s) \quad (1.3.61)$$

可以证明

$$T(s) = \mathscr{L}\left[\sum_{k=0}^{n} e(t)\delta(t-k\tau)\right] = \mathscr{L}[e^*(t)]$$

在一般情况下

$$T(j\omega) = \frac{1}{T}\sum_{k=-\infty}^{+\infty} E(j\omega + jk\omega_s) \quad (1.3.62)$$

因此，可以设想 $e^*(t)$ 是由图1.3.11所示的虚拟系统产生的脉冲序列。图中的开关每隔 T 闭合一次，以产生脉冲序列 $e^*(t) = \sum_{k=0}^{n} e(t)\delta(t-kT)$。同理，$G_h(s)$ 用以定义将 $e^*(t)$ 这样的脉冲序列变成阶梯形的环节。综上所述，图1.3.12（a）和图1.3.12（b）所示的两个系统是等价的。

图1.3.10 采样开关和保持器　　　　图1.3.11 产生脉冲序列的虚拟系统

因此，图1.3.9所示的计算机控制系统的数学模型可表示成图1.3.13所示的模型，其中 $D(z)$ 为数字控制器的 z 传递函数，$G_h(s)$ 为保持器的传递函数，$G(s)$ 为连续控制对象的传递函数。

图1.3.12 零阶保持器及其传递函数

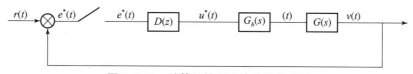

图1.3.13 计算机控制系统的数学模型

计算机控制系统的模型与连续系统离散化模型形式相同，都是差分方程，所以从仿真方法来讲两者都是相同的。但是，连续系统离散化模型是一种近似模型，因为在建立模型的过程中人为地加入了采样开关和保持器，所以它只能是近似描述原来的连续系统；而计算机控制系统仿真的特点是，数字控制器是实际存在的离散量运算，采样开关也是实际存在的。

第 2 章
连续系统的数学仿真

仿真算法是将系统数学模型转换成适合计算机运行的模型(即计算机仿真模型)的一类算法。本章主要介绍了工程领域最常见的连续系统的仿真算法,包括数值积分法、离散相似法、间断非线性系统仿真算法和分布参数系统仿真算法。

2.1 数值积分法

数值积分法就是对常微分方程(组)建立离散形式的数学模型——差分方程,并求出其数值解(也称数值解法)。例如,已知某系统的一阶向量微分方程为

$$\dot{y}=f(y,t),y(t_0)=y_0 \tag{2.1.1}$$

所谓数值解法,就是寻求式(2.1.1)中 y 在一系列离散点 t_1, t_2, $\cdots$, t_n 的近似解 y_1, y_2, $\cdots$, y_n,相邻两个点之间 $h=t_n-t_{n-1}$,称为计算步长或步距。根据已知的初始条件 y_0,采用不同的递推算法(即不同的数值积分法)可逐步递推计算出各时刻的数值 y_i,常用的方法有欧拉法、梯形法、龙格-库塔法、亚当姆斯法等。对式(2.1.1),数值积分可写成统一公式,即

$$y_{n+1}=\sum_{i=0}^{m}a_i y_{n-i}+h\sum_{i=-1}^{m}\beta_i f_{n-i} \tag{2.1.2}$$

这里阐明几个常用的概念。

(1)单步法与多步法。若只由前一时刻的数值 y_n 就可以求得后一时刻的数值 y_{n+1},则称为单步法,它是一种能自动启动的算法。反之,若计算 y_{n+1} 需要用到 t_n, t_{n-1}, t_{n-2}, $\cdots$ 时刻 y 的数据,则称为多步法。由于多步法计算 y_{n+1} 需要用到 t_n, t_{n-1}, t_{n-2}, $\cdots$ 非同一时刻的 y 值,启动时必须使用其他方法计算获得这些值,因此它不是自启动的算法。

(2)显式与隐式。计算 y_{n+1} 时所用数值均已算出来,如式(2.1.2)中,$\beta_{-1}=0$ 时,称为显式公式。反之,在算式中隐含有未知量 y_{n+1},则称为隐式公式($\beta_{-1}\neq 0$)。使用隐式公式时,需用另一显式公式估计一个初值,然后再用隐式公式进行迭代运算,此为预估-校正法,显然,这种方法也不是自启动的算法。

2.1.1 几种常用的数值积分法

1. 欧拉法

欧拉法是最简单的一种数值积分法,虽然它的计算精度较低,实际中很少被采用,但其

推导简单,能说明构造数值解法一般计算公式的基本思想。

对式(2.1.1)两端由 t_0 到 t_1 进行积分,得到

$$y(t_1) = y_0 + \int_{t_0}^{t_1} f(y,t) \mathrm{d}t \tag{2.1.3}$$

式(2.1.3)中的积分项是曲线 f 及 $t=t_0$, $t=t_1$ 包围的面积(如图 2.1.1 所示),当步长 $h = t_n - t_{n-1}$ 足够小时,可以用矩形面积来近似表示,即

$$y(t_1) \approx y(t_0) + f(y_0, t_0)(t_1 - t_0) \tag{2.1.4}$$

令 $y(t_1)$ 的近似值为 y_1,则有

$$y_1 = y_0 + h f(y_0, t_0) \tag{2.1.5}$$

把 t_1 当作积分初始点,y_1 作为初始值重复上述做法,可进一步得到 $y(t_2)$ 的近似公式,继续重复可得到递推公式

$$y_{n+1} = y_n + h f(y_n, t_n) \tag{2.1.6}$$

式(2.1.6)称为欧拉公式,也称为矩形法。由式(2.1.6)可以看出,任何一个新的数值解 y_{n+1} 都是基于前一个数值解 y_n 以及它的导数 $f(y_n, t_n)$ 求得的。若已知初值 y_0,利用式(2.1.6)进行迭代计算,即可以求得式(2.1.1)在 $t = t_1, t_2, \cdots, t_n$ 处的近似解 $y(t_1)$,$y(t_2), \cdots, y(t_n)$。

欧拉法的几何意义十分清楚。图 2.1.2 通过 (t_0, y_0) 点作积分曲线的切线,其斜率为 $f(y_0, t_0)$,此切线与 t_1 处平行于 y 轴直线的交点即为 y_1,再过 (t_1, y_1) 点作积分曲线的切线,它与过 t_2 平行于 y 轴直线的交点为 y_2。这样过 (t_0, y_0),(t_1, y_1),(t_2, y_2),$\cdots$ 得到一条折线,称为欧拉折线。

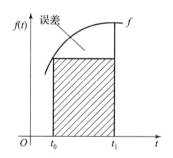

图 2.1.1 矩形近似及其误差

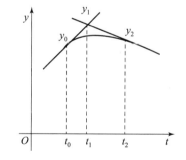

图 2.1.2 欧拉折线

2. 梯形法

在上面的推导中,若用梯形面积(见图 2.1.3)来近似表示式(2.1.3)中的积分项,则可得到梯形公式:

$$y_{n+1} = y_n + \frac{h}{2}[f(y_n, t_n) + f(y_{n+1}, t_{n+1})] \tag{2.1.7}$$

由式(2.1.7)可见,它是隐函数形式。公式右端隐含有待求量 y_{n+1},故梯形法不能自启动。通常可用欧拉法启动求出初值,算出 $y(t_{n+1})$ 的近似值 y_{n+1}^p,然后将其代入原微分方程,计算 f_{n+1} 的近似值 $f_{n+1}^p = f(y_{n+1}^p, t_{n+1})$,最后利用梯形公式求出修正后的 y_{n+1}。为了提高计算精度,可用梯形公式反复迭代。通常在工程问题中,为简化计算,只迭代一次,这样可得改进的欧拉公式为

$$\begin{cases} y_{n+1}^p = y_n + hf(y_n, t_n) \\ y_{n+1} = y_n + \dfrac{h}{2}[f(y_n, t_n) + f(y_{n+1}^p, t_{n+1})] \end{cases} \quad (2.1.8)$$

式（2.1.8）中，第一式称为预估公式，第二式称为校正公式。通常称这类方法为预估－校正法，也称为改进欧拉法。欧拉法每计算一步只要对导数 f 调用一次，改进的欧拉法由于加了校正过程，计算量增加了一倍，付出这种代价的目的是提高精度。预估－校正法程序框图如图 2.1.4 所示。

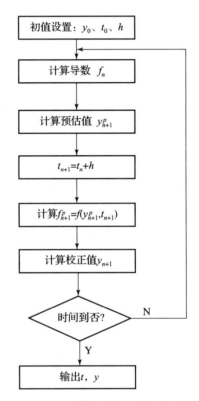

图 2.1.3　梯形近似及其误差　　　图 2.1.4　预估－校正法程序框图

3. 龙格－库塔法

将式（2.1.1）在 t_n 点展开成泰勒级数：

$$y(t_n + h) = y(t_n) + h\dot{y}(t_n) + \frac{h^2}{2}\ddot{y}(t_n) + o(h^3) \quad (2.1.9)$$

取泰勒展开式的前两项可以得到欧拉公式，其误差较大，如果要得到精度更高的近似解，必须计算式中的高阶导数，这项工作往往相当困难。德国数学家 C. Runge 和 M. W. Kutta 两人先后提出了间接利用泰勒展开式的方法，即用几个点上的函数 f 值的线性组合来确定其中的系数。基于这一思想，得到龙格－库塔法的一般形式为

$$y_{n+1} = y_n + h\sum_{i=1}^{r}\omega_i k_i \quad (2.1.10)$$

式中，$k_1 = f(y_n, t_n)$；$k_i = f\left(y_n + h\sum_{j=1}^{i=1}\beta_{ij}k_j, t_n + \alpha_i h\right)(i = 2,3,\cdots,r)$，$\alpha_i = \sum_{j=1}^{i=1}\beta_{ij}$，$\alpha_i$、$\beta_{ij}$、$\omega_i$ 为

待定系数，r 为使用 k 值的个数（即阶数）。

在给定 r 值后，通过把式（2.1.10）展开成 h 的幂级数，然后和泰勒展开式的系数进行对比，以确定 β_{ij}，ω_i 的值。

当 $r=1$ 时，得到的数值解即为欧拉公式

$$y_{n+1} = y_n + hf(y_n, t_n)$$

当 $r=2$ 时，取 $\beta_{21}=1$，$\omega_1 = \omega_2 = \dfrac{1}{2}$，继而可得到

$$\begin{cases} y_{n+1} = y_n + \dfrac{1}{2}h(k_1 + k_2) \\ k_1 = f(y_n, t_n) \\ k_2 = f(y_n + k_1 h, t_n + h) \end{cases}$$

与式（2.1.8）相比，二者完全相同，所以预估－校正公式实际上是 2 阶龙格－库塔公式。当阶次大于 4 阶后，龙格－库塔公式右端函数的计算次数要大于阶数，使积分工作量大大增加，所以通常只使用 4 阶或 4 阶以下的方法。表 2.1.1 给出了常用的 1~4 阶龙格－库塔方法的系数。

表 2.1.1 常用的 1~4 阶龙格－库塔方法的系数

方法名称	阶次	β_{ij}	ω_i
欧拉法	1		$\omega_i = 1$
梯形法	2	$\beta_{21}=1$	$\omega_1 = 0$，$\omega_2 = 1$
2 阶龙格－库塔法	2	$\beta_{21}=1$	$\omega_1 = \omega_2 = \dfrac{1}{2}$
3 阶龙格－库塔法	3	$\beta_{21} = \dfrac{1}{2}$ $\beta_{31}=-1$，$\beta_{32}=2$	$\omega_1 = \omega_3 = \dfrac{1}{2}$，$\omega_2 = \dfrac{2}{3}$
4 阶龙格－库塔法	4	$\beta_{21} = \dfrac{1}{2}$ $\beta_{31}=0$，$\beta_{32}=\dfrac{1}{2}$ $\beta_{43}=1$	$\omega_1 = \omega_4 = \dfrac{1}{6}$ $\omega_2 = \omega_3 = \dfrac{1}{3}$

4 阶龙格－库塔法是使用较多的一种方法，其公式为

$$\begin{cases} y_{n+1} = y_n + \dfrac{h}{6}(k_1 + 2k_2 + 2k_3 + k_4) \\ k_1 = f(y_n, t_n) \\ k_2 = f\left(y_n + \dfrac{h}{2}k_1, t_n + \dfrac{h}{2}\right) \\ k_3 = f\left(y_n + \dfrac{h}{2}k_2, t_n + \dfrac{h}{2}\right) \\ k_4 = f(y_n + hk_3, t_n + h) \end{cases} \quad (2.1.11)$$

龙格-库塔法属于单步法，只要给定方程的初值 y_0 就可以一步步求出 y_1，y_2，$\cdots$，y_n 的值。故单步法有下列优点：①需要存储的数据量少，占用的存储空间少；②只需要知道初值，即可启动递推公式进行运算，可自启动；③容易实现变步长运算。

4. 亚当姆斯法

亚当姆斯法是线性多步法。在利用多步法计算 y_{n+1} 值时，必须已知除 y_{n+1} 外前几步的值，如 y_n，y_{n-1}，$\cdots$，y_{n-k+1}，称为 k 步法。线性多步法不能自启动，需先用其他方法求出 y_1，y_2，$\cdots$，y_{k-1} 的值才能用多步法求解。线性多步法的递推计算公式可写为

$$y_{n+1} = \sum_{i=0}^{k-1} \alpha_i y_{n-1} + h \sum_{i=-1}^{k-1} \beta_i f_{n-i} \quad (2.1.12)$$

式中，$f_{n-i} = f(y_{n-i}, t_{n-i})$，$\alpha_i$、$\beta_i$ 为待定系数。如果 $\beta_{-1} = 0$，则式（2.1.12）的右端不含有 y_{n+1}，公式为显式；如果 $\beta_{-1} \neq 0$，则式（2.1.12）的右端含有 y_{n+1}，公式为隐式。

亚当姆斯法是利用一个插值多项式来近似代替 $f(y, t)$。在 t_{n-k+1} 到 t_n 区间内等间距取 k 个点 t_{n-k+1}，t_{n-k+2}，$\cdots$，t_n，并算出它们的右端函数值 f_{n-k+1}，f_{n-k+2}，$\cdots$，f_n，然后由这 k 个值根据牛顿后插公式进行插值，得到一个 $k-1$ 次多项式逼近 $f(y, t)$，即

$$f(y,t) \approx f_n P_n(t) + f_{n-1} P_{n-1}(t) + \cdots + f_{n-k+1} P_{n-k+1}(t)$$

这里 $P_{n-j}(t)$ 是插值的基函数，即在节点 t_{n-j} 取 1，在其他节点取值为 0。其实质是在外插区间 $[t_n, t_{n+1}]$ 上积分，如图 2.1.5 所示。

由此可得到亚当姆斯法显式公式（简称显式 AB 法公式）

$$\begin{cases} y_{n+1} = y_n + h(\beta_0 f_n + \beta_1 f_{n-1} + \cdots + \beta_{k-1} f_{n-k+1}) \\ \beta_j = \dfrac{1}{h} \displaystyle\int_{t_n}^{t_{n+1}} P_{n-j+1}(t) \mathrm{d}t \quad (j = 0, 1, \cdots, k-1) \end{cases}$$

(2.1.13)

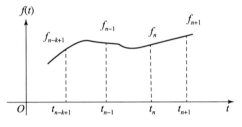

图 2.1.5　线性多步格式

若用牛顿内插公式，则

$$f(y,t) \approx f_{n+1} P_{n+1}(t) + f_n P_n(t) + \cdots + f_{n-k+2} P_{n-k+2}(t)$$

$P_{n+1-j}(t)$ 是在节点 t_{n+1-j} 取 1，在其他节点取 0 的多项式。则可求得亚当姆斯法隐式公式（简称隐式 AB 法公式）

$$\begin{cases} y_{n+1} = y_n + h(\beta_{-1} f_{n+1} + \beta_0 f_n + \cdots + \beta_{k-2} f_{n-k+2}) \\ \beta_j = \dfrac{1}{h} \displaystyle\int_{t_n}^{t_{n+1}} P_{n-j+1}(t) \mathrm{d}t \quad (j = -1, 0, 1, \cdots, k-2) \end{cases}$$

(2.1.14)

表 2.1.2 列出了常用亚当姆斯法的系数。

表 2.1.2　常用亚当姆斯法的系数

方法名称	β_{-1}	β_0	β_1	β_2	β_3
显式欧拉法	0	1	0	0	0
显式梯形法	0	3/2	-1/2	0	0
3 阶显式亚当姆斯法	0	23/12	-16/12	5/12	0
4 阶显式亚当姆斯法	0	55/24	-59/24	37/24	-9/24

续表

方法名称	β_{-1}	β_0	β_1	β_2	β_3
隐式欧拉法	1	0	0	0	0
隐式梯形法	1/2	1/2	0	0	0
3 阶隐式亚当姆斯法	5/12	8/12	-1/12	0	0
4 阶隐式亚当姆斯法	9/24	19/24	-5/24	1/24	0

常用的 4 阶亚当姆斯法显式公式为

$$y_{n+1} = y_n + \frac{h}{24}(55f_n - 59f_{n-1} + 37f_{n-2} - 9f_{n-3}) \tag{2.1.15}$$

由于隐式公式的稳定域大于显式公式的稳定域，而且对同阶的亚当姆斯法来说，隐式公式的精度往往要高于显式公式，因此采用折中的办法，先由显式公式求出 y_{n+1} 的预估值 y_{n+1}^P，再代入隐式公式求出 y_{n+1} 的值。这种方法为预估 – 校正法，4 阶预估 – 校正公式为

$$\begin{cases} y_{n+1}^P = y_n + \dfrac{h}{12}(23f_n - 16f_{n-1} + 5f_{n-2}) \\ y_{n+1} = y_n + \dfrac{h}{24}(9f_{n+1}^P + 19f_n - f_{n-1} + f_{n-2}) \end{cases} \tag{2.1.16}$$

2.1.2 变步长法

在实际应用时，对前述数值积分法，仿真人员可根据实际情况在仿真的不同阶段选取不同的步长，这就是变步长法，如变步长龙格 – 库塔 – 默森（Runge – Kutta – Merson）法。步长选取的原则是，在保证仿真过程满足一定精度的前提下，为使计算量尽可能小，尽量选取适用的较大的步长，这样仿真步长需不断改变。变步长应根据一定的条件，其前提是要有一个好的局部误差估计公式，根据局部误差的大小来改变步长。对于龙格 – 库塔算法的误差估计，通常是设法找到另一个低阶（一般是低一阶）的龙格 – 库塔公式，要求这两个公式中的 k_i 相同，则两个公式计算结果之差可以看作是误差。

假设微分方程为

$$\begin{cases} \dot{y}(t) = f(y,t) \\ y(t_0) = y_0 \end{cases}$$

计算公式为

$$y_{n+1} = y_n + \frac{h}{6}(k_1 + 4k_4 + k_5) \tag{2.1.17}$$

式中，$k_1 = f(y_n, t_n)$；$k_2 = f\left(y_n + \dfrac{h}{3}k_1, t_n + \dfrac{h}{3}\right)$；$k_3 = f\left(y_n + \dfrac{h}{6}(k_1 + k_2), t_n + \dfrac{h}{3}\right)$；$k_4 = f\left(y_n + \dfrac{h}{8}(k_1 + 3k_3), t_n + \dfrac{h}{2}\right)$；$k_5 = f\left(y_n + \dfrac{h}{2}(k_1 - 3k_3 + 4k_4), t_n + h\right)$。

此为 4 阶 5 级公式，还可推导出一个 3 阶 4 级公式：

$$\hat{y}_{n+1} = y_n + \frac{h}{6}(3k_1 - 9k_3 + 12k_4) \tag{2.1.18}$$

令误差

$$E_n = \hat{y}_{n+1} - y_{n+1}$$

则

$$E_n = \frac{h}{6}(2k_1 - 9k_3 + 8k_4 - k_5) \tag{2.1.19}$$

式(2.1.17)~式(2.1.19)简称为 RKM3-4 法。根据该步的绝对误差 E_n，即可按步长的控制策略进行步长的控制，通常用对分策略。

设定一个最小误差限 $e_{\min}$，一个最大误差限 $e_{\max}$，每一步的局部误差取为

$$e_n = E_n/(|y_n| + 1) \tag{2.1.20}$$

式中，E_n 为变步长各式计算出的误差估计。

由式(2.1.20)可知，当 $|y_n|$ 较大时，e_n 是相对误差，而当 $|y_n|$ 很小时，e_n 就成了绝对误差，这样可避免当 $|y_n|$ 值很小时，e_n 变得过大。

其控制策略如下：

若 $e_n > e_{\max}$，则 $h_n = \frac{1}{2}h_n$，重算此步；

若 $e_{\min} < e_n < e_{\max}$，则 $h_{n+1} = h_n$，继续计算；

若 $e_n < e_{\min}$，则 $h_{n+1} = 2h_n$，继续计算。

这种对分策略简便易行，每步附加计算量小，但不能达到每步最优。还有一种最优步长控制策略，其基本思想是在保证精度的前提下，每个积分步取得最大步长（或称最优步长），这样可以减少计算量。具体做法是根据本步误差估计，近似确定下一步可能的最大步长，其策略如下：

$$e_n = \frac{E_n}{|y_n| + 1}$$

对于 k 阶积分算法，认为

$$E_n = \varphi(\xi)h_n^k \tag{2.1.21}$$

其中，$\varphi(\xi)$ 是 $f(y,t)$ 在积分区间 $[t_n, t_n + h]$ 内一些偏导数的组合，通常可取 $\xi = t_n$，则

$$e_n = \frac{\varphi(t_n)h_n^k}{|y_n| + 1} \tag{2.1.22}$$

据此作以下判断。

（1）若 $e_n < \varepsilon_0$，则本步积分成功，现确定下一步的最大步长 h_{n+1}。

假定 h_{n+1} 足够小，则 $\varphi(t_n + h_{n+1}) \approx \varphi(t_n)$，下一步误差为

$$e_{n+1} = \frac{\varphi(t_n)h_{n+1}^k}{|y_{n+1}| + 1} \approx \frac{\varphi(t_n)h_{n+1}^k}{|y_n| + 1}$$

为使 $e_{n+1} \leq \varepsilon_0$，即

$$\frac{\varphi(t_n)h_{n+1}^k}{|y_n| + 1} \leq \varepsilon_0$$

则有

$$h_{n+1} \approx \left[\frac{\varepsilon_0(|y_n| + 1)}{\varphi(t_n)}\right]^{1/k}$$

将式(2.1.22)代入上式得

$$h_{n+1} \approx (\varepsilon_0 h_n^k/e_n)^{1/k} = (\varepsilon_0/e_n)^{1/k} h_n \tag{2.1.23}$$

（2）若 $e_n > \varepsilon_0$，则本步失败，按式（2.1.23）求出一个积分步长，它表示重新积分的本步步长，再算一遍，即

$$h_n \leftarrow (\varepsilon_0/e_n)^{1/k} h_n \tag{2.1.24}$$

由于假定了 h_{n+1} 足够小，因此 $\varphi(t_n)$ 基本不变，必须限制步长的缩小与放大，一般限制 h 的最大放大、缩小系数为 10，即要求

$$0.1 h_n < h_{n+1} < 10 h_n \tag{2.1.25}$$

有关最优步长控制，除此方法以外，还有吉尔（Gear）法等，可参阅相关文献。采用最优步长控制后，计算量明显减少，但上述两种控制方法对于 f 函数中含有间断特性的情况不适用，因为在间断点附近会出现步长频繁放大、缩小的振荡现象，而最优步长控制法是以本步误差外推下一步步长，所以振荡现象更为严重。

2.1.3 算法误差和稳定性问题

算法误差主要包括两种误差：截断误差和舍入误差。

1. 截断误差

基于泰勒展开公式的数值计算方法都存在截断误差，假定前一步得到的结果 y_n 是准确的，则用泰勒级数求得 t_{n+1} 处的精确解为

$$y(t_{n+1} + h) = y(t_n) + h\dot{y}(t_n) + \frac{1}{2} h^2 \ddot{y}(t_n) + \cdots + \frac{1}{r!} h^r y^r(t_n) + o(h^{r+1})$$

若只从以上精确解中取前两项之和来近似计算 y_{n+1}，由这种方法单独一步引进的附加误差通常称作局部截断误差，它是由该方法给出的值与微分方程的解之间的差，故又称为局部离散误差。不同的数值解法，其局部截断误差也不同。一般，若差分公式局部截断误差为 $o(h^{r+1})$，则称它有 r 阶精度，即方法是 r 阶的，所以方法的阶数可以作为衡量算法精确度的一个重要标志。

截断误差的阶次越高，其求解的精度越高。前面介绍的积分方法的截断误差分别为

欧拉法　　　　　　$\varepsilon_t = o(h^2)$

梯形法　　　　　　$\varepsilon_t = o(h^3)$

4 阶龙格 – 库塔法　$\varepsilon_t = o(h^3)$

亚当姆斯法　　　　$\varepsilon_t = o(h^3)$

2. 舍入误差

由于积分算法是由有限精度（字长）的计算机算术运算来实现的，因此必定要引入舍入误差。舍入误差会积累，它随着积分时间的增加和积分法阶次的增高而增加，并且它还随着积分步长的减小而变得愈加严重。这是因为对于给定的积分时间，使用更小的步长就意味着更多的积分步数。

3. 稳定性问题

稳定性是数值积分法中非常重要的概念。所谓稳定性问题是指误差的积累是否受到控制的问题。如果在每步计算过程中，前面积累的舍入误差对实际误差 ε_r（ε_r = 计算值 – 实际值）的影响是减弱的，则计算方法是稳定的；反之，则可能由于 ε_r 的恶性增长而变得不稳定。如果计算过程发生不稳定情况，则计算结果将失去意义，而且可能导致人们作出错误的判断。

通常,把数值积分法用于试验方程

$$\begin{cases} \dfrac{\mathrm{d}y}{\mathrm{d}t} = \lambda y \\ \lambda = \alpha + \mathrm{j}\beta, \mathrm{Re}\lambda = \alpha < 0 \end{cases} \quad (2.1.26)$$

来判断积分算法的稳定性。若数值积分公式为

$$y_{n+1} = p(h\lambda)y_n \quad (2.1.27)$$

则当差分方程满足稳定条件 $|p(h\lambda)| < 1$ 时,算法才稳定。

下面对几种数值积分法进行稳定性分析。

1) 欧拉法

把欧拉公式 $y_{n+1} = y_n + hf_n$ 应用到上述试验方程,得到

$$y_{n+1} = (1 + \lambda h)y_n \quad (2.1.28)$$

对式(2.1.28)进行 Z 变换后得

$$zY(z) = (1 + \lambda h)Y(z) \quad (2.1.29)$$

此差分方程的特征方程为

$$z - (1 + \lambda h) = 0$$

根据差分方程稳定条件得

$$|z| = |1 + \lambda h| \leq 1 \quad (2.1.30)$$

式(2.1.30)称为欧拉公式的稳定性条件,它对 λh 的限制构成了复平面上以(-1,0)为圆心的单位圆(见图 2.1.6),也称为欧拉公式的稳定区域。如果积分步长取得足够小使 λh 落在稳定区域内,则欧拉公式是稳定的。

2) 梯形法

梯形积分公式为

$$y_{n+1} = y_n + \frac{h}{2}[f(y_n, t_n) + f(y_{n+1}, t_{n+1})]$$

代入试验方程,取 Z 变换后得

$$zY(z) = \left(1 - \frac{\lambda h}{2}\right) = \left(1 + \frac{\lambda h}{2}\right)Y(z) \quad (2.1.31)$$

其特征根为

$$z = \frac{1 + \dfrac{1 + \lambda h}{2}}{1 - \dfrac{\lambda h}{2}} \quad (2.1.32)$$

即

$$|z| = \frac{\left(1 + \dfrac{\alpha h}{2}\right)^2 + \left(\dfrac{\beta h}{2}\right)^2}{\left(1 - \dfrac{\alpha h}{2}\right)^2 + \left(\dfrac{\beta h}{2}\right)^2} \quad (2.1.33)$$

可见,若 $\alpha < 0$,则 $|z| < 1$,故梯形积分公式也为恒稳公式。

以同样的方法对其他积分方法的稳定性进行分析,图 2.1.7、图 2.1.8 描述了龙格-库塔法和亚当姆斯法的稳定区域(注意:稳定域关于实轴对称,图 2.1.7、图 2.1.8 只画了上半部分)。

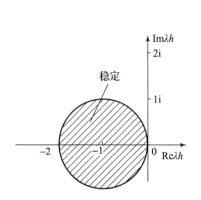

图 2.1.6 欧拉公式的稳定区域

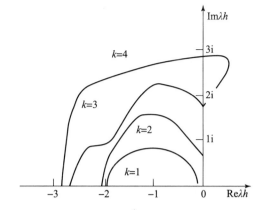

图 2.1.7 1~4 阶龙格-库塔法的稳定区域（区域内部）

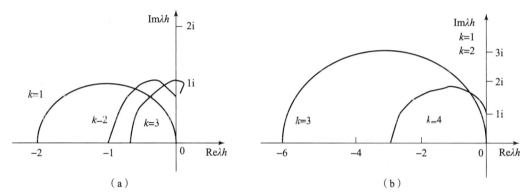

图 2.1.8 常用的 1~4 阶亚当姆斯法的稳定区域
（a）显式；（b）隐式

可见，区域内部，其中 1 阶、2 阶隐式方法是恒稳的。

（1）对龙格-库塔法，阶次 k 增大则稳定区域略微增大。

（2）对亚当姆斯法，阶次 k 增大则稳定区域反而缩小。

另外，常用数值积分法中，欧拉法，梯形法，隐式 1 阶、2 阶亚当姆斯法为恒稳法，其余是条件稳定的。

4. 步长的选择

从数值计算观点看，步长越小，截断误差越小；但是步长减小将导致步数的增多，舍入误差积累就会增加，如图 2.1.9 所示。因此，要兼顾截断误差和舍入误差两个方面选取合理的步长。从控制理论观点来看，步长的选择与控制系统的频带及构成仿真系统环节数的多少等因素有关，要根据仿真精度给出一个计算步长的解析公式是很困难的。在实际工作中，通常根据被仿真系统的响应速度由经验确定。一般要求步长小于系统的时间常数的 1/10。若系统变量的变化频率为 f_0，则与步长 T 相对应的间隔频率 f_1 应为 f_0 的 20~100 倍。

2.1.4 算法的比较和选择

数值积分方法的选择和仿真的精度、速度、计算稳定性、自启动能力等有关，没有一种确定的方法来选择最好的积分公式。

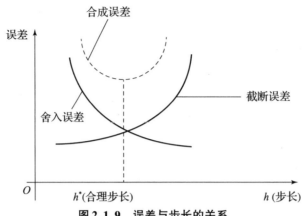

图 2.1.9　误差与步长的关系

通常来说，对一般的非线性连续系统仿真，如果式（2.1.1）的右端函数比较简单，则适合采用单步法，这类方法能够自启动，且容易实现，因而使用起来比较方便，若精度要求较低可采用欧拉法；若要提高精度，可采用阶次适当的龙格-库塔法。当右端函数比较复杂时，计算量大，宜采用多步法（如亚当姆斯法），这样可以节省大量的计算时间，因为这类方法每积分一步只需计算一次右端函数，对于预估-校正方法，每步最多只需计算两次右端函数。

选择好积分方法后，还要确定方法的阶次和步长，这也十分重要。数值积分的精度主要受 3 个因素的影响：截断误差、舍入误差和积累误差。其中，截断误差取决于积分方法的阶次和步长。在同一种算法下（阶次相同），步长越小，截断误差越小；同样的步长下，算法阶次越高，截断误差越小。舍入误差主要取决于计算机的字长，字长越长，舍入误差越小。积累误差对计算精度的影响与积分算法和数值积分计算时间的长短有关。

总之，应根据仿真精度的要求，综合考虑计算速度、稳定性等因素，合理地选择积分方法及其阶次和步长。

2.1.5　病态系统的仿真方法

病态系统也称刚性系统，其定义如下。

考虑一般形式的常微分方程组初值问题

$$\dot{Y}=f(Y,t), \quad Y(t_0)=Y_0 \tag{2.1.34}$$

假设系统雅可比矩阵器 $\dfrac{\partial f}{\partial Y}$ 的特征值为 $\lambda_i(i=0,1,\cdots,n)$，如果系统的特征值均具有负实部，而且其实部的绝对值相差很大，数学上表示为

$$\max_j |\mathrm{Re}\lambda_j| \gg \min_j |\mathrm{Re}\lambda_j| \tag{2.1.35}$$

则式（2.1.34）描述的线性或非线性系统称为病态系统。

由定义可知，病态系统的时间常数（定义为 $1/|\mathrm{Re}\lambda_j|$）差别很大，在数值上可能相差几百甚至几万倍。这样，采用一般的方法进行仿真考虑到稳定性的限制，积分步长 h 必须选得使 $|\lambda_i h|$ 小于某个常数，如欧拉法要求 $|\lambda_i h|\leq 2$。换句话说，步长受到最小时间常数的限制，只能取得很小，但是，系统的过渡过程要由最大时间常数决定。因此，整个仿真过程要花费大量的计算时间，而且往往由于小步长导致很大的舍入误差而使仿真失败。例如，一个

系统的 $\max_k |\text{Re}\lambda_k| = 10^6$，$\min_k |\text{Re}\lambda_k| = 1$，则用 4 阶龙格－库塔法求解步长 $h < \dfrac{2.7}{10^6}$，即积分 1 s 需要的步数 $M > \dfrac{10^6}{2.7}$，这样大的计算工作量将带来很大的舍入误差。为了克服上述困难，已经研究出不少有效的算法，如适合线性系统的缩方与乘方算法、蛙跳算法等，这里介绍仿真非线性系统比较有效的吉尔法。

吉尔法为隐式线性多步法，其形式为

$$Y_{n+1} = \sum_{i=0}^{k-1} \alpha_i Y_{n-i} + h\beta_0 f_{n+1} \tag{2.1.36}$$

式中，α_i、β_i 为待定系数。

当 $k=1$ 时，得到隐式欧拉法 $Y_{n+1} = Y_n + f(Y_{n+1}, t_{n+1})$，其他 2～6 阶吉尔法的系数如表 2.1.3 所示。

表 2.1.3　2～6 阶吉尔法的系数

k	2	3	4	5	6
β_0	2/3	6/11	12/25	60/137	60/147
α_1	4/3	18/11	48/25	300/137	360/147
α_2	-1/3	-9/11	-36/25	-300/137	-450/147
α_3		2/11	16/25	200/137	400/147
α_4			-3/25	-75/137	-225/147
α_5				12/137	72/147
α_6					-10/147

吉尔法的稳定区域如图 2.1.10 所示。可以看出，它的稳定区域不是在整个左半复平面，而是由左半复平面中的 R_1、R_2 两个区域组成（见图 2.1.11），称为刚性稳定。

对于不同阶的吉尔法，可求出相应的 D、θ 值。虽然吉尔法放宽了恒稳的稳定性条件，但实际上对大多数病态系统的仿真步长并没有加以限制。

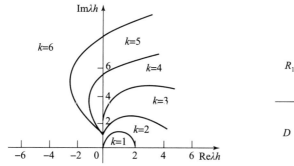

图 2.1.10　吉尔法的稳定区域（区域外部）

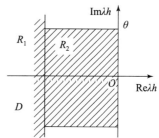

图 2.1.11　刚性稳定区域

由于吉尔法是隐式的，因此采用迭代方法求解式（2.1.36）。若考虑自治方程，则迭代公式可以写为 $Y_{n+1}^{(i+1)} = C + h\beta_0 f(Y_{n+1}^{(i)})$，其中 C 代表式（2.1.36）中的线性项，它不依赖于

迭代次数 i，而迭代初值由吉尔法的预估公式得到。式（2.1.36）迭代收敛条件为 $\left| h\beta_0 \frac{\partial f}{\partial Y} \right| \leq 1$，这一条件正是算法稳定性的条件。可见，对于病态非线性系统的仿真，仍然要受制于步长 h，所以应采用更有效的迭代方法，如可以使用牛顿迭代方法。为此，需要计算雅可比矩阵 $A = \frac{\partial f}{\partial Y}$，这要增加很多工作量。但是，雅可比矩阵不必每次迭代都重新计算，只有达到所规定的迭代次数仍未满足给定精度的情况下才重新赋值。在实际的程序实现当中，为了便于变阶、变步长，吉尔法通常表示为向量形式：

$$Z_{n+1}^{(0)} = PZ_n$$
$$Z_{n+1}^{(i+1)} = Z_{n+1}^{(i)} + LG_{n+1}^{(i)} \tag{2.1.37}$$

式中，解向量 $Z_n = [Y_n, hY_n, \cdots, h^k Y_n^k / k!]^T$，吉尔法系数 $L = [l_0 \ l_1 \ \cdots \ l_k]^T$ 由表 2.1.4 给出；P 为帕斯卡（Pascal）矩阵；$G_{n+1}^{(i)} = hf(Y_{n+1}^{(i)}) - hf(Y_{n+1}^{i-1})$（$i = 0, 1, 2, \cdots, M$），$i$ 为每步迭代次数。

对非线性病态系统，采用吉尔法通常比采用一般变步长方法可节省大量仿真时间，而且病态程度越高，非线性越强，吉尔法的优越性也就越明显。另外，根据吉尔法编制的程序是通用的，既可以处理病态系统，也可以有效地仿真非病态系统。因此，吉尔法得到了比较广泛的应用。

表 2.1.4 向量形式吉尔法的系数

k	1	2	3	4	5	6
l_0	1	2/3	6/11	24/50	120/274	720/1 764
l_1	1	1	1	1	1	1
l_2		1/3	6/11	35/50	225/274	1 624/1 764
l_3			1/11	1/5	85/274	735/1 764
l_4				1/50	15/274	175/1 764
l_5					1/274	21/1 764
l_6						1/1 764

2.2 离散相似法

第 1 章介绍了连续系统的离散化，对传递函数作离散化处理得到离散传递函数（z 域离散相似模型），对状态空间模型离散化得到离散状态方程（时域离散相似模型）。本节介绍基于离散相似模型的仿真方法。

2.2.1 离散相似法的原理及应用

离散相似法就是将连续系统数学模型进行离散化处理，得到与其等价的离散模型，基于离散化模型进行系统求解的仿真方法。在建立离散化模型过程中人为地加入了采样开关和保持器,所以连续系统离散化模型是一种近似模型,近似描述原来的连续系统。

例如,利用离散相似法对积分器输入输出信号进行仿真,已知积分器传递函数为

$$\frac{y(s)}{u(s)} = G(s) = \frac{1}{s}$$

系统示意图如图 2.2.1 所示。首先求系统离散相似模型,离散化处理示意图如图 2.2.2 所示。

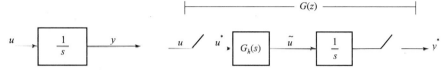

图 2.2.1　积分器的传递函数　　　　图 2.2.2　积分器的脉冲传递函数

设信号保持器为零阶保持器,则由 1.3.3 小节,得

$$G_h(s) = \frac{1 - e^{-Ts}}{s}$$

系统脉冲传递函数为

$$G(z) = \frac{y(z)}{u(z)} = z\left[\frac{1 - e^{-Ts}}{s} \cdot \frac{1}{s}\right] = \frac{Tz^{-1}}{1 - z^{-1}}$$

两边取 Z 反变换,得差分方程

$$y(k+1) = y(k) + Tu(k)$$

上式即为积分器的离散模型,由这个离散模型可以对积分器进行数值仿真。

离散相似法可以十分方便地推广应用到含有非线性环节的系统仿真中。例如,用离散相似法对图 2.2.3 所示的非线性控制系统进行数学仿真。

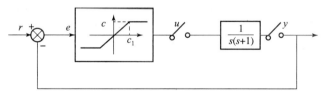

图 2.2.3　积分器的脉冲传递函数

首先,求得系统线性部分的离散化状态方程,已知其线性部分的状态方程为

$$\begin{cases} \dot{\boldsymbol{X}} = \boldsymbol{AX} + \boldsymbol{B}u \\ y = \boldsymbol{CX} \end{cases}$$

式中

$$\boldsymbol{A} = \begin{bmatrix} 0 & 0 \\ 1 & -1 \end{bmatrix}, \boldsymbol{B} = \begin{bmatrix} 1 \\ 0 \end{bmatrix}, \boldsymbol{C} = \begin{bmatrix} 0 & 1 \end{bmatrix}$$

根据 1.3.3 小节,可得差分方程为

$$\boldsymbol{X}(m+1) = \boldsymbol{\Phi}(t)\boldsymbol{X}(m) + \boldsymbol{\Phi}_m(T)u(m)$$

式中

$$\boldsymbol{\Phi}(T) = e^{AT} = L^{-1}[(sI - A)^{-1}] = \begin{bmatrix} 1 & 0 \\ 1 - e^{-T} & e^{-T} \end{bmatrix}$$

$$\boldsymbol{\Phi}_m(T) = \int_0^T \varphi(T - \tau)B\mathrm{d}\tau = \int_0^T \begin{bmatrix} 1 & 0 \\ 1 - e^{-T} & e^{-T} \end{bmatrix} = \int_0^T \begin{bmatrix} 1 \\ 1 - e^{-(T-\tau)} \end{bmatrix}\mathrm{d}\tau = \begin{bmatrix} T \\ T - 1 + e^{-T} \end{bmatrix}$$

若选择采样周期 $T = 0.05$ s,则
$$\begin{cases} x_1(m+1) = x_1(m) + 0.05u_1(m) \\ x_2(m+1) = 0.0488x_1(m) + 0.9512x_3(m) + 0.0012u(m) \end{cases}$$

饱和非线性环节的仿真子程序如图 2.2.4 所示。

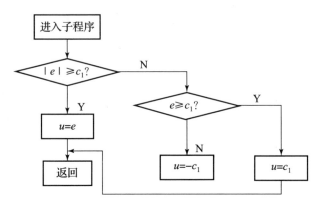

图 2.2.4 饱和非线性仿真子程序

然后,按照图 2.2.5 所示的仿真流程编制仿真程序即可实现对该系统的数学仿真。

2.2.2 离散相似模型的精度和校正问题

离散相似模型的精度是指离散相似模型与原连续系统模型等效(近似)的程度。连续系统的离散化过程中加入了虚拟的采样开关和保持器,由于保持器不可能完整无误地将连续信号重构出来,因此离散相似模型必然存在误差。这种误差与虚拟采样开关的采样周期 T 及所用保持器有关。一般来讲,采样周期越大,仿真的误差也就越大。采样频率首先必须满足采样定理,即
$$f_s \geq 2f_m$$
式中 f_s——采样频率;
f_m——连续信号的最大频率。

在此基础上,从保障系统稳定性、仿真精度及仿真速度等方面综合考虑选择 T。实际应用时,采样周期 T 可按最大频率的 30~50 倍选择,即
$$T = \frac{1}{(30 \sim 50)f_m}$$

选择了合适的采样周期,还需要一个理想的信号保持器,重构连续信号。常用的保持器有零阶保持器、一阶保持器和三角形保持器。其中,零阶保持器能无失真地复现阶跃输入,且结构简单,易于实现,但具有相位

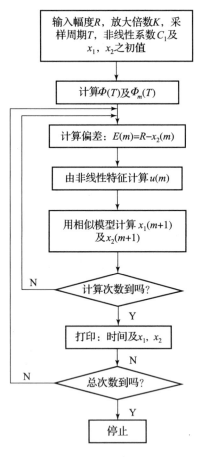

图 2.2.5 仿真流程

滞后特性，对仿真模型的稳定性有一定的影响；一阶保持器虽然能较好地复现斜坡输入，但也有相位滞后特性；三角形保持器既有较好的低通滤波特性，又无相位滞后特性，其特性最好，但不容易实现。若采样频率足够高，又采用了较合适的保持器，信号的失真就会很小，也就能保证离散相似模型具有较高的精度。

另一方面，为了减少误差，可以加入校正补偿环节对离散相似模型进行校正。一般所加入的补偿器应尽可能好地抵消经过采样－保持器所造成的失真，补偿器常常采用超前的 $\lambda e^{\gamma s T}$ 的形式，其中 λ，γ 可以根据实际情况选取。

仍然以积分环节为例来说明这种方法的基本原理，整个仿真模型如图 2.2.6 所示。

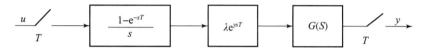

图 2.2.6　加校正的数字仿真模型

按图 2.2.6 所构成的仿真模型的 $G(z)$ 为

$$G(z) = z\left(\frac{1-e^{-sT}}{s}e^{\gamma sT}\frac{\lambda}{s}\right) = \left(\frac{z-1}{z}\right)\lambda z\left(\frac{e^{\gamma sT}}{s^2}\right) \tag{2.2.1}$$

对 $\lambda e^{\gamma s T}$ 做一次近似，即

$$e^{\gamma sT} \approx 1 + \gamma Ts \tag{2.2.2}$$

则式（2.2.1）变成

$$G(z) = \left(\frac{z-1}{z}\right)\lambda z\left(\frac{1+\gamma sT}{s^2}\right) = \left(\frac{z-1}{z}\right)\lambda\left[\frac{Tz}{(z-1)^2} + \frac{\gamma Tz}{z-1}\right]$$

$$= T\lambda\left(\frac{\gamma z + 1 - \gamma}{z-1}\right) \tag{2.2.3}$$

写成差分方程为

$$y_n = y_{n-1} + \lambda T[\gamma u_n + (1-\gamma)u_{n-1}] \tag{2.2.4}$$

选择不同的 γ 和 λ，可得各种不同的数值积分公式。例如：

选 $\lambda = 1$，$\gamma = 0$，则有 $y_n = y_{n-1} + Tu_{n-1}$（欧拉公式）。

选 $\lambda = 1$，$\gamma = \frac{1}{2}$，则有 $y_n = y_{n-1} + \frac{T}{2}(u_n + u_{n-1})$（梯形公式）。

选 $\lambda = 1$，$\gamma = 1$，则有 $y_n = y_{n-1} + Tu_n$（超前欧拉公式）。

梯形公式及超前欧拉公式都有 y_n 项，一般它是未知的，在计算 y_n 时只知道 y_{n-1}。为此，可以先对输入信号加一拍延滞，然后再加大 γ，补偿这种延滞所造成的误差。如图 2.2.7 所示，则有

$$G(z) = T\lambda\left[\frac{\gamma + (1-\gamma)z^{-1}}{z-1}\right] \tag{2.2.5}$$

$$y_n = y_{n-1} + T\lambda[\gamma u_n + (1-\gamma)u_{n-1}] \tag{2.2.6}$$

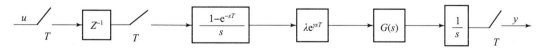

图 2.2.7　补偿延滞造成的误差

选 $\lambda = 1$, $\gamma = \dfrac{2}{3}$,根据式(2.2.6)可得

$$y_n = y_{n-1} + \frac{T}{3}[2u_{n-1} + u_{n-2}] \tag{2.2.7}$$

这就是亚当姆斯公式。

由于 λ,γ 可调,故将式(2.2.4)及式(2.2.6)称为可调整的数值积分公式。把这种方法用于复杂系统的快速仿真,就可以得出允许较大步长、又有一定精度的仿真模型。通常将这种方法称为可调的数值积分法。

利用上述步骤仅仅是计算出了系统的输入量 y。如果还关心系统中的其他状态变量,那么就必须将系统分成几个部分,每部分都要加虚拟的采样器及保持器。再按一般系统的校正原则,对每一个小闭环加一个 $\lambda e^{\gamma sT}$ 进行校正。调整时,一般是先调整外环,再调整内环,使所获得的仿真模型在较大的计算步长时仍能最好地与实际模型相接近。λ,γ 可采用参数寻优的办法来确定。

2.2.3 面向结构图的离散相似法

面向结构图仿真方法的基本思想就是将结构图化简为各个典型环节,然后在各个典型环节前加入虚拟的采样器和保持器使各环节独自构成一个便于计算机仿真的差分方程。下面首先求出各种典型环节的离散状态方程。

1. 积分环节

如图 2.2.8 所示,传递函数为

$$\frac{y(s)}{u(s)} = \frac{K}{s} \tag{2.2.8}$$

状态表达式为

$$\begin{cases} \dot{x} = Ku \\ y = x \end{cases} \tag{2.2.9}$$

对比式(1.3.39),可知 $A = 0$,$B = K$,所以

$$\Phi(T) = e^{AT} = 1, \Phi_m(T) = \int_0^T e^{AT} B dt = KT$$

可得离散状态表达式

$$\begin{cases} x(k+1) = x(k) + KTu(k) \\ y(k) = x(k) \end{cases} \tag{2.2.10}$$

2. 比例 – 积分环节

如图 2.2.9 所示,传递函数为

$$\frac{y(s)}{u(s)} = K_1 + \frac{K}{s} \tag{2.2.11}$$

状态表达式为

$$\begin{cases} \dot{x} = Ku \\ y = x + K_1 u \end{cases} \tag{2.2.12}$$

类似地,可得离散状态表达式

$$\begin{cases} x(k+1) = x(k) + KTu(k) \\ y(k) = x(k) + K_1 u(k) \end{cases} \tag{2.2.13}$$

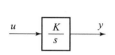

图 2.2.8 积分环节

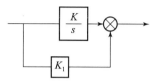

图 2.2.9 比例-积分环节

3. 惯性环节

如图 2.2.10 所示，传递函数为

$$\frac{y(s)}{u(s)} = \frac{K}{s+a} \tag{2.2.14}$$

状态表达式为

$$\begin{cases} \dot{x} = -ax + Ku \\ y = x \end{cases} \tag{2.2.15}$$

则 $\varPhi(T) = \mathrm{e}^{-aT}$，$\varPhi_m(T) = \dfrac{K}{a}(1 - \mathrm{e}^{-aT})$，可得离散状态表达式

$$\begin{cases} x(k+1) = \mathrm{e}^{-aT} x(k) + \dfrac{K}{a}(1 - \mathrm{e}^{-aT}) u(k) \\ y(k) = x(k) \end{cases} \tag{2.2.16}$$

4. 比例-惯性环节

如图 2.2.11 所示，传递函数为

$$\frac{y(s)}{u(s)} = K + \frac{K(b-a)}{s+a} = \frac{K(s+b)}{s+a} \tag{2.2.17}$$

状态表达式为

$$\begin{cases} \dot{x} = -ax + Ku \\ y = (b-a)x + Ku \end{cases} \tag{2.2.18}$$

则 $\varPhi(T) = \mathrm{e}^{-aT}$，$\varPhi_m(T) = \dfrac{K}{a}(1 - \mathrm{e}^{-aT})$，可得离散状态表达式

$$\begin{cases} x(k+1) = \mathrm{e}^{-aT} x(k) + \dfrac{K}{a}(1 - \mathrm{e}^{-aT}) u(k) \\ y(k) = (b-a)x(k) + Ku(k) \end{cases} \tag{2.2.19}$$

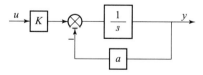

图 2.2.10 惯性环节

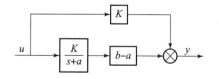

图 2.2.11 比例-惯性环节

5. 2 阶振荡环节

如图 2.2.12 所示，传递函数为

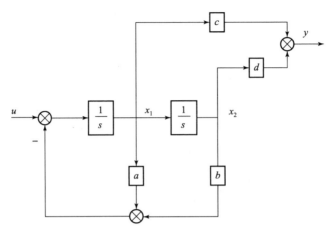

图 2.2.12　2 阶振荡环节

$$\frac{y(s)}{u(s)} = \frac{cs+d}{s^2+as+b} \tag{2.2.20}$$

状态表示式为

$$\begin{cases} \begin{bmatrix} \dot{x}_1 \\ \dot{x}_2 \end{bmatrix} = \begin{bmatrix} 0 & 1 \\ -b & -a \end{bmatrix} \begin{bmatrix} x_1 \\ x_2 \end{bmatrix} + \begin{bmatrix} 0 \\ 1 \end{bmatrix} u \\ y = \begin{bmatrix} d & c \end{bmatrix} \begin{bmatrix} x_1 \\ x_2 \end{bmatrix} \end{cases}$$

则计算

$$\boldsymbol{\Phi}(T) = \begin{bmatrix} e^{-\frac{a}{2}T}\cos\omega T + \frac{a}{2\omega}e^{-\frac{a}{2}T}\sin\omega T & \frac{1}{\omega}e^{-\frac{a}{2}T}\sin\omega T \\ -\frac{b}{\omega}e^{-\frac{a}{2}T}\sin\omega T & e^{-\frac{a}{2}T}\cos\omega T - \frac{a}{2\omega}e^{-\frac{a}{2}T}\sin\omega T \end{bmatrix}$$

$$\boldsymbol{\Phi}_m(T) = \begin{bmatrix} \frac{1}{b}\left(1 - \frac{a}{2\omega}e^{-\frac{a}{2}T}\sin\omega T - e^{-\frac{a}{2}T}\cos\omega T\right) \\ \frac{1}{b}e^{-\frac{a}{2}T}\sin\omega T\left(\omega + \frac{a^2}{4\omega}\right) \end{bmatrix}$$

式中，$\omega = \sqrt{b - a^2/4}$，可得离散状态表示式

$$\begin{cases} \boldsymbol{X}(k+1) = \boldsymbol{\Phi}(T)\boldsymbol{X}(k) + \boldsymbol{H}(T)u(k) \\ y(k) = \boldsymbol{C}\boldsymbol{X}(k) \end{cases} \tag{2.2.21}$$

式中，$\boldsymbol{X} = \begin{bmatrix} x_1 & x_2 \end{bmatrix}^T$，$\boldsymbol{C} = \begin{bmatrix} d & c \end{bmatrix}$。

为了实现面向结构图模型的离散相似法仿真，需要建立系统的连接矩阵，以保证正确的计算次序。

设系统的第 i 个环节的输入、输出分别用 u_i、$y_i (i = 1, 2, \cdots, n)$ 表示，y_0 为系统的外部输入量，则

$$U = W_1 y + W_0 y_0 \tag{2.2.22}$$

可把式（2.2.22）改写成

$$U = \begin{bmatrix} W_0 & W_1 \end{bmatrix} \begin{bmatrix} y_0 \\ y \end{bmatrix} = WY \qquad (2.2.23)$$

式中，W 是一个 $n \times (n+1)$ 维长方矩阵。这是把表示输入信号与系统连接情况的 W_0 矩阵放在原连接矩阵的第一列，也就是 $W = \begin{bmatrix} W_{10} & W_{11} & \cdots & W_{1n} \\ W_{20} & W_{21} & \cdots & W_{2n} \\ \vdots & \vdots & & \vdots \\ W_{n0} & W_{n1} & \cdots & W_{nn} \end{bmatrix}$，$W_{ij}$ 表示第 j 个环节输出与第 i 个环节输入之间的连接方式。Y 是一个 $(n+1) \times 1$ 维的列向量，$Y = \begin{bmatrix} y_0 & y_1 & y_2 & \cdots & y_n \end{bmatrix}^T$。

例如，有一系统如图 2.2.13 所示，如果已知各环节的传递函数，则很容易将其离散化，而各环节的输入输出关系为

$$\begin{bmatrix} u_1 \\ u_2 \\ u_3 \\ u_4 \end{bmatrix} = \begin{bmatrix} 1 & 0 & 0 & -1 & 0 \\ 0 & 1 & 0 & 0 & -1 \\ 0 & 0 & 1 & 0 & 0 \\ 0 & 0 & 1 & 0 & 0 \end{bmatrix} \begin{bmatrix} y_0 \\ y_1 \\ y_2 \\ y_3 \\ y_4 \end{bmatrix} \qquad (2.2.24)$$

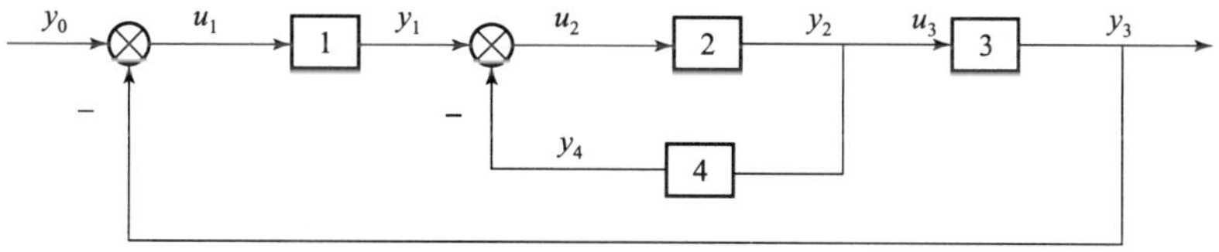

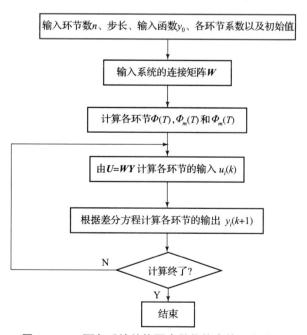

图 2.2.13 系统结构图

面向系统结构图离散化仿真的工作流程如图 2.2.14 所示。

图 2.2.14 面向系统结构图离散化仿真的工作流程

面向结构图仿真需按环节离散化,这相当于在每个环节的入口处都加了一个虚拟的采样器及零阶保持器,从控制理论上讲这些采样器及保持器都要引进滞后;从数值计算方法上讲会带来误差。所以,环节越多,所引进的误差也将越大,这时就需要减小计算步长(采样周期)。对于时不变系统,状态转移矩阵是常数矩阵,它只需计算一次,占用计算机的时间不多。而状态变量和输出变量的计算,是按环节依次进行的,每计算一个动态响应点,各环节都需计算一次,故计算机的工作时间几乎随环节的减少成比例减少。按环节离散化的优点是整个运算程序段计算量较小,可提高仿真速度;另外,便于引入非线性环节,适用于非线性系统仿真。

2.3 间断非线性系统的数学仿真算法

在控制系统和其他动力学系统的数学仿真中,还会碰到另一类特殊问题,系统的模型表示为常微分方程初值问题,但其右端函数是间断的。例如,含有间断非线性函数(符号函数、绝对值、限幅器、磁滞等)的控制系统。图2.3.1是一个饱和控制系统,它由线性饱和控制器和比例加速率反馈组成,系统的状态方程可以写为

$$\begin{cases} \dfrac{dx}{dt} = y, x(t_0) = x_0 \\ \dfrac{dy}{dt} = f(e), y(t_0) = y_0 \end{cases}$$

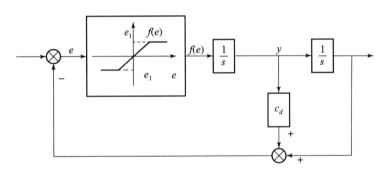

图 2.3.1 饱和控制系统

式中,$e = -x - c_d y$,而右端函数则呈间断形式,即

$$f(e) = \begin{cases} e_1, & e \geq e_1 \\ e, & -e_1 < e < e_1 \\ -e_1, & e \leq -e_1 \end{cases}$$

若令 $\varphi_1 = e - e_1$,$\varphi_2 = e + e_1$,则 $f(e)$ 可以改写为

$$f(e) = \begin{cases} e_1, & \varphi_1 \geq 0 \\ e, & \varphi_1 < 0, \varphi_2 > 0 \\ -e_1, & \varphi_1 \leq 0 \end{cases}$$

间断非线性系统的数学模型可以表示为下面的一般形式:

$$\frac{dy}{dt} = f(y,t) = \begin{cases} f_1(y,t), & \varphi_1(y,t) \geq 0 \\ f_2(y,t), & \varphi_2(y,t) \geq 0 \\ \vdots \\ f_m(y,t), & \varphi_m(y,t) \geq 0 \end{cases} \tag{2.3.1}$$

式中，微分方程的右端函数有 m 个不同的状态，采取何种状态则要由条件函数 φ 决定。如果条件函数只依赖于时间 t，则可以通过求函数零点的方法，预先求出间断点，在积分到间断点附近时改变步长积分到间断点，然后转换相应右函数，重新进行仿真计算。在一般情况下，条件函数 φ 与状态变量 y 亦有关。因此，在仿真过程中无法预先知道 φ 的零点。这样，如果用通常的定步长数值积分法进行仿真，由于间断点往往出现在积分步中间，因此在跨越间断点时对右函数进行赋值会产生很大的误差。如果采用变步长方法，则要在间断点附近不断缩小步长来满足精度要求，从而出现振荡现象，使仿真的时间和工作量都大大增加。而且，对于间断严重的问题，即使步长变得很小仍然不能满足精度要求。

解决这类问题一般可采取 3 种办法：①应用求平均值的思想，把间断点对积分的影响考虑到仿真算法中；②在仿真算法中附加一个零点搜索程序，遇到有间断点的情况，由其求出间断点，然后从间断点继续积分；③改进一般的数值积分算法，使其在积分过程中同时估计出间断点的位置。上述 3 种方法各有其优缺点。可以根据系统的模型和仿真的要求加以选择。方法③可以应用到写不出条件函数的情况，但目前尚无非常有效的算法。

2.3.1 平均值法

如前面举例的饱和控制系统，设 $f(u)$ 为间断右函数，其方程表示为

$$\frac{dy}{dt} = f(u) \quad 且 \quad \frac{du}{dt} = g(u,y) \tag{2.3.2}$$

把第一个方程表示为由 t_n 到 t_{n+1} 的数值积分形式，即

$$y_{n+1} = y_n + \int_{t_n}^{t_{n+1}} f(u) dt$$

式中，$y_n = y(t_n)$。对积分进行变量替换，并令 $u_n = u(t_n)$，得到

$$y_{n+1} = y_n + \int_{t_n}^{t_{n+1}} \frac{f(u)}{\frac{du}{dt}} du = y_n + \int_{u_n}^{u_{n+1}} \frac{f(u)}{g} du \tag{2.3.3}$$

在区间 (t_n, t_{n+1}) 上将函数 g 近似看为常量，即

$$g = \frac{\Delta u_n}{h}, \Delta u_n = u_{n+1} - u_n$$

则由式（2.3.3），有

$$y_{n+1} = y_n + \frac{h}{\Delta u_n} \int_{u_n}^{u_n + \Delta u_n} f(u) du = y_n + h f_{\text{ave}}(u_n, \Delta u_n) \tag{2.3.4}$$

式中

$$f_{\text{ave}}(u_n, \Delta u_n) = \frac{1}{\Delta u_n} \int_{u_n}^{u_n + \Delta u_n} f(u) du \tag{2.3.5}$$

由平均值公式(2.3.4)、式(2.3.5)可得到 y 的积分值,其中 f_{ave} 通常称为 $f(u)$ 的平均函数。如果 $f(u)$ 为各种典型的非线性函数,则可预先求出相应的平均函数 f_{ave}。这样,就能非常方便地利用公式(2.3.4)进行仿真。下面以饱和非线性系数(见图2.3.2)为例求其 f_{ave}。

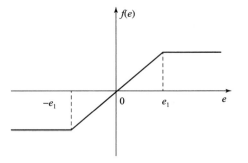

图 2.3.2 饱和非线性系数

已知 $f(e) = \frac{1}{2}(|e+e_1| - |e-e_1|)$,则有

$$f_{ave}(e_n, \Delta e_n) = \frac{1}{\Delta e_n} \int_{e_n}^{e_n + \Delta e_n} f(e) de$$

$$= \frac{1}{4\Delta e_n} [|e+e_1|(e+e_1)|_{e_n}^{e_n+\Delta e_n} - |e-e_1|(e-e_1)|_{e_n}^{e_n+\Delta e_n}]$$

$$= \frac{1}{4\Delta e_n}[|e_n + \Delta e_n + e_1|(e_n + \Delta e_n + e_1) - |e_n + e_1|$$
$$(e_n + e_1) - |e_n + \Delta e_n - e_1|(e_n + \Delta e_n - e_1) + |e_n - e_1|(e_n - e_1)]$$

其他典型非线性和平均函数可参看有关文献。

由于平均值法已考虑了间断点对积分的影响,因此它比使用一般的数值积分算法精度要高,当积分区间不含有间断点时,平均值法为2阶龙格-库塔法,因而它很适合低精度的实时仿真。

2.3.2 条件函数求零算法

工程中绝大多数间断问题的数学模型都可以表示为式(2.3.1)的形式,即间断点能通过条件函数来判别。如果在仿真过程中,能够及时求出条件函数的零点,而后转换右函数由间断点重新开始积分,则可避免间断所带来的误差,具体步骤如下。

(1) 用适当的积分方法由 t_n 积分到 t_{n+1},得到近似解 y_{n+1},右端函数的状态由 $\varphi_n = \varphi(y_n, t_n)$ 确定,转步骤(2)。

(2) 计算条件函数 $\varphi_{n+1} = \varphi(y_{n+1}, t_{n+1})$,判断条件函数是否改变符号。若符号改变,即 $\varphi_n \varphi_{n+1} < 0$,说明积分区间 (t_n, t_{n+1}) 中存在一个零点,转步骤(3);否则,令 $t_n = t_{n+1}$,重复步骤(1)。

(3) 利用适当的函数求零算法求出零点 t_z。

(4) 对间断点进行处理。例如,由 t_n 积分到 t_z 得到 $y(t_z)$ 的近似值,或者利用插值求出其近似值。

(5) 令 $t_n = t_z$,转步骤(1)。

上面步骤(3)中不同的函数求零算法和步骤(4)中对间断点的处理方法就构成了间断问题的各种仿真算法,下面将分别介绍利用连分式求零和混合求零算法结合厄米特内插公式构造的两种间断性非线性系统的仿真算法。

1. 连分式求零算法

假设已知条件函数零点 t_z 附近的若干数据点 $\{t_i\}$ 上的条件函数 $\{\varphi_i\}$,则 t 可以考虑为 φ 的一个函数 $t(\varphi)$,将它表示成连分式展开式,即

$$t(\varphi) = a_{11} + \cfrac{\varphi - \varphi_1}{a_{22} + \cfrac{\varphi - \varphi_2}{\vdots \\ a_{mm} + \cfrac{\varphi - \varphi_m}{a_{mm}}}} \tag{2.3.6}$$

式中

$$a_{1j} = t_j, j = 1, 2, \cdots, m$$
$$a_{kj} = \frac{\varphi_j - \varphi_{k-1}}{a_{k-1,j} - a_{k-1,k-1}}, k = 2, 3, \cdots, j \tag{2.3.7}$$

在式（2.3.6）中，令 $\varphi = 0$，得到零点的近似值

$$t_z = a_{11} - \cfrac{\varphi_1}{a_{22} - \cfrac{\varphi_2}{\vdots \\ a_{mm} - \cfrac{\varphi_m}{a_{mm}}}} \tag{2.3.8}$$

一般来说，数据点越多，则零点的逼近程度也就越高。可以看出，式（2.3.7）和式（2.3.8）具有很好的递推性质，而且计算也比较简单。另外，还可以进一步对式（2.3.7）和式（2.3.8）进行简化，以改善其计算的稳定性。

下面考虑如何得到数据对 (t_i, φ_i)，$i = 1, 2, \cdots, m$。假定 φ_i、φ_{i+1} 已知，而且可以计算得到 $\dot{\varphi}_i$、$\dot{\varphi}_{i+1}$，其中 $\dot{\varphi}_i = \dfrac{\mathrm{d}\varphi}{\mathrm{d}t}\bigg|_{t=t_i}$，$\dot{\varphi}_{i+1} = \dfrac{\mathrm{d}\varphi}{\mathrm{d}t}\bigg|_{t=t_{i+1}}$。于是，可以用如下的厄米特内插公式来表示 $\varphi(t)$，即

$$\begin{aligned}\varphi(t) &= \left[\frac{3}{h^2}(t_{i+1}-t)^2 - \frac{2}{h^3}(t_{i+1}-t)^3\right]\varphi_i + \left[\frac{3}{h^2}(t-t_i)^2 - \frac{2}{h^3}(t-t_i)^3\right]\varphi_{i+1} \\ &+ \left[\frac{1}{h}(t_{i+1}-t)^2 - \frac{1}{h^2}(t_{i+1}-t)^3\right]\dot{\varphi}_i - \left[\frac{1}{h}(t-t_i)^2 - \frac{1}{h^2}(t-t_i)^3\right]\dot{\varphi}_{i+1}\end{aligned} \tag{2.3.9}$$

式中，$h = t_{i+1} - t_i$ 为积分步长。令 $t_m = t_i + \dfrac{m}{n}h$（$m = 1, 2, \cdots, n-1$），有

$$t_{i+1} - t_m = \left(1 - \frac{m}{n}\right)h, \quad t_m - t_i = \frac{m}{n}h \tag{2.3.10}$$

把式（2.3.10）代入式（2.3.9），得到定点简化内插公式，即

$$\begin{aligned}\varphi(t_m) &= \left[3\left(1-\frac{m}{n}\right)^2 - 2\left(1-\frac{m}{n}\right)^3\right]\varphi_i + \left[3\left(\frac{m}{n}\right)^2 - 2\left(\frac{m}{n}\right)^3\right]\varphi_{i+1} \\ &+ \left[\left(1-\frac{m}{n}\right)^2 - \left(1-\frac{m}{n}\right)^3\right]h\dot{\varphi}_i - \left[\left(\frac{m}{n}\right)^2 - \left(\frac{m}{n}\right)^3\right]h\dot{\varphi}_{i+1}\end{aligned} \tag{2.3.11}$$

$$m = 1, 2, \cdots, n-1$$

由于式（2.3.11）中的系数可以预先计算，因此式（2.3.11）可以在仿真过程中很快计算出来。例如，令 $n = 4$，则 $m = 1, 2, 3$，于是

$$\varphi(t_1) = (54\varphi_i + 10\varphi_{i+1} + 9h\dot{\varphi}_i - 3h\dot{\varphi}_{i+1})/64, \quad t_1 = t_i + \frac{h}{4}$$

$$\varphi(t_2) = (4\varphi_i + 4\varphi_{i+1} + h\dot{\varphi}_i - h\dot{\varphi}_{i+1})/8, \qquad t_2 = t_i + \frac{h}{2}$$

$$\varphi(t_3) = (10\varphi_i + 54\varphi_{i+1} + 3h\dot{\varphi}_i - 9h\dot{\varphi}_{i+1})/64, \quad t_3 = t_i + \frac{3}{4}h$$

另外有 $\varphi(t_i)$、$\varphi(t_{i+1})$，共得到 5 个数据对，所以利用式(2.3.7)和式(2.3.8)可求出条件函数的零点 t_z。

如果在式（2.3.9）中用 y_i，y_{i+1}，$\dot{y}_i$，$\dot{y}_{i+1}$ 替换 φ_i，φ_{i+1}，$\dot{\varphi}_i$，$\dot{\varphi}_{i+1}$ 则可内插出状态的逼近函数 $y(t)$，由此得到 $y(t_z)$。

可以将常用的 4 阶定步长龙格-库塔法（RK-4）与上述连分式求零算法结合得到仿真间断系统的改进算法，并与原有算法进行比较。考虑前面提到的饱和控制系统。对改进仿真算法取步长 $h = 0.3$，RK-4 方法取步长 $h = 0.1$。图 2.3.3 表示了两种算法的仿真误差 ε_{pk} 相对于初始值 t_0 的变化。很明显，改进算法的仿真精度较原方法有很大改进。由于厄米特插值的精度阶与 RK-4 法的精度阶一致，因此改进算法在通过间断点时，能够保证 RK-4 方法的精度阶，即 ε_{pk} 随 h^4 变化，而 RK-4 由于间断，ε_{pk} 只能随 h^2 变化。

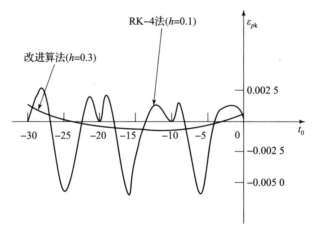

图 2.3.3 RK-4 法和改进算法对饱和控制系统求解的误差 ε_{pk} 相对于不同初始值 t_0 的变化

连分式求零算法在间断非线性函数不多的情况下适用于实时仿真。即使在非线性函数比较多的情况下，也能在非实时仿真中提高精度。下面给出可用于非实时仿真的混合求零算法。对于 $\varphi = \varphi(t)$ 的情形，它可以与任何一种变步长或定步长方法结合获得中、高精度的仿真结果。对于 $\varphi = \varphi(y,t)$ 的情形，可以结合厄米特插值和 4 阶龙格-库塔法得到中精度的结果。

2. 混合求零算法

如果条件函数在零点所在区间 (t_1, t_2) 上非单调，如 φ 变化很剧烈，则采用多点的连分式展开式（式 2.3.6）效果往往不理想。为此，可以把三点连分式与平分法结合逐步缩小搜索区间，并逐步使用三点连分式逼近零点。图 2.3.4 给出了混合求零程序的框图，依据混合求零算法可以构造 $\varphi = \varphi(t)$ 和 $\varphi = \varphi(y,t)$ 两种情形的间断问题算法。

对于 $\varphi = \varphi(t)$ 的情形，可将函数零点寻找与数值积分过程分开进行，其算法步骤如下。

（1）给定零点寻找步长 h_z，h_z 的选择应小于相邻零点的间距，另外给定积分步长 $h_i (h_i \leq h_z)$。

（2）设由 t_n 开始积分，令 $t_{n+1} = t_n + h_z$，判别 $\varphi(t_n)\varphi(t_{n+1})$ 是否小于 0。若否，则令 $t_n = t_{n+1}$，重复判别过程；若是，则利用混合求零程序，基于 t_n，t_{n+1} 求出零点 t_z，转步骤（3）。

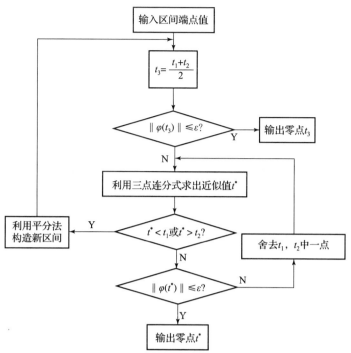

图 2.3.4 混合求零程序框图

(3) 基于条件函数值 $\varphi(t_n)$，采用相应的右端函数，由开始的 t_n 以步长 h_i 逐步积分到 t_z，转步骤 (4)。

(4) 令 $t_n = t_z$，$\varphi(t_n) = \varphi(t_{n+1})$，重复步骤 (2) 直到结束积分。

对 $\varphi = \varphi(y, t)$ 的情形，算法步骤如下。

(1) 选定积分步长 h，由 t_n 积分到 $t_{n+1} = t_n + h$，判定 $\varphi(t_n)\varphi(t_{n+1})$ 是否小于 0。若是，则转步骤 (2)；若否，则令 $t_n = t_{n+1}$，重复步骤 (1)。

(2) 基于 $t_n = t_{n+1}$，利用混合求零程序求出零点 t_z，其中 $\varphi(t)$ 采用厄米特内插公式，即

$$\varphi(t) = [3(1-a)^2 - 2(1-a)^3]\varphi_n + [3a^2 - 2a^3]\varphi_{n+1}$$
$$+ h[(1-a)^2 - (1-a)^3]\dot{\varphi}_n - h(a^2 - a^3)\dot{\varphi}_{n+1}$$

式中，$h = t_{n+1} - t_n$；$a = \dfrac{t - t_n}{h}$；$\varphi_n = \varphi(y_n, t_n)$；$\varphi_{n+1} = \varphi(y_{n+1}, t_{n+1})$；$\dot{\varphi}_n = \dot{\varphi}(y_n, t_n)$；$\dot{\varphi}_{n+1} = \dot{\varphi}(y_{n+1}, t_{n+1})$。

(3) 基于近似解 y_n，y_{n+1} 及其导数值 $\dot{y}_n$，$\dot{y}_{n+1}$ 同样构造厄米特公式求出修正值 $y(t_z)$。

(4) 根据步骤(1)中得到的条件函数值 $\varphi(y_{n+1}, t_{n+1})$ 转换相应的右端函数，令 $t_n = t_z$，转步骤(1)。

混合求零算法能够处理一个积分步内条件函数非单调的情况，适用于大的仿真步长和条件函数变化快的间断问题。因此，它能够仿真相当广泛的一类间断非线性系统。

2.3.3 间断点估计法

间断点估计法适用于各种含有间断特性的系统，无须知道条件函数，也不必搜索条件函

数的零点，它是在积分过程中自动估计出间断点的位置，并使一步积分的末尾正好在间断点上。例如，使用 RKS3-4 公式，如图 2.3.5 所示。设从 t_n 积分到 t_n+h，设 k_1，k_2，k_3，k_4 分别是 $f(t_n)$，$f(t_n+h/3)$，$f(t_n+2h/3)$，$f(t_n+h)$ 的一个近似值，作差分

$$\Delta f_1 = k_2 - k_1$$
$$\Delta f_2 = k_3 - k_2$$
$$\Delta f_3 = k_4 - k_3$$

若 $f(y,t)$ 在 $[t_n, t_n+h]$ 中是连续的，则 Δf_1，Δf_2，Δf_3 近似相等。若 $\Delta f_i (i=1,2,3)$ 中有一个远大于其他两个，倍数为 P（一般为 $10\sim30$），则在 Δf_i 所在段必有右函数激烈变化（可能是间断点），可将此区间分为 3 段。重复上述过程，一般经几次缩小即可找到右端函数断点的地方。另外，当估计出间断点后，可以采用低阶方法（大稳定区域），间断点对其影响较小，同时即使失败，计算的浪费也小。当越过间断点后，再换高阶算法。

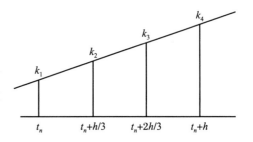

图 2.3.5　RKS3-4 公式的系数

2.4　分布参数系统仿真算法

在前面几节中，我们讨论了集中参数系统的仿真问题，这些系统的模型一般可用一组常微分方程（ODE）来描述。但是，还有一类动力学系统，如热传导、振动等系统模型是用偏微分方程（PDE）来描述的，属于分布参数系统。分布参数系统的仿真算法主要有差分解法、线上求解法和有限元法。

2.4.1　差分解法

差分解法是对偏微分方程进行数值求解的常用方法之一，它是在时间和空间两个方面将变量离散化，进而得到一组代数方程，然后利用已给出的初始条件及边界条件逐个求解，则可将任一时刻、任一空间位置上的系统中的状态变量的值全部计算出来。

设有一条长为 l 的细棒，其侧面是绝缘的，$t=0$ 时，温度分布为 $\varphi(x)$。现将它两端接于温度为 $u_1(t)$ 及 $u_2(t)$ 的物体上，试计算不同时刻棒上各点处的温度。

这个问题的数学模型可以用下式来描述：

$$K\frac{\partial^2 u(x,t)}{\partial x^2} = \frac{\partial u(x,t)}{\partial t} \tag{2.4.1}$$

式中，K 为导温系数，它取决于棒的导热系数、比热容和质量密度。为了解此方程，首先给出边界条件及初始条件。假定 $0 \leq x \leq l$，$0 \leq t \leq T$，有

$$u(x,0) = \varphi(x), (0 \leq x \leq l) \tag{2.4.2}$$
$$u(0,t) = u_1(t) \tag{2.4.3}$$
$$u(l,t) = u_2(t) \tag{2.4.4}$$

其中，式（2.4.2）为初始条件，式（2.4.3）及式（2.4.4）为边界条件。

差分解法的具体步骤如下：

(1) 取时间变量 t 的步长为 τ，将整个时间分为 N 份。取空间变量 x 步长为 h，将整个长度分为 M 份。则在 $x-t$ 平面上构成一个矩形网格，如图 2.4.1 所示。

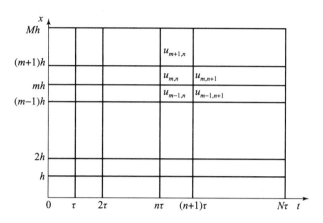

图 2.4.1 $x-t$ 平面上的矩形网格

图 2.4.1 中网格交点有

$$\begin{cases} u_{m-1,n} = u((m-1)h, n\tau) \\ u_{m,n} = u(mh, n\tau) \\ u_{m,n+1} = u(mh, (n+1)\tau) \\ u_{m+1,n} = u((m+1)h, n\tau) \end{cases}$$

(2) 以差分来代替微分，即

$$\left.\frac{\partial u}{\partial t}\right| \approx \frac{u_{m,n+1} - u_{m,n}}{\tau} \tag{2.4.5}$$

$$\left.\frac{\partial^2 u}{\partial x^2}\right| \approx \frac{u_{m+1,n} - 2u_{m,n} + u_{m-1,n}}{h^2} \tag{2.4.6}$$

(3) 将式 (2.4.5) 及式 (2.4.6) 代入式 (2.4.1)，则得

$$\frac{u_{m,n+1} - u_{m,n}}{\tau} = K \frac{u_{m+1,n} - 2u_{m,n} + u_{m-1,n}}{h^2} \tag{2.4.7}$$

即

$$u_{m,n+1} = r u_{m+1,n} + (1-2r) u_{m,n} + r u_{m-1,n} \quad (m=1,2,\cdots,M-1; n=0,1,\cdots,N-1) \tag{2.4.8}$$

式中，$r = \dfrac{K\tau}{h^2}$。

(4) 从 $t=0$ 开始计算（即从第 1 列开始计算），$u_{0,0}$ 及 $u_{M,0}$ 如可由边界条件来确定，而中间各点 $u_{m,0}(m=1,2,\cdots,M-1)$ 可由初始条件来确定，即

$$u_{0,0} = u_1(0)$$
$$u_{M,0} = u_2(0)$$
$$u_{m,0} = \varphi(mh)$$

(5) 然后计算第 2 列（$n=1$）上各点的值，计算时，两端由边界条件来确定，而中间

各点则由式（2.4.8）来计算，例如：
$$u_{m,1} = ru_{m+1,0} + (1-2r)u_{m,0} + ru_{m-1,0} \quad (m=1,2,\cdots,M-1)$$

（6）然后计算第3列（$n=2$），直到 $n=N$ 为止。

根据式(2.4.8)可以由第 n 个时间层推到第 $n+1$ 个时间层，该式提供了逐点计算 $u_{m,n+1}$ 的明显表达式，所以上述差分解法称为显式差分解法。

与显式差分解法相对应，还有隐式差分解法。若按下式计算：

$$\left.\frac{\partial^2 u}{\partial x^2}\right| \approx \frac{u_{m+1,n+1} - 2u_{m,n+1} + u_{m-1,n+1}}{h^2} \tag{2.4.9}$$

则式（2.4.7）将变成

$$\frac{u_{m,n+1} - u_{m,n}}{\tau} = K\frac{u_{m+1,n+1} - 2u_{m,n+1} + u_{m-1,n+1}}{h^2}$$

即

$$u_{m,n+1} = \frac{1}{\frac{1}{\tau} + \frac{2K}{h^2}}\left[\frac{1}{\tau}u_{m,n} + \frac{K}{h^2}(u_{m-1,n+1} + u_{m+1,n+1})\right] \tag{2.4.10}$$

由式（2.4.10）可知，为求 $u_{m,n+1}$ 不仅要知道 $u_{m,n}$，而且要知道 $u_{m-1,n+1}$ 及 $u_{m+1,n+1}$，因此要用迭代解法，上式即隐式差分解法。

采用差分解法时，若时间步长 τ 及空间步长 h 选择不合适也有可能产生数值计算发散的现象，即也存在稳定问题。

由式（2.4.7）可得

$$\frac{u_{m,n+1} - u_{m,n}}{\tau} - K\frac{u_{m+1,n} - 2u_{m,n} + u_{m-1,n}}{h^2} = 0$$

则误差 $\varepsilon_{m,n}$ 应满足

$$\frac{1}{\tau}(\varepsilon_{m,n+1} - \varepsilon_{m,n}) - \frac{K}{h^2}(\varepsilon_{m+1,n} - 2\varepsilon_{m,n} + \varepsilon_{m-1,n}) = 0 \tag{2.4.11}$$

为不失一般性，现假设初始时刻的误差为

$$\varepsilon_{m,0} = \left.e^{ikx}\right|_{x=mh} = e^{ikmh} \tag{2.4.12}$$

其中，k 为频率参数，即波数，它是一个任意的实数，$1/k$ 称为波长。

为求出满足式(2.4.11)的 $\varepsilon_{m,n}$，可先假设它为如下形式：

$$\varepsilon_{m,n} = [\lambda(k)]^n e^{ikmh} \tag{2.4.13}$$

式中，$\lambda(k)$ 为对应于波数 k 的增长因子，简写为 λ。

将式(2.4.13)代入式(2.4.11)，得

$$\frac{1}{\tau}(\lambda^{n+1}e^{ikmh} - \lambda^n e^{ikmh}) - \frac{K}{h^2}[\lambda^n e^{ik(m+1)h} - 2\lambda^n e^{ikmh} + \lambda^n e^{ik(m-1)h}] = 0$$

消去公因子 $\lambda^n e^{ikmh}$，可得

$$\frac{1}{\tau}(\lambda - 1) - \frac{K}{h^2}(e^{ikh} - 2 + e^{-ikh}) = 0 \tag{2.4.14}$$

式(2.4.14)就是差分构成式(2.4.11)的特征方程，它的根为

$$\lambda = \lambda(k) = 1 - 4r\sin^2(\theta/2) = 0 \tag{2.4.15}$$

式中，$r = \dfrac{\tau K}{h^2}$，$\theta = kh$。

为保证误差不恶性增长，即保证计算稳定，要求特征根在单位圆内，即

$$|\lambda(k)| \leq 1 \tag{2.4.16}$$

由于计算中舍入误差是随机的，因此应该认为各种 k 的频率组合都是可能的，故式（2.4.16）应对一切实数 k 值均能满足。由式（2.4.16）可得

$$\left| 1 - 4r \sin^2 \frac{\theta}{2} \right| \leq 1$$

即

$$r \leq \frac{1}{2} \tag{2.4.17}$$

或写成

$$\tau \leq \frac{h^2}{2K} \tag{2.4.18}$$

这说明，对显式差分解法，时间步长 τ 与空间步长 h 之间应有一定的比例关系。若为了提高精度将 h 减半，则根据式(2.4.18)，τ 要减小为原来的 1/4，这样总的计算时间将加长 8 倍。可见，显式差分解法不适用于高精度的仿真计算。

类似地，可得到隐式差分解法的特征方程为

$$\frac{1}{\tau}(\lambda - 1) - \frac{K}{h^2}(\lambda e^{ikh} - 2\lambda + \lambda e^{-ikh}) = 0 \tag{2.4.19}$$

它的特征根为

$$\lambda = \frac{1}{1 + 4r \sin^2 \dfrac{\theta}{2}}$$

式中，$r = \dfrac{\tau K}{h^2}$。因此，不论 k、τ、h 为多少，都有 $|\lambda| \leq 1$，故隐式差分解法为恒稳的解法。

2.4.2 线上求解法

适于偏微分方程的另一种数值解法是线上求解法，又称连续时间-离散空间法。它是将偏微分方程中的空间变量 x 进行离散化，时间变量仍保持连续，因此可将偏微分方程转化为一组常微分方程，被广泛用于分布参数系统的仿真。

仍以上节的问题为例，若将 x 轴以 h 为步长分为 M 份，即 $h = l/M$，则有

$$du/dt \big|_m = K \partial^2 u / \partial x^2 \big|_m \quad (m = 0, 1, \cdots, M) \tag{2.4.20}$$

为 $M+1$ 个常微分方程。其中，$\partial^2 u / \partial x^2$ 可以用差分来近似表示，即

$$\partial^2 u / \partial x^2 \big|_m = f_m(u, t) \approx [u_{m+1}(t) - 2u_m(t) + u_{m-1}(t)]/h^2 \tag{2.4.21}$$

式中，$u_{m+1}(t) = u((m+1)h, t)$，$u_m(t) = u(mh, t)$，$u_{m-1}(t) = u((m-1)h, t)$。

将式(2.4.21)代入式（2.4.20），可得 $M+1$ 个微分方程，即

$$du_m/dt = kf_m(u, t) \quad (m = 0, 1, \cdots, M) \tag{2.4.22}$$

只要求出 $f_m(u, t)$，就可很方便地解出这 $M+1$ 个微分方程。例如，用欧拉法，则有

$$u_{m,1} = u_{m,0} + hf_m(u_{m,0}, t_0)$$

$$u_{m,2} = u_{m,1} + hf_m(u_{m,1}, t_1)$$

式中，$u_{m,0}$ 可由初始条件求出，$f_m(u_{m,0}, t_0)$ 可由初始条件及边界条件求出。

实际上，只要写出如式(2.4.20)的微分方程，则调用任何一种微分方程数值求解程序均可。由于首先是求出 $t_1 = t_0 + \Delta t$ 这一时刻空间各点($m = 0, 1, \cdots, M$)的值，然后再求出 $t_2 = t_1 + \Delta t$ 这一时刻空间各点的值，因此这种方法被称为线上求解法。线上求解法的具体步骤可归结如下：

（1）将空间变量从起始点到终点分成 M 份；

（2）用差分来近似对空间变量求导（这里要利用边界条件）；

（3）从起始时间开始，利用给定的初始条件用数值积分法求出下一时刻空间各点的函数值；

（4）用差分来近似对空间变量求导；

（5）计算下一时刻空间各点的函数值；

（6）重复（4）、（5）两步，直到规定的时刻为止。

因此，只需增加一些差分计算子程序，就可利用原有数值积分法及仿真程序进行计算。

线上求解法的优点是方法直观、程序简单，比较容易被工程技术人员所掌握，但也有缺点，主要表现在以下方面。

（1）误差不易控制。数值积分法由于有误差估计，因此可以改变积分步长使计算精度限制在某个范围，但利用差分来近似对空间变量求导也会引进误差，而这部分误差不易估计，所以整个系统仿真的精度就很难控制。

（2）差分公式较多。在使用线上求解法时，选择哪一种差分公式不仅会影响计算精度，而且会影响计算时间。一般而言，采用多点进行差分要比用采少点进行差分准确一些。但是，有时点数多了反而会降低精度。因此，在选择差分公式上就带有一定的盲目性。通常对工程计算，建议采用三点或五点差分。

此外，空间离散的间距取多大也是线上求解法的一个重要问题。间距取得太大，计算误差将增大；间距取得太小，微分方程的个数将增加很多。例如，空间有两个变量的 n 阶偏微分方程——对时间求导是 n 阶，若空间两个变量分别被分成 M_x、M_y 份，则微分方程的个数为 $n(M_x + 1)(M_y + 1)$，所以计算时间将加大很多。考虑到时间计算步距可采用变步长方法，则线上求解法也可考虑空间离散时采用变间距的方案。由于涉及误差估计，因此该问题尚处研究阶段。

第3章
垂向动力学仿真

车辆系统仿真通常要先依据分析目的、实际系统物理规律或试验数据建立数学模型，然后通过仿真算法在计算机上求解，来得到所关心的仿真结果。本书从本章开始分析车辆系统物理建模的理论与方法。

车辆的垂向动力学模型是分析车辆振动与平顺性的基础，本章从路面随机激励、车辆振动、悬挂元件的模型和实例展开研究。

3.1 路面激励模型

路面不平度的激励是引起车辆振动的主要根源，产生的振动激励也是十分复杂的。车辆行驶时会遇到各种各样的复杂路面条件，一般可以将其分成两类。

1. 冲击型不平路面

路面上存在有限数量的超过地面不平度均值的显著凸凹不平的地形或地物，如石块、田埂、树桩、弹坑等，当车辆驶过时会出现严重的冲击。冲击型不平路面常用其轮廓的主要几何尺寸参数来进行描述，如长度、高度、角度等。

2. 随机型不平路面

随机型不平路面的不平度是随机变化的，难以用准确的数学关系描述其变化规律，如铺装路面、碎石路、农村土路等。这种路面不平度的变化规律通常认为是一种平稳随机过程，其特征常用随机过程的统计特性进行描述。

3.1.1 路面不平度和路面谱

为了预测车辆对路面不平度产生振动激励的响应特性，就需要对不平的路面进行恰当的描述及表达。

通常把路面轮廓相对基准平面的高度 q 沿道路走向长度 l 的变化曲线 $q(l)$ 称为路面纵剖面曲线或路面不平度函数，如图 3.1.1 所示。路面不平度函数的自变量是路面轮廓曲线上某点与选定的坐标原点之间的距离 l，而不是时间 t。

实际路面的不平度函数通常采用测量的方法得到，常用的测量装置有水准仪、路面轮廓仪、GMR 路面计、激光（或超声波）非接触路面测量仪等。

路面不平度函数可以看成是一个平稳随机过程的样本函数，难以直接进行数学描述。目前，对测量得到的大量路面不平度随机数据，通常在计算机上进行处理，进而得到路面不平

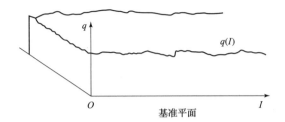

图 3.1.1 路面纵剖面曲线

度 $q(I)$ 的功率谱密度 $G_q(n)$ 或均方根值 σ_q 等统计特性参数，并用来描述和表示路面不平度。

1984 年由国际标准化组织在 ISO/TC108/SC2N67 文件中提出的"路面不平度表示方法草案"和 GB/T 7031—2005《机械振动道路路面谱测量数据报告》标准中，均建议路面功率谱密度（路面谱）$G_q(n)$ 可用下式作为拟合表达式，即

$$G_q(n) = G_q(n_0) \left(\frac{n}{n_0}\right)^{-w} \text{（在双对数坐标上为一斜线）} \quad (3.1.1)$$

式中　n——空间频率（m^{-1}），为路面波长 $\lambda(m)$ 的倒数，表示每米长度中包括几个波长；

　　　n_0——参考空间频率，$n_0 = 0.1 \text{ m}^{-1}$；

　　　$G_q(n_0)$——参考空间频率 n_0 下的路面功率谱密度值（m^3），称为路面不平度系数；

　　　w——频率指数，为双对数坐标上斜线的斜率，该参数决定了路面功率谱的频率结构。

上述两个标准还提出按路面功率谱密度将路面不平度分为 A、B、C、D、E、F、G 和 H 共 8 级。表 3.1.1 规定了各级路面不平度系数 $G_q(n_0)$ 的几何平均值，分级路面功率谱的频率指数 $w = 2$。表中还同时列出了 $0.011 \text{ m}^{-1} < n < 2.83 \text{ m}^{-1}$ 范围路面不平度相应的均方根值 σ_q 的几何平均值。

表 3.1.1　路面不平度 8 级分类标准

路面等级	几何平均值	
	$G_q(n_0)/(10^{-6} \text{ m}^3)$ （$n_0 = 0.1 \text{ m}^{-1}$）	$\sigma_q/(10^{-3} \text{ m})$ （$0.011 \text{ m}^{-1} < n < 2.83 \text{ m}^{-1}$）
A	16	3.81
B	64	7.61
C	256	15.23
D	1 024	30.45
E	4 096	60.90
F	16 384	121.80
G	65 536	243.61
H	262 144	487.22

路面功率谱密度 $G_q(n)$ 随空间频率 n 的提高或波长 λ 的减小而变小。当 $w=2$ 时，$G_q(n)$ 与 λ^2 成正比。$G_q(n)$ 是不平度幅值的均方值谱密度，故 $G_q(n)$ 又与不平度幅值的平方成正比，不平度幅值 q_0 大致与波长 λ 成正比。

上述路面功率谱密度 $G_q(n)$ 指的是垂直位移功率谱密度，还可以采用不平度函数 $q(l)$ 对纵向长度 l 的一阶导数，即速度功率谱密度 $G_{\dot{q}}(n)$ 和二阶导数，即加速度功率谱密度 $G_{\ddot{q}}(n)$ 来补充描述路面不平度的统计特性。$G_{\dot{q}}(n)$（单位为 m）和 $G_{\ddot{q}}(n)$（单位为 m^{-1}）与 $G_q(n)$ 的关系为

$$\begin{cases} G_{\dot{q}}(n) = (2\pi n)^2 G_q(n) \\ G_{\ddot{q}}(n) = (2\pi n)^4 G_q(n) \end{cases} \tag{3.1.2}$$

当频率指数 $w=2$ 时，将式（3.1.1）代入式（3.1.2）可得

$$\begin{cases} G_{\dot{q}}(n) = (2\pi n_0)^2 G_q(n_0) \\ G_{\ddot{q}}(n) = (2\pi n_0)^4 G_q(n_0)(n/n_0)^2 \end{cases} \tag{3.1.3}$$

可以看出，此时路面速度功率谱密度 $G_{\dot{q}}(n)$ 的幅值在整个频率范围内为一常数，为一"白噪声"，其幅值大小只与路面不平度系数 $G_q(n_0)$ 有关，用它作为振动激励的描述来计算分析振动响应的功率谱会更方便。

3.1.2 空间频率和时间频率功率谱密度函数的关系

车辆振动系统的输入激励除了与路面不平度有关，还与车速密切相关。在不平的路面上静止的车辆是不会产生振动激励的，车速越高产生的振动激励的强度越大。为了描述随时间 t 变化而变化的振动输入激励，需要根据车速 v 将空间频率功率谱密度 $G_q(n)$ 换算为时间频率功率谱密度 $G_q(f)$。

当车辆以一定车速 v（单位为 m/s）驶过空间频率 n（单位为 m^{-1}）的路面不平度时，输入的时间频率 f（单位为 s^{-1}）是 n 与 v 的乘积，即

$$f = vn \tag{3.1.4}$$

可以看出，当空间频率 n 一定时，时间频率 f 与车速 v 成正比。功率谱密度的定义是单位频带内的"功率"（均方值），故空间频率功率谱密度可以表示为

$$G_q(n) = \lim_{\Delta n \to 0} \frac{\sigma_{q \sim \Delta n}^2}{\Delta n} \tag{3.1.5}$$

式中，$\sigma_{q \sim \Delta n}^2$ 为路面功率谱密度在频带 Δn 内包含的"功率"。

在某一车速 v 下，与空间频带 Δn 相应的时间频带 Δf 内所包含的不平度垂直位移 q 的谐量成分相同，其"功率"仍为 $\sigma_{q \sim \Delta n}^2$，因此换算的时间频率功率谱密度可表示为

$$G_q(f) = \lim_{\Delta f \to 0} \frac{\sigma_{q \sim \Delta n}^2}{\Delta f}$$

将式（3.1.4）和式（3.1.5）代入上式，得到 $G_q(n)$ 与 $G_q(f)$ 的换算式为

$$G_q(f) = \frac{1}{v} G_q(n) \tag{3.1.6}$$

将式（3.1.1）、式（3.1.4）代入式（3.1.6），得到时间频率路面功率谱密度 $G_q(f)$（单位为 $m^2 \cdot s$）表达式，当 $w=2$ 时，得

$$G_q(f) = \frac{1}{v}G_q(n_0)\left(\frac{n}{n_0}\right)^{-2} = G_q(n_0)n_0^2\frac{u}{f^2} \qquad (3.1.7)$$

时间频率的不平度垂直速度 $\dot{q}(t) = \mathrm{d}q(t)/\mathrm{d}t$ 和加速度 $\ddot{q}(t) = \mathrm{d}^2q(t)/\mathrm{d}t^2$ 的功率谱密度 $G_{\dot{q}}(f)$（单位为 m^2/s）和 $G_{\ddot{q}}(f)$（单位为 $\mathrm{m}^2/\mathrm{s}^3$）与位移功率谱密度 $G_q(f)$ 的关系式为

$$\begin{cases} G_{\dot{q}}(f) = (2\pi f)^2 G_q(f) = 4\pi^2 G_q(n_0)n_0^2 v \\ G_{\ddot{q}}(f) = (2\pi f)^4 G_q(f) = 16\pi^4 G_q(n_0)n_0^2 vf^2 \end{cases} \qquad (3.1.8)$$

由上式可知，时间频率的路面不平度位移、速度和加速度的功率谱密度函数 $G_q(f)$、$G_{\dot{q}}(f)$、$G_{\ddot{q}}(f)$ 都与路面不平度系数 $G_q(n_0)$ 和车速 v 成正比。依据式（3.1.7）和式（3.1.8），通过傅里叶反变换就可以得到路面不平度位移、速度和加速度的时域激励信号模型。

在频域内，根据时间频率的路面不平度功率谱密度函数和车辆振动系统的传递函数 $H(f)$，可以很方便地求出各种振动响应量 $x(t)$（如车身振动加速度、悬挂动挠度、车轮动载荷）的功率谱密度函数 $G_x(f)$。由此可以分析车辆悬挂系统参数对振动响应特性的影响，反过来也可以根据车辆平顺性评价指标来优化车辆悬挂系统设计参数。

3.1.3 相干函数

车辆双侧的车轮和履带会对车辆产生两个不同的路面不平度激励信号，这两个随机信号有什么相互关系呢？可以用这两个随机信号 $x(t)$ 和 $y(t)$ 的统计相干度，即相干函数 $\gamma^2(\omega)$ 来描述和建模，即

$$\gamma^2(\omega) = \frac{|G_{xy}(\mathrm{j}\omega)|^2}{G_{xx}(\omega)G_{yy}(\omega)} \qquad (3.1.9)$$

这个相干函数是互谱密度绝对值的平方除以两自谱密度的乘积的商值。它的值总是在 0 和 1 之间，取决于两个信号源的统计相干度有多强。当两个信号源绝对不相干时，$\gamma^2(\omega) = 0$，即两个信号源没有统计相干性；相反地，$\gamma^2(\omega) = 1$ 时，表示两个信号出自同一个信号源，但是它们却不见得一模一样。这种情况指输入和输出之间经过一个线性系统，而不再含有另外的干扰源。

图 3.1.2 展示了路面不平度相干函数的一个可能的变化曲线。针对不同的路面，如石块、柏油或柏油混凝土路，自然会有不同的相干函数曲线，但是从理论上讲它们都是相似的。

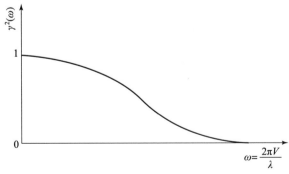

图 3.1.2 一条路上左右两轮迹的相干函数曲线

3.2 车辆振动简化模型

车辆行驶包括公路和越野行驶，特别对于越野行驶时车辆所处的地形比较复杂，要求车辆能够平稳行驶，不产生振动损伤，且具有相应的舒适性。车辆作为一个复杂的振动系统，应根据所分析的问题进行简化。

3.2.1 单自由度振动模型

1. 自由振动模型

图 3.2.1 是分析车体振动的单自由度系统模型，它由车体质量 m_2 和弹簧刚度 K、减振器阻尼系数为 C 的悬挂组成，q 为输入的路面不平度函数。

车体垂直位移坐标 z 的原点取在静力平衡位置，根据牛顿第二定律，得到描述系统运动的微分方程为

$$m_2 \ddot{z} + C(\dot{z} - \dot{q}) + K(z - q) = 0 \tag{3.2.1}$$

此方程的解由自由振动齐次方程的解与非齐次方程特解之和组成。

令 $2n = C/m_2$，$\omega_0^2 = K/m_2$，则齐次方程为

$$\ddot{z} + 2n\dot{z} + \omega_0^2 z = 0 \tag{3.2.2}$$

式中，ω_0 为系统固有圆频率。

阻尼对运动的影响取决于 n 和 ω_0 的比值 ξ，ξ 称为阻尼比，并且有 $\xi = n/\omega_0 = C/2\sqrt{m_2 K}$。车辆悬挂系统阻尼比 ξ 的数值通常在 0.25 左右，属于小阻尼，此时微分方程的解为

$$z = A\mathrm{e}^{-nt}\sin(\sqrt{\omega_0^2 - n^2}\, t + \alpha) \tag{3.2.3}$$

这个解说明，有阻尼自由振动时，质量 m_2 以有阻尼固有频率 $\omega_r = \sqrt{\omega_0^2 - n^2}$ 振动，其振幅按 e^{-nt} 衰减，如图 3.2.2 所示。

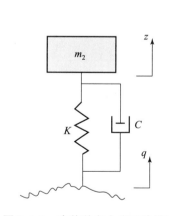

图 3.2.1 车体单自由度系统模型

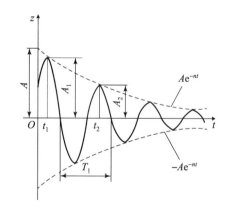

图 3.2.2 衰减振动曲线

阻尼比 ξ 对衰减振动有两方面影响。

（1）与有阻尼固有频率 ω_r 有关，即

$$\omega_r = \sqrt{\omega_0^2 - n^2} = \omega_0\sqrt{1 - \xi^2} \tag{3.2.4}$$

由式（3.2.4）可知，ξ 增大，ω_r 下降。当 $\xi = 1$ 时，$\omega_r = 0$，此时运动失去振荡特征。车辆悬挂系统阻尼比 ξ 大约为 0.25，此时 ω_r 比 ω_0 只下降了 3% 左右，在工程上可以近似认为 $\omega_r \approx \omega_0$，车体部分无阻尼振动的固有圆频率 $\omega_0 (\mathrm{rad/s})$ 和固有频率 $f_0 (\mathrm{s}^{-1}$ 或 Hz$)$ 分别表示为

$$\begin{cases} \omega_0 = \sqrt{\dfrac{K}{m_2}} \\ f_0 = \dfrac{\omega_0}{2\pi} = \dfrac{1}{2\pi}\sqrt{\dfrac{K}{m_2}} \end{cases} \quad (3.2.5)$$

（2）决定振幅的衰减程度。

图 3.2.2 上两个相邻的振幅 A_1 与 A_2 之比称为减幅系数 d，其表达式为

$$d = \frac{A_1}{A_2} = \frac{A\mathrm{e}^{-nt_1}}{A\mathrm{e}^{-n(t_1+T_1)}} = \mathrm{e}^{nT_1} = \mathrm{e}^{\frac{2\pi\xi}{\sqrt{1-\xi^2}}} \quad (3.2.6)$$

对式（3.2.6）取自然对数

$$\ln d = \frac{2\pi\xi}{\sqrt{1-\xi^2}} \quad (3.2.7)$$

可以由实测的衰减振动曲线得到减幅系数 d，再由下式求出阻尼比，即

$$\xi = \frac{1}{\sqrt{1 + 4\pi^2/\ln^2 d}} \quad (3.2.8)$$

2. 频率响应特性

现在讨论在激励 q 的作用下，单自由度系统运动微分方程式（3.2.1）的解，通解部分由于阻尼作用随时间减小，稳态条件下系统的响应 z 由特解确定，它取决于激励 q 和系统的频率响应特性。

由输出、输入谐量复振幅 z 与 q 的比值或 $z(t)$ 与 $q(t)$ 的傅里叶变换 $Z(\omega)$ 与 $Q(\omega)$ 的比值，可以求出系统的频率响应函数，记为 $H(\mathrm{j}\omega)_{z\sim q}$，表达式为

$$H(\mathrm{j}\omega)_{z\sim q} = \frac{z}{q} = \frac{Z(\omega)}{Q(\omega)} \quad (3.2.9)$$

式中，复振幅 $z = z_0 \mathrm{e}^{\mathrm{j}\varphi_2}$；$q = q_0 \mathrm{e}^{\mathrm{j}\varphi_1}$。其中，$z_0$、$q_0$ 为输出、输入谐量的幅值；φ_2、φ_1 为输出、输入谐量的相角。将这些量代入式（3.2.9），并写成指数形式，得

$$H(\mathrm{j}\omega)_{z\sim q} = \frac{z_0}{q_0}\mathrm{e}^{\mathrm{j}(\varphi_2-\varphi_1)} = |H(\mathrm{j}\omega)|_{z\sim q}\mathrm{e}^{\mathrm{j}\varphi(\omega)} \quad (3.2.10)$$

从上式可以看出，$|H(\mathrm{j}\omega)|_{z\sim q} = z_0/q_0$。它是输出、输入谐量的幅值比，称为幅频特性。$\varphi(\omega) = \varphi_2 - \varphi_1$ 表示输出与输入谐量的相位差，称为相频特性。

对式（3.2.1）进行傅里叶变换或将各复振幅代入该式，并令 $z = \boldsymbol{z}$，$q = \boldsymbol{q}$，$\dot{z} = \mathrm{j}\omega z$，$\dot{q} = \mathrm{j}\omega \boldsymbol{q}$，$\ddot{z} = -\omega^2 z$，得复数方程为

$$z(-m_2\omega^2 + \mathrm{j}C\omega + K) = \boldsymbol{q}(\mathrm{j}C\omega + K) \quad (3.2.11)$$

并由此得频率响应函数为

$$H(\mathrm{j}\omega)_{z\sim q} = \frac{z}{q} = \frac{K + \mathrm{j}C\omega}{(-m_2\omega^2 + K) + \mathrm{j}C\omega} \quad (3.2.12)$$

将频率比 $\lambda = \omega/\omega_0$（$\omega_0 = \sqrt{K/m_2}$）和阻尼比 $\xi = C/(2\sqrt{Km_2})$ 代入上式，得

$$H(\mathrm{j}\omega)_{z\sim q} = \frac{1 + 2\mathrm{j}\xi\lambda}{1 - \lambda^2 + 2\mathrm{j}\xi\lambda} \quad (3.2.13)$$

此式的模为幅频特性,即

$$|H(\mathrm{j}\omega)|_{z\sim q} = \left[\frac{1+(2\xi\lambda)^2}{(1-\lambda^2)^2+(2\xi\lambda)^2}\right]^{\frac{1}{2}} \quad (3.2.14)$$

图 3.2.3 为用双对数坐标画出的式(3.2.14)的幅频特性 $|z/q|$。用双对数坐标画幅频特性时,首先确定其低频段和高频段的渐近线。

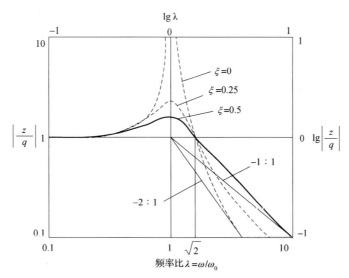

图 3.2.3 单自由度系统位移输入与位移输出的幅频特性

对图 3.2.3 所示的单自由度系统位移输入与位移输出的幅频特性曲线进行分析。

(1) 当 $\lambda \ll 1$ 时(低频段)。

$|z/q| \to 1$,$\lg|z/q| = 0$ 渐近线为一水平线,其斜率为 0∶1,渐近线的"频率指数"等于 0。

(2) 当 $\lambda \gg 1$ 时(高频段),分析阻尼比 $\xi = 0$、$\xi = 0.5$ 两种情况。

① $\xi = 0$ 时,$|z/q| \to \dfrac{1}{\lambda^2}$,$\lg|z/q| = -2\lg\lambda$ 渐近线的斜率为 $-2:1$,"频率指数"等于 -2。

② $\xi = 0.5$ 时,$|z/q| \to \left[\dfrac{\lambda^2}{\lambda^2(\lambda^2+1)}\right]^{\frac{1}{2}} \to \dfrac{1}{\lambda}$,$\lg|z/q| = -\lg\lambda$,渐近线的斜率为 $-1:1$,"频率指数"等于 -1。

低频和高频段渐近线交点的频率比,由低、高频段两个渐近线方程的解得到。$\xi = 0$、$\xi = 0.5$ 时,交点分别要满足 $-2\lg\lambda = 0$ 和 $-\lg\lambda = 0$,于是交点频率比均为 $\lambda = 1$。下面确定在交点频率比 $\lambda = 1$ 时的幅值,即共振时的幅值。$\lambda = 1$ 时,有

$$|z/q|_{\omega=\omega_0} = \sqrt{1+\frac{1}{4\xi^2}} \quad (3.2.15)$$

$\xi = 0$ 时,$|z/q|_{\omega=\omega_0} = \infty$;$\xi = 0.5$ 时,$|z/q|_{\omega=\omega_0} = \sqrt{2}$。

确定了渐近线和交点频率比下的幅值,就可以画出频率特性曲线。

下面将图 3.2.3 上的幅频特性 $|z/q|$ 分成 3 个频段加以讨论。

(1) 低频段($0 \leqslant \lambda \leqslant 0.75$)。在这一频段,$|z/q|$ 略大于 1,不呈现明显的动态特性,阻

尼比对这一频段的影响不大。

(2) 共振段（$0.75 \leq \lambda \leq \sqrt{2}$）。在这一频段，$|z/q|$ 出现峰值，将输入位移放大，加大阻尼比 ξ 可使共振峰明显下降。

(3) 高频段（$\lambda \geq \sqrt{2}$）。在 $\lambda = \sqrt{2}$ 时，$|z/q| = 1$，与 ξ 无关；在 $\lambda > \sqrt{2}$ 时，$|z/q| < 1$，对输入位移起衰减作用，阻尼比 ξ 减小对减振有利。

3. 随机路面激励的响应

1）平顺性分析的振动响应量

车体加速度 $\ddot{z}$ 是评价地面车辆平顺性的主要指标，另外悬挂弹簧的动挠度 f_d 与其限位行程 $[f_d]$ 有关。它们配合不当时会增加撞击限位的概率，使平顺性变差。车轮与路面间的动载 F_d 影响车轮与路面的附着效果，与行驶安全性有关。在进行平顺性分析时，要在路面随机输入下对车辆振动系统这 3 个振动响应量进行统计计算，以综合评价和选择悬挂系统的设计参数。

2）振动响应量的功率谱密度与均方根值

由于在讨论时将车辆振动系统近似为线性系统，因此当分析简化模型，路面只经过一个车轮对系统输入时，振动响应的功率谱密度与路面位移输入的功率谱密度有如下简单关系：

$$G_x(f) = |H(f)|_{x\sim q}^2 G_q(f) \tag{3.2.16}$$

式中，$|H(f)|_{x\sim q}$ 为系统响应 x 对输入 q 的频率响应函数 $H(f)_{x\sim q}$ 的模，即幅频特性。

由于振动响应量 $\ddot{z}$、f_d、F_d 取正、负值的概率相同，因此其均值近似为零，它们的统计特征值，即方差等于均方根，并可由其功率谱密度对频率积分求得，即

$$\sigma_x^2 = \int_0^\infty G_x(f) \mathrm{d}f = \int_0^\infty |H(f)|_{x\sim q}^2 G_q(f) \mathrm{d}f \tag{3.2.17}$$

式中，σ_x 为标准差，均值为零时，它就等于均方根值。

进行平顺性分析时，通常根据路面不平度系数与车速确定的路面输入谱 $G_q(f)$ 和由悬挂系统参数求出的频率响应函数 $H(f)_{x\sim q}$，按式（3.2.16）、式（3.2.17）计算振动响应的功率谱 $G_x(f)$ 和标准差（均方根值）σ_x。由此可以分析出悬挂系统参数对振动响应的影响，也可以反过来根据平顺性评价指标来优化悬挂系统设计参数。

3）概率分布与标准差的关系

平顺性对振动响应量的要求，有时是根据概率分布提出的。而在零均值正态分布的情况下，振动响应 X 的概率分布完全可以由其标准差 σ_x 确定。X 幅值的绝对值超过 $x_0 = \lambda \sigma_x$ 的概率为 P，它与界限值 x_0 和标准差 σ_x 的比值 λ 之间的关系可以由正态分布的概率积分表查到。表 3.2.1 列出了其中有代表性的值。

表 3.2.1　正态分布情况下，超过标准差 σ_x 的 $\pm \lambda$ 倍以外的概率 P

λ	1	2	2.58	3	3.29
P	31.7%	4.6%	1%	0.3%	0.1%
$1-P$	68.3%	95.4%	99%	99.7%	99.9%

对线性系统来说,如果输入是正态分布的,那么输出也必然是正态分布的。大量的测量表明,路面的随机输入和车辆的振动响应都基本上符合正态分布。这样,车辆振动响应的标准差与其概率分布之间存在如表 3.2.1 所示的简单关系,即标准差 σ_x、界限值 $x_0 = \lambda\sigma_x$、概率 P 三者之间,任知两个即可求出第三个。下面以平顺性 3 个响应量标准差(均方根值)的要求为例进行讨论。

(1) 要求车体加速度 $\ddot{z}$ 超过 g 的概率 $P = 1\%$,求车体加速度的标准差 $\sigma_{\ddot{z}}$。

由表 3.2.1,$\lambda = 2.58$ 时,概率 $P = 1\%$,此时界限值 $\ddot{z} = 2.58\sigma_{\ddot{z}}$,将 $\ddot{z}_0 = g$ 代入得

$$\sigma_{\ddot{z}} = 0.39g$$

即 $\sigma_{\ddot{z}} = 0.39g$ 时,可以使 $\ddot{z}$ 超过 g 的概率 $P = 1\%$。

(2) 某一车辆悬挂弹簧动挠度 f_d 的标准差 $\sigma_{f_d} = 3$ cm,现要求动挠度超过限位行程 $[f_d]$,即撞击限位的概率 $P = 0.3\%$,假设车轮上、下跳动的限位行程均为 $[f_d]$,求 $[f_d]$。

由表 3.2.1,$\lambda = 3$ 时,概率 $P = 0.3\%$,此时界限值 $f_{d0} = [f_d] = 3\sigma_{f_d}$,将 $\sigma_{f_d} = 3$ cm 代入得

$$[f_d] = 3 \times 3 \text{ cm} = 9 \text{ cm}$$

即在 $\sigma_{f_d} = 3$ cm 的情况下,限位行程 $[f_d] = 9$ cm 可使撞击限位的概率为 0.3%。

(3) 车轮与地面间的动载 F_d 的方向是上、下交变的。当 F_d 与车轮作用于地面的静载 G 大小相等且方向相反时,车轮作用于地面的垂直载荷等于零。此时,车轮会跳离地面,将失去纵向和侧向附着力,使行驶安全性恶化。

通常取 $G = \sigma_{F_d}$,此时相对动载 F_d/G 的均方根值 $\sigma_{F_d/G} = 1/3$,现求相应车轮跳离地面的概率。

车轮跳离地面的条件是相对动载 $F_d/G \geqslant 1$,相应界限值 $[F_d/G]_0 = 1 = 3\sigma_{F_d/G}$,此时 $\lambda = 3$,由表 3.2.1 得,概率 $P = 0.3\%$,因为 F_d 向上的概率占一半,故车轮跳离地面的概率为 0.15%。

4) 3 个振动响应量计算与分析

(1) 车体加速度功率谱密度 $G_{\ddot{z}}(\omega)$ 的计算。

将响应量 $\ddot{z}$ 代入式(3.2.16),得到 $G_{\ddot{z}}(\omega)$ 的计算公式为

$$G_{\ddot{z}}(\omega) = |H(j\omega)|^2_{\ddot{z} \sim q} G_q(\omega) \tag{3.2.18}$$

路面输入除采用位移功率谱密度 $G_q(\omega)$ 外,还可以采用速度功率谱密度 $G_{\dot{q}}(\omega)$ 和加速度功率谱密度 $G_{\ddot{q}}(\omega)$,它们与相应的幅频特性 $|H(j\omega)|_{\ddot{z} \sim \ddot{q}}$ 的平方相乘,同样可以得到车体加速度功率谱密度 $G_{\ddot{z}}(\omega)$。

另外,为了分析方便,对输入 q、$\dot{q}$、$\ddot{q}$ 与输出 $\ddot{z}$ 之间功率谱密度的关系式等号两边都开方,得输入与输出均方根值谱之间的关系为

$$\sqrt{G_{\ddot{z}}(\omega)} = \begin{cases} |H(j\omega)|_{\ddot{z} \sim q} \sqrt{G_q(\omega)} \\ |H(j\omega)|_{\ddot{z} \sim \dot{q}} \sqrt{G_{\dot{q}}(\omega)} \\ |H(j\omega)|_{\ddot{z} \sim \ddot{q}} \sqrt{G_{\ddot{q}}(\omega)} \end{cases} \tag{3.2.19}$$

(2) 车轮与路面间相对动载 F_d/G 对 q 幅频特性的分析。

对于单自由度系统,车轮与路面间的动载 F_d 由车体 m_2 的惯性力确定,即

$$F_d = m_2 \ddot{z} \tag{3.2.20}$$

F_d 与车轮作用于路面的静载 G（悬挂部分的重力 $G = m_2 g$）的比值称为相对动载。将 $G = m_2 g$ 代入式 (3.2.20)，得相对动载

$$\frac{F_d}{G} = \frac{\ddot{z}}{g} \tag{3.2.21}$$

可见，对单自由度系统，F_d/G 与 $\ddot{z}$ 只相差系数 $1/g$，因此振动系统参数 ω_0、ξ 对 $F_d/G \sim \dot{q}$ 幅频特性的影响与上面讨论的 $\ddot{z} \sim \dot{q}$ 幅频特性影响，从变化趋势来看完全一样。

(3) 悬挂弹簧动挠度 f_d 对 $\dot{q}$ 幅频特性的分析。

如图 3.2.4 所示，由车体平衡位置起，悬挂允许的最大压缩行程就是其限位行程 $[f_d]$。弹簧动挠度 f_d 与限位行程 $[f_d]$ 应适当配合，否则会增加行驶中撞击限位的概率，使平顺性变差。

悬挂弹簧动挠度的复振幅 $f_d = z - q$，因此 f_d 对 q 的频率响应函数为

$$\frac{f_d}{q} = \frac{z - q}{q} = \frac{z}{q} - 1 \tag{3.2.22}$$

将式 (3.2.13) 代入上式，得

$$\frac{f_d}{q} = \frac{\lambda^2}{1 - \lambda^2 + 2j\xi\lambda} \tag{3.2.23}$$

f_d 对 q 幅频特性为

$$\left|\frac{f_d}{q}\right| = \left[\frac{\lambda^4}{(1-\lambda^2)^2 + (2\xi\lambda)^2}\right]^{\frac{1}{2}} \tag{3.2.24}$$

其图形如图 3.2.5 所示。在低频段，当 $\lambda \ll 1$ 时，$|f_d/q| \to \lambda^2$ 动挠度大致按斜率 2:1 关系随频率变化。在高频段，当 $\lambda \gg 1$ 时，$|f_d/q| \to 1$，此时车体 $z \to 0$ 位移，弹簧变形与路面输入趋于相等。当 $\lambda \to 1$ 时，产生共振，$|f_d/q|_{\omega=\omega_0} = 1/2\xi$。当阻尼比 ξ 不同时，$|f_d/q|_{\omega=\omega_0}$ 趋于以下值：

$$|f_d/q|_{\omega=\omega_0} = \begin{cases} \to \infty, & \xi = 0 \\ \to 1, & \xi = 0.5 \end{cases}$$

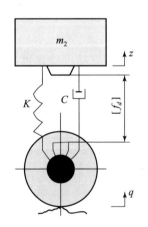
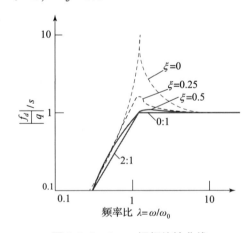

图 3.2.4 限位行程的示意图　　图 3.2.5 $f_d \sim q$ 幅频特性曲线

可以看出，悬挂系统对于车体位移 z 来说，是将高频输入衰减的低通滤波器；对于动挠度 f_d 来说，是将低频输入衰减的高通滤波器。阻尼比 ξ 对 $|f_d/q|$ 只在共振区起作用，而且当

$\xi = 0.5$ 时已不呈现峰值。

5) 悬挂系统固有圆频率 f_0 与阻尼比 ξ 的选择

研究表明，降低固有频率 f_0 可以明显减小车体加速度，这是改善平顺性的一个基本措施。但随着 f_0 降低，动挠度 f_d 增大，$[f_d]$ 也就必须与固有频率 f_0 成反比相应增大，而限位行程 $[f_d]$ 受结构布置限制不能太大，所以降低 f_0 是有限度的。

目前大多数车辆悬挂系统固有频率 f_0、静挠度 f_s、限位行程 $[f_d]$ 和阻尼比 ξ 的适用范围如表 3.2.2 所示。

表 3.2.2 悬挂系统 f_0、f_s、$[f_d]$ 值的适用范围

车型	f_0/Hz	f_s/cm	$[f_d]$/cm	ξ
轿车	1.2~1.1	15~30	7~9	0.2~0.4
货车	2~1.5	6~11	6~9	
大客车	1.8~1.2	7~15	5~8	
越野汽车	2~1.3	6~13	7~13	

3.2.2 汽车振动模型

研究汽车垂向运动时。首先，忽略一辆汽车是靠 4 个轮子支撑的，并且假设汽车只能做垂向运动，也就是说不存在滚动和侧倾自由度。然后，将 4 个同时工作的车轮悬架装置归结在一个系统里。这个系统含有：m_2 为四分之一的车身质量，k_2 为车身弹性系数，r 为车身阻尼常数，m_1 为车轮质量，k_1 为车轮弹性系数，车身阻尼与速度成比例，车轮中的阻尼由于影响不大而忽略不计。图 3.2.6 中所示双质量模型的运动方程为

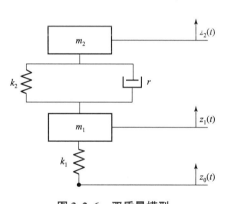

图 3.2.6 双质量模型

$$\begin{cases} m_1 \ddot{z}_1 + r\dot{z}_1 - r\dot{z}_2 + k_2 z_1 - k_2 z_2 + k_1 z_1 = k_1 z_0 \\ m_2 \ddot{z}_2 + r\dot{z}_2 - r\dot{z}_1 + k_2 z_2 - k_2 z_1 = 0 \end{cases} \quad (3.2.25)$$

变成矩阵形式为

$$\begin{bmatrix} m_1 & 0 \\ 0 & m_2 \end{bmatrix} \begin{bmatrix} \ddot{z}_1 \\ \ddot{z}_2 \end{bmatrix} + \begin{bmatrix} r & -r \\ -r & r \end{bmatrix} \begin{bmatrix} \dot{z}_1 \\ \dot{z}_2 \end{bmatrix} + \begin{bmatrix} k_1 + k_2 & -k_2 \\ -k_2 & k_2 \end{bmatrix} \begin{bmatrix} z_1 \\ z_2 \end{bmatrix} = \begin{bmatrix} P_1 \\ 0 \end{bmatrix} \quad (3.2.26)$$

其中，$P_1 = k_1 z_0$。

式（3.2.26）也可以写成

$$M\ddot{y} + D\dot{y} + Ky = p \quad (3.2.27)$$

其中，M 为质量矩阵，D 为阻尼矩阵，K 为刚度矩阵，p 为激励矢量，而 $y = [z_1 \ z_2]^T$ 则为运动矢量。

依据式（3.2.26）和（3.2.27）可进行时域和频域的模型变换和响应分析计算。

要想建立与实际更接近的模型并对其进行计算，可参考图 3.2.7 所示几种简单的汽车模

型，仍能利用到现在为止所提供的理论，但必须在相应的计算程序帮助之下完成。

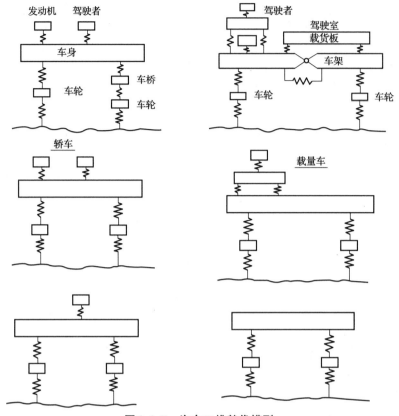

图 3.2.7　汽车二维替代模型

随着模型的复杂化，计算结果的精度也自然而然地提高了。人们或者停留在利用平面、一维的弹性替代模型上，只对单纯垂向运动感兴趣；或者再引入俯仰运动，与平面二维模型打交道；或者更进一步，同时引入俯仰和侧摆运动，就得使用空间模型，可参考图 3.2.8。

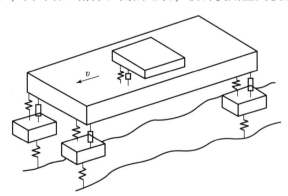

图 3.2.8　汽车的空间三维替代模型

汽车典型自激频率：汽车车身的垂向自激运动为 1~1.6 Hz，一阶扭转振动为 15~30 Hz，一阶弯曲振动为 20~30 Hz。车轴和车轮的垂向自激运动为 10~15 Hz，"轴桥摆振"（逆向于弹簧挠度）为 6~14 Hz，弹性支撑轴座（副车架）为 12~20 Hz。发动机为 6~15 Hz。车身部件（减振器、万向节轴承、排气装置、汽车翼子板、后视镜、电池等）为 20~50 Hz。

车架高阶自激振动的频率在 50 Hz 以上。

3.2.3 履带车辆振动模型

履带车辆车体的振动，实际上是复杂的，严格地说是一个具有 6 个自由度的振动系统，如图 3.2.9 所示。通过车体重心作一 X、Y、Z 的空间坐标，则可以看出，车体的振动可以分为沿 X、Y、Z 轴的线振动和分别绕该轴的角振动，一共 6 种振动。

现对 6 个自由度的振动分别加以具体分析，略去一些次要的振动，以便能更好地分析和讨论履带车辆车体的振动规律。事实表明，由于车辆悬挂构造的限制，一般沿 Y 轴、X 轴的线振动和绕 Z 轴的角振动较不易发生或较不明显。此外，如果车辆左右侧所遇到的地面起伏情况大致相同，则绕 X 轴横向角振动也比较小。因此，本书只讨论车体沿 Z 轴的垂直线振动和沿 Y 轴的纵向角振动。

图 3.2.9 6 自由度的车体振动

车体振动可以分为自由振动和强迫振动。自由振动是指引起振动的外力停止作用后，仅有弹性恢复力的作用时的振动。例如，车辆驶过地面一个凸起后，车辆便做自由振动。但实际上这种振动由于振动系统中有阻尼存在，会逐渐减小以至消失。当车辆在不平地面上行驶时，路面不平度引起的外力不断地作用在振动系统上，这样的振动称为强迫振动。所以，车体振动实际上是一种具有阻尼的强迫振动。

设履带车辆在振动过程中，其悬置车体相对其静平衡位置，既有向下垂直位移 z，又同时绕通过其重心的横轴向后旋转一个角度 φ，如图 3.2.10 所示。

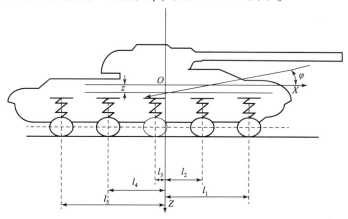

图 3.2.10 履带车体振动简图

车体由静平衡位置向下移动的位移取为正值，车体角位移由静平衡位置向后转动（即车尾向下）时取为负值；由重心到前面各负重轮轴心的距离为正值，而到后面各负重轮轴心的距离为负值。并假定作用在车体上的弹性恢复力矩，顺时针方向为正，逆时针方向为负。

现建立履带车辆车体垂直线振动和纵向角振动的微分方程式。当履带车辆处于静平衡状态时，车辆的悬置重力和各弹簧的静变形弹性恢复力相平衡，重心左、右各弹簧静变形所引起的弹性恢复力矩也互相平衡。若履带车辆车体离开静平衡位置后，由于弹簧的附加变形而

产生的附加弹性恢复力 P_T 和弹性恢复力矩 M_T 为

$$\begin{cases} P_T = 2\sum_{i=1}^{n} P_{T_i} \\ M_T = 2\sum_{i=1}^{n} M_{T_i} \end{cases} \quad (3.2.28)$$

式中　P_{T_i}——离开静平衡位置时，各弹簧的弹性恢复力；

　　　M_{T_i}——离开静平衡位置时，各弹簧的弹性恢复力矩；

　　　n——履带车辆一侧负重轮数目。

根据动力学基本定律，可以分别写出履带车体重心垂直振动和车体纵向角振动的两个微分方程式为

$$\begin{cases} M_x\ddot{z} = P_T = 2\sum_{i=1}^{n} P_{T_i} \\ I_y\ddot{\varphi} M_T = 2\sum_{i=1}^{n} M_{T_i} \end{cases} \quad (3.2.29)$$

式中　M_x——履带车辆的悬置质量；

　　　$\ddot{z}$——履带车体的垂直加速度；

　　　I_y——履带车体绕通过其重心横轴的转动惯量；

　　　$\ddot{\varphi}$——履带车体在纵向平面内的角加速度。

设车体重心的垂直位移为 z 和车体转动角为 φ，则第 i 个负重轮弹簧的总变形为

$$f_{zi} = z + \varphi l_i \quad (3.2.30)$$

式中　z——车体重心的垂直位移；

　　　φ——车体在纵向平面内的角位移；

　　　l_i——重心到各负重轮轴心的距离，负重轮位于车体重心前的取正值，位于重心后的取负值。

由于

$$\begin{cases} P_{T_i} = -f_{z_i} m_{x_i} \\ M_{T_i} = -f_{z_i} m_{x_i} l_i \end{cases} \quad (3.2.31)$$

故

$$\begin{cases} M_x\ddot{z} = -2\sum_{i=1}^{n} m_{x_i}(z + \varphi l_i) \\ I_y\ddot{\varphi} = -2\sum_{i=1}^{n} m_{x_i}(z + \varphi l_i) l_i \end{cases} \quad (3.2.32)$$

设各悬挂的刚度 m_{x_i} 均相同，取出总和符号内的常数，并将每个总和分成两部分，则可写成下列方程式：

$$\begin{cases} M_x\ddot{z} + 2m_x nz + 2m_x\varphi \sum_{i=1}^{n} l_i = 0 \\ I_y\ddot{\varphi} + 2m_x nz + 2m_x\varphi \sum_{i=1}^{n} l_i^2 = 0 \end{cases} \quad (3.2.33)$$

令

$$\begin{cases} \dfrac{2nm_x}{M_x} = a \\ \dfrac{2m_x \sum\limits_{i=1}^{n} l_i}{M_x} = b \\ \dfrac{2m_x \sum\limits_{i=1}^{n} l_i^2}{I_y} = c \\ \dfrac{2m_x \sum\limits_{i=1}^{n} l_i}{I_y} = d \end{cases} \quad (3.2.34)$$

则履带车体重心的垂直振动和车体纵向角振动的微分方程式可以写为

$$\begin{cases} \ddot{z} + az + b\varphi = 0 \\ \ddot{\varphi} + c\varphi + dz = 0 \end{cases} \quad (3.2.35)$$

从上面两个方程式中可以看出，在每个方程式中都含有变量 z 和 φ，这说明在一般情况下垂直振动和纵向角振动互相耦合。当有垂直振动时必然引起纵向角振动，反之亦然。

添加路面激励的垂向振动模型为强迫振动微分方程，其建模可参考汽车垂向模型，以及履带车辆结构型式和参数来完成。同样地，垂直振动和纵向角振动存在相互耦合。

3.3 人体-座椅系统振动模型

无论是公路车辆还是越野车辆，其行驶振动频率主要集中在 0.5～10 Hz 范围内，要在这个范围内有效地降低传给人体的振动响应量的幅值或缩短振动的承受时间，或避开人的敏感频率阈，都必须在主悬挂必要的特性条件下，在人和车体之间建立辅助悬挂系统，即人-椅悬持系统。对于地面车辆而言，考虑到人-椅系统对人和控制系统界面的影响，可以用驾驶室的悬挂作为这种辅助悬挂系统，这既可以保证隔离车体的振动，又可以为驾驶员提供一个与控制系统保持相对位置的工作平台。

车辆座椅与车体间的连接关系经历了刚性、半刚性及弹性悬挂的过程。试验表明，刚性或半刚性座椅辅以弹性坐垫可以隔离 8 Hz 以上的垂直振动，但对水平方向的振动激励不能隔离而直接传给人体；同时，考虑到越野车辆主要行驶频域，此类座椅系统是不合要求的。座椅的乘坐舒适性包括静态舒适性与动态舒适性两种。静态舒适性取决于座椅的尺寸、形状以及依据人体特点进行调整适应的可调性，如国际广泛采用的调整要求。

（1）质量调节。

据察，乘员体重的 75% 是由座椅支撑的，通常要求座椅能在乘员体重 50～110 kg 内保持合适的静态位置，所以座椅必须能在 45～88 kg 范围内进行质量调整，这种调整通常是通过空气弹簧或扭杆弹簧实现的。

（2）高度调节。

空气弹簧座椅相对乘坐中间位置垂直（高度）调整范围为 ±0.075 m。

（3）前后调节。

座椅设计最大水平调整范围为 ±0.075 m。座椅的动态舒适性是由设计、结构、运动学原理，调整轻便性以及悬挂特性所决定的。

3.3.1 振动模型

建立质量弹簧 – 人 – 座椅系统 3 自由度系统，如图 3.3.1 所示。此 3 自由度振动系统的运动方程为

$$\begin{cases} m_p \ddot{p} + C_p(\dot{z}_1 - \dot{z}_2) + k_p(p - z_2) = 0 \\ M\ddot{z}_2 + C(\dot{z}_2 - \dot{z}_1) + k(z_2 - z_1) + m_p \ddot{p} = 0 \\ m\ddot{z}_2 - C(\dot{z}_2 - \dot{z}_1) - k(z_2 - z_1) + k_r z_1 = 0 \end{cases} \quad (3.3.1)$$

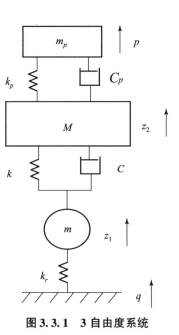

图 3.3.1　3 自由度系统

3 自由度系统可分成两个环节，一者为双质量（$M \sim m$）系统，二者为一单自由度的人 – 椅系统。由于两个环节之间并无反馈作用，因此该系统是前一环节的输出为后一环节的输入的串联系统。这种串联系统的幅频特性是两个串联环节幅频特性之积，即

$$\left|\frac{\ddot{p}}{q}\right| = \left|\frac{\ddot{p}}{\ddot{z}_2}\right| \cdot \left|\frac{\ddot{z}_2}{\ddot{q}}\right| = \left|\frac{-\omega^2 p}{-\omega^2 z_2}\right| \cdot \left|\frac{\ddot{z}_2}{\ddot{p}}\right| = \left|\frac{p}{z_2}\right| \cdot \left|\frac{\ddot{z}_2}{q}\right| \quad (3.3.2)$$

所以，我们就得到了人承受振动加速度的功率谱密度 $S_{\ddot{p}}(f)$，如图 3.3.2（d）所示，且有

$$S_z(f) = |\ddot{z}/q|^2 \cdot S_q(f) \rightarrow S_{\ddot{p}}(f) = \left|\frac{\ddot{p}}{q}\right|^2 \cdot S_q(f) \quad (3.3.3)$$

分析图 3.3.2 可知，当激振频率 $\omega \geq \sqrt{2}\omega_p$ 时，为人 – 椅系统减振区，即随 ω 的增加，振动幅值小于车体的激励幅值，而且越来越小。所以，为了人 – 椅系统能充分隔离人最敏感的 4~8 Hz 频率范围的振动，其固有频率 ω_p 的选择十分关键。由于 $\sqrt{2}\omega_p/2\pi$ 必须小于 4 Hz，若以等于 4 Hz 为上限，则 $\omega_p/2\pi \leq 4/\sqrt{2}$ Hz = 3 Hz。图 3.3.2（b）就是选择 $\omega_p/2\pi$ = 3 Hz，说明当激振频率大于 3$\sqrt{2}$ 时，系统就处于减振区了，所以 4~8 Hz 的振动得到了必要的衰减，比较图 3.3.2（a）和图 3.3.2（c）可见其衰减效果。然而，在人 – 椅系统共振区，出现了共振峰，把车体的振动放大了一倍左右。在选择 ω_p 时，除了上述衰减 4~8 Hz 振动的要求外，还必须注意 ω_p 不能和车体的自然频率相重合，即 $\omega_p \neq \omega_n$。如果 ω_p 等于 ω_n，则车辆振动的第一阶共振峰就得被放大，出现更大的尖峰，显然这对车辆的行驶平顺性极为不利。对地面车辆而言，由于车体的自然频率多在 1.2~1.5 Hz，故人 – 椅系统的自然频率也应选择在 $1.5 \leq f_p \leq s$，通常选 2~3 Hz。

根据人 – 椅系统自然频率的确定原则，可否使 $f_p < f$？请读者研究。由图 3.3.2（c），即人体的加速度响应 $\ddot{p}$ 对地面激励幅值 q 的幅频特性可见，在系统的共振区出现了峰值，显然其峰值的大小取决于系统的相对阻尼 φ_p 值，通常取 $\varphi_p = 0.25$。φ_p 值的选择，一方面要考虑共振峰值不可太大，另一方面还要考虑在高频区也有良好的减振效能。

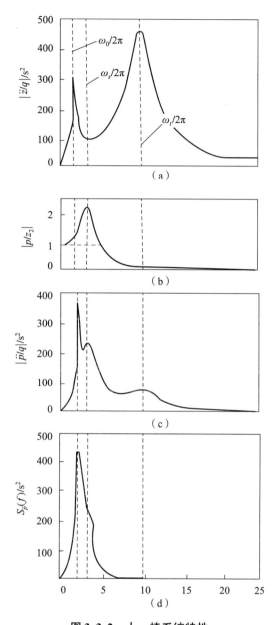

图 3.3.2 人-椅系统特性

(a) $\ddot{z} \sim q$ 的幅频特性;(b) $p \sim z_2$ 的幅频特性;
(c) $\ddot{p} \sim q$ 的幅频特性;(d) 人体承受加速度 $\ddot{p}$ 的功率谱密度

3.3.2 振动响应

由图 3.3.2（d）可知

$$S_{\ddot{z}}(f) = \left|\frac{\ddot{p}}{q}\right|^2 S_q(f) \tag{3.3.4}$$

由于在高频范围 $S_q(f)$ 与 $|\ddot{p}/q|$ 都很小,所以 $S_{\ddot{p}}(f)$ 主要集中在 4 Hz 以下的低频区。如

果将 $S_{\ddot{p}}(f)$ 再换算成 1/3 倍频带的加速度均方根值谱，则可依 ISO 2631，对车辆进行平顺性评价。对某一中心频率 f_{ci} 的 1/3 倍频带的加速度均方根值 $\sigma_{\ddot{p}}$ 可由 $S_{\ddot{p}}(f)$ 对应的带宽 Δf_i 积分得到，即

$$\sigma_{\ddot{p}} = \left[\int_{f_{Li}}^{f_{ui}} S_{\ddot{p}}(f)\,df\right]^{\frac{1}{2}} \tag{3.3.5}$$

由于 1/3 倍频带 $f_{ui}/f_{Li} = 2^{\frac{1}{3}}$，而 $f_{ui}/f_{ci} = f_{ci}/f_{Li} = 2^{\frac{1}{3}\cdot\frac{1}{2}}$，因此 $f_{ui} = 1.12 f_{ci}$，$f_{Li} = 0.89 f_{ci}$。不同中心频率的 1/3 倍频带的 $\sigma_{\ddot{p}}$ 值如表 3.3.1 所示。

表 3.3.1　各 1/3 倍频带的 $\sigma_{\ddot{p}}$ 值

f_{ci}/Hz		1.0	1.25	1.6	2.0	2.5	3.15	4.0
$\sigma_{\ddot{p}}$	一般路	0.46	0.46	0.42	0.37	0.28	0.17	0.11
	坏路	0.92	0.92	0.84	0.74	0.56	0.34	0.22

表 3.3.1 所示的 $\sigma_{\ddot{p}}$ 值，是由一辆悬挂与坐垫参数都比较好的汽车，在一般路面和坏路面上以 72 km/h 车速行驶时，算得的坐垫上某点的加速度均方根值（各 1/3 倍频带的）。依据 ISO 2631 评价标准，在一般路面上行驶，坐垫上的加速度均方根值都不超过"疲劳 – 降低工效限" 8 h 的界值。可见，在这种振动环境下，持续工作 8 h，虽然会感到疲劳，工作效率也可能下降，但是不会对健康和安全有所危害。

3.3.3　振动传递特性

由于人 – 椅系统与车辆振动系统（如双质量系统）是串联机构，即车体（为座椅的基础）的振动输出即为人 – 椅系统的输入，因此有

$$\begin{cases} S_{\ddot{z}}(f) = \left|\dfrac{\ddot{z}}{q}\right|^2 S_q(f) \\ S_{\ddot{p}}(f) = \left|\dfrac{\ddot{p}}{\ddot{z}}\right|^2 S_{\ddot{z}}(f) = \left|\dfrac{\ddot{p}}{q}\right|^2 S_q(f) \end{cases} \tag{3.3.6}$$

对于通常采用的悬挂参数不能控制的人 – 椅系统来说，当基体点的振动加速度过高时，就势必造成人体过高的加速度输出，从而使平顺性变差。

3.4　垂向部件动力学模型

车辆垂向动力学性能与车辆悬挂系统的弹性元件、阻尼元件、缓冲器、轮胎及履带等相关，这些部件对车辆的平顺性、可靠性和机动性都有影响，因此，分析车辆垂向动力学，离不开对这些部件的建模分析。

3.4.1　弹性元件

现今车辆悬挂中的弹簧有钢板弹簧、螺旋弹簧、橡胶弹性部件、油气弹簧和扭杆弹簧。

1. 钢板弹簧

钢板弹簧绝大多数应用在载重汽车上，只有一小部分小型轿车用到它。它的优点在于不

仅能向各个方向传递力，而且还能传递起动和刹车力矩（在刚性车轴上它往往是车轴纵向唯一的引导部件）。除此之外，它能较好地将力传递到车架或车身上，并且它的特征曲线具有渐进性。钢板弹簧的缺点是，紧贴在一起的弹簧片之间产生很大的摩擦，这种摩擦随时间不断改变；裂隙腐蚀作用会降低它的使用寿命。这方面的解决办法是在弹簧之间加入塑料片。摩擦力的大小与弹簧片的层数有关，而随之产生的摩擦阻尼与变形速度不成比例，所以优化措施是尽量减少弹簧片的层数。图3.4.1为钢板弹簧简图。

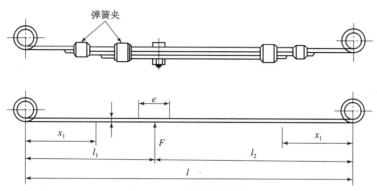

图 3.4.1　钢板弹簧简图

为了在宽度保持不变的情况下使所有截面上的扭矩都相同，钢板弹簧的两边必须弧形轧压，求厚度 h_0 的公式为

$$h_0 = \sqrt{\frac{6F_{\max}g_1g_2}{\sigma_{\text{bzul0}}B(g_1+g_2)}}, \quad g_1 = l_1 - \frac{e}{4}, \quad g_2 = l_2 - \frac{e}{4} \tag{3.4.1}$$

任意一处 x_1 的厚度 h_x 为

$$h_{x1} = h_0\sqrt{\frac{x_1}{g_1}} \tag{3.4.2}$$

静态弹性系数为

$$c_v = \frac{EBh_0^3(g_1+g_2)}{8g_1^2g_2^2k} \tag{3.4.3}$$

其中，k 为形状常数，$k \approx 0.9$。

在较高频率区域内计算时（频率从略低于第一阶弯曲固有频率往上）必须将真实的、有一定质量的弹簧模型化为弯曲梁，模型化过程借助梁的连续体理论或有限元理论（依构造型式的不同，第一阶弯曲固有频率为 40～60 Hz）。

因为弹簧断裂时操纵稳定性不能再得到保证（如刚性车轴在弹簧断裂时，会从断裂处向前或向后移动，导致车轮绕着转向轴朝一侧转动），所以要在弹簧前面安装断裂保护。

2. 螺旋弹簧

螺旋弹簧实际上是经过缠绕后的扭杆弹簧（扭转弹簧），这种弹簧也可以通过以下方法做成渐进性的螺旋弹簧。

（1）缠绕时采用不同的斜率，使得弹簧被压缩时部分弹簧圈先压并在一起，而剩下的弹簧圈还能继续压缩。

（2）缠绕时采用不同的直径。

（3）使用呈锥状逐渐变细的弹簧丝（不常用）。

缠绕直径不一致的弹簧的优点是长度较短，因为弹簧的每一匝不必重叠在其他匝上。一般来讲，在弹簧中心可以插入减振器、伸缩筒式悬架的挡块或导向筒。关键是弹性部件如何组合，如果它们在行驶中由于转动产生接触并互相摩擦，就会出现噪声。图 3.4.2 为具有麦弗逊式悬架的螺旋弹簧。

像钢板弹簧弯曲弹簧一样，实际中具有一定质量的螺旋弹簧也有连续性，也就是说，在较高频率区计算时（轿车的一阶固有频率为 50～70 Hz）必须将这些弹簧连带它们的连续体特性一起进行模型化（作为带质量的扭转梁）。

螺旋弹簧通过结构计算或有限元分析来确定其在悬架运动方向的刚度系数 k，k 通常为常量，表示线性螺旋弹簧，但也可以是变量。变截面变刚度螺旋弹簧在越野车辆悬架上得到了广泛应用。

3. 扭杆弹簧

扭杆弹簧亦称扭转弹簧，也是广泛应用于轿车和运输车辆的一种弹簧。它的局限在于为了得到所需的刚度必须具有一定的长度。这样，在横向装配状态下只能采用捆状形式（将较短的弹簧捆扎在一起以便得到所需的刚度）或者将扭杆倾斜、错开安装。图 3.4.3 为纵拖臂式悬架中的扭杆弹簧。

计算强度时应当注意，扭杆弹簧不仅受到扭转，在轮荷 F_p 和载荷 A 与 B 共同作用下还受到弯曲，其受力状态受载荷 A 与 B 的作用点位置影响。

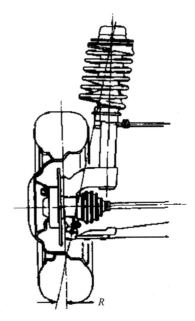

图 3.4.2 具有麦弗逊式悬架的螺旋弹簧

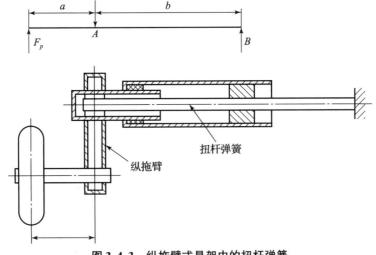

图 3.4.3 纵拖臂式悬架中的扭杆弹簧

4. 气弹簧

到现在为止，所讨论的弹簧都是以固体作为弹性介质，弹力功通过弹簧变形储存起来。接下来将讨论以气体作为弹性介质的弹簧，它通过气体体积和压强的变化储存弹力功。

1) 活塞式气弹簧

活塞式气弹簧是气弹簧一种最简单的形式，如图 3.4.4 和图 3.4.5 所示。气体受动态载荷时的绝热状态变化公式为

$$pV^n = 常数$$
$$\mathrm{d}pV^n + npV^{n-1}\mathrm{d}V = 0$$
$$\frac{\mathrm{d}p}{\mathrm{d}V} = -n \cdot \frac{p}{V}$$

其中，V 为工作容积；n 为绝热指数；p 为气体压强；p_0 为外界压强。

因此，弹性系数

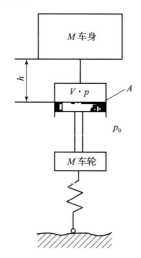

图 3.4.4　带活塞式气弹簧的四分之一汽车模型　　　图 3.4.5　气弹簧模型

$$k = -\frac{\mathrm{d}F}{\mathrm{d}z} = -\frac{A\mathrm{d}p}{\mathrm{d}\frac{V}{A}} = \frac{npA^2}{V} \quad (A \text{ 为活塞面积}) \tag{3.4.4}$$

当 $F \approx A(p - p_a) = mg$，$p \gg p_a$，就有 $F \approx Ap$，由此得出一个弹簧 - 质量系统（见图 3.4.4）的固有频率为

$$\omega_0^2 = \frac{k}{m} = \frac{A^2 npg}{VF} = \frac{Ang}{V} \tag{3.4.5}$$

设载物时质量变为 $m_1 = \Delta m + m$，如果气体做等温状态变化，压强升到 p_1，那么固有频率就变为

$$\omega_1^2 = \frac{Ang}{V_1} = \frac{Ang}{\underbrace{pV}_{p_1}} = \frac{Ang\left(\dfrac{\Delta m}{A}g + p\right)}{pV} = \omega_0^2\left(\frac{\Delta m}{m} + 1\right) \tag{3.4.6}$$

而带有钢制弹簧的系统的固有频率为

$$\omega_1^2 = \frac{k_{钢}}{m + \Delta m} \tag{3.4.7}$$

相反，含有气弹簧系统的固有频率随着载荷的增加而增高，需要一个较低的固有频率时，必须作基准调整，其手段如下。

(1) 添加气体（空气），使得载物后活塞的位置仍保持不变。

(2) 在中间加一个液压冲杆（液压弹性装置），如图 3.4.6 所示。

方法（1）：由于载物而被压缩的体积将通过添加气体重新补充（补充到原体积 V），活塞回到原来的位置。整个过程将在等温条件下进行。

载物后产生的压强差为 Δp，且有 $\Delta p \cdot A = \Delta m \cdot g$。

紧接着，在压强 $p_1 = p + \Delta p$ 下充气使体积恢复到 V，同时由于载物，弹性系数变为

$$k_1 = \frac{A^2 n p_1}{V} \tag{3.4.8}$$

而固有频率变为

$$\omega_1^2 = \frac{k_1}{m + \Delta m} = \frac{A n g}{V} \tag{3.4.9}$$

它们都随着载重多少而改变。

方法（2）：通过改变液压冲杆的"长度"而调整活塞高度。这样做既不会影响气体压强，也不会影响气体体积，因此固有频率也不会有变化。另外，这种方法还有一个优点：可以利用液压冲杆组合一个减振装置。

2) 膜式气弹簧

在减振器的工作点应当保证 $dA/dz \approx 0$，以便像单纯气弹簧那样，固有频率不随载重而改变。气膜使得活塞面积随活塞的高度而改变，如图 3.4.7 所示，且有

$$F = pA(z)$$
$$dF = p dA + A dp$$

$$弹性系数\ k = -\frac{dF}{dz} = -\left(p\frac{dA}{dz} + A\frac{dp}{dz}\right) \tag{3.4.10}$$

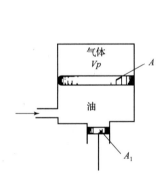

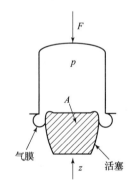

图 3.4.6 带液压冲杆的气弹簧　　图 3.4.7 带有可变截面积活塞的膜式气弹簧

活塞面积在很大范围内可变，这导致了固有频率也随载重可变。这种弹簧形式常用在货车（包括大客车）上。

3) 油气弹簧

雪铁龙研制了这种气弹簧中间加液体柱方式的弹性系统，如图 3.4.8 所示，外力经过液体柱传递给气体。这种弹簧部件，带有减振阀门。气腔中的氧气经过薄膜完成减振作用，这个弹簧部件支撑在托臂上，通过连在车桥上的阀门来实现其控制。像其他气弹簧一样，油气弹簧也可以通过改变薄膜与活塞之间的液体量作基准调整。

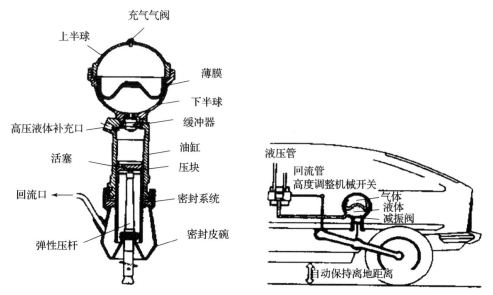

图 3.4.8 雪铁龙的油气弹簧

3.4.2 阻尼元件

现今应用的减振装置几乎无一例外都建立在液压基础上。阻尼力总是遵守

$$F_D = r\dot{z}_{rel}^n$$

其中，r 为阻尼系数。

不同阻尼指数下阻尼力随相对速度变化的趋势如图 3.4.9 所示。通常阻尼指数 $n = 1$，这样上式就简化为

$$F_D = r\dot{z}_{rel} \tag{3.4.11}$$

阻尼系数 r 在拉伸和压缩时有所不同，且存在关系

$$r_{拉伸} = (2 \sim 4) r_{压缩}$$

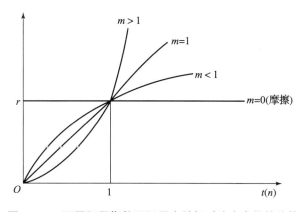

图 3.4.9 不同阻尼指数下阻尼力随相对速度变化的趋势

一般轿车减振器的 r 值在拉伸时为 8 000~12 000 N·s/m，在压缩时为 2 000~4 000 N·s/m。从许多不同的构造类型中经过淘汰，如今只剩下液压伸缩筒式减振器，而它又分为单筒

式和双筒式两种。它们的工作原理相同：装有节流阀的活塞克服流动阻力在一个充满液体的液缸内移动，由此将机械功转化为热的形式消耗掉。

3.4.3 橡胶金属部件

橡胶金属部件的作用是吸收振动，它广泛用于发动机、减速箱的支座、拖臂铰链连接和稳定杆等处。

1. 结构

图 3.4.10 橡胶金属部件简图。橡胶金属部件实际上由内、外两层金属套和中间夹的弹性橡胶体组成，它能承受扭转和万向节式的偏移，还能避免系统内部的体波传递，并通过橡胶与金属套之间的连接均衡其他部件的加工误差。这些金属套具有不同的刚度，如径向"硬"，轴向"中等硬"，扭转时"软"。

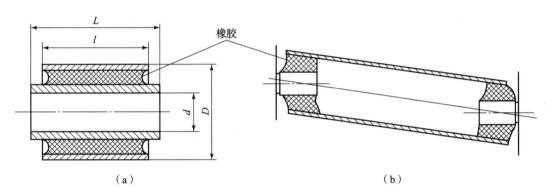

图 3.4.10 橡胶金属部件简图
(a) 结构图；(b) 应用举例

2. 动态特性

橡胶金属部件通常用来作为减弱波动的弹性连接手段，如用作发动机和减速箱的支座，车轮悬架处的各种铰链连接（车架-拖臂连接，弹簧-车架连接，减振器-车架连接，扭转稳定杆、牵引支撑杆的安装点等）。它的构造型式决定，在所有 6 个自由度上都具有在很大范围内可变的刚度。除此之外，还能通过调整橡胶的成分改变材料本身的刚度。这种构件在低频区域内呈纯弹性变形，像弹簧一样，但它的特征曲线却是强烈非线性的，这就导致其刚度随静态初载而急剧上升。在高频区域较强体现橡胶的黏滞特性，即相对运动功部分通过材料阻尼变成了热，这种材料阻尼不单纯与相对运动的速度成正比。

3.4.4 轮胎

由轮胎的弹性、车轮及轴的质量组成了一个能振动的部分系统。轮胎的弹性曲线会影响到车轮和轴的固有频率以及动态轮载的大小。

对于履带车辆，履带可以滤除地面高频成分的不平度，从而降低路面对车辆的激励作用；负重轮的弹性和外圈橡胶也会对地面激励起到减振作用。

轮胎的承载能力由以下因素组成。

(1) 轮胎材料的承载能力（橡胶与织物带）。
①未充气轮胎的承载力及形状。
②压缩空气维持形状的力，它加强了轮壁并使轮胎能够承受较大的载荷（卵形化刚度）。

(2) 压缩空气承载力。

压缩空气承载力主要包括轮胎内压引起的力以及轮胎受压变扁导致气压升高产生的力。

压缩空气的承载力 $F_p = p_i A$（图 3.4.11 中第Ⅳ部分）。

轮胎变形为 z 时，F_p 的变化为

$$\frac{\mathrm{d}F_p}{\mathrm{d}z} = p_i \cdot \frac{\mathrm{d}A}{\mathrm{d}z} + A \cdot \frac{\mathrm{d}p_i}{\mathrm{d}z}$$

由于气压的变化很小，第二项（图 3.4.11 中第Ⅲ部分）可以忽略不计，因此

$$\frac{\mathrm{d}F_p}{\mathrm{d}z} = p_i \cdot \frac{\mathrm{d}A}{\mathrm{d}z} (图 3.4.11 中第Ⅱ部分)$$

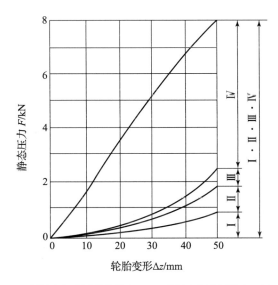

Ⅰ—轮胎的承载力；Ⅱ—压缩空气的形状维持力；Ⅲ—压缩空气的压缩力；Ⅳ—压缩空气的承载力。

图 3.4.11 轮胎变形与承载力的关系

印迹宽度在压入时变化很小，因此轮胎受压时变化的只是印迹长度。

承载能力可以按与材料相关和与内部压力相关分为两部分，即

$$F_p = F_{p0} + F_{pi}(p_i)$$

其中，F_{p0} 可以解释成由不受影响的静态压力 p_0 得到的承载力，这个值只受轮胎结构的影响。因为

$$p = p_0 + p_i$$

所以

$$F_p = (p_0 + p_i)A = F_{p0} + F_{pi}(p_i)（对应图 3.4.11 中第Ⅰ和第Ⅱ部分）$$

承载能力受以下因素限制：直接承受内压的轮胎内壁材料的强度；橡胶与织物带的温度承受能力。

生产过程中的失误或承受的温度过高都会造成轮胎的胎冠从带束层上脱落，原因是橡胶在内压 p_i 的作用之下从纤维之间压出。在轮胎内部维持轮胎强度的临界温度大约在 150 ℃（橡胶硫化温度）。

静态轮胎弹性常数 k_i（也叫弹性刚度，即弹性曲线线性的部分）为载荷差除以轮胎的弹性压入长，即

$$k_i = \frac{\Delta F_p}{\Delta z}$$

k_i 是汽车垂向动态性能的一个衡量量度。提高 k_i 的结果是车轴固有频率升高，车轮载变动及路面载荷提高，车底盘的载荷增大，行驶舒适性降低。影响 k_i 的因素有行驶速度、轮胎充气内压 p_i、轮胎结构、轮胎截面比例和轮胎表面花纹。

第 4 章
纵向动力学仿真

4.1 运动方程

4.1.1 汽车模型

列出一个二维（平面）双轴汽车模型的运动方程，按照力学方法进行受力分析。汽车纵向运动模型如图 4.1.1 所示，应用质心运动定理和质心转动定理分别建立车身、前轮和后轮的运动方程：

（1）车身：

$$\begin{cases} m_A \ddot{x}_A = F_{XV} + F_{XH} - F_{WL} - F_{GA} \sin \gamma_{st} \\ m_A \ddot{z}_A = F_{ZV} + F_{ZH} + F_A - F_{GA} \cos \gamma_{st} = 0 \\ \Theta_A \ddot{\varphi}_A = F_{ZH} b - (M_V + M_H) - F_{ZV} a - (h_A - s)(F_{XV} + F_{XH}) + M_{WA} = 0 \end{cases} \quad (4.1.1)$$

（2）前轮：

$$\begin{cases} m_{RV} \ddot{x}_V = F_{UV} + F_{XV} - F_{GV} \sin \gamma_{st} \\ m_{RV} \ddot{z}_V = F_{PV} - F_{ZV} + F_A - F_{GV} \cos \gamma_{st} = 0 \\ \Theta_V \ddot{\varphi}_V = M_V - F_{UH} \cdot s - M_{PV} \end{cases} \quad (4.1.2)$$

（3）后轮：

$$\begin{cases} m_{RH} \ddot{x}_H = F_{UH} + F_{XH} - F_{GH} \sin \gamma_{st} \\ m_{RH} \ddot{z}_H = F_{PH} - F_{ZH} + F_A - F_{GH} \cos \gamma_{st} = 0 \\ \Theta_H \ddot{\varphi}_H = M_H - F_{UV} s - M_{PH} \end{cases} \quad (4.1.3)$$

式（4.1.1）~式（4.1.3）和图 4.1.1 中各参数含义如下。

m、m_A、m_{RV}、m_{RH} 分别为整车、车身、前轮和后轮质量；Θ_A、Θ_V、Θ_H 分别为车身、前轮和后轮转动惯量；x_A、x_V、x_H 分别为车身、前轮和后轮沿 x 轴的位移；z_A、z_V、z_H 分别为车身、前轮和后轮沿 z 轴的位移；φ_A、φ_V、φ_H 分别为车身、前轮和后轮绕 y 轴的角位移；F_G、F_{GA}、F_{GV}、F_{GH} 分别为整车、车身、前轮和后轮重力；F_{WR}、F_{WL}、F_{UV}、F_{UH} 分别为车辆地面行驶阻力、车辆风阻力、前轮地面切向力和后轮地面切向力；F_{XV}、F_{XH} 分别为车身作用于轮轴上沿 x 轴方向的前轮和后轮水平力；F_{ZV}、F_{ZH} 分别为车身作用于轮轴上沿 z 轴方向的前轮和后轮垂向力；F_{PV}、F_{PH}、F_A 分别为地面作用于轮轴上或车身上沿 z 轴方向的前轮、后轮、车身垂向力；M_V、M_H、M_{PV}、M_{PH} 分别为前、后轮的驱动力矩和阻力矩；M_{WA} 为风阻

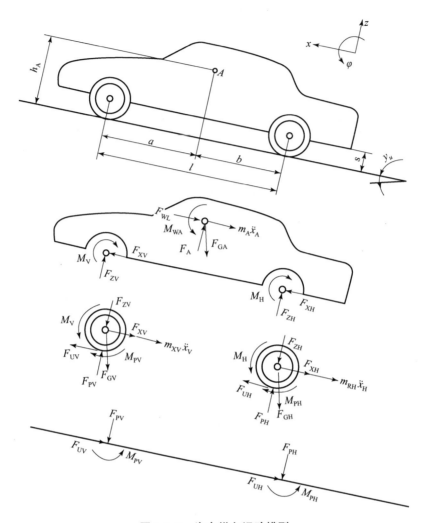

图 4.1.1 汽车纵向运动模型

力矩;γ_{st}、s、a、b、l 分别为地面坡度角、车轮半径、质心高度、前轮距质心垂直距离、后轮距质心垂直距离、轴距。

总质量和总重力分别为

$$m = m_A + m_{RV} + m_{RH}$$

$$F_G = F_{GA} + F_{GV} + F_{GH} = mg$$

另外

$$\ddot{x}_A = \ddot{x}_V = \ddot{x}_H = \ddot{x}$$

$$F_{UV} + F_{UH} = F_G \ddot{x}/g + F_G \sin\gamma_{st} + F_{WL} \tag{4.1.4}$$

前轮和后轮的周向力等于下面 3 力之和:

(1) $F_G \ddot{x}/g$(惯性力);

(2) $F_G \sin\gamma_{st}$(爬坡阻力);

(3) F_{WL}(风阻力)。

为了获得正的轮缘切向力,来自发动机输出力矩的驱动力矩必须大于车轮处的阻力矩。

从式（4.1.2）和式（4.1.3）得出
$$\Theta_V \ddot{\varphi}_V + \Theta_H \ddot{\varphi}_H = M_V + M_H - (F_{UV} + F_{UH})s - M_{PV} - M_{PH}$$
其中，$\varphi_V = \varphi_H$；$\dot{v} = r_{dyn}\ddot{\varphi} = \ddot{x}$；因此 $\ddot{\varphi} = \ddot{x}/r_{dyn}$
$$M_{PV} + M_{PH} = F_{WR}s$$
$$\frac{M_V + M_H}{s} = F_{UV} + F_{UH} + F_{WR} + \frac{(\Theta_V + \Theta_H)\ddot{x}}{r_{dyn}s}$$

将 $\left(F_G \dfrac{\ddot{x}}{g} + F_G \sin\gamma_{st} + F_{WL}\right) = F_{UV} + F_{UH}$ 代入上式得

$$\frac{M_V + M_H}{s} = \left(F_G \frac{\ddot{x}}{g} + F_G \sin\gamma_{st} + F_{WL}\right) + F_{WR} + \frac{(\Theta_V + \Theta_H)\ddot{x}}{r_{dyn}s} \tag{4.1.5}$$

与轮缘切向力相反，驱动力矩除以车轮半径 s 的商等于所有的阻力因素之和。

4.1.2 坦克模型

1. 直线运动方程

坦克直线行驶时，它所受的外力与运动状态、重力、地面性质、地面坡度、拖挂车辆等因素有关。如图4.1.2所示，当其拖挂车辆、加速、上坡时，所受的外力有重力、地面法向反力、挂钩阻力、空气阻力、地面行驶阻力、牵引力和加速阻力。

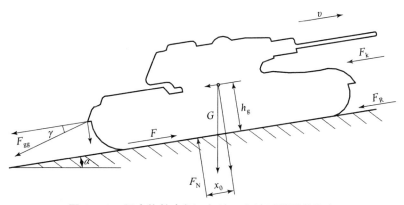

图 4.1.2 坦克拖挂车辆、加速、上坡时所受的外力

下面列出这些力在平行路面的坦克纵轴（x轴）方向上的纵向力平衡方程式。
$$\sum F_x = F_e - F_R - F_p - F_k - F_{gg} - F_{gx} = 0$$
式中 F_e——发动机牵引力；
F_R——地面行驶阻力；
F_p——上坡阻力；
F_k——空气阻力；
F_{gg}——挂钩阻力；
F_{gx}——惯性阻力。

由此可得坦克运动方程式
$$F_e - (F_R + F_p + F_k + F_{gg}) = F_{gx} \tag{4.1.6}$$
或

$$F_e - \left(fG\cos\alpha + G\sin\alpha + \frac{CAv^2}{21.15} + F_{gg}\cos\gamma\right) = \delta\frac{G}{g}\ddot{x} \tag{4.1.7}$$

式中　f——地面行驶阻力系数；
　　　α——坡度角；
　　　γ——挂钩角；
　　　δ——质量增加系数；
　　　A——坦克迎风面积；
　　　v——坦克车速，21.15 是单位变换系数。

上述方程式表明了发动机牵引力和各种阻力之间的数量关系，这对分析坦克的动力性是十分有用的。但应当说明的是，上述方程中各力的作用点不是在一条直线上；牵引力、滚动阻力作用在履带接地段上；上坡阻力和平移质量的惯性阻力作用在坦克的质心上；空气阻力作用在坦克正面风压中心上；挂钩阻力平行地面的分力作用在挂钩上等。尽管如此，对坦克整体来讲牵引力和各阻力的总效果是不变的，因此结论是正确的。

式（4.1.7）中，上坡阻力和行驶阻力都是与地面有关的阻力，并且都与重力成正比；可将这两种阻力合并在一起，称为地面总行驶阻力，用 F_{R0} 表示，即

$$F_{R0} = (f\cos\alpha + \sin\alpha)G = f_0 G \tag{4.1.8}$$

式中　f_0——地面总阻力系数。

在一般分析过程中，经常忽略挂钩阻力 F_{gg} 和空气阻力 F_k。在使用式（4.1.8）来描述上坡阻力和行驶阻力之后，坦克的直线运动方程即式（4.1.7）可以简化为

$$F_e - f_0 G = \delta\frac{G}{g}\ddot{x} \tag{4.1.9}$$

式（4.1.9）为坦克直线行驶运动方程，等式左侧代表了坦克运动时作用于坦克上所有外力的合力，等式右侧代表坦克平移质量和旋转质量共同产生的惯性力。发动机牵引力作为坦克行驶的驱动力，一方面要克服外部地面行驶阻力和上坡阻力使坦克加速运动，获得一定的加速度。另一方面，也需要同时使内部旋转零件做加速运动。该方程明确了在外部阻力一定的情况下，坦克发动机牵引力与坦克加速度之间的关系，因此也称为动能平衡方程。

如果在坦克直线运动方程的推导过程中，不把惯性阻力看作一种外力，也可以根据牛顿第二定律建立一个直线运动方程。此时，坦克受到的外界阻力主要考虑行驶阻力和上坡阻力，同样忽略空气阻力和挂钩阻力；外界的推进力则变为行驶牵引力 F。将这些外力投影到与路面平行的坦克纵轴上，根据牛顿第二定律可得

$$F - f_0 G = \frac{G}{g}\ddot{x} \tag{4.1.10}$$

式中　F——坦克行驶牵引力；
　　　$\ddot{x}$——坦克行驶加速度。

式（4.1.10）称为外力平衡方程，与式（4.1.9）相比，它没有考虑坦克内部旋转零件的惯性力对坦克运动状态的影响。

2. 发动机牵引力和行驶牵引力

坦克直线运动的动能平衡方程和外力平衡方程从不同角度描述了坦克的运动规律。这两个方程之间有一定的内在联系。这种联系主要反映在发动机牵引力和行驶牵引力之间的关系上，下面将作出说明。

将式 (4.1.9) 与式 (4.1.10) 相减后，整理可得

$$F = F_e - (\delta - 1)\frac{G}{g}\ddot{x} \tag{4.1.11}$$

上式中右端第二项 $(\delta-1)G\ddot{x}/g$ 为与主动轮有动力联系的所有旋转件的惯性阻力，因此行驶牵引力 F 就是发动机牵引力 F_e 中用以克服总行驶阻力和平移质量的惯性阻力 $G\ddot{x}/g$ 的部分。或者说，发动机牵引力 F_e 除了要克服地面总行驶阻力和平移质量的惯性阻力外，还必须克服内部所有与主动轮有动力联系的所有旋转件的惯性阻力。

当坦克匀速运动时，$\ddot{x}=0$，由式 (4.1.10) 和式 (4.1.11) 可知

$$F = F_e = f_0 G$$

此时，行驶牵引力 F 与发动机牵引力 F_e 相等，等于地面总行驶阻力。

当坦克加速运动时，$\ddot{x}>0$，$F<F_e$，行驶牵引力 F 小于发动机牵引力 F_e。发动机输出的动力有一部分要用来使内部旋转件加速。

当坦克减速运动时，$\ddot{x}<0$，$F>F_e$，行驶牵引力 F 大于发动机牵引力 F_e。此时，内部旋转件会释放出一部分动能，与发动机一起提供所需的行驶牵引力。

3. 坦克直线行驶的动力条件和附着条件

根据前面讨论过的行驶牵引力 F、发动机牵引力 F_e 之间的概念和相互关系，可以得出坦克能够实现匀速或加速直线行驶所必须具备的两个条件。

1) 动力条件

如上所述，发动机牵引力 F_e 除了要克服地面总行驶阻力和平移质量的惯性阻力外，还必须克服内部所有与主动轮有动力联系的旋转件的惯性阻力。坦克行驶牵引力 F 是由总行驶阻力和坦克的行驶状态所决定的，在坦克匀速或加速运动时，所需要的行驶牵引力 F 必须大于地面总行驶阻力，同时又不得大于发动机所能够提供的最大牵引力 F_e，即

$$f_0 G \leq F \leq F_e \tag{4.1.12}$$

式 (4.1.12) 即为坦克直线行驶的动力条件，该式是坦克行驶的驱动条件，它反应了坦克本身的动力条件，是必要条件。

2) 附着条件

坦克行驶时，行驶牵引力应不大于地面附着力 F_φ，即

$$f_0 G \leq F \leq F_\varphi \tag{4.1.13}$$

式 (4.1.13) 即为坦克直线行驶的附着条件，它是充分条件。附着力 F_φ 是地面能提供的最大切向反作用力。显然，如果坦克行驶所需要的牵引力 F 超过了地面的附着力，履带接地段会产生完全滑转，则坦克将不能正常行驶，或根本不能行驶。

4.2 外力分析

4.2.1 重力和地面法向反力

车辆各种装置、部件、零件重力的合力，称为车辆全重，以 G 表示。其方向永远指向地心，其作用点在车辆的重心上。$G=mg(\mathrm{N})$，m 为全车质量（kg），g 为重力加速度（$9.8\ \mathrm{m/s^2}$）。

上坡行驶时，车辆重力可分解为两个分力：在平行坡道路面上的分力，称为上坡阻力，以 F_P 表示，$F_P = G\sin\alpha$，下坡时则变为助力；在垂直坡道路面上的分力，称为附着重力，以 G_f 表示，$G_f = G\cos\alpha$，α 为坡角。

地面法向反力是地面作用在轮胎或履带接地段上所有法向反作用力的合力，以 F_N 表示。在一般的行驶情况下，地面法向反力值是由作用于车辆上的外力在坡道路面的垂直方向上投影的力平衡方程式确定，即

$$F_N = G_f = G\cos\alpha \tag{4.2.1}$$

地面法向反力会影响轮胎或履带接地段的法向负荷分布。在水平地面上，$F_N = G_f = G$。假设在水平地面上作用于轮胎或履带接地段的法向反力是沿接地段均匀分布的，法向反力的作用点在接地段与通过重心的垂线的交点上，此点叫压力中心。在纵向坡道上，轮胎或履带接地段的法向负荷分布发生变化，此时压力中心的位置会产生偏移，压力中心偏离重心在坡道路面上投影点的距离以 x_0 表示。假设不考虑空气阻力，由图 4.1.2 可知，对所有作用于坦克上的外力对压力中心取矩即得

$$G\sin\alpha \cdot h_g - G\cos\alpha \cdot x_0 = 0$$
$$x_0 = h_g \tan\alpha \tag{4.2.2}$$

式中　h_g——坦克重心高度（m）；

　　　x_0——压力中心偏移量（m）。

4.2.2　滚动阻力

1. 轮胎车辆

图 4.2.1 中是汽车车身、车轮及路面的受力分析以及驱动轮胎接触面上力的分布。接触面上力的分布的滞后现象，以及力不是对称分布，而是前部大于后部，导致了力矩 M_P 的产生。

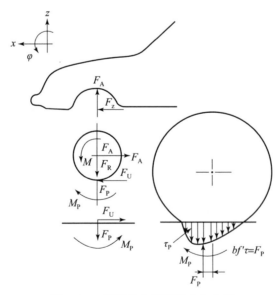

图 4.2.1　滚动的车轮受的力与力矩

车轮滚动时有以下运动方程（在平地上）：

$$\begin{cases} m_\mathrm{R}\ddot{x} = 0 = F_\mathrm{U} - F_\mathrm{X} \\ m_\mathrm{R}\ddot{z} = 0 = F_\mathrm{P} - (F_\mathrm{X} + F_\mathrm{G}) \\ \Theta_\mathrm{R}\ddot{\varphi} = 0 = M - F_\mathrm{U}s - M_\mathrm{P} \end{cases} \qquad (4.2.3)$$

式中　F_P——垂向载荷（由车的重力而来）；

　　　m_R——车轮质量；

　　　Θ_R——带制动装置的轮子的转动惯量；

　　　s——车桥与路面的距离，与车速成正比。

如果驱动力矩 $M = 0$，有

$$F_\mathrm{X} = F_\mathrm{U}, \quad M = 0 = F_\mathrm{U}s + M_\mathrm{P}$$

滚动阻力为

$$F_\mathrm{WR} = -F_\mathrm{U} = M_\mathrm{P}/s \qquad (4.2.4)$$

滚动阻力随轮荷 F_P 而变

$$F_\mathrm{WR} = f_\mathrm{R} F_\mathrm{P} \qquad (4.2.5)$$

式中　f_R——滚动阻力系数。

垂向压强的积分值就是 F_P，它的作用点是离车轮中心为 e 的压强面积中心，如图 4.2.1 所示。平移这个力，产生一个力矩 M_P，因此 $M_\mathrm{P} = F_\mathrm{P}e$，也就有

$$F_\mathrm{WR} = M_\mathrm{P}/s = F_\mathrm{P}e/s, \quad f_\mathrm{R} = e/s \qquad (4.2.6)$$

一部分滚动阻力可以解释为轮胎内部的变形阻力，如图 4.2.2 所示；另一部分则源于轮胎接地印迹面打滑的现象。假设径向变形时轮胎侧壁中的无数个微小的弹簧-阻尼单元产生连续的变形，滚动阻力就是这些变形与行驶过的路程之比，这些阻力做的功变成热被消耗掉了。

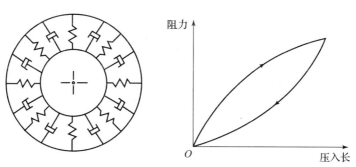

图 4.2.2　轮胎径向压缩模式图

表 4.2.1 的数据可用于估算滚动阻力。

表 4.2.1　不同路面的滚动阻力系数

路面特征	f_R（波动，可塑）
全新坚硬的柏油、混凝土、小方石块路面	0.01~0.02
经压轧的坑洼波动的碎石路，压坏的柏油混凝土路面	0.02~0.03
压坏的波动的柏油路面	0.03~0.04

续表

路面特征	f_R（波动，可塑）
良好的土路	0.045
一般土路	0.05~0.15
松沙路面	0.15~0.3

2. 履带车辆

坦克在地面上行驶时，地面和履带之间会产生一些阻碍坦克运动的切向力，这些切向力是由地面作用于履带接地段而产生的，其方向与坦克运动方向相反。所有这些切向力的合力称为滚动阻力，以 F_R 表示。

滚动阻力一般由地面变形阻力、推土阻力和摩擦阻力等几种阻力组成。

1）地面变形阻力

在坦克行驶时，负重轮承受坦克的重力，并通过履带作用于地面。由于大部分的越野地面是可变形的，因此在负重轮垂直载荷的作用下，履带板下的土壤发生一定程度的下陷，并将土壤压实。在土壤被压实变形的过程中，会消耗一部分坦克的功率。这种功率损失体现为坦克行驶过程中的一种阻力，称为地面变形阻力，也叫压实阻力。地面变形阻力是坦克越野行驶过程中滚动阻力中最重要的组成部分。

2）推土阻力

坦克在可变形的地面上行驶时，履带前端会出现土壤隆起现象，隆起的土壤对履带形成阻止坦克前进的切向力，称为推土阻力。

3）摩擦阻力

坦克在地面上行驶时，由于路面和履带板之间的摩擦作用而形成的阻止坦克前进的切向力，称为摩擦阻力。

上述3种阻力根据地面性质的不同，可能部分地或全部地存在于坦克行驶过程中。3种阻力的组成比例也是不断变化的，如当坦克在不可变形的路面上行驶时，路面不会变形，此时地面变形阻力和推土阻力可以忽略不计，摩擦阻力则成为滚动阻力的主要组成部分。

滚动阻力的大小和地面性质、坦克重力、行动装置的结构、行驶速度等因素有关。要定量地、准确地计算出每个因素对行驶阻力的影响目前还是很困难的。人们公认滚动阻力主要和地面的性质及附着重力有关，且大致上和附着重力成正比。在工程实际应用中，通常采用下述简化的经验公式来计算滚动阻力，即

$$F_R = fG_f \tag{4.2.7}$$

式中 G_f——坦克的附着重力，在水平地面上，$G_f = G$；

f——滚动阻力系数，它是滚动阻力 F_R 和附着重力 G_f 的比值。

滚动阻力系数 f 的物理意义是，坦克行驶时，地面对坦克单位附着重力所产生的行驶阻力。它实际上是包括一切有关地面的物理性质、行驶装置有关参数以及它们之间相互影响的一个综合参数。f 的数值通常用实验方法测定。

应该指出，目前所采用的测量滚动阻力的实验方法，得到的地面行驶阻力均包括一部分内阻力，此时所求得的滚动阻力系数以 f' 表示。因此，在进行坦克滚动阻力计算时应注意，

如果利用 f' 时应适当减少坦克行驶装置的内阻力，履带推进装置效率只考虑传递牵引力有关的功率损失。

表 4.2.2 为坦克在不同地面上行驶时测得的滚动阻力系数，表中 f 值中包含有行动装置内部的阻力，这是由目前实验方法决定的。

表 4.2.2　不同地面的行驶阻力系数实验数据

行驶阻力系数 地面种类	f	f'
柏油路	0～0.02	0.03～0.05
干土路	0.03～0.04	0.06～0.07
草地	0.05～0.07	0.08～0.10
泥泞土路（湿度20%）	0.09～0.12	0.12～0.15
雪地	0.07～0.22	0.10～0.25
沙地	0.12～0.17	0.15～0.20
水稻田	—	0.16～0.19

注：表中数据除水稻田数据之外，均取自 A.C. 尼基金著《坦克理论》译本 1961 年版。

4.2.3　爬坡阻力

对照图 4.2.3，坡度 $q = \tan \gamma_{st}$，这个值在路牌上一般以百分比的形式给出来（100% = 45°）。坡度值也可以看作斜坡的高度的变化除以 100 m 水平距离。

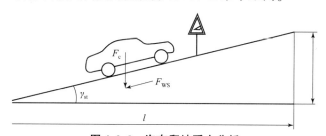

图 4.2.3　汽车爬坡受力分析

$$\tan \gamma_{st} = \sin \gamma_{st} / \cos \gamma_{st} = h/l$$

角度较小时 $\sin \gamma_{st} = \tan \gamma_{st}$，爬坡阻力就可以简化为

$$F_{wst} = F_g \sin \gamma_{st} \approx F_g q \tag{4.2.8}$$

斜坡倾角为 10°时，作这种线性变换的误差约为 1%；30°时，约为 15%。修路时必须按照特别的标准确定参数，如专门针对乡间公路的国家标准，如表 4.2.3 所示。

表 4.2.3　道路最大坡度标准

路面类型	q_{max}
高速路	4%～6.5%
快速路乡间公路	4%～12%
近郊公路城市街道	2%～12%

4.2.4 空气阻力

把车辆看成被气体包围的形体,依空气动力学原理,这个形体在气流中的阻力计算模型为

$$F_{WL} = c_W A \rho v^2 / 2 \tag{4.2.9}$$

式中 v^2——有效初始流速的平方;

ρ——空气密度;

A——迎面面积(前进方向上的投影);

c_W——形体的风阻系数;

$\rho v^2 / 2$——阻滞压强。

车辆在流动的空气中行驶,初始相对流速的矢量表达式为:$V = V_{车速} + V_{风速}$,$V = V\text{res}$(合成初始流速)。

与飞机机翼一样,车辆外壳也处于流速不同的气流之中,它们形成的压强分别垂直于外壳表面。由于垂向外形的不对称性,在外壳的上、下表面形成了不同的流速分布与压力分布。压强的垂向分量对面积积分就得出一个总的升力 F_A,它的作用点依不同的外形位于纵轴上的不同位置。F_A 能够通过车轮载荷和轴载荷在风洞中测出,且 F_A 的作用点能得到。为了应用方便,将 F_A 分解成 F_{AV} 和 F_{AH},它们分别作用在前轴和后轴正上方的车架上。由升力引起的轴载荷变化又会影响到轮胎受力(可传递的切向力和侧向力,以及滚动阻力)。

升力 F_A 与初始流速 v 的平方成正比,即

$$F_A = c_A A \rho v^2 / 2 \tag{4.2.10}$$

式中 c_A——升力系数;

A——车身最大截面积;

ρ——空气密度;

v——初始流速。

相应地产生一个升力矩

$$M_{wa} = c_A l A \rho v^2 / 2 \tag{4.2.11}$$

式中 l——轮距。

对于一般的履带车辆行驶速度,空气阻力不大,在计算中可以忽略不计,但对于高速行驶的履带车辆,可参照轮式车进行空气阻力计算与分析。

4.2.5 挂钩阻力

坦克或汽车拖挂车辆行驶时,被拖车辆对坦克或汽车前进形成阻力,该阻力叫做挂钩阻力,以 F_{gg} 表示。它的大小与被拖车质量、地面性质以及地面坡度等因素有关。挂钩阻力沿着牵引绳方向,一般情况下,牵引绳方向不会平行于行驶的地面,而是与地面形成一个 γ 角,如图 4.1.2 所示。挂钩阻力可分解为两个力:一个是与地面平行的分力 $F_{gg}\cos\gamma$,此力是真正阻碍坦克或汽车前进的阻力;另一个是与地面垂直的分力 $F_{gg}\sin\gamma$,此力会影响坦克履带或汽车轮胎接地段法向负荷的分布。

4.2.6 牵引力

1. 轮式车辆

汽车行驶时,发动机产生的扭矩,经传动系传到驱动轮,产生驱动力矩 T_t,驱动轮在 T_t 的作用下给地面作用一对圆周力 F_0,地面对驱动轮的反作用力 F_t 即为驱动力,也叫牵引力,如图 4.2.4 所示,其数值为

$$F_t = \frac{T_t}{r} \quad (4.2.12)$$

式中 T_t——作用于驱动轮上的转矩;
r——车轮半径。

若令 T_{tq} 为发动机转矩,i_g 为变速器传动比,i_0 为主减速器传动比,η_T 为传动系的机械效率,则

$$T_t = T_{tq} i_g i_0 \eta_T$$

对于装有分动器、轮边减速器、液力传动等装置的汽车,上式应计入相应传动比及机械效率。因此,驱动力为

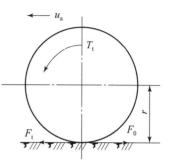

图 4.2.4 汽车的驱动力

$$F_t = \frac{T_{tq} i_g i_0 \eta_T}{r} \quad (4.2.13)$$

发动机转矩随发动机转速而变化,其工作特性取决于发动机的外特性和部分特性;变速箱和减速器等传动部件传动比由其结构而定,通常机械变速器具有多个挡位并对应不同的定传动比;自动变速器包含液力变矩器,也具有多个挡位并可实现自动换挡或无级变速功能;传动系效率由传动部件工作特性确定,不同结构传动型式具有不同的传动效率。

地面对轮胎的切向反作用力的极限值称为附着牵引力 F_φ,在硬路面上它与驱动轮法向反作用力 F_z 成正比,即

$$F_{x\max} = F_\varphi = \varphi F_z \quad (4.2.14)$$

式中 φ——附着系数,由路面与轮胎决定。

由作用在驱动轮上的转矩 T_t 引起的地面切向反作用力不能大于附着牵引力,否则将发生驱动轮滑转现象。

汽车的附着力取决于附着系数以及地面作用于驱动轮的法向反作用力。附着系数主要取决于路面的种类和状况,行驶车速对附着系数也有影响。附着系数还受到车轮运动状况的影响。在一般动力性分析中,只取附着系数的平均值。在良好的混凝土或沥青路面上,路面干燥时,φ 值为 0.7~0.8,路面潮湿时,φ 值为 0.5~0.6;干燥的碎石路上,φ 值为 0.6~0.7,干燥的土路上,φ 值为 0.5~0.6,湿土路面时,φ 值为 0.2~0.4。

驱动轮地面法向反作用力与汽车的总体布置、车身形状、行驶状况及道路的坡度有关。

2. 履带车辆

1) 行驶牵引力 F

为了分析牵引力作用于坦克的过程及其大小,假设坦克均速行驶且地面阻力不变,暂不考虑行动装置的内阻力,并把两侧履带上的牵引力归并到一侧履带计算。

设发动机工作时经传动装置传到主动轮上的转矩为 T_z,作用于履带工作段的拉力为 F,它将履带工作段拉紧,则有

$$F = \frac{T_z}{r_z}$$

将履带工作段断开,为了不破坏其平衡条件,在履带断开后的两端各施加一个大小相等方向相反的拉力 F,如图 4.2.5 所示。

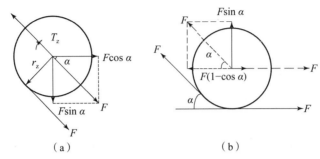

图 4.2.5 主动轮与后负重轮受力分析
(a) 主动轮;(b) 后负重轮

对于主动轮,将作用在履带上的拉力 F,按力学平移定理平移到主动轮的几何轴心上,此时可得一力偶 F_{r_z} 与作用于主动轮轴上的力 F,力偶 F_{r_z} 与主动轮转矩 T_z 平衡。力 F 分解为两个分力,即垂直于路面的分力 $F\sin\alpha$ 及平行于路面的分力 $F\cos\alpha$。

对于后负重轮,绕于它上面的一段履带的一端在拉力 F 的作用下,在另一端产生一个大小相等、方向与行驶方向相同的土壤切向反作用力 F。将此二力平移至后负重轮轴的几何中心,并将它们分解为两个分力,即垂直于路面的分力 $F\sin\alpha$ 及平行于路面的分力 $F(1-\cos\alpha)$。

因此,当履带受工作张力 F 作用而拉紧时,有一平行于路面的力 $F\cos\alpha$ 作用在主动轮轴上,并经过主动轮轴承的传递,沿坦克行驶方向推动车体前进。同时,还有一平行于路面的力 $F(1-\cos\alpha)$ 作用于后负重轮轴上,经过悬挂装置平衡轴的传递,沿坦克行驶方向推动车体前进。这两个水平分力的总和等于行驶牵引力,即

$$F\cos\alpha + F(1-\cos\alpha) = F$$

由此可知,牵引力 F 是经过主动轮轴承和后负重轮悬挂装置零件传递到坦克车体上,从而推动坦克向前运动的。地面作用于履带接地段的牵引力,实际上等于作用于车体上的推力。当主动轮前置时,用同样的分析方法可知,其牵引力是经过位于车体后部的诱导轮轴及后负重轮轴传递到车体上的。

从上述对行驶牵引力的分析中可知,牵引力的大小不仅与发动机拉履带的力的大小有关,同时也与地面提供的切向反作用力的能力(附着性能)有关。

2)发动机牵引力 F_e

当坦克匀速行驶时,发动机的转矩经传动系统传到主动轮上,变为主动轮的转矩,并通过主动轮对履带工作段产生拉力,该拉力称为发动机牵引力,也叫计算牵引力,以 F_e 表示。它的大小等于主动轮转矩和主动轮工作半径之比,即

$$F_e = \frac{T_e i_i \eta}{r_z} \tag{4.2.15}$$

或

$$F_e = \frac{3\ 600 P_e \eta}{v} \tag{4.2.16}$$

式中 T_e——发动机转矩（N·m）；

i_i——坦克传动系统第 i 挡的总传动比；

η——坦克总效率；

P_e——发动机功率（kW）；

v——坦克行驶速度（km/h）。

上式说明，发动机牵引力是个计算值，它的大小和发动机转矩、传动系统总传动比、主动轮半径和坦克效率有关，和地面情况无关。

3）附着牵引力 F_φ 及附着系数 φ

履带接地段滑转运动时，地面给接地段一个切向反作用力。当滑转系数达到某一个值时，地面给履带接地段的切向反力达到最大值，这个最大切向反作用力就是坦克在该路面下的附着牵引力，以 F_φ 表示。

附着牵引力的大小和地面性质、行动装置的结构、坦克重力、行驶速度以及接地段的滑转程度等因素有关。要定量地计算出每个因素对附着牵引力的影响目前还是很困难的。人们公认附着牵引力的主要影响因素是地面性质和附着重力，且大致上和附着重力成正比。因此，可用下述简化的经验公式来计算附着牵引力：

$$F_\varphi = \varphi G_f \tag{4.2.17}$$

式中 φ——附着系数，是附着力 F_φ 和附着重力 G_f 的比值，是一综合性参数。

坦克在不同地面的附着系数如表 4.2.4 所示。

表 4.2.4 坦克在不同地面的附着系数

地面种类	φ
柏油路	0.80
水泥路	0.30 ~ 0.40
土质公路	0.50 ~ 0.80
黑土路	0.70 ~ 0.90
耕地	0.60 ~ 0.75
沙地	0.30 ~ 0.50
沼泽地	0.30 ~ 0.60
雪地	0.20 ~ 0.90
水稻田	0.40 ~ 0.55

注：表中柏油路数据取自 A.C. 尼基金著《坦克理论》，其余数据取自北京工业学院（现北京理工大学）《坦克理论》1960 年版。

附着牵引力随滑转系数的变化而变化，如图 4.2.6 所示。

该曲线表明，坦克接地段的滑转系数 σ 很小时，附着牵引力也较小（A 点）。随着滑转系数增大，附着牵引力也跟着增大，当滑转系数达到最佳值时（$\sigma = 0.25 \sim 0.30$），附着牵引力也达到最大值（B 点）。当 σ 大于最佳值后，随着其增加，附着牵引力不但不增大反而逐渐减小。当 σ 增加到 1.0 时，完全滑转的瞬间附着牵引力降到 C 点。

4.2.7 惯性阻力

车辆加速行驶时，会受到整车质量的惯性力的阻碍，该惯性力叫作惯性阻力，以 F_{gx} 表示。

车辆的质量分为两种：一种是车体和装在车体上面所有装置一起做平移运动的质量；另一种是和驱动轮有运动学联系的做旋转运动的旋转质量。车辆加速行驶时，平移质量产生惯性力，旋转质量产生惯性力矩。要准确计算每一项都比较麻烦，通常是将旋转质量也当作平移质量来计算惯性力，并以 δ 作为换算系数（$\delta>1$）。所以，惯性阻力可用下式表示：

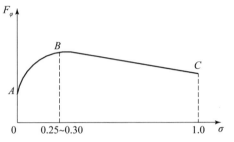

图 4.2.6　附着牵引力和滑转系数的关系曲线

$$F_{gx} = \delta \cdot \frac{G}{g} \cdot \ddot{x} = \delta m \frac{dv}{dt} \quad (4.2.18)$$

式中　G——重力（N）；
　　　g——重力加速度，$g=9.8\ m/s^2$；
　　　m——车辆全质量（kg）；
　　　$\ddot{x}$——车辆加速度（m/s^2），$\ddot{x}=dv/dt$；
　　　v——车体行驶速度（m/s）；
　　　δ——质量增加系数。

下面讨论如何求出 δ 的表达式。

车辆加速行驶时，平移质量做牵连运动（平移运动），其速度为 $v=v_q$；旋转质量相对车体做相对运动（旋转运动），其速度为 v_x。一般路面条件下，滑转系数 σ 较小。这里假设滑转系数 $\sigma=0$，$v_x=v_q=v$。则车辆直线行驶时的总动能

$$E = E_q + E_x \quad (4.2.19)$$

E_q——牵连（平移）运动动能，且

$$E_q = \frac{1}{2}\frac{G}{g}v^2 \quad (4.2.20)$$

E_x——相对（旋转）运动动能，且

$$E_x = \frac{m_L}{2}v^2 + \frac{1}{2}\sum_{i=1}^{n} J_i \omega_i^2$$

式中　m_L——履带环或全部车轮的总质量（kg）；
　　　J_i——第 i 个和驱动轮有动力联系的旋转零件的转动惯量（$kg \cdot m^2$）；
　　　ω_i——第 i 个和驱动轮有动力联系的旋转零件的角速度（rad/s）。

假设第 i 个旋转零件和驱动轮间的传动比为 i_i，驱动轮的角速度为 ω_z，所以 $\omega_i = i_i \omega_z$，又知 $\omega_z = v/r_z$，因此 $\omega_i = i_i v/r_z$，可得

$$E_x = \frac{m_L}{2}v^2 + \frac{v^2}{2r_z^2}\sum_{i=1}^{n} J_i i_i^2 = \frac{v^2}{2}\left(m_L + \frac{1}{r_z^2}\sum_{i=1}^{n} J_i i_i^2\right) \quad (4.2.21)$$

如前文所述，车辆是平移质量为 m，并且是有内部旋转质量的物体，加速时其质量相当于增加了 $\delta-1$ 倍，所以车辆直线行驶的全部动能应为

$$E = \frac{1}{2} \cdot \frac{\delta G}{g} v^2 \tag{4.2.22}$$

将式（4.2.19）~式（4.2.21）代入式（4.2.22）并整理得

$$\frac{1}{2} \cdot \frac{\delta G}{g} v^2 = \frac{v^2}{2} \left(\frac{G}{g} + m_L + \frac{1}{r_z^2} \sum_{i=1}^{n} J_i i_i^2 \right)$$

变化上式可得质量增加系数 δ 的数学表达式为

$$\delta = 1 + \frac{m_L g}{G} + \frac{g}{G r_z^2} \sum_{i=1}^{n} J_i i_i^2 \tag{4.2.23}$$

质量增加系数 δ 的物理意义是车辆总动能 E 与牵连运动动能 E_q 的比值。质量增加系数 δ 是一个大于1的正值。从式（4.2.23）中可以看出，质量增加系数 δ 主要受到以下因素的影响：

（1）随履带或车轮质量的增大而增大；
（2）随各旋转零件的转动惯量的增加而增大；
（3）随着与驱动轮有运动学联系的旋转零件数目 n 的增多而增大；
（4）随着传动比 i_i 的增加而增大。

质量增加系数 δ 从理论上计算是比较困难的。实际工程中，多采用实验法测量 δ 值。某些坦克的质量增加系数 δ 的实验值如表4.2.5所示。从表中数据可以看出，这些坦克的质量增加系数 δ 为1.2~1.43。

表4.2.5 某些坦克的质量增加系数实验值

车辆名称		T-54	ПТ-76	T-34	KB	БТ-7	T-26
主离合器结合	1挡	3.903	7.035	2.96	2.52	2.14	3.38
	2挡	1.823	2.544	1.54	1.78	1.30	1.98
	3挡	1.539	1.933	1.20	1.53	1.21	1.52
	4挡	1.394	1.568	1.14	1.39	—	1.33
	5挡	1.304	1.403	—	—	—	—
变速箱空挡		1.243	1.295	1.09	1.33	1.17	1.22
主离合器分离	1挡	1.649	1.781	1.16	1.43	1.27	1.23
	2挡	1.331	1.400	1.04	1.39	1.18	1.22
	3挡	1.288	1.349	1.10	1.36	1.17	1.22
	4挡	1.266	1.318	1.09	1.34	—	1.22
	5挡	1.252	1.304	—	—	—	—

注：此表取自 <ТEОРИЯ ТАНКА> А. О. НИКИТИН, Л. В. СЕРГЕЕВ. 1962.

4.3 行驶极限

4.3.1 垂向载荷

首先,以总质心 S 取代单独的质心 S_A、S_V 和 S_H,如图 4.3.1 所示,则有

$$\begin{cases} F_G = F_{GA} + F_{GV} + F_{GH} \\ F_G h = F_{GA} h_A + (F_{GV} + F_{GH})s \\ F_G b = F_{GV} l + F_{GA} b' \\ F_G a = F_{GA} a' + F_{GH} l \end{cases} \quad (4.3.1)$$

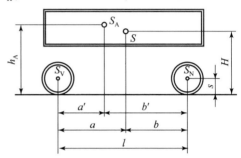

图 4.3.1 汽车载荷示意图

式中 h_A——车身质心高度;

H——总质心高度;

a、b、l——前轮距总质心垂直距离、后轮距总质心垂直距离、轴矩;

a'、b'——前轮与后轮距车身质心的水平距离。

根据式(4.1.2)和式(4.1.3)分别算出前轴和后轴的垂向载荷。前后轴之间的关系则由运动方程联系起来。从中得出前轴载荷为

$$F_{PV} = \left[F_G \left(\frac{b}{l} \cos \gamma_{st} - \frac{h}{l} \sin \gamma_{st} \right) \right] - \left(F_A \frac{l}{l} - \frac{M_{WA}}{l} + F_{WL} \frac{h_A}{l} \right) - \left[\left(\frac{F_G}{g} \cdot \frac{h}{l} + \frac{\Theta_V}{r_{dynV} l} + \frac{\Theta_H}{r_{dynH} l} \right) \ddot{x} \right] - \left(F_{WR} \frac{s}{l} \right) \quad (4.3.2)$$

式中,第一项为前轴载荷的静态部分,第二项为风力导致的前轴升力,第三项为加速度导致的前轴载荷的动态部分,第四项为滚动阻力导致的部分载荷,r_{dynV}、r_{dynH} 分别为前轮与后轮动态半径。

由于

$$F_{PV} + F_{PH} + F_A = F_G \cos \gamma_{st}$$

因此从已知的 F_{PV} 就能推出后轴载荷为

$$F_{PH} = \left[F_G \left(\frac{a}{l} \cos \gamma_{st} + \frac{h}{l} \sin \gamma_{st} \right) \right] - F_{AH} + \left[\left(\frac{F_G}{g} \cdot \frac{h}{l} + \frac{\Theta_V}{r_{dynV} l} + \frac{\Theta_H}{r_{dynH} l} \right) \ddot{x} \right] + \left(F_{WR} \frac{s}{l} \right) \quad (4.3.3)$$

其中,风阻力有如下关系:

$$\begin{cases} F_{AV} = F_A \frac{l}{l} - \frac{M_{WA}}{l} + F_{WL} \frac{h_A}{l} = c_{AV} A \cdot \frac{\rho}{2} v_{res}^2 \\ F_{AH} = c_{AH} A \cdot \frac{\rho}{2} v_{res}^2 \end{cases} \quad (4.3.4)$$

4.3.2 前轮驱动与后轮驱动的附着率

1. 单轮的附着率定义

前轮附着率为 $f_V = \dfrac{F_{UV}}{F_{PV}}$,后轮附着率为 $f_H = \dfrac{F_{UH}}{F_{PH}}$。

2. 切向力计算

1) 前轮驱动

前轮驱动时，$M_H = 0$，$M_V = M_R$。

后轮切向力为

$$F_{UH} = -F_{WRH} - \frac{\Theta_H \ddot{\varphi}_H}{s} = -F_{WRH} - \frac{\Theta_H \ddot{x}}{sr_{dynH}} \tag{4.3.5}$$

前轮切向力为

$$F_{UV} = \left(\frac{F_G}{g} + \frac{\Theta_H}{sr_{dynH}}\right)\ddot{x} + F_{WST} + F_{WRH} + c_W A \cdot \frac{\rho}{2} v_{res}^2 \tag{4.3.6}$$

式中，f_0 和 F_{WRH} 分别为前后轮的滚动阻力，F_{WST} 为爬坡阻力。

前轮驱动时，前轮上的切向力必须满足加速阻力的平移部分、后轮的惯性力、风阻、爬坡阻力和后轮的滚动阻力。

2) 后轮驱动

后轮驱动时，$M_V = 0$，$M_H = M_R$。

前轮切向力为

$$F_{UV} = -F_{WRV} - \frac{\Theta_V \ddot{x}}{sr_{dynV}} \tag{4.3.7}$$

后轮切向力为

$$F_{UH} = \left(\frac{F_G}{g} + \frac{\Theta_V}{sr_{dynV}}\right)\ddot{x} + F_{WST} + F_{WRV} + c_W A \cdot \frac{\rho}{2} v_{res}^2 \tag{4.3.8}$$

驱动轮的切向力不必满足加速阻力的旋转部分和驱动轮自身的滚动阻力。

3. 附着率计算

1) 前轮驱动

前轮：

$$f_V = \frac{F_{UV}}{F_{PV}} = \frac{\left(\frac{F_G}{g} + \frac{\Theta_V}{s\gamma_{dynV}}\right)\ddot{x} + F_{WST} + F_{WRV} + c_W A\rho \frac{v_{res}^2}{2}}{f_{PVstat} - F_{AV} - \left(\frac{F_G}{g} \cdot \frac{h}{l} + \frac{\Theta_V}{\gamma_{dynV} l} + \frac{\Theta_H}{\gamma_{dynH} l}\right)\ddot{x} - \frac{s}{l}F_{WR}} \tag{4.3.9}$$

后轮：

$$f_H = \frac{F_{UH}}{F_{PH}} = \frac{\Theta_H \ddot{X}}{f_{PHstat} - F_{AH} - \left(\frac{F_G}{g} \cdot \frac{h}{l} + \frac{\Theta_V}{\gamma_{dynV} l} + \frac{\Theta_H}{\gamma_{dynH} l}\right)\ddot{x} - \frac{s}{l}F_{WR}} \tag{4.3.10}$$

2) 后轮驱动

前轮：

$$f_V = \frac{F_{UV}}{F_{PV}} = \frac{\Theta_{WRV} - \frac{\Theta_V \ddot{x}}{s\gamma_{dyn}}}{f_{PVstat} - F_{AV} - \left(\frac{F_G}{g} \cdot \frac{h}{l} + \frac{\Theta_V}{\gamma_{dynV} l} + \frac{\Theta_H}{\gamma_{dynH} l}\right)\ddot{x} - \frac{s}{l}F_{WR}} \tag{4.3.11}$$

后轮：

$$f_{\mathrm{H}}=\frac{F_{\mathrm{UH}}}{F_{\mathrm{PH}}}=\frac{\left(\dfrac{F_{\mathrm{G}}}{g}+\dfrac{\varTheta_{\mathrm{V}}}{s\gamma_{\mathrm{dynV}}}\right)\ddot{x}+F_{\mathrm{WST}}+F_{\mathrm{WRV}}+c_{\mathrm{W}}A\rho\dfrac{v_{\mathrm{res}}^{2}}{2}}{f_{\mathrm{PHstat}}-F_{\mathrm{AH}}-\left(\dfrac{F_{\mathrm{G}}}{g}\cdot\dfrac{h}{l}+\dfrac{\varTheta_{\mathrm{V}}}{\gamma_{\mathrm{dynV}}l}+\dfrac{\varTheta_{\mathrm{H}}}{\gamma_{\mathrm{dynH}}l}\right)\ddot{x}-\dfrac{s}{l}F_{\mathrm{WR}}} \qquad (4.3.12)$$

综上所述，可得以下结论。

（1）从动轮的附着率比驱动轮的小得多，而且只由部分滚动阻力以及从动轮加速阻力的滚动部分决定。

（2）驱动轮的附着率受静态轮载荷的影响：f 随着 F_{P} 的增加而下降。

（3）加速行驶时，前轮驱动下驱动轮的附着率比后轮驱动要大，因为加速度的转动和平移部分会减轻前轮载荷而增大后轮载荷。

（4）整个车的重心离驱动轮越近，驱动轮的附着率就越小。

（5）气流造成的驱动轮上的升力越小，驱动轮的附着率就越小。

4.3.3 四轮驱动的附着率

驱动力矩为

$$M_{\mathrm{R}}=M_{\mathrm{V}}+M_{\mathrm{H}}$$

四轮驱动时两轮之间应当存在着固定的变速比（如果中间无液力离合器），则 $M_{\mathrm{H}}=iM_{\mathrm{R}}$；$M_{\mathrm{V}}=(1-i)M_{\mathrm{R}}$。

经计算，切向力公式为

$$F_{\mathrm{UV}}=\frac{M_{\mathrm{V}}}{s}-F_{\mathrm{WRV}}-\frac{\varTheta_{\mathrm{V}}\ddot{x}}{sr_{\mathrm{dynV}}}$$

$$F_{\mathrm{UH}}=\frac{M_{\mathrm{H}}}{s}-F_{\mathrm{WRH}}-\frac{\varTheta_{\mathrm{H}}\ddot{x}}{sr_{\mathrm{dynH}}}$$

轮载荷公式为

$$F_{\mathrm{PV}}=F_{\mathrm{PVstat}}-F_{\mathrm{AN}}-F_{\mathrm{BV}}-\frac{s}{l}F_{\mathrm{WR}}$$

$$F_{\mathrm{PH}}=F_{\mathrm{PHstat}}-F_{\mathrm{AH}}+F_{\mathrm{BH}}+\frac{s}{l}F_{\mathrm{WR}}$$

忽略轮受到的滚动阻力，即得到前后轮的附着率。

四轮驱动的附着率公式为

$$f_{\mathrm{V}}=\frac{F_{\mathrm{UV}}}{F_{\mathrm{PV}}}=\frac{(1-i)(F_{\mathrm{WB}}+F_{\mathrm{WL}}+F_{\mathrm{WST}}+F_{\mathrm{WR}})-\dfrac{\varTheta_{\mathrm{V}}\ddot{x}}{s\gamma_{\mathrm{dynV}}}-F_{\mathrm{WRV}}}{F_{\mathrm{PVstat}}-F_{\mathrm{AN}}-\left(\dfrac{F_{\mathrm{G}}}{g}\cdot\dfrac{h}{l}+\dfrac{\varTheta_{\mathrm{V}}}{\gamma_{\mathrm{dyn}}l}+\dfrac{\varTheta_{\mathrm{H}}}{\gamma_{\mathrm{dynH}}l}\right)\ddot{x}} \qquad (4.3.13)$$

$$f_{\mathrm{H}}=\frac{F_{\mathrm{UH}}}{F_{\mathrm{PH}}}=\frac{(1-i)(F_{\mathrm{WB}}+F_{\mathrm{WL}}+F_{\mathrm{WST}}+F_{\mathrm{WR}})-\dfrac{\varTheta_{\mathrm{H}}\ddot{x}}{s\gamma_{\mathrm{dynH}}}-F_{\mathrm{WRH}}}{F_{\mathrm{PHstat}}-F_{\mathrm{AH}}-\left(\dfrac{F_{\mathrm{G}}}{g}\cdot\dfrac{h}{l}+\dfrac{\varTheta_{\mathrm{V}}}{\gamma_{\mathrm{dynV}}l}+\dfrac{\varTheta_{\mathrm{H}}}{\gamma_{\mathrm{dynH}}l}\right)\ddot{x}} \qquad (4.3.14)$$

实例：综合以上计算，选择汽车的具体数据如下。

$F_{\mathrm{G}}=10\,000$ N，$a/l=b/l=0.5$，$c_{\mathrm{W}}=0.46$，$A=1.7$ m²，$h/l=6/25=0.24$，$c_{\mathrm{AV}}=0.06$，

$\rho = 1.25 \text{ Ns}^2/\text{m}^4$，$s/l = 3/25 = 0.12$，$c_{AH} = 0.13$，$f_R = 0.017$。

不同驱动方式下的附着率计算结果如表4.3.1所示。从表中可以看出，平地前驱和后驱的附着率差别不大，而四驱相对要小；爬坡时，前驱大于后驱，后驱大于四驱。从驱动力利用方面，四驱明显优于前驱或后驱。

表4.3.1 不同驱动方式下的附着率

行驶状态		附着率			
		前轮驱动 f_V	后轮驱动 f_H		四轮驱动 f
			$+c_{AH}$	$-c_{AH}$	
平地不加速	$v = 30$ m/s	0.106	0.107	0.102	0.044 8
	$v = 60$ m/s	0.39	0.408	0.33	0.189
低速不加速	$q = 0.20$	0.462	0.382		$0.20 \approx q$
	$q = 0.30$	0.72	0.539		$0.30 \approx q$
平地低速不加速	$\ddot{x}/g = 0.1$	0.212	0.189		$0.10 \approx \dfrac{\ddot{x}}{g}$
	$\ddot{x}/g = 0.3$	0.725	0.511		$0.30 \approx \dfrac{\ddot{x}}{g}$

注：平地不加速时，后轮f值比前轮大，因为$c_{AV} < c_{AH}$；四轮驱动的f值约等于坡度值；四轮驱动的f值约等于加速度值。

4.3.4 制动附着率

为了简便起见，忽略滚动阻力、风阻力、爬坡阻力和转动惯性，则

$$-F_{UV} - F_{UH} = -F_G \cdot \frac{\ddot{x}}{g} = -F_G a_q \quad (4.3.15)$$

且切向制动力为

$$F_{UV} = \frac{M_V}{s}; \quad F_{UH} = \frac{M_H}{s} \quad (4.3.16)$$

式中 a_q——制动强度，$a_q = \ddot{x}/g$。

忽略升力后的轮载荷为

$$F_{PV} = F_{PVstat} + F_G \cdot \frac{h}{l} \cdot a_q; \quad F_{PH} = F_{PHstat} - F_G \cdot \frac{h}{l} \cdot a_q \quad (4.3.17)$$

因此，前后轮的附着率分别为

$$f_V = \frac{-F_{UV}}{F_{PV}} = \frac{\dfrac{-M_V}{s}}{F_{PVstat} + F_G \cdot \dfrac{h}{l} \cdot a_q} \quad (4.3.18)$$

$$f_H = \frac{-F_{UH}}{F_{PH}} = \frac{\dfrac{-M_H}{s}}{F_{PVstat} + F_G \cdot \dfrac{h}{l} \cdot a_q} \quad (4.3.19)$$

前后制动力矩相同时就有图 4.3.2 所示的关系——前后轮的附着率相差很大。为了在强制动时的附着率相差不这么大，有意识地将前轮的制动力矩 M_V 加大，以达到附着率相同的效果。

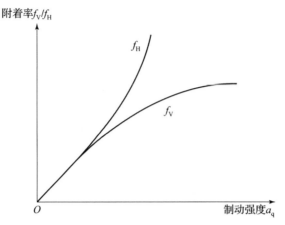

图 4.3.2　前后制动力矩相同时的附着率关系

4.3.5　理想制动力分配

寻求理想制动力分配的目的在于使制动距离最短，且直到抱死之前保持汽车的稳定性和可控性。参数：

$$\frac{a}{l}=0.3,0.4,0.5,0.6,0.7;\ \frac{h}{l}=0.24$$

当前后轴的附着率相同时，制动力分配最为理想，即

$$f_V=f_H=\mu,\ \text{即}\ \frac{F_{UV}}{F_{PV}}=\frac{F_{UH}}{F_{PH}} \tag{4.3.20}$$

因此，理想制动时，制动切向力之间的关系为

$$\left(\frac{F_{UV}}{F_{UH}}\right)_{\text{理想}}=\frac{F_{PV\text{stat}}+F_G\cdot\dfrac{h}{l}\cdot a_q}{F_{PV\text{stat}}-F_G\cdot\dfrac{h}{l}\cdot a_q}=\frac{\dfrac{b}{l}+\dfrac{h}{l}\cdot a_q}{\dfrac{a}{l}-\dfrac{h}{l}\cdot a_q} \tag{4.3.21}$$

理想制动切向力分配与制动强度关系如图 4.3.3 所示，其特点总结如下。

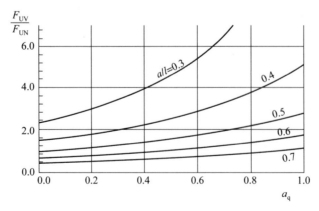

图 4.3.3　制动切向力分配与制动强度的关系

（1）F_{UV}/F_{UH} 的关系在理想制动 $f_V=f_H$ 时不随 F_G 改变，且在不同的制动强度下只和重心位置 $\delta'Gv^2/2g$ 与 $\dfrac{h}{l}$ 有关。

（2）重心位置一定时，随着制动强度的增加，前轮必须比后轮更强地制动。

（3）按照理想制动只能确定前后轮的制动切向力之间的关系。

（4）取其中一个轮，任选一种踏板力制动切向力关系，就能从 F_{UV}/F_{UH} 推出另一个轮的制动切向力。

例如，让 F_{UH} 随踏板力线性上升，那么 F_{UV} 必须与踏板力呈递增关系；反之，如果 F_{UV} 随着踏板力线性上升，则 F_{UH} 随踏板力呈递减趋势。相应地，总切向力 $F_{UV}+F_{UH}$ 也呈递增或递减趋势。按照这个理论可调节踏板力高或低时的制动敏感性，如图 4.3.4 所示。

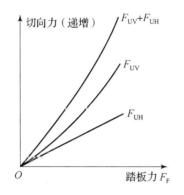
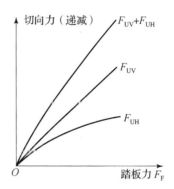

图 4.3.4 递增或渐减的切向力设置下的制动敏感性

4.3.6 切向力图

忽略了转动惯量、滚动阻力、空气阻力和爬坡因素之后，得到一个总体的简化了的切向力关系和附着率关系。进一步将切向力、加速度、附着率和汽车的参数联系起来，并在一个图中展示出来，我们就不仅有了一个确定制动系统性能的有力工具，而且可以极简便地分析驱动力分配，这样的一个图像被称为切向力图。

按照式(4.1.4)，有

$$\frac{F_{UV}}{F_G}+\frac{F_{UH}}{F_G}=\frac{\ddot{x}}{g} \tag{4.3.22}$$

由式(4.3.2)和式(4.3.3)推出轮载荷公式为

$$F_{PV}=\left(\frac{b}{l}-\frac{h}{l}\cdot\frac{\ddot{x}}{g}\right)F_G \tag{4.3.23}$$

$$F_{PH}=\left(\frac{a}{l}+\frac{h}{l}\cdot\frac{\ddot{x}}{g}\right)F_G \tag{4.3.24}$$

另外，还有附着率关系公式为

$$F_{UV}=f_V F_{PV} \tag{4.3.25}$$

$$F_{UH}=f_H F_{PH} \tag{4.3.26}$$

取 F_{UV}/F_G 和 F_{UH}/F_G 作为切向力图的坐标轴；而且横轴向左是 F_{UV} 的正方向，纵轴向下

是 F_{UH} 的正方向，如图 4.3.5 所示。这种设定坐标轴的方式与习惯上的设定方式相反，原因是，切向力图从根本上讲是为分析制动而画的，制动时的切向力为负值。

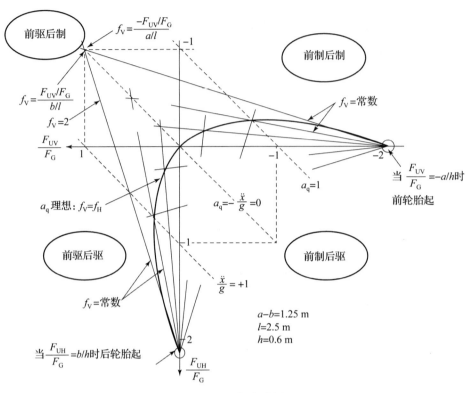

图 4.3.5 切向力图

这样，就围出一个区域，在它上面可以表示出所有切向力造成的加速度或减速度。从式(4.3.22)可知，切向力与加速度之间的关系在图上是一根直线，它与轴的交点值就是 $\dfrac{\ddot{x}}{g}$ 的值。

将式(4.3.23)和式(4.3.24)代入式(4.3.22)，即有

$$f_V\left(1-\dfrac{a}{l}-\dfrac{h}{l}\cdot\dfrac{\ddot{x}}{g}\right)+f_H\left(\dfrac{a}{l}+\dfrac{h}{l}\cdot\dfrac{\ddot{x}}{g}\right)=\dfrac{\ddot{x}}{g} \qquad (4.3.27)$$

或

$$f_V\cdot\dfrac{F_{PV}}{F_G}+f_H\cdot\dfrac{F_{PH}}{F_G}=\dfrac{\ddot{x}}{g}$$

此式表达了一辆特定的汽车所有的行驶状态，决定性的参数是它的重心位置 a 和 h 与轴距 l 之比，甚至包含前轮驱动同时后轮制动的情况。

制动强度或驱动比的等值线是从 $(F_{UV}/F_G)+(F_{UH}/F_G)=-a_q$ 得出的（如 45°线——与两轴交点值相同的直线）。

当一辆车猛烈地加速或制动，以至使一个轮离地而起，即 $F_{PH}=0$ 或 $F_{PV}=0$ 时，切向力无法再生效。加速时，若 $\ddot{x}/g=(l-a)/h=b/h$，即式(4.3.23)中括号里的表达式的值为零的时候，前轮的切向力就会为零；制动时，后轮的轮载荷 F_{PH} 会减到零，使得 $F_{UH}=0$。这

时，$\ddot{x}/g = -a/h$，即式（4.3.24）括号里的表达式的值为零。当然，这样说的前提条件是，假设地面的摩擦系数近乎无穷大。

等附着率（f_V = 常数）是呈放射状的直线组，它们相交于纵轴上的 $F_{UH}/F_G = b/h$，因为前轮抬起而且 $F_{UV} = 0$ 和 f_V 无关。确定这些线条的第二个点是它们和 $\ddot{x}/g = 0$（即 $a_q = 0$）的交点，因为在这些线上 $f_V = (F_{UV}/F_G)/(b/l)$，同样可以画出 f_H = 常数的直线组：横轴的起始点为 $F_{UV}/F_G = -a/h$，因为此时后轮由于强烈制动而抬离地面，$F_{UH} = 0$；第二个交点在 $a_q = 0$ 上，借助公式 $f_H = (F_{UH}/F_G)/(b/l)$。

至此，所有用以确定汽车直线运动动态性能的"外界参数"就都清楚了。

理想制动及理想驱动曲线假设由所有满足 $f_V = f_H$ 的交点组成，并假设它的形状是一条向斜下方张开的侧抛物线，且穿过原点和前后轮载荷等于零的点。轮载荷等于零时的切向力可以分别从式（4.3.22）～式（4.3.27）导出，即

$$\begin{cases} F_{UV} = \dfrac{\ddot{x}}{g}\left(1 - \dfrac{a}{l} - \dfrac{h}{l}\cdot\dfrac{\ddot{x}}{g}\right)F_G = f(\ddot{x}^2) \\ F_{UH} = \dfrac{\ddot{x}}{g}\left(\dfrac{a}{l} - \dfrac{h}{l}\cdot\dfrac{\ddot{x}}{g}\right)F_G = f(\ddot{x}^2) \end{cases} \quad (4.3.28)$$

也可将 F_{UV} 变为 $\ddot{x}/g$ 的表达式，即

$$\frac{\ddot{x}}{g} = +\sqrt{\left(\frac{b}{2h}\right)^2 \frac{F_{UV}}{F_G}\cdot\frac{l}{h}} + \frac{b}{2h}$$

代入式（4.3.22）得

$$\frac{F_{UH}}{F_G} = \pm\sqrt{\left(\frac{b}{2h}\right)^2 \frac{F_{UV}}{F_G}\cdot\frac{l}{h}} + \frac{b}{2h} - \frac{F_{UV}}{F_G} \quad (4.3.29)$$

这就是图 4.3.5 里那条理想切向力分配的抛物线，它只受重心参数 $b = l - a$ 及 h 的影响。

从式（4.3.28）看出，F_{UV} 的零值点在 $\ddot{x}/g = 0$ 和 $\ddot{x}/g = b/h$，F_{UH} 的零值点在 $\ddot{x}/g = 0$ 和 $\ddot{x}/g = a/h$。后边这两个数值即是前面提到过的轮抬起的时刻，此时 F_{UV} 和 F_{UH} 分别达到极大值，即

当 $\dfrac{\ddot{x}}{g} = \dfrac{b}{2h}$ 时，有

$$\frac{dF_{UV}}{d(\ddot{x}/g)} = 0 \rightarrow \frac{F_{UV\max}}{F_G} = \frac{b^2}{4hl}$$

当 $\dfrac{\ddot{x}}{g} = \dfrac{-a}{2h}$ 时，有

$$\frac{dF_{UH}}{d(\ddot{x}/g)} = 0 \rightarrow \frac{F_{UH\max}}{F_G} = -\frac{a^2}{4hl}$$

据图 4.3.5，可直观分析汽车驱动力和制动力的分配问题，详细实例见参考文献[1]。

4.4 加减速过程

4.4.1 汽车瞬态过程

加速或制动时会产生惯性力，其作用点是整个汽车与车内人员的总重心。前面计算时针

对的都是制动很久以后所达到的稳态，如果没有制动防抱死装置，瞬时状态中往往会出现极其危险的单轮过度制动。下面将详细计算一辆汽车的垂向和俯仰运动、动态轮载荷和制动切向力，并绘出它们的时间图。

图 4.4.1 为带有车桥的汽车模型简图，从中能清楚地看到架在纵拖臂上的前悬和后悬，轮毂与俯仰瞬心之间的粗虚线代表了纵拖臂。为了不损伤普遍性，俯仰瞬心和重心特意绘在不同的位置。建立运动方程的方法多种多样，尽管拉格朗日法在计算上比较优越，但这里还是应用一般的牛顿原理，因为它在分析时层次比较清楚。首先进行系统分析，然后再对每一个分系统进行受力平衡分析，分析结果如图 4.4.2 所示。

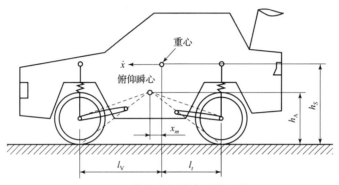

图 4.4.1 带有车桥的汽车模型简图

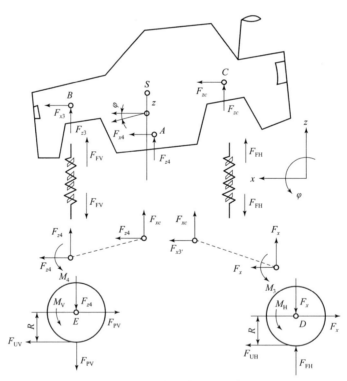

图 4.4.2 非平衡状态下的系统分析

各部分的力与力矩平衡（所有的路程差都相对重心而言），对前轮有

$F_{x1} = F_{x4}$，$F_{z1} = F_{z4}$，$m_1 \ddot{x}_1 = F_{UV} - F_{x1}$，$m_1 \ddot{z}_1 = F_{PV} - F_{z1} = 0$，$\Theta_V \ddot{\varphi}_1 = M_V - F_{UV} R$，

对后轮有
$$F_{x2} = F_{x3}, \ F_{z2} = F_{z3}, \ m_2\ddot{x}_2 = F_{UH} - F_{x2}, \ m_2\ddot{z}_2 = F_{PH} - F_{z2} = 0, \ \Theta_H\ddot{\varphi}_2 = M_H - F_{UH}R$$

对前悬有
$$F_{x4'} + F_{x4} = 0, \ F_{z4'} + F_{z4} = 0, \ M_4 + F_{x4'}(z_A - z_E) - F_{z4'}(x_A - x_E) = 0$$

对后悬有
$$F_{x3'} + F_{x3} = 0, \ F_{z3'} + F_{z3} = 0, \ M_3 + F_{x3'}(z_A - z_D) - F_{z3'}(x_A - x_D) = 0$$

对车架（设 P 点为车身质心）有
$$m\ddot{x} = F_{xA} + F_{xB} + F_{xC} = \sum F_{xP}$$
$$m\ddot{z} = F_{zA} + F_{zB} + F_{zC} = \sum F_{zP}$$
$$\Theta\ddot{\varphi} = \sum(F_{xP}z_P - F_{zP}x_P)$$

各个力的大小如下：
$$F_{xA} = -(F_{x3'} + F_{x4'}) = F_{x3} + F_{x4} = \frac{M_H - \Theta_H\ddot{\varphi}_2}{R} - m_2\ddot{x}_2 + \frac{M_V - \Theta_V\ddot{\varphi}_1}{R} - m_1\ddot{x}_1$$

$$F_{xB} = F_{xC} = 0$$

$$F_{zA} = -(F_{z3'} + F_{z4'}) = \frac{-M_H - \left(\dfrac{M_H - \Theta_H\ddot{\varphi}_2}{R} - m_2\ddot{x}_2\right)(z_A - z_D)}{x_A - x_D} -$$
$$\frac{-M_V - \left(\dfrac{M_V - \Theta_V\ddot{\varphi}_1}{R} - m_1\ddot{x}_1\right)(z_A - z_E)}{x_A - x_E}$$

$F_{zB} = -k_V z_B - c_V \dot{z}_B$（$k_V$ 为前悬刚度系数，c_V 为前悬阻尼系数）
$F_{zC} = -k_H z_C - c_H \dot{z}_C$（$k_H$ 为后悬刚度系数，c_H 为后悬阻尼系数）
$$F_{FV} = k_V(z - l_V\varphi) + c_V(\dot{z} - l_V\dot{\varphi})$$
$$F_{FH} = k_H(z + l_H\varphi) + c_H(\dot{z} + l_H\dot{\varphi})$$

车轮平动与转动的关系为
$$\ddot{\varphi}_1 = \frac{\ddot{x}_1}{R}, \ \ddot{\varphi}_2 = \frac{\ddot{x}_2}{R}$$

前轮、后轮和车架这 3 个分系统有各自的纵向加速度 $\ddot{x}_1$、$\ddot{x}_2$ 和 $\ddot{x}$，这 3 个量却通过悬架系统与车身的动力学关系相互联系在一起。若重心既向上抬起 z，又转过角 φ，车轮中心则会做相应的运动。这种联系被称为运动边界条件，它将整个运动问题转化为了一组线性微分方程，导出的结果是一组非线性方程组。以平衡时车身重心为参考点和初始坐标，经动态分析可得车架的线性化相关运动方程。

纵向运动方程为
$$(m + m_V + m_H) + \ddot{z}(-K_1 m_V + K_2 m_H) - \ddot{\varphi}[(m_V + m_H)(h_S - h_A)] = \frac{M_V + M_H}{R}$$

垂向运动方程为
$$\ddot{z}(m + K_1^2 m_V + K_2^2 m_H) + \ddot{x}(K_2 m_H - K_1 m_V) + \ddot{\varphi}[m_V(h_S - h_A)K_1 - m_H(h_S - h_A)K_2] +$$
$$\dot{z}(c_V + c_H) + z(k_V + k_H) + \dot{\varphi}(-c_V l_V + c_H l_H) + \ddot{\varphi}(-k_V l_V + k_H l_H) = M_H \frac{h_A}{l_H R} - M_V \frac{h_A}{l_V R}$$

俯仰运动方程为

$$\ddot{\varphi}[\Theta + m_V(h_S - h_A)^2 - m_H(h_S - h_A)^2] + \ddot{z}[-K_2 m_H(h_S - h_A) + K_1 m_V(h_S - h_A)] +$$
$$\ddot{x}[-m_H(h_S - h_A) - m_V(h_S - h_A)] + \dot{z}[-c_V l_V + c_H l_H] + z[-k_V l_V + k_H l_H] +$$
$$\dot{\varphi}(c_V l_V^2 + c_H l_H^2) + \dot{\varphi}(k_V l_V^2 + k_H l_H^2) = -(M_V + M_H)\frac{h_S - h_A}{R}$$

其中

$$K_1 = \frac{h_A - R}{\sqrt{l_1^2 - (h_A - R)^2}}, \quad K_2 = \frac{h_A - R}{\sqrt{l_2^2 - (h_A - R)^2}}, \quad m_V = \left(\frac{\Theta_V}{R^2} + m_1\right), \quad m_H = \left(\frac{\Theta_H}{R^2} + m_2\right)$$

方程之间的相关性说明,加速和制动会同时引起纵向、垂向和俯仰运动。整个瞬态过程据此微分方程模型可进行求解计算。

4.4.2 加速过程

车辆的加速性是指车辆在一定时间内加速至指定速度的能力。评价加速性的指标有,加速过程中加速度的大小、加速时间和加速距离。后两者是指车辆由原地起步或某一速度加速到指定速度所需的时间或所经过的距离。车辆的加速度越大,加速时间或加速距离越小,加速性越好。目前,坦克多用从静止起步开始加速到 32 km/h 的速度所用的加速时间作为评价加速性的战技指标。本小节以具有主离合器的有级式机械传动装置的坦克的加速特性为例进行分析,其方法和原理也适用于采用行星式变速箱的传动装置。

1. 过程分析

坦克的起步与加速过程可以分为 3 个阶段。

坦克加速第一阶段是指起步阶段。起步时,先起动发动机,根据起步时的路面条件挂上选定的排挡,平稳地结合处于分离状态的主离合器。为了避免结合主离合器时发动机熄火,驾驶员在松开主离合器踏板的同时踩下油门踏板,增加发动机的供油量。坦克起步时主离合器的结合过程,是主离合器主、被动摩擦片的摩滑过程,如图 4.4.3 所示。

设坦克行驶的阻力通过主动轮和传动装置作用在主离合器被动部分上的阻力矩为 T_{bd}。驾驶员松开踏板,主离合器开始结合的瞬间,时间 $t=0$,从此刻起主、被动摩擦片开始打滑,主离合器所传递的摩擦力矩 T_{fc} 从零开始增加,坦克尚未起步。继续松开踏板,在 $t=t_0$ 时刻,摩擦力矩与阻力矩平衡,即 $T_{fc}=T_{bd}$,此刻被动部分角速度 ω_{bd} 从零开始增加,坦克开始起步,主动部分角速度 ω_{zd} 逐渐降低。完全松开踏板时,时间 $t=t_1$,主离合器的摩擦力矩 T_{fc} 增加到它的最大计算值 T_{fcmax},此刻主离合器所传递的摩擦力矩远大于阻力矩 T_{bd},这是由于作用在主

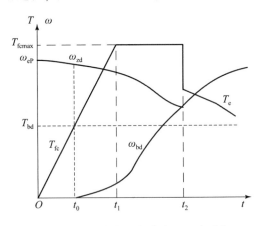

图 4.4.3 主离合器起步摩滑同步过程

离合器被动部分上的阻力矩除 T_{bd} 外,还有从被动部分到履带之间全部旋转零件的惯性力矩,以及坦克本身做加速运动产生的惯性力矩。在一定的时间内,主、被动摩擦片还将继续打

滑，主离合器传递的摩擦力矩保持不变，发动机转速继续下降，被动部分转速继续增加，直到 $t=t_2$ 时刻，主、被动摩擦片打滑终止，其角速度相等，主离合器成为一个整体旋转，坦克加速的第一阶段到此完成，如图 4.4.4 所示。

坦克加速的第二阶段是指坦克沿发动机外特性的加速阶段，在此阶段坦克利用该挡的剩余牵引力继续加速，直到该挡可能的最大速度为止。

坦克加速的第三阶段是指换挡阶段，当坦克加速至该挡的最大速度后，为了继续加速必须换入下一高挡。第三阶段从主离合器重新分离开始，经过换挡过程，到重新结合主离合器之前为止。此阶段中发动机动力被切断，坦克依靠本身的惯性克服行驶阻力向前运动，因此换挡阶段实际是一个减速阶段。换挡完成后的加速过程将重复上述各阶段，所不同的只是新挡位上加速第一阶段离合器被动部分结合的瞬时就已具有一定的初始角速度，其数值对应于上一排挡加速第三阶段结束时车辆的行驶速度。

分析加速过程 3 个阶段时，首先作出如下一些假设：
（1）主离合器结合动作是瞬时完成的；
（2）主离合器结合的瞬间，发动机转速为最大功率时的转速；
（3）主离合器结合过程中，发动机曲轴输出的转矩不变；
（4）发动机在整个加速过程中总是沿外特性工作。

这些假设与实际使用情况不完全相符，只是为了简化计算，同时忽略驾驶员个人因素的影响，以便进行分析对比。

2. 加速第一阶段分析

加速第一阶段是从主离合器结合瞬时开始，到主离合器主、被动摩擦片完全结合为止，是主离合器摩滑阶段。该阶段可以简化为图 4.4.4 所示的过程，主离合器的动力学分析简图如图 4.4.5 所示。

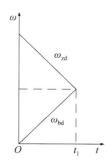

图 4.4.4 简化后的加速第一阶段特性

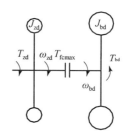

图 4.4.5 主离合器动力学分析简图

1）主动部分的角减速度

主动部分的主动力矩为

$$T_{zd} = T_e i_q \eta_q \tag{4.4.1}$$

式中 T_e——发动机曲轴输出的净转矩（N·m）；

i_q——发动机曲轴输出端至主离合器主动部分之间前传动装置的传动比；

η_q——前传动装置的效率。

主离合器传递的最大摩擦力矩 T_{fcmax} 为

$$T_{fcmax} = \beta T_{eM} i_q \eta_q \tag{4.4.2}$$

式中 T_{eM}——发动机最大转矩（N·m）；

β——主离合器储备系数，一般 $\beta = 1.5 \sim 2.5$。

主动部分的力矩平衡方程式为

$$T_{zd} - T_{fcmax} = J_{zd}\dot{\omega}_{zd}$$
$$T_e i_q \eta_q - \beta T_{eM} i_q \eta_q = J_{zd}\dot{\omega}_{zd} \tag{4.4.3}$$

式中 J_{zd}——换算到离合器主动部分的转动惯量（kg·m²）；

$\dot{\omega}_{zd}$——主离合器主动部分的角减速度（rad/s²）。

实际上，发动机曲轴输出的净转矩 T_e 在主离合器摩滑过程中是变化的。在假设条件下认为 T_e 不变，为了简化计算，取发动机最大转矩 T_{eM} 和发动机最大功率点转矩 T_{eP} 的平均值作为 T_e，即

$$T_e = \frac{T_{eM} + T_{eP}}{2}$$

又因为发动机适应性系数为

$$k = \frac{T_{eM}}{T_{eP}}$$

所以

$$T_e = \frac{(k+1)}{2} T_{eP} \tag{4.4.4}$$

将式(4.4.4)代入式(4.4.3)中，可得主离合器主动部分的角减速度为

$$\dot{\omega}_{zd} = \frac{(2\beta k - k - 1) T_{eP} i_q \eta_q}{2 J_{zd}} = 常数 \tag{4.4.5}$$

上式表明，在加速第一阶段中，主离合器的主动部分是做等角减速运动。

2) 被动部分的角加速度和坦克的加速度

如图 4.4.5 所示，加速第一阶段主离合器被动部分受到的主动力矩即为主离合器传递的最大摩擦力矩 T_{fcmax}，计算方法同前。被动部分所受到的阻力矩 T_{bd} 是由坦克行驶时外部阻力和与被动部分有动力联系的传动和行动部件的内阻力造成的。阻力矩为

$$T_{bd} = \frac{f_0 G r_z}{i_k \eta'}$$

式中 f_0——地面总阻力系数，$f_0 = f\cos\alpha + \sin\alpha$，$f$ 为滚动阻力系数；

G——车辆总重；

r_z——主动轮半径；

i_k——在第 k 挡（起步挡）下，离合器被动部分到主动轮的传动比；

η'——在离合器被动部分到履带间传动和行动部件的效率。

列出被动部分的力矩平衡方程式为

$$T_{fcmax} - T_{bd} = J_{bd}\dot{\omega}_{bd}$$
$$\beta T_{eM} i_q \eta_q - \frac{f_0 G r_z}{i_k \eta'} = J_{bd}\dot{\omega}_{bd} \tag{4.4.6}$$

式中 $\dot{\omega}_{bd}$——主离合器被动部分的角加速度（rad/s²）；

J_{bd}——换算到离合器被动部分的转动惯量($kg \cdot m^2$)。

转动惯量为

$$J_{bd} = \frac{\delta' G r_z^2}{g \eta' i_k^2} \tag{4.4.7}$$

式中 δ'——离合器分离时被动部分的质量增加系数。

根据式（4.4.6）可得主离合器被动部分的角加速度 $\dot{\omega}_{bd}$ 的表达式为

$$\dot{\omega}_{bd} = \frac{1}{J_{bd}} \left(\beta T_{eM} i_q \eta_q - \frac{f_0 G r_z}{i_k \eta'} \right) = 常数 \tag{4.4.8}$$

上式表明，在加速第一阶段中，主离合器的被动部分是做等角加速运动。根据 $\dot{\omega}_{bd}$ 可以求出坦克车体的加速度：$\ddot{x}_1 = \dot{\omega}_{bd} r_z i_k$。另外，也可以根据坦克直线运动方程求解，这种方法更便捷。根据直线行驶运动方程，坦克在加速第一阶段所获得的加速度 $\ddot{x}_1$ 可以表示为

$$\ddot{x}_1 = \frac{g}{\delta'} (\beta D_{kmax} - f_0) \tag{4.4.9}$$

式中 D_{kmax}——起步挡（k 挡）最大的动力因数（单位牵引力）。

3）第一阶段的加速时间和加速距离

加速第一阶段结束时，主离合器主、被动部分摩滑终止，主、被动部分完全结合。此时，主被动部分具有相同的角速度，即 $\omega_{zd} = \omega_{bd}$。假设第一阶段加速时间为 t_1，则有下面两个关系式，即

主动部分角速度 $\quad\quad\quad \omega_{zd} = \dfrac{\omega_{eP}}{i_q} - \dot{\omega}_{zd} t_1$

被动部分角速度 $\quad\quad\quad \omega_{bd} = \omega_{bd0} + \dot{\omega}_{bd} t_1$

令上面两式右端相等可得

$$t_1 = \frac{\dfrac{\omega_{eP}}{i_q} - \omega_{bd0}}{\dot{\omega}_{zd} + \dot{\omega}_{bd}} \tag{4.4.10}$$

式中 ω_{eP}——发动机最大功率点曲轴的角速度（rad/s）；

ω_{bd0}——加速第一阶段开始前，主离合器被动部分的初始角速度（rad/s），它由车速决定，若坦克从静止起步，则 $\omega_{bd0} = 0$。

加速第一阶段结束时，坦克的速度为

$$v_1 = v_0 + \ddot{x}_1 t_1 \tag{4.4.11}$$

式中 v_0——结合离合器前坦克的初始速度，坦克起步时 $v_0 = 0$。

加速第一阶段的加速距离为

$$s_1 = v_0 t_1 + \ddot{x}_1 t_1^2 \tag{4.4.12}$$

坦克起步时 $v_0 = 0$，则 $s_1 = \ddot{x}_1 t_1^2$。

3. 加速第二阶段分析

加速第一阶段结束后，发动机沿外特性工作，坦克由离合器摩滑终止时的速度 v_1 加速至该挡的最大速度，完成加速第二阶段。这个过程中，坦克的加速度 $\ddot{x}_2$ 可以通过计算得到，即

$$\ddot{x}_2 = \frac{g}{\delta_k}(D_k - f_0) \tag{4.4.13}$$

式中 D_k——起步挡（k 挡）的动力因数；

δ_k——起步挡（k 挡）的质量增加系数。

必须指出，在此阶段内的动力特性曲线是随车速变化而连续变化的，因而 $\ddot{x}_2$ 不是常数。加速第二阶段的加速时间主要取决于排挡和车辆的动力特性。

（1）坦克单位功率大时，D 也大，则加速度高，可缩短加速时间。

（2）排挡低时 D 大，质量增加系数 δ 也大，但总的说来加速度一般较大。所以，低挡的加速时间一般小于高挡的加速时间。为了提高加速性，在车辆紧急加速时，应当适当增加低挡位工作的时间，而不应当急于提前换高挡。

4. 加速第三阶段分析

坦克从起步开始到加速至该挡最大速度后，为了继续加速，应当换入下一高挡。换挡过程中，主离合器处于分离状态，坦克动力被切断，牵引力为零。由于存在地面阻力，因此坦克减速行驶，其加速度为

$$\ddot{x}_3 = -\frac{g}{\delta}f_0 \tag{4.4.14}$$

式中，负号表示加速度为负值，即为减速度。

坦克在此阶段中的加速时间，即换挡时间与下列因素有关：变速箱的结构、变速箱的操纵机构以及驾驶员的熟练程度。一般的换挡时间为 0.5～3 s，表 4.4.1 为各种变速箱换挡时间 t_3 的数据。

表 4.4.1 各种变速箱常见的换挡时间

变速箱类型	滑接齿套固定轴式	同步器固定轴式	行星变速箱	自动变速器
t_3/s	2～3	1～1.5	0.5～1	0.2～0.5

加速第三阶段换挡结束时，坦克的速度为

$$v_3 = v_{i\max} + \ddot{x}_3 t_3$$

式中 $v_{i\max}$——换挡前坦克在第 i 挡达到的最高车速。

加速第三阶段的加速距离为

$$s_3 = v_{i\max} t_3 + \ddot{x}_3 t_3^2$$

式中 $v_{i\max}$——换挡前坦克在第 i 挡达到的最高车速。

4.4.3 制动过程

制动性一般用制动距离 S 来评价。制动距离 S 一般是指车辆由给定的行驶速度开始制动到完全停车所走过的距离。制动距离越小，则制动性越好。制动性越优良的车辆，其最大安全行驶速度越高，平均速度也越高。

制动方法不同，制动效果也不同。对于采用有级式机械传动装置的坦克，实际使用的制动方法有，利用地面阻力制动、操纵制动器制动、发动机制动、制动器和发动机同时进行制动，即联合制动。

1. 利用地面阻力制动

1）实现方法

通过踏下主离合器踏板分离主离合器，或将变速箱切换到空挡，切断发动机与履带之间的动力联系，利用地面阻力降低坦克的运动速度。

2）制动距离的确定

当主离合器分离后，动力被切断，坦克的全部动能用于克服地面阻力，此时的制动力等于地面行驶的总阻力。开始制动时，以速度 v 运动着的坦克的动能为 $\delta'Gv^2/2g$，在制动距离内地面总阻力对坦克所做的功为 $F_{R0}S$，所以

$$\frac{\delta'}{2} \cdot \frac{G}{g} \cdot v^2 = F_{R0}S \tag{4.4.15}$$

则制动距离

$$S = \frac{\delta'v^2}{2(f\cos\alpha \pm \sin\alpha)g} \tag{4.4.16}$$

式中 S——地面阻力制动时的制动距离（m）；

δ'——主离合器分离或变速箱挂空挡时坦克的质量增加系数；

v——制动开始时坦克的行驶速度（m/s）；

其他参数的意义同前，"+"号表示上坡情况，"−"号表示下坡情况。

若在水平地面上制动，地面坡角 $\alpha = 0$，则上式变为

$$S = \frac{\delta'v^2}{2fg} \tag{4.4.17}$$

2. 发动机制动

1）实现方法

在不切断动力的情况下，通过减油或停止供油的方法，利用地面行驶阻力和发动机制动力来降低坦克运动速度。

减少或停止供给发动机的油量，使发动机转速低于与该瞬间坦克行驶速度相对应的转速，此时发动机不再驱动履带，而由履带反拖发动机。坦克动能的一部分用于克服发动机气缸内空气的压缩和发动机各机件的摩擦损失。因而，在这种情况下发动机相当于一个制动器，但当坦克行驶的速度与发动机转速相平衡时，发动机的制动效果便消失。

2）制动距离及其影响因素

发动机制动力是发动机工作在反拖工况下产生的一种地面制动力，其大小与发动机结构型式、发动机转速、发动机气缸直径、活塞运动速度和行程、气缸工作压力、车速、挡位等因素有关，很难准确计算。而且在发动机制动过程中，发动机制动力的大小是不断变化的，在刚开始制动时最大，制动结束时最小，停车时等于零。

3. 制动器制动

1）实现方法

制动器制动是指在切断发动机和履带（或主动轮）之间的动力联系后，操作制动器工作，通过摩擦元件的摩擦作用产生摩擦阻力矩，降低履带相对运动速度，使地面和履带接地段之间产生制动力。

2) 制动距离的确定

设制动器制动作用产生的地面制动力为 F_Z，其大小与制动器的制动程度有关。在制动器制动过程中制动力 F_Z 和地面行驶阻力共同消耗坦克的总动能为 $\delta' G v^2/2g$。按照与式 (4.4.16) 相同的推导方法，可得制动距离 S 为

$$S = \frac{\delta' \cdot v^2}{2\left(\dfrac{F_Z}{G} + f\cos\alpha \pm \sin\alpha\right)g} \tag{4.4.18}$$

若在水平地面上制动，地面坡角 $\alpha = 0$，且坦克行驶速度的单位用 km/h 表示，则上式变为

$$S = \frac{\delta' v^2}{254\left(\dfrac{F_Z}{G} + f\right)} \tag{4.4.19}$$

上式只是一个理论公式，实际工作中，由于制动器中存在一定的间隙，驾驶员操作过程也需要一段时间，所以从驾驶员开始制动算起的实际制动距离，为理论计算结果的 1.1~1.5 倍。

制动力的大小决定于制动带抱死制动鼓的松紧程度，当制动器完全制动并抱死，即履带完全滑移时，地面制动力达到最大值，即等于地面的附着力 $F_\varphi = \varphi G$。

此时，制动距离的表达式变为

$$S = \frac{\delta' v^2}{2(\varphi\cos\alpha \pm \sin\alpha)g} \tag{4.4.20}$$

要注意的是，该式中没有单独考虑地面行驶阻力系数 f 的影响，这是因为附着系数 φ 是一个包含了地面行驶阻力和一部分内阻力在内的综合参数。

相应地，式 (4.4.19) 变为

$$S = \frac{\delta' v^2}{254\varphi} \tag{4.4.21}$$

4. 联合制动

1) 实现方法

联合制动是指发动机制动与制动器制动联合使用的一种制动方法，即在不切断动力的情况下减油或停止供油，在发动机产生制动作用的同时踏下制动器踏板。它是靠发动机制动力、制动器制动力和地面行驶阻力共同来降低车速的。

2) 制动距离的确定

联合制动的制动距离，一般多从实验中测得，很难用一个公式进行准确的计算。根据经验，它的制动距离一般与制动器制动时的制动距离相差不多，而比紧急制动的制动距离要大。

从联合制动的定义来看，其制动距离似乎应该最短，但实际并非如此。这是因为制动开始一段时间发动机起制动作用，而到快要停车的一段时间内，发动机不但不制动，还要向外释放能量，结果使其制动距离增大。联合制动的制动距离虽不是最短的，但在坦克下陡坡时，这种制动方法是各种制动方法中制动力最大的一种，因为这时发动机始终是处于制动状态而没有向外释放能量的过程。

根据不同的情况和条件，采取正确的制动方法，既可保证坦克行驶平稳，又可保证坦克行驶安全。制动虽然降低了坦克的运动速度，但它为提高坦克平均运动速度创造了条件。从这个意义上说，正确制动也是提高坦克平均运动速度的一个重要环节。

第 5 章
汽车横向动力学及单轨模型

为了描述汽车在多弯道的公路上行驶时的运动特性，首先应当选定合适的模型化方法。物理参数模型化方法的优点是简单明了，另外在做实时运算时，它也在提高运算速度上占有优势。

确定了模型化方法之后，下一步应当决定系统的自由度数量问题。如果除了纵向、横摆和横向运动之外还考虑侧倾和理想化的车轮运动，就要对轮胎以及它的非线性特征也进行模型化。自然，由此得出的方程组也是非线性的，没有明确的解。

为了进一步线性化，我们限制所有的角度和运动量都很小。这样既避免了角度计算中的非线性，也不必顾虑悬架的非线性。于是归结出一个很重要的模型——它的前轴和后轴上都只有一个车轮，分别代表了每个轴上的两个车轮的线性化特征。这个模型就叫作"单轨模型"，它看起来很像一辆摩托车，但是它却具有侧倾和滚动。

5.1 横向运动的运动方程组

图 5.1.1 所示就是一个单轨模型。

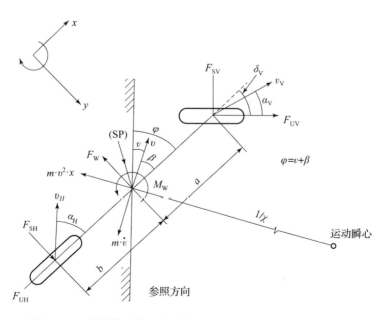

图 5.1.1 单轨模型的运动状态值、受力和力矩分析（俯视图）

横向运动的单轨模型具有以下前提。

(1) 模型在它所处的平面上具有 3 个自由度。

(2) 根据模型的单轨特性,在前后轴上分别只有一个轴载荷,而且它位于轴的中心。

(3) 转弯时重心受的侧向力与车轮受的侧向力相平衡,车轮侧向力导致车轮侧向偏离——即车轮平面与车轮的前进方向成 α 角,侧向力与侧偏角的比率称为侧偏刚度。

(4) 侧偏角小于 5°的范围内,侧向力随侧偏角线性上升,也就是说,在这个范围内侧偏刚度为常数。

(5) 驱动力能够满足行驶阻力。

(6) 在小角度内(横摆、转向及质心侧偏角很小)保持线性关系,因为此时转动半径相对来讲很大。

前轴和后轴分别有图 5.1.2 所示关系。

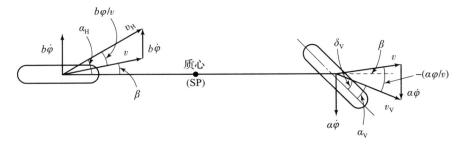

图 5.1.2　前后轴上的转角和运动矢量

图 5.1.1 和图 5.1.2 中标记定义为:$1/\chi$ 为弯道半径,F_W 为风力,β 为质心侧偏角,M_W 为风力矩,δ_V 为前轮转向角,F_{SV},F_{SH} 为侧向导向力,φ 为横摆角,F_{UV},F_{UH} 为切向力,υ 为行驶方向角,v 为车速。

行驶方向角 υ 定义为汽车的运动方向与某一特定参照方向之间的夹角;横摆角 φ 则定义为汽车的纵轴与这个参照方向的夹角。它们的差恰好就是质心侧偏角 β。

对纵向应用质心定理,有运动方程为

$$F_{UH} + F_{UV}\cos\delta_V - F_{SV}\sin\delta_V = mv^2\sin\beta + m\dot{v}\cos\beta \tag{5.1.1}$$

对横向应用质心定理,有运动方程为

$$F_{SH} + F_{SV}\cos\delta_V + F_{UV}\sin\delta_V - F_W = mv^2x\cos\beta - m\dot{v}\sin\beta \tag{5.1.2}$$

对绕穿过重心的垂向轴应用惯性矩定理,有运动方程为

$$F_{SV}a\cos\delta_V + F_{UV}a\sin\delta_V = \Theta\ddot{\varphi} + M_W + F_{SH}b \tag{5.1.3}$$

由于侧向力在侧偏角小于 5°时与它呈线性关系,存在

$$F_{SV} = k_V\alpha_V \qquad F_{SH} = k_H a_H \tag{5.1.4}$$

k_V 和 k_H 为侧偏刚度(侧偏角很小时的比例系数)。

从图 5.1.2 中得出小角度关系为

$$\sin\beta = \beta, \quad \sin\delta_V = \delta_V, \quad \cos\alpha = 1, \quad \cos\delta_V = 1$$

$$a_V \approx \beta + \delta_V - a\frac{\dot{\varphi}}{v}, \quad a_H \approx \beta + b\frac{\dot{\varphi}}{v} \tag{5.1.5}$$

将式 (5.1.5) 代入式 (5.1.4) 得出

$$F_{\text{SV}} = k_{\text{V}}\left(\beta + \delta_{\text{V}} - a\frac{\dot{\varphi}}{v}\right) \quad (5.1.6)$$

$$F_{\text{SH}} = k_{\text{H}}\left(\beta + b\frac{\dot{\varphi}}{v}\right) \quad (5.1.7)$$

另外，$\ddot{v} = v\chi$，或者说 $\chi = \dfrac{\ddot{v}}{v}$。

从图5.1.1中能看出，横摆角、行驶方向角和质心侧偏角之间存在着以下关系

$$\varphi = \beta + v, \text{并且} \dot{\varphi} = \dot{\beta} + \dot{v} \quad (5.1.8)$$

从中解出曲率

$$\chi = \frac{\varphi - \beta}{v} \quad (5.1.9)$$

现将式（5.1.6）~式（5.1.8）代入式（5.1.1）~式(5.1.3)中，运用小角度假设，忽略空气阻力的影响，即设 $F_{\text{W}} = M_{\text{W}} = 0$，就有

$$\begin{cases} F_{\text{UH}} + F_{\text{UV}} + \delta_{\text{V}}k_{\text{V}}\left(-\beta - \delta_{\text{V}} + a\dfrac{\dot{\varphi}}{v}\right) + mv\beta(\dot{\beta} - \dot{\varphi}) - m\dot{v} = 0 \\ k_{\text{H}}\left(\beta + b\dfrac{\dot{\varphi}}{v}\right) + k_{\text{V}}\left(\beta + \delta_{\text{V}} + a\dfrac{\dot{\varphi}}{v}\right) + \delta_{\text{V}}F_{\text{UV}} + mv(\dot{\beta} - \dot{\varphi}) + mv\beta = 0 \\ k_{\text{V}}a\left(\beta + \delta_{\text{V}} - a\dfrac{\dot{\varphi}}{v}\right) + F_{\text{UV}}\delta_{\text{V}}a - \Theta\ddot{\varphi} - k_{\text{H}}b\left(\beta + b\dfrac{\dot{\varphi}}{v}\right) = 0 \end{cases} \quad (5.1.10)$$

这组相关方程依然是非线性的，线性化的方法是设行驶速度为常数（即 $\dot{v} = 0$），使得常数 v、k_{V}、k_{H}、a、b、m 和 Θ 成为 $\ddot{\varphi}$、$\dot{\varphi}$ 和 $\dot{\beta}$ 的系数，即

$$\begin{cases} \dot{\varphi}\left(\delta_{\text{V}}k_{\text{V}}\dfrac{a}{v} - mv\beta\right) + \dot{\beta}mv\beta - \delta_{\text{V}}k_{\text{V}}\beta - \delta_{\text{V}}^2 k_{\text{V}} + F_{\text{UV}} + F_{\text{UH}} = 0 \\ \dot{\varphi}\left(k_{\text{H}}\dfrac{b}{v} - k_{\text{V}}\dfrac{a}{v} - mv\right) + \dot{\beta}mv + \beta(k_{\text{V}} + k_{\text{H}}) + \delta_{\text{V}}(k_{\text{V}} + F_{\text{UV}}) = 0 \\ \ddot{\varphi}\Theta + \dot{\varphi}\left(k_{\text{V}}\dfrac{a^2}{v} + k_{\text{H}}\dfrac{b^2}{v}\right) + \beta(k_{\text{H}}b + k_{\text{V}}a) + \delta_{\text{V}}a(-k_{\text{V}} - F_{\text{UV}}) = 0 \end{cases} \quad (5.1.11)$$

图5.1.3为汽车横向动力学参数模型。

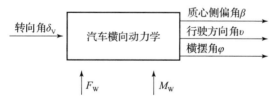

图5.1.3 汽车横向动力学参数模型

速度 v，侧偏刚度 k_{V} 和 k_{H}，重心位置 a 和 b，汽车质量 m 以及惯性矩 Θ 的值都必须是已知的。

式（5.1.11）的第一个等式只描述了纵向力之间的关系，因此不必进一步加以讨论——至少在后轴驱动（$F_{\text{UV}} = 0$）时能够这么做。这样，就只剩下两个相关方程——横向运动和转动。在横向动力学里它们是至关重要的。建立横摆角和质心侧偏角方程：从式（5.1.11）的后两个方程里推出一个非齐次二次方程。为了表达方便，将方程中的系数

用 a_{11}、a_{12}、a_{21}、a_{22}、b_1 和 b_2 来代替，即

$$\dot{\beta} = -\left(\frac{k_V + k_H}{mv}\right)\beta - \left(\frac{k_V b - k_H a}{mv^2} - 1\right)\dot{\varphi} - \left(\frac{k_V + k_{UV}}{mv}\right)\delta_V \tag{5.1.12}$$

$$\ddot{\varphi} = -\left(\frac{k_H b - k_V a}{\Theta}\right)\beta - \left(\frac{k_H b^2 + k_V a^2}{\Theta v}\right)\dot{\varphi} + \left[\frac{a(k_V + F_{UV})}{\Theta}\right]\delta_V \tag{5.1.13}$$

因为 $k_V \gg F_{UV}$，所以纵向力不会影响横向运动。正如式（5.1.11）的第一个方程所述，它只用来抵消行驶阻力。各系数的表达式为

$$\left. \begin{array}{l} a_{11} = -\dfrac{k_H + k_V}{mv}, \quad a_{12} = -\left(\dfrac{k_H b - k_V a}{mv^2} - 1\right) \\[2mm] a_{21} = -\dfrac{k_H b - k_V a}{\Theta} \quad a_{22} = -\dfrac{k_H b^2 + k_V a^2}{\Theta v} \\[2mm] b_1 = -\dfrac{k_V + F_{UV}}{mv} \quad b_2 = \dfrac{a(k_V + F_{UV})}{\Theta} \end{array} \right\} \tag{5.1.14}$$

因此，得出相关方程

$$\dot{\beta} = a_{11}\beta + a_{12}\dot{\varphi} + b_1\delta_V \tag{5.1.15}$$

$$\ddot{\varphi} = a_{21}\beta + a_{22}\dot{\varphi} + b_2\delta_V \tag{5.1.16}$$

这个方程组可依照前文的矩阵法解出，或者按照传统方法将一个方程变形整理后代入另一个方程。例如，将式（5.1.16）按照 β 整理后求导，得到 $\dot{\varphi}$ 的表达式，然后代入式（5.1.15）中，就得到 φ 的表达式，而这个表达式只与 δ_V、$\dot{\delta}_V$ 以及常数有关，即

$$\dddot{\varphi} - (a_{11} + a_{22})\ddot{\varphi} + (a_{11}a_{22} - a_{12}a_{21})\dot{\varphi} = b_2\dot{\delta}_V + (a_{21}b_1 - a_{11}b_2)\delta_V \tag{5.1.17}$$

这是一个 φ 的非齐次三阶微分方程，里面缺少关于 φ 的那一项。

将 $\dot{\varphi}$ 设成 φ_a，方程就变为

$$\ddot{\varphi}_a - (a_{11} + a_{22})\dot{\varphi}_a + (a_{11}a_{22} - a_{12}a_{21})\varphi_a = b_2\dot{\delta}_V + (a_{21}b_1 - a_{11}b_2)\delta_V \tag{5.1.18}$$

这是一个关于 φ_a 的典型二次振动微分方程，左边是 φ_a，右边是转向角引起的振动。

通过同样的分析也能够得到一个关于 β 的微分方程，即

$$\ddot{\beta} - (a_{11} + a_{22})\dot{\beta} + (a_{11}a_{22} - a_{12}a_{21})\beta = b_1\dot{\delta}_V + (a_{12}b_2 - a_{22}b_1)\delta_V \tag{5.1.19}$$

式（5.1.18）和式（5.1.19）都是线性非齐次的二阶微分方程（条件是行驶速度 v 与时间 t 无关）。它们在形式上与前面讲的单自由度系统的微分方程相同，而且两个式子左边各项的系数分别相同。

表达式 $a_{11}a_{22} - a_{12}a_{21}$ 对应着单自由度系统的弹性系数与质量的商，即无阻尼固有频率；而 $-(a_{11} + a_{22})$ 则对应着阻尼量。尽管在单轨模型里没有真正的弹簧与减振器，但轮胎本身的特性还是造成了阻尼和弹性刚度。由此证明，所有的横摆角、质心侧偏角和行驶方向角都源于同样的固有频率和阻尼。如果汽车的运动不是由转向角，而是由侧向风激励的话，那么表达式将变成下面形式：

$$\dot{\beta} = a_{11}\beta + a_{12}\dot{\varphi} + \frac{F_W}{mv} \tag{5.1.20}$$

$$\ddot{\varphi} = a_{21}\beta + a_{22}\dot{\varphi} + \frac{M_W}{\Theta} \tag{5.1.21}$$

分析方法和式（5.1.15）、式（5.1.16）以及式（5.1.18）、式（5.1.19）相同，唯一的不同点是激励方式不一样。

5.2 解齐次微分方程

从齐次微分方程中能解出固有频率 $\bar{\omega}$ 和阻尼量 D。

质心侧偏角的齐次微分方程参照式（5.1.19）可得

$$\ddot{\beta} - (a_{11} + a_{22})\dot{\beta} + (a_{11}a_{22} - a_{12}a_{21})\beta = 0$$

代入假设解（分析过程与横摆角相同）

$$\beta(t) = \widehat{\beta}e^{\lambda t}, \quad \dot{\beta}(t) = \lambda\widehat{\beta}e^{\lambda t}, \quad \ddot{\beta}(t) = \lambda^2\widehat{\beta}e^{\lambda t}$$

得到特征方程

$$\lambda^2 + 2D\omega_0\lambda + \omega_0^2 = 0 \tag{5.2.1}$$

其中

$$2D\omega_0 = -(a_{11} + a_{22}) = \frac{k_V + k_H}{mv} + \frac{k_V a^2 + k_H b^2}{\Theta v}（D 为雷氏阻尼量）$$

$$\omega_0^2 = a_{11}a_{22} - a_{12}a_{21} = \frac{(a+b)^2 k_V k_H}{\Theta m v^2} - \frac{k_H b - k_V a}{\Theta}（\omega_0 为无阻尼固有频率）$$

求解特征方程，即得到两个特征值

$$\lambda_{1,2} = -D\omega_0 \pm \sqrt{D^2\omega_0^2 - \omega_0^2} \tag{5.2.2}$$

振动时，$D^2 < 1$，$D^2\omega_0^2 < \omega_0^2$，则

$$\lambda_{1,2} = -D\omega_0 \pm j\omega_0\sqrt{1-D^2} \tag{5.2.3}$$

继而分以下几种情况：

（1）$\omega_0 > 0$ 时，上面的微分方程可以看作振动微分方程，因为 $D > 0$ 总是成立的（$D < 0$ 时系统将处于不稳定状态）；

（2）$D < 1$ 时，干扰信号呈振荡式衰减，即阻尼振动；

（3）$D = 1$ 时，无周期的边缘状态；

（4）$D > 1$ 时，干扰信号无周期衰减，即蠕变。

例如，质心侧偏角 β 的解为

$$\beta(t) = \widehat{\beta}e^{-D\omega_0 t}\exp(\pm j\omega_0\sqrt{1-D^2}\,t) \tag{5.2.4}$$

或者

$$\beta(t) = e^{-D\omega_0 t} \cdot (\widehat{\beta}_1 e^{j\bar{\omega}t} + \widehat{\beta}_2 e^{-j\bar{\omega}t})$$

$\bar{\omega} = \omega_0\sqrt{1-D^2}$ 就是有阻尼固有频率，在受到一次性的干扰激励之后，汽车就以这个频率振动起来。

很容易看出，式(5.1.18)和式(5.1.19)左侧 β 和 φ_a 的系数分别相同，这就是说在没有激励的情况下(右侧等于零)，它们的动力学特征值，如固有频率和阻尼值相同。

做简化处理，设重心在正中央，即 $a = b$ 且 $\Theta = mr^2$，再假设 $\Delta k = k_H - k_V$、$\sum k = k_H + k_V$，则阻尼固有频率

$$\overline{\omega}^2 = -\frac{\sum^2 k}{m^2 v^2}\left(\frac{a^2-r^2}{2r^2}\right)^2 + \Delta k \frac{a}{mr^2} - \Delta^2 k \frac{\left(\frac{a}{r}\right)^2}{m^2 v^2} \tag{5.2.5}$$

阻尼量

$$D = \frac{\sum k\left[1+\left(\frac{a}{r}\right)^2\right]}{2\sqrt{\sum^2 k - \Delta^2 k \frac{a^2}{r^2} + \Delta k \frac{am}{r^2}v^2}} \tag{5.2.6}$$

如果 $a = r = 1$（一般轿车都符合这个条件），则

$$\begin{cases} \overline{\omega}^2 = \frac{\Delta k}{m} - \frac{\Delta^2 k}{m^2 v^2} \\ D = \dfrac{\sum k}{\sqrt{\sum^2 k - \Delta^2 k + \Delta k m v^2}} \end{cases} \tag{5.2.7}$$

注意：这是数值等式，不一定满足量纲关系。

速度低于 $v_\Omega = \sqrt{\dfrac{\Delta k}{m}}$ 时，不存在有阻尼固有频率。若前后轴的侧偏刚度相等（$\Delta k = 0$），则不存在横摆固有频率。而 $\Delta k \neq 0$ 时，横摆固有频率上升直至无限接近极限值 $\sqrt{\Delta k/m}$。低速时的阻尼量最高，随着速度的升高它逐渐降低至零。Δk 越小，阻尼就越大，而横摆固有频率则越低。图 5.2.1 为阻尼量与有阻尼固有频率随速度变化的曲线，图中曲线组的 Δk 值不同。

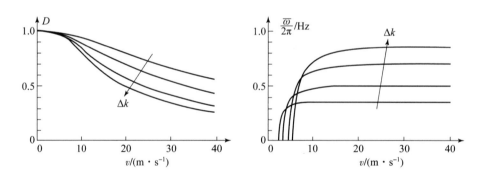

图 5.2.1 阻尼量与有阻尼固有频率随速度变化的曲线

$\Delta k = (5/10/20/30) \times 10^3$ N/rad

汽车参数如下：

$M = 1\,000$ kg, $r = a = b = 1$ m, $k_H > k_V$ 且 $\sum k = 6 \times 10^4$ N/rad, Δk 为正值，可变。

5.3 解非齐次微分方程

从非齐次微分方程里既能解出转向角或侧向风的干扰引起的汽车的运动过程，也能解出传递函数。

这里，可以在式（5.1.17）、式（5.1.18）以及式（5.1.20）和式（5.1.21）基础上解

出不同的传递函数。

再次从谐振激励出发，选择下面的假设解：

$$\delta_V(t) = \widehat{\delta}_V e^{j\omega t}$$

$$\varphi_a(t) = \varphi_{a0} e^{j(\omega t + \varphi_1)} = \varphi_{a0} e^{j\varphi_1} e^{j\omega t} = \widehat{\varphi}_a e^{j\omega t}$$

$$\beta(t) = \beta_0 e^{j(\omega t + \phi_2)} = \beta_0 e^{j\phi_2} e^{j\omega t} = \widehat{\beta} e^{j\omega t}$$

上式中带"⌒"号的量是复数振幅。

设 $s = j\omega$，并且将分子部分缩略为

$$N = s^2 - s(a_{22} + a_{11}) + (a_{11}a_{22} - a_{12}a_{21}) \tag{5.3.1}$$

即得到横摆和质心侧偏角的传递函数

$$H_{\dot{\varphi}/\delta_V} = [b_2 s + a_{21}b_1 - a_{11}b_2]/N$$

$$H_{\beta/\delta_V} = [b_1 s + a_{12}b_2 - a_{22}b_1]/N \tag{5.3.2}$$

由于

$$\dot{\varphi} = \dot{v} + \dot{\beta} \tag{5.3.3}$$

因此

$$H_{v/\delta_V} = H_{\dot{\varphi}/\delta_V} + H_{\dot{\beta}/\delta_V}$$

$$= [-b_1 s^2 + s(b_2 - a_{12}b_2 + a_{22}b_1) + (a_{21}b_1 - a_{11}b_2)]/N \tag{5.3.4}$$

$$H_{\dot{v}/\delta_V} = s H_{v/\delta_V} \tag{5.3.5}$$

$$H_{\dot{\beta}/\delta_V} = s H_{\beta/\delta_V} \tag{5.3.6}$$

侧向风作为激励时，有以下传递函数：

$$H_{\dot{\varphi}/F_W} = \left[-(s - a_{11})\frac{e}{\Theta} + \frac{1}{mv}a_{21} \right]/N \tag{5.3.7}$$

$$H_{\dot{\beta}/F_W} = \left[\frac{1}{mv}(s - a_{22}) - a_{12}\frac{e}{\Theta} \right]/N \tag{5.3.8}$$

$$H_{v/F_W} = H_{\dot{\varphi}/F_W} - H_{\dot{\beta}/F_W} = H_{\phi/F_W} - s H_{\beta/F_W} \tag{5.3.9}$$

当然，固有频率与阻尼量仍然保持不变，和齐次方程解出的一样。

无阻尼固有频率为

$$\omega_0^2 = a_{11}a_{22} - a_{12}a_{21} \tag{5.3.10}$$

雷氏阻尼量为

$$D = \frac{a_{11} + a_{22}}{2\omega_0} \tag{5.3.11}$$

在 $\omega = 0$，即 $s = 0$ 时，增益

$$K_{\varphi_a} = \frac{a_{21}b_1 - a_{11}b_2}{\omega_0^2} \quad K_\beta = \frac{a_{12}b_2 - a_{22}b_1}{\omega_0^2} \tag{5.3.12}$$

即稳态转向行驶时的增益值按照不同的转向角而变化。

在推导出了传递函数的表达式之后，就可以将典型激励函数的响应以及时间域变化计算出来。典型的激励之一就是阶跃函数，我们选它作为转向角激励函数 $\lambda(t) = 1 \cdot \sigma(t)$。在实际生活中驾驶员基本只会如此跳跃性地改变转向角，因为这样转向角速度 $\dot{\lambda}$ 将无穷大。一般来说，驾驶员只会斜坡式地改变转向角，即转向角速度最大为 600～700 rad/s，直至达到某一个固定值。如果这个过程是从直线行驶开始，则可以看作开入一个圆形车道的过程（以

跃变式或斜坡式的转向角激励)。作为侧向风激励,我们选择脉冲 $F_W(t)=1\cdot\delta(t)$,它在实际中相当于极强劲的阵风。另外,我们还选择了以下参数:

$$m = 870 \text{ kg}, \ e = 0.3 \text{ m}$$
$$\Theta = 1\ 146 \text{ kg}\cdot\text{m}^2, \ F_W = 1\ 000^3 \text{ N}$$
$$a = 0.8 \text{ m}, \ b = 1.5 \text{ m}$$
$$v = 35 \text{ m/s} = 126 \text{ km/h}, \ k_V = 5.6\times10^4 \text{ N/rad}, \ k_H = 6.6\times10^4 \text{ N/rad}$$

从图 5.3.1 中,我们能清晰地辨认出汽车的有阻尼固有振动。自然,汽车所有的状态值及它们的导数都具有同样的固有频率和阻尼值。质心侧偏角响应开始有一小段是负值,然后不久就转成正值。这说明,一开始前轮的侧偏角大于后轮,在零值区域两个侧偏角相等,继而后轮的侧偏角就大于前轮了。侧偏角在大约 1 s 之后达到一个稳定值,此时汽车就处于稳态转向行驶状态。

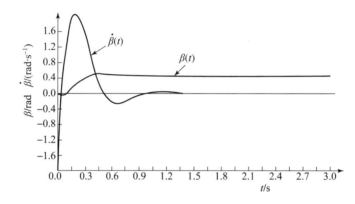

图 5.3.1 质心侧偏角 β 以及质心侧偏角速度 $\dot{\beta}$ 对转向角阶跃 $\delta_V(t) = \sigma(t)$ 响应的时间域曲线

质心侧偏角很容易分析计算出来,但测量却很麻烦。它从定义上讲是汽车行驶方向与汽车纵轴间的夹角,通常是直观地从汽车纵向和横向的加速度测出这个状态值。理论上讲只有将传感器安装在汽车重心正下方才能准确地测量,但是一般情况下重心下面是没有位置安放传感器的。如果在汽车的侧面或后部测量,则测出的纵向和横向速度在进入稳态的瞬时过渡过程中就会有误差,原因在于测量处汽车转动的切向分量。

图 5.3.2 中汇总了 3 个角速度受转向角阶跃激励的结果,图 5.3.3 则展示了 3 个角的时间域变化。如上所述,行驶方向角和横摆角随时间线性增大,因为汽车在 1 s 之后就从稳态转向行驶状态了,而质心侧偏角则保持常数。

图 5.3.4 是图 5.3.3 的一个局部放大。我们看出,行驶方向角和横摆角并不是从一开始就是平行的,而是在 $t>1$ s 之后,这两个角通过质心侧偏角相互关联。

从图 5.3.5 和 5.3.6 中能够看到汽车对转向角谐振激励的反应。例如。在相同振幅和不同的激振频率下,汽车受低频率转向角激励时横摆角和行驶方向角变化较大。这个结论是合理的,因为这个情况正对应了和缓的转弯,质心侧偏角在频率域上基本保持不变。当频率很高时,所有 3 个角对激励都不敏感,也就是说它们的振幅与激励振幅之比以不同的斜率趋近于零。图 5.3.6 中 3 个角速度的趋势却完全是另外一个样子。横摆角速度在高频区域也趋向于零,但行驶方向角速度和质心侧偏角速度却保持常数。

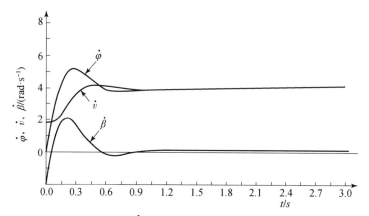

图 5.3.2　角速度 $\dot{\varphi}$, $\dot{v}$ 和 $\dot{\beta}$ 对转向角阶跃 $\delta_V = \sigma(t)$ 响应的时间域图像

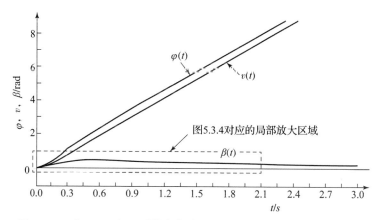

图 5.3.3　角 φ, v 和 β 对转向角阶跃 $\delta_V = \sigma(t)$ 响应的时间域图像

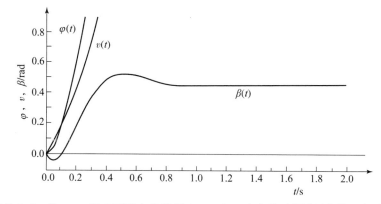

图 5.3.4　角 φ, v 和 β 对转向角阶跃 $\delta_V = \sigma(t)$ 响应的时间域图像的局部放大

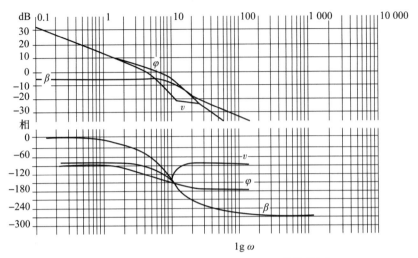

图 5.3.5　传递函数 $H_{\beta/\delta}$，$H_{v/\delta}$，$H_{\varphi/\delta}$ 的伯德图

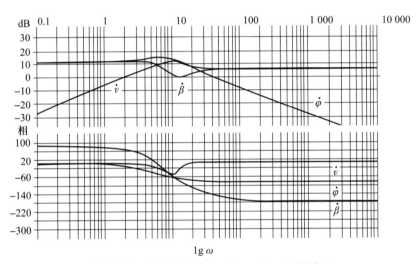

图 5.3.6　传递函数 $H_{\dot{\beta}/\delta}$，$H_{\dot{v}/\delta}$，$H_{\dot{\varphi}/\delta}$ 的伯德图

图 5.3.7 是谐振作为侧向风激励函数的伯德曲线。等风力振幅的低频率激励导致行驶方向角和横摆角速度做等振幅振动或者振幅随频率的升高而降低，后者在这里没有给出。行驶方向角和质心侧偏角振幅在高频区域也遵循同样的规律。

如果现在汽车受到一阵强烈的侧向阵风，就会出现图 5.3.8 所示的时间域曲线。质心侧偏角和行驶方向角在此影响下跃变到某一个特定值，在大约 1 s 之后汽车将以新的行驶方向角及新的横摆角向着另一个方向前进。而质心侧偏角从这一刻开始却重新恢复到零。在这个过程中，汽车的固有频率和阻尼值也和受转向角激励时的相同。

需要特别指出的是，这样的时域变化过程不能当作衡量驾驶员 - 汽车系统的侧向风敏感性的绝对尺度。首先，侧向风敏感性的一部分是通过测量汽车驶过人工侧向风装置的结果得出的，而其过程是开环测试，即驾驶员完全不参与控制过程。这种人工侧向风装置通常是由平行设置的鼓风机组成的。方向盘紧握不动，汽车在侧向风作用下驶向一侧。某一固定地点的侧向偏离长度被记录下来，而驾驶员 - 汽车系统的侧向风敏感性则来自汽车的空气动力学

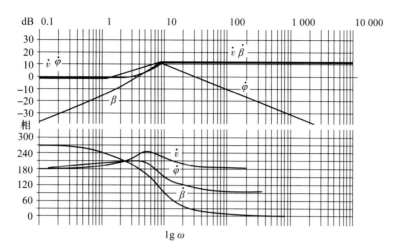

图 5.3.7　传递函数 $H_{\dot{\beta}/F_{\mathrm{w}}}$，$H_{\dot{v}/F_{\mathrm{w}}}$ 和 $H_{\dot{\varphi}/F_{\mathrm{w}}}$ 的伯德图（振幅响应向上推移了 +100 dB）

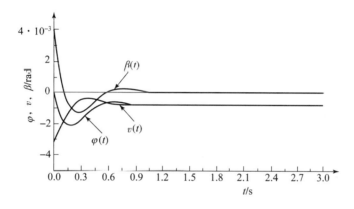

图 5.3.8　角 φ，v 和 β 对侧向风脉冲 $F_{\mathrm{w}}(t)=\delta(t)$ 响应的时间域图像

特征和它在直向行驶干扰下的横向动力学特征，这个直向行驶干扰是通过改变转向角引起的。

在考虑某些问题时，汽车的曲率也会很有用处。在式（5.1.17）里通过以下关系引入横摆角 $\varphi=v+\beta$ 以及 $\dot{\varphi}=\dot{V}+\dot{\beta}$，并由汽车的重心绕瞬心运动的公式

$$v = R\dot{v} = \frac{1}{\chi} \cdot \dot{v}$$

得出传递函数

$$\frac{\chi}{\delta_{\mathrm{V}}}(\mathrm{j}\omega) = \frac{b_2(a_{11}-\mathrm{j}\omega+a_{12}\mathrm{j}\omega)-b_1(\omega^2+a_{22}\mathrm{j}\omega+a_{21})}{a_{12}v(\omega^2+a_{22}\mathrm{j}\omega+a_{21})-(a_{11}-\mathrm{j}\omega+a_{12}\mathrm{j}\omega)(a_{22}v-v\mathrm{j}\omega)} \qquad (5.3.13)$$

或者

$$\frac{\chi}{\delta_{\mathrm{V}}}(\mathrm{j}\omega) = \frac{\dot{v}}{\delta_{\mathrm{V}} v} = \frac{1}{v}\left(\frac{\dot{\varphi}}{\delta_{\mathrm{V}}}-\frac{\dot{\beta}}{\delta_{\mathrm{V}}}\right) = \frac{1}{v}H_{\dot{\varphi}/\delta_{\mathrm{V}}}-\mathrm{j}\omega H_{\beta/\delta_{\mathrm{V}}} \qquad (5.3.14)$$

这里列出两种比较特殊的情况，如图 5.3.9 所示。

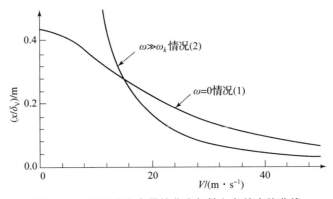

图 5.3.9　以速度为变量的曲率与转向角的商值曲线

(1) 激励频率 $\omega=0$ 即 $\delta_V=$ 常数，这种情况即为稳态圆周行驶，式（5.1.13）简化为

$$\frac{\chi}{\delta_V} = \frac{b_1 a_{21} - b_2 a_{11}}{a_{11} a_{22} - a_{12} a_{21}} \cdot \frac{1}{v} \tag{5.3.15}$$

将常数 a_{11}、a_{22}、a_{12}、a_{21}、b_1 和 b_2 的值代入上式，并且令 $F_{UV}=0$，则

$$\frac{\chi}{\delta_V} = \frac{k_V k_H (a+b)}{k_V k_H (a+b)^2 - mv^2 (k_V a - k_H b)} \tag{5.3.16}$$

极端情况，即 $v \approx 0$ 时，有

$$\frac{\chi}{\delta_V} = \frac{1}{a+b} \tag{5.3.17}$$

如果一辆汽车满足 $v \neq 0$，且 $k_V a = k_H b$——这可以通过"强行滑动"法将适当的切向力分配到后轴上来做到——同样可以令 $\chi/\delta_V = 1/(a+b)$ 从而达到所需的曲率和弯道半径，绝对与速度无关。具有这种特征的"阿克曼汽车"下面还会提到。

(2) 如果激励频率 ω 很高，即 ω 相对于 ω^2 可以忽略不计，则式（5.1.13）变为

$$\left|\frac{\chi}{\delta_V}\right| = \left|\frac{k_V}{mv} \cdot \frac{1}{v}\right| = \left|\frac{1}{v} b_1\right| \tag{5.3.18}$$

所以，高频率时，曲率随着速度的增大而呈双曲线式地减小。

5.4　汽车操纵稳定性

5.4.1　稳态圆周行驶

汽车稳态转弯行驶是指方向盘转过一个固定的角度行驶或者绕着一个半径一定的圆周行驶。其实这种稳态不能算汽车动力学，而是属于静力学范畴。等半径的圆周在实际生活中极少见，只在高速公路交叉的地方才能找到。一般公路转弯的地方都是半径变化的弧线。但是因为汽车的转弯性能备受关注，所以测试和衡量的目标就转移到简单的模型和易于实行的实验上。

借助理论和实验论文能详尽地解释那些非专业人员也并不陌生的字眼，如不足转向、中性转向和过多转向。几乎每个汽车生产公司在自己的实验场地都备有一个"转盘"或"转向试验场"，用于进行操纵稳定性测试。其中，重要的因素一方面是所需的方向盘转角，另

一方面是汽车的质心侧偏角,后者正越来越受到重视。

借助后轮主动参与转向(全轮或四轮转向)可以对质心侧偏角任意施加影响,甚至可以将它置于零,某些专业人士将这种状态视为驾驶员所期望的结果。在稳态圆周行驶时

$$\ddot{\beta}=0, \dot{\beta}=0, \dot{\delta}_V=0, \delta_V=常数, F_{UV}=0$$

在这些前提条件下,式(5.1.19)变为

$$(a_{11}a_{22}-a_{12}a_{21})\beta=(a_{12}b_2-a_{22}b_1)\delta_V$$

则有

$$\frac{\beta}{\delta_V}=\frac{a_{12}b_2-a_{22}b_1}{a_{11}a_{22}-a_{12}a_{21}}=\frac{-k_V k_H b(a+b)+k_V amv^2}{k_V k_H (a+b)^2+mv^2(k_H b-k_V a)} \quad (5.4.1)$$

用5.1节里给出的汽车参数即可算出图5.4.1中所示的横向加速度-质心侧偏角图,前提是汽车行驶在半径不变的圆周上。

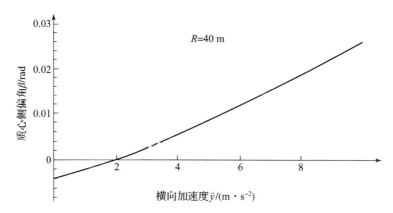

图5.4.1 稳态圆周行驶的横向加速度-质心侧偏角图

每辆只用前轮转向的汽车在横向加速度为零时的质心侧偏角都不等于零,这个角度被定义为负值。随着速度的上升,质心侧偏角将逐渐变为零,然后呈非线性增长。

这里所说的$v=0$时质心侧偏角为负值是"阿克曼汽车"的一个典型表现。

汽车界里对于质心侧偏角在评判汽车性能的意义上颇有分歧,质心侧偏角被定义为汽车纵轴与它行进方向的夹角,而这两个方向都不能直接得到。另外,质心侧偏角在一般的行驶状态下最大也只有几度。驾驶员将如何感知这个值,至今在感官学上还没有得出定论。而且,从另一个角度来讲,质心侧偏角很容易从汽车动力学理论算出,却很难测出。尽管有这么多的疑问,我们还是要继续研究这个值,因为它在学术讨论中占有很重要的地位。

由阿克曼先生提出的汽车模型的车轮不具有侧偏角($\alpha_V=\alpha_H=0$)。从图5.4.2的几何关系得到前轮的转向角

$$\delta_{VA}=(a+b)\chi \quad 当 \quad R-1/\chi \gg a+b$$

这个"阿克曼转向角"δ_{VA}在转向半径不变的情况下不随速度改变,如图5.4.3所示。

上边所说的这种特征,每辆汽车在速度$v=0$时也有,运动的瞬心位于后轴的延长线上。可是真实的汽车在行驶时前后轴上却有侧偏角,也就是说车轮的轮平面与行驶方向不一致。图5.4.2就展示了这种几何关系。

图5.4.2(a)中

$$\alpha_V=\alpha_H=0, \beta=\beta_A=b\chi, \delta_V=\delta_{VA}=(a+b)\chi$$

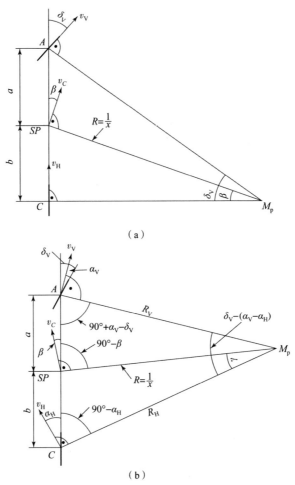

(a)

(b)

图 5.4.2　运动标量和转向角
(a) 阿克曼汽车；(b) 一般情况

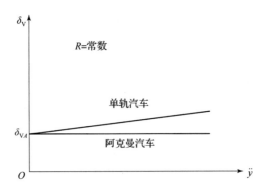

图 5.4.3　不足转向汽车横向加速度 – 转向角图

脚标"A"=阿克曼值。

图 5.4.2（b）中

$\triangle ACM_p$：

$$\delta_V = \frac{a}{R} = a\chi; \quad \gamma = \frac{b}{R} = b\chi$$

$$\delta_V + \gamma = (a+b)\chi = \delta_{VA}$$

$$90° - \alpha_H + 90° + \alpha_V - \delta_V + \delta_V + \gamma = 180°$$

$$\alpha_V - \alpha_H + (a+b)\chi = \delta_V$$

△$ASPM_p$：

$$90° - \beta + 90° + \alpha_V - \delta_V + \delta_V = 180°$$

$$\alpha_V - \delta_V + a\chi = \beta$$

$$\delta_V = \alpha_V - \alpha_H + \delta_{VA}$$

$$\beta = \alpha_H - \beta_A$$

其中

$$\delta_V = \frac{a}{R} = a\chi$$

$$\gamma = \frac{b}{R} = b\chi$$

即得到

$$\delta_V + \gamma = (a+b)\chi = \delta_{VA}$$

从一般情况（b）中的两个三角形得出

$$\delta_V = \alpha_V - \alpha_H + \delta_{VA} \quad 作为转向角 \tag{5.4.2}$$

$$\beta = \alpha_H - \beta_A \quad 作为质心侧偏角 \tag{5.4.3}$$

式中　β_A——阿克曼汽车的质心侧偏角。

为了找到真实汽车的转向角与轮胎参数之间的关系，不仅要建立 $\dot{v}=0$、$\dot{\varphi}=0$ 及 $F_W=0$ 时横向力的平衡方程，而且还需要建立绕垂直轴的力矩平衡方程，即

$$mv^2\chi = F_{UV}\delta_V + F_{SV} + F_{SH} \tag{5.4.4}$$

$$0 = F_{UV}a\delta_V + F_{SV}a + F_{SH}b \tag{5.4.5}$$

因此

$$mv^2\chi = F_{SH}\left(\frac{a+b}{a}\right) \qquad F_{SH} = \alpha_H k_H = \frac{mv^2\chi}{a+b} \cdot a$$

由此得到后轴的侧偏角

$$\alpha_H = \frac{mv^2\chi}{k_H(a+b)} \cdot a \tag{5.4.6}$$

从式（5.4.4）和式（5.4.5）推导出

$$F_{UV}\delta_V + F_{SV} = \frac{mv^2\chi}{a+b} \cdot b$$

$$F_{SV} = \frac{mv^2\chi}{a+b} \cdot b - F_{UV}\delta_V - \alpha_V k_V$$

得到前轴的侧偏角

$$\alpha_V = \frac{mv^2\chi}{k_V(a+b)} \cdot b - \frac{F_{UV}}{k_V}\delta_V \tag{5.4.7}$$

将式（5.4.7）代入式（5.4.2）得到前轴的转向角

$$\delta_V = mv^2\chi\left(\frac{b}{a+b} \cdot \frac{1}{k_V} - \frac{a}{a+b} \cdot \frac{1}{k_H}\right) - \frac{F_{UV}}{k_V}\delta_V + \delta_{VA}$$

或者写成

$$\delta_V\left(1+\frac{F_{UV}}{k_V}\right)=mv^2\chi\left(\frac{b}{a+b}\cdot\frac{1}{k_V}-\frac{a}{a+b}\cdot\frac{1}{k_H}\right)+\delta_{VA} \qquad (5.4.8)$$

其中，$\frac{F_{UV}}{k_V}\ll 1$（前轮驱动）或者 $\frac{F_{UV}}{k_V}\gg 1$（后轮驱动）。

对一辆后轮驱动的汽车来讲，$k_V\gg k_H$，转向角随着横向加速度 $\ddot{y}=v^2\chi$ 呈线性上升。

实际中的汽车具有非线性的轮胎特征，侧偏刚度随着车轮载荷的改变而改变。转弯时，同一根轴上的两个轮子在轮载荷很大时具有非线性的侧偏刚度，而这个侧偏刚度是可以利用横向稳定器有目的地改变的。

图 5.4.4 显示了等半径转弯时横向加速度 - 转向角在一般规律下的关系。

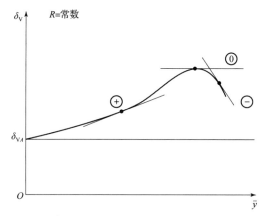

图 5.4.4　等半径转弯时横向加速度 - 转向角的关系图

横向加速度在 $0.4g$ 以下时，转向角随着横向加速度呈线性上升，即 k_V 和 k_H 还在常数区域之内，而且轮胎的侧偏刚度还保持常数。

"过多转向""不足转向"和"中性转向"根据图 5.4.4 很容易定义出来：

$$\frac{\mathrm{d}\delta_V}{\mathrm{d}\ddot{y}}\begin{cases}<0,\ 过多转向\\=0,\ 中性转向\\>0,\ 不足转向\end{cases}$$

切线的斜率就是转向趋势最好的标尺。

因为某些测试并不是等半径进行的，阿克曼转向角也会改变，所以稳定性因数依照 DIN 70000 一般性地定义为

$$EG=\frac{1}{i_s}\cdot\frac{\mathrm{d}\delta_L}{\mathrm{d}\ddot{y}}-\frac{\mathrm{d}\delta_A}{\mathrm{d}\ddot{y}} \qquad (5.4.9)$$

式中　i_s——转向系的比例系数；
　　　δ_L——方向盘转角；
　　　δ_A——阿克曼转向角；
　　　$\ddot{y}$——横向加速度。

因此有

$$EG\begin{cases}<0,\ 过多转向\\=0,\ 中性转向\\>0,\ 不足转向\end{cases}$$

实际中的汽车在转弯时的反应如图 5.4.5~图 5.4.8 所示，摘自 HeiBimz（1982）。

	汽车编号				
	实验用车	A	B	C	D
驱动系	可改装的前驱，后驱和全驱	标准驱动	过轴驱动	前驱	全轮驱动
质量	1 510 kg	1 680 kg	1 397 kg	1 506 kg	1 550 kg
轴载荷分布前轴/后轴（带驾驶员）	55.6/44.4%	52.9/47.1%	47.8/52.2%	62/38%	57.4/42.6%
冬季轮胎型号	—	Goodyear Ultra Grip M+S 195/70 SR 14	Goodyear NCT M+S 205/60 HR 15		
湿/干路面轮胎型号	Michelin XVS 185/70 HR 14	Michelin XVS 195/70 HR 14	Pirelli CN36 185/70 VR 15	Pirelli P6 206/60 VR 15	Goodyear NCT 205/60 VR 15

图 5.4.5 实验汽车参数

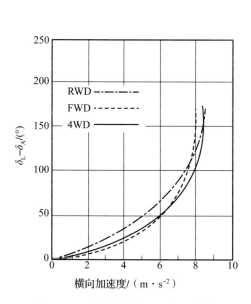

图 5.4.6 方向盘转角 δ_L 和阿克曼方向盘转角 δ_A 之差，以横向加速度为变量，不同的驱动方式，稳态圆周行驶 $R=40$ m，干燥路面

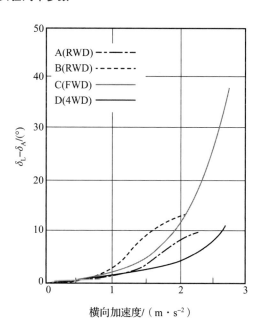

图 5.4.7 方向盘转角 δ_L 和阿克曼方向盘转角 δ_A 之差，以横向加速度为变量，不同的驱动方式，稳态圆周行驶 $R=45$ m，结冰路面

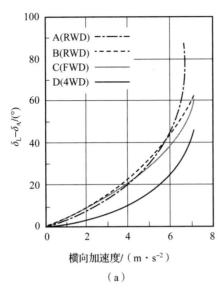 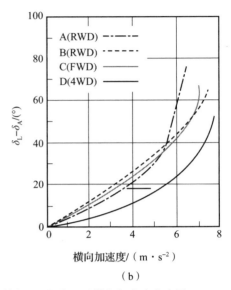

图 5.4.8　方向盘转角 δ_L 和阿克曼方向盘转角 δ_A 之差，以横向加速度为变量，
不同的驱动方式，稳态圆周行驶 $R=100$ m
(a) 潮湿路面；(b) 干燥路面

5.4.2　特别影响因素

下面就单轨模型里没有顾及的因素进行深入讨论。

1. 侧偏刚度

当侧向力 F_a 还未达到它极大值的一半时，侧偏刚度与侧偏角 α 无关。与之相应的，侧偏角 – 侧向力图的这一段是一条斜线，如图 5.4.9(a)所示。

另外，车轮的侧偏刚度还与轮载荷 F_P 有关，如图 5.4.9(b)所示；车轴的侧偏刚度与轮载荷之差 ΔF_P 有关，如图 5.4.9(c)所示。令前后轴吸收车身侧偏力矩的大小不同（利用扭杆横向稳定器，双支座横向板弹簧及平衡弹簧等方法），可将前后轴的侧向力调整到我们所需的值，图 5.4.9(d)是它们之间原则上的关系。

要想增强汽车的不足转向趋势，就要减小前轴的侧向力以及侧偏刚度值。可以采用的方法有以下 3 种。

(1) 在前轴上安装扭杆稳定器，如图 5.4.10 所示。利用它的扭转刚度，当汽车侧偏运动时在转弯外侧的车轮上制造一个力 F_1，同时将内侧轮载荷减少 $F_2 = -F_1$。由于轮载荷对侧向力的非线性影响，前轴上两个车轮总的侧向力将会变小。

(2) 减小前轴车轮的内压，以降低前轮的侧偏刚度；同时，增大后轮的内压，以增加后轮的侧偏刚度。

(3) 加大正的外倾角，制造一个负的外倾侧向力，以便减小外倾和侧倾造成的总的侧向力。

相反，如果想减小汽车的不足转向趋势，就必须采取下列方法。

(1) 在后轴上安装平衡弹簧，如图 5.4.11 所示，它的作用与扭杆弹簧一样，只是在单铰链和双铰链摆式悬架上比扭杆弹簧更易于安装。

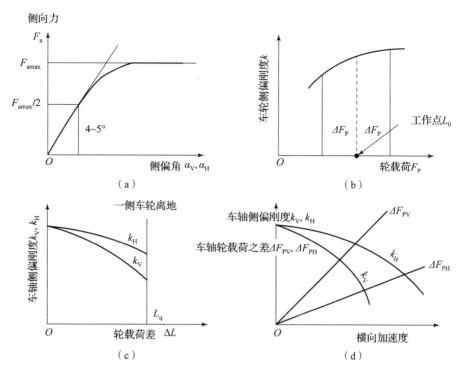

图 5.4.9　轮载荷之差对单个轴的侧偏刚度的影响

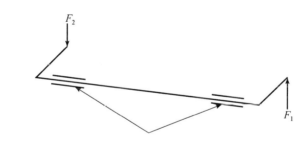

图 5.4.10　在车架上固定扭杆稳定器

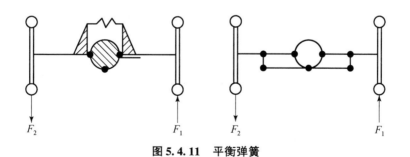

图 5.4.11　平衡弹簧

（2）可扭转地安装板弹簧也能起到同样的效果。

（3）在前轴上安装 Z 形扭杆，如图 5.4.12 所示。它吸收力矩的方向与扭杆弹簧正相反，但是受其形状的限制使得它难于安装。

图 5.4.12　Z 形扭杆

（4）增加前轮的内压，以增大前轮的侧偏刚度；同时，减小后轮的内压，以减小后轮的侧偏刚度。

（5）加大后轴负的外倾角，或者减小前轴负的外倾角。

稳定器的工作原理如下。

稳定器只有在悬架左右挠度不等的时候才起作用。它加强了一根轴的侧倾刚度，因此增大了轴所吸收的侧倾力矩，继而导致轮载荷差增大。因为侧向力的特性曲线呈递减趋势，所以随着轮载荷差的增加，总的侧向力反而减小。

例如，在一辆中性转向汽车的前轴上安装稳定器将会把它变为不足转向的汽车，如图 5.4.13 所示。为了使在前轴上已经装了稳定器的汽车得到原先的侧向力值，必须增大转向角以便增大侧偏角。

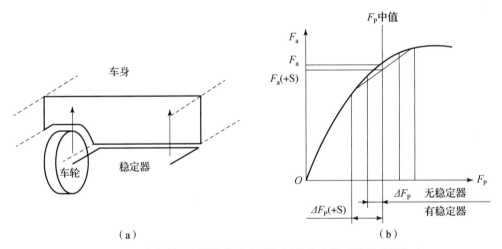

图 5.4.13　稳定器示意图及带稳定器和不带稳定器时的平均侧向力

（a）稳定器；（b）带稳定器和不带稳定器时的平均侧向力

2. 转向伸缩性

转向机构的固定处，转向轴筒内的连接点和前轴上铰链连接处都有一定的余地，称其为转向伸缩性。转向伸缩性影响示意图如图 5.4.14 所示。

前轴的侧偏刚度由于转向伸缩性而减小。为了得到同样的侧向力，就是说为了平衡转向伸缩性的影响，需要更大的侧偏角。

设 δ_V 为没有转向伸缩性时的转向角（即方向盘转角乘以转向器的角传动比）；

α_V' 为有转向伸缩性时的侧偏角；

α_V 为没有转向伸缩性时的侧偏角；

$\Delta\delta_V$ 为由于转向伸缩性和车轮的回正力矩 $M_a = F_{aV}n$，δ_V 在方向盘不动时减小的值；

k_V' 为没有转向伸缩性时轮胎的侧偏刚度（实验台测量值）；

k_V 为有转向伸缩性时汽车上轮胎的有效侧偏刚度;
n 为总的随动距离(结构随动距离加上动态随动距离);
c_L 为转向系的扭转刚度;
F_{aV} 为转向轮侧向力。

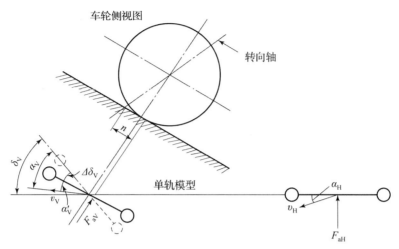

图 5.4.14 转向伸缩性影响示意图

总的来讲存在以下关系

$$F_{aV} = k_V a_V \quad a_V = a_V' + \Delta\delta_V \quad F_{aV} n = c_L \Delta\delta_V = M_a$$

因此

$$k_V = \frac{F_{aV}}{a_V} = \frac{F_{aV}}{a_V' + \Delta\delta_V} = \frac{F_{aV}}{\dfrac{F_{aV}}{k_V'} + \dfrac{F_{aV} n}{c_L}} = \frac{1}{\dfrac{1}{k_V'} + \dfrac{n}{c_L}} = \frac{k_V'}{1 + \dfrac{k_V' n}{c_L}} < k_V'$$

要是转向系绝对僵硬的话,侧偏角是能够调整的,而且驾驶员通过方向盘和转向器给出的转向角 δ_V 也应该能够调整。但是由于轮胎回正力矩和并非无限大的转向系刚度 c_L 缩小了方向盘给出的转向角以及侧偏角 a_V'。

3. 切向力对侧向力和转向力矩的影响

(1)车轮上的横向力和纵向力在轮胎与地面的接触面上只能靠摩擦力传递,而从理论上来讲摩擦力是不受力的作用方向限制的,即

$$\sqrt{F_U^2 + F_a^2} = \mu F_P$$

这就给出了所谓库伦氏摩擦环;真实的轮胎却要区分最大切向力和最小切向力,因此就有了所谓摩擦椭圆环,如图 5.4.15 所示。如果除了侧向力之外还要传递一个纵向力(切向力),那么可传递的极大侧向力将会减小。

(2)在侧向力作用之下,接触面移向一侧,由此导致了不对称性,前轴轮胎上的切向力借此影响了转动力矩。这种效应在前轮驱动的汽车稳态圆周行驶时尤为明显。前轮上起驱动作用的切向力使转向系"变硬"了,因为它造成了一个回正力矩,如图 5.4.16 所示。

4. 回正力矩的影响

回正力矩对悬架有一定的影响,它的产生是由于车轮上下跳动时外倾角发生改变,或者直接来自转向角。回正力矩的公式为

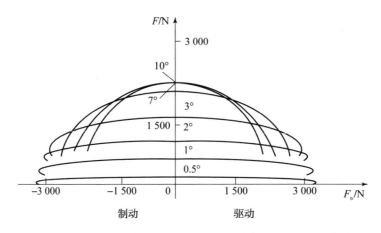

图 5.4.15 切向力 – 侧偏侧向力的等侧偏角曲线，图中的等值线是库伦氏摩擦环和摩擦椭圆环

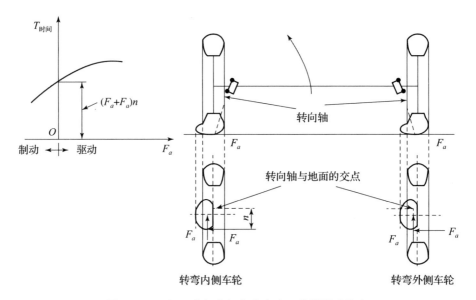

图 5.4.16 回正力矩由切向力产生，前轮驱动汽车

$$T_{K_Z} = \Theta_R \omega_R \sigma$$
$$T_{K_X} = \Theta_R \omega_R \delta_V$$

这个回正力矩作用在悬架上，它通过拖臂的橡胶铰链连接改变车轮导向的角度，如图 5.4.17 所示。

5. 车轮导向装置的伸缩性与它的运动性能

车轮导向装置里的固定铰链连接不是纯刚性的（单纯的转动铰链连接），它采用了橡胶弹性材料而具有塑性的运动学特征。由此，在轮轴上下运动的时候，运动的路径不仅由导向装置决定，而且是在切向力和侧向力的共同作用之下，由塑性造成的。

有些汽车为了隔离振动，将悬架与部分车身做成一个整体，这个分结构称作悬架体。在这种汽车上伸缩性表现得尤其明显。悬架体又被塑性地固定在车架上，使得悬架体能相对车架运动。

1)前轴

转弯时出现的侧向力将塑性连接的悬架体推向转向器刚性固定住的那一侧,由此产生的转向运动加大了真正的转向角,起不稳定作用(向弯道内侧运动),如图 5.4.18 所示。

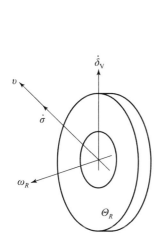

图 5.4.17 回正力矩

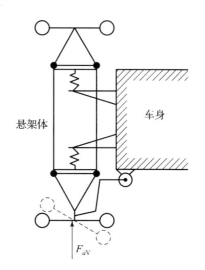

图 5.4.18 悬架体对转向中的前轮的影响

2)后轴

依不同的车轮运动方式,伸缩性可以造成稳定或不稳定的影响。如果纵拖臂向后分叉,那么在伸缩性的影响之下汽车会向弯道的内侧偏离,即起到不稳定作用。

从根本上讲,只有当汽车对干扰的反应有使它回到原有的行驶状态的趋势,才被称为稳定性的。因此,悬架伸缩性产生的影响是非稳定性的,而侧向风的影响却是稳定性的(风稳性)。车轴状态图如图 5.4.19 所示。

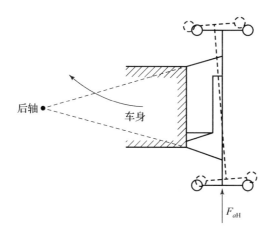

图 5.4.19 车轴状态图——悬架带有和不带有伸缩性

6. 侧倾转向

车身的侧倾使得弯道内侧和外侧的车轮分别向上和向下运动,在侧向风的干扰下车身也会产生侧倾。悬架的刚性和塑性运动确定了车轮将会有哪些前束角和外倾角变化,由此产生了转向效果。这种对汽车的影响效应被称为侧倾转向。刚性车轴的转向效应如图 5.4.20 所示。

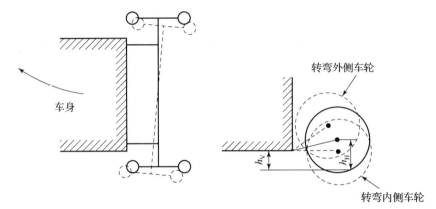

图 5.4.20　刚性车轴的转向效应

侧倾转向效应的决定性因素是转向点之间的关系：

$$\frac{h_\mathrm{H}}{h_\mathrm{V}} \begin{cases} >1, & 转弯时稳定 \\ =1, & 转弯时中性 \\ <1, & 转弯时不稳定 \end{cases}$$

也就是说，只有当车轮与前转向点在同一高度时，才不会出现侧倾转向效应。如果在设计时刻意追求这种效果，那么装载稍微增加一些就会出现过多转向或者不足转向。

如果选择了单独悬挂的方式，且应用对角式或斜拖臂式导向装置，也会出现侧倾转向效应。轮子并不在垂直的平面内上下运动，这是由于运动的转动轴是斜的（不要与驱动轴混淆），改变了前束角和侧倾角。同一条轴上两个车轮的上下运动并不是对称的，因此转弯内侧与外侧车轮受的力不能相互抵消。外侧车轮受的轮载荷大，由前束角和侧倾角产生的侧向力也较大，因此外侧的车轮总决定侧倾转向对汽车转弯性能的影响。

第 6 章
履带车辆转向动力学仿真

和轮式车辆相比,履带车辆的转向运动是比较困难的。人们经过各种探索之后,最终采用了通过减小内侧履带的纵向推力,增加外侧履带的纵向推力,从而控制两条履带产生不同速度的方法实现转向,这就是现代履带车辆通用的转向方式。因此,其转向动力学模型也不同于轮式车辆。

6.1 转向运动学

6.1.1 坦克的平面转向运动

坦克转向运动,实质上是刚体的平面运动。由理论力学可知,任何刚体的平面运动,都可简化为一个平面图形在其自身所在平面内的运动。只要这个平面图形在平面内的位置确定了,刚体的位置也就确定了;因此,坦克平面的位置确定了,坦克的位置也就确定了。现在所研究的坦克转向运动,大部分情况都是研究坦克的平面转向运动,也就是研究坦克平面的转向运动,如图 6.1.1 所示。

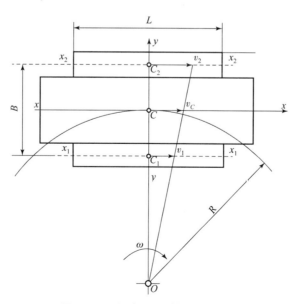

图 6.1.1 坦克平面的转向运动图

图中，离转向中心 O 近的一侧称为坦克的内侧，也称低速侧，有关参数均注下标"1"；离转向中心远的一侧称为坦克的外侧，也称高速侧，有关参数均注下标"2"。L 表示履带接地长；履带接地面的对称中心叫作接地面中心，内、外侧接地面中心分别以 C_1、C_2 表示。B 表示履带中心距；坦克的瞬时转向中心 O 点到坦克纵向轴线 x 的距离，称为坦克的转向半径，以 R 表示，转向半径 R 与履带中心距 B 一半的比值，称为相对转向半径，以 ρ 表示，即

$$\rho = \frac{R}{B/2} \tag{6.1.1}$$

6.1.2 履带转向运动学模型

坦克直线运动时，履带的运动由两种运动组成：一种是牵连运动，即履带随同坦克整体相对于地面的运动；一种是相对运动，即履带相对于坦克车体的运动。当履带接地段的滑转、滑移为零时，接地段的牵连速度 v_q 和相对速度 v_x 大小相等方向相反，即 $v_q = v_x$。

坦克的转向运动也由牵连运动和相对运动组成，所不同的地方是转向运动的牵连运动为坦克整体的旋转运动，所以内外侧履带接地面的不同点上，其牵连速度也各不相同。离转向中心 O 点越远的点，其牵连速度也越大；离转向中心 O 点越近的点，其牵连速度越小，如图 6.1.2 所示。

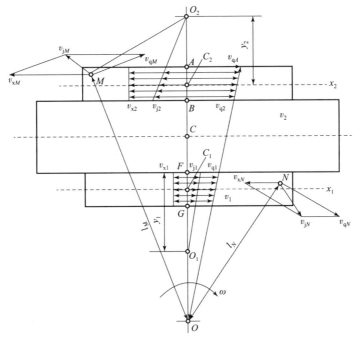

图 6.1.2 履带接地段转向速度图

1. 履带接地段各点的速度

假设 AB 和 FG 为履带接地面横向中心线，现在研究 AB 和 FG 各点的牵连速度、相对速度和绝对速度。

首先研究外侧接地面横向中心线 AB 上各点的 v_{q2}、v_{x2} 和 v_{j2}。

AB 上各点的牵连速度（切线速度）v_{q2} 的大小与各点距转向中心 O 点的距离 l 以及坦克

旋转角速度 ω 成正比，l 和 ω 越大，v_{q2} 越大。当坦克匀速转向时，AB 线上任意一点 A 的牵连速度 v_{qA} 可由下式表示为

$$v_{qA} = l_A \omega$$

AB 上各点的相对速度 v_{x2} 的大小和发动机转速、排挡有关。由于履带接地段为一不可变形的刚体，因此 AB 上各点的 v_{x2} 是相同的。

在一般情况下转向时，外侧接地段上总是作用着牵引力，因而外侧接地段总是滑转。也就是说，AB 上各点的相对速度 v_{x2} 总要大于其牵连速度 v_{q2}，即 $v_{x2} > v_{q2}$。将 AB 上各点的牵连速度 v_{q2} 和其相对速度 v_{x2} 相加，就得到各点的绝对速度 v_{j2}，即

$$\vec{v}_{j2} = \vec{v}_{q2} + \vec{v}_{x2}$$

对于内侧接地面横向中心线 FG 上各点的 v_{q1}、v_{x1} 和 v_{j1}，上述分析方法完全适用。在一般情况下，内侧接地面作用着制动力，因此内侧接地面总是滑移。在 FG 上各点的相对速度总是要小于牵连速度，即 $v_{x1} < v_{q1}$。将 FG 上各点的牵连速度和其相对速度相加，就得各点的绝对速度 v_{j1}，即

$$v_{j1} = v_{q1} + v_{x1}$$

可知，FG 上各点的绝对速度的方向和坦克运动方向相同，接地面上任意点 M 的绝对速度为

$$v_{jM} = v_{qM} + v_{xM}$$

v_{qM} 的大小由 $v_{qM} = l_M \omega$ 决定，其方向和 MO 直线垂直。v_{xM} 的大小和方向与外侧接地面上任一点 v_{x2} 相同。当 v_{qM} 和 v_{x2} 求得后，由上式即可求出 v_{jM} 的大小，其方向和 MO_2 直线垂直。同理，内侧接地面上 N 点的绝对速度 v_{jN} 也可用下式表示：

$$v_{jN} = v_{qN} + v_{xN}$$

2. 接地面瞬时转向中心

由中心线 AB 的绝对速度可以看出，其上各点绝对速度的大小和该点距转向中心 O 点的距离成反比，即距转向中心越远的点，其绝对速度越小。O_2 点绝对速度等于零，即 O_2 点处 $v_q = v_x$。O_2 点称为外侧接地面的瞬时转向中心。在转向过程中，外侧接地面在某一瞬时可以看作绕瞬时转向中心 O_2 点做旋转运动。由于外侧接地面的绝对速度一般总是和坦克速度方向相反，因此其瞬时转向中心的位置，一般总是在外侧接地面以外，即在远离转向中心的方向上。由 O_2 点到外侧接地面纵向中心线 x_2 的距离，称为外侧瞬时转向中心的横向偏移量，以 y_2 表示，y_2 随滑转的增加而增加。

FG 上各点的绝对速度大小和该点距转向中心 O 点的距离成正比，即距转向中心越近的点，其绝对速度也越小。在 O_1 点的绝对速度等于零，O_1 点称为内侧接地面的瞬时转向中心。在转向过程中，内侧接地面在某一瞬时可以看作绕瞬时转向中心 O_1 点做旋转运动。由于内侧接地面的绝对速度一般和坦克速度方向相同，因此其瞬时转向中心 O_1 的位置一般在内侧接地面以内，即在靠近转向中心的方向上。O_1 点到内侧接地面纵向中心线 x_1 的距离称为内侧接地面瞬时转向中心的横向偏移量，以 y_1 表示，y_1 随接地面滑移量的增加而增加。

应当指出：接地面瞬时转向中心（O_1、O_2）的位置不是固定的，它随车速、履带速度、地面条件和转向半径等因素的变化而变化。

3. 坦克的理论转向运动

所谓坦克的理论转向运动是指履带接地段的滑转和滑移都为零的转向运动。

假设外侧接地面不滑转、内侧接地面不滑移，那么两接地面中心 C_1 和 C_2 点的牵连速度等于其相对速度，其绝对速度为零，即 $v_{jC_1} = v_{jC_2} = 0$，$y_1 = y_2 = 0$，O_1 和 C_1 重合，O_2 和 C_2 重合。所以，C_1 点和 C_2 点为理论转向情况下内外侧接地面的瞬时转向中心。这时，两侧接地面分别绕自己的瞬时转向中心 C_1 和 C_2 同时做纯旋转运动，如图 6.1.3 所示。

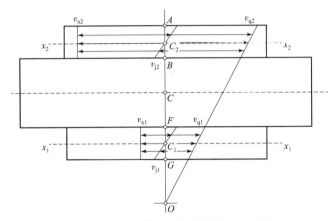

图 6.1.3　理论转向时接地段转向速度图

由上图可以看出，外侧接地面纵向中心线 x_2 以外 AC_2 线上各点的绝对速度的方向和坦克运动方向相同；x_2 以内 C_2B 线上各点的绝对速度方向和坦克运动方向相反；在接地面中心 C_2 点上，$v_{qC_2} = v_{xC_2}$，$v_{jC_2} = 0$。

内侧接地面运动情况和外侧相似。FC_1 上各点的绝对速度方向和坦克运动方向相同；C_1G 上各点的绝对速度方向和坦克运动方向相反；在接地面中心 C_1 点上，$v_{qC_1} = v_{xC_1}$，$v_{jC_1} = 0$。

4. 理论转向半径与实际转向半径

坦克理论转向运动的转向半径用 R 表示，角速度用 ω 表示，如图 6.1.4（a）所示。内外侧接地面中心 C_1 和 C_2 的切线速度（牵连速度）等于相对速度，分别用 v_1 和 v_2 表示，简称内、外侧履带速度。

以理论转向半径转向时，两个速度三角形相似，即 $\triangle C_2MO \sim \triangle C_1EO$。由相似三角形对应边成比例可得下式：

$$\frac{v_1}{R - \dfrac{B}{2}} = \frac{v_2}{R + \dfrac{B}{2}} \tag{6.1.2}$$

变换该式得转向半径和两侧履带速度的关系为

$$R = \frac{B}{2} \cdot \frac{v_2 + v_1}{v_2 - v_1} \tag{6.1.3}$$

相对转向半径可以表示为

$$\rho = \frac{v_2 + v_1}{v_2 - v_1} \tag{6.1.4}$$

可知，坦克的理论转向半径与两侧履带理论速度之和成正比，与两侧履带理论速度之差成反比。

理论转向运动只是为使问题简化而作的一种假设，实际上在一般转向情况下，外侧履带接地段总是滑转，内侧履带接地段总是滑移。以 R' 表示实际转向半径，以 ω' 表示实际旋转角速度，以 v_1'、v_2' 分别表示两侧接地面中心 C_1 和 C_2 的实际切线速度，即牵连速度，如图 6.1.4（a）所示。由图可知，以实际转向半径转向时，两实际速度三角形相似，即 $\triangle C_2NO' \sim \triangle C_1DO'$，由相似三角形对应边成比例的原理可得

$$\frac{v_1'}{R' - \frac{B}{2}} = \frac{v_2'}{R' + \frac{B}{2}}$$

变换该式得实际转向半径和实际履带速度间的关系式为

$$R' = \frac{B}{2} \frac{v_2' + v_1'}{v_2' - v_1'}$$

实际转向中，由于外侧接地段总要滑转，且滑转方向总和坦克运动方向相反，因此 $v_2' < v_2$；由于内侧接地段总要滑移，且滑移的方向总和坦克运动方向相同，因此 $v_1' > v_1$。由 $(v_2' - v_1') < (v_2 - v_1)$ 可知，$R' > R$（一般情况下 $v_2' + v_1' = v_2 + v_1$）。滑转、滑移越大，R' 和 R 的差别也越大。而滑转、滑移又与地面性质、车速、转向半径等因素有关。在一般情况下，地面越软，速度越大、转向半径越小，其滑转和滑移也越大。实验表明，实际转向半径大约为理论转向半径的 1~1.5 倍，有时甚至达到 1.6 倍。

在今后讨论坦克平面转向速度图时，为了醒目而又不影响该图的实质，在作图时可以不画坦克平面，只画出内、外侧接地面中心 C_1、C_2 点，坦克平面中心 C 点及转向中心 O 点。C_1 点和 C_2 点间的距离仍表示履带中心距 B，C 点和 O 点之间的距离仍表示转向半径 R，如图 6.1.4（b）所示。

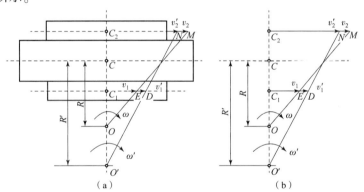

图 6.1.4　理论转向半径和实际转向半径的对比
（a）具体；（b）简化

6.1.3　坦克整体转向运动学关系式

在转向理论中研究的转向运动，主要是研究坦克平面的转向运动。坦克直线运动时，只做平移运动，不做旋转运动，所以车体的角速度为零，车体上各点的牵连速度都是相同的。当坦克转向时，车体不仅做平移运动，而且还做旋转运动，车体具有一定的角速度 ω，车体上各点的牵连速度是不同的，两侧履带速度也是不同的，即 $v_2 > v_1$。

如图 6.1.5 所示，在转向过程中，两侧履带速度 v_1、v_2，坦克平面中心 C 点牵连速度（切线速度）v_C、转向角速度 ω 和转向半径 R 之间有如下关系：

$$\omega = \frac{v_1}{R-\frac{B}{2}} = \frac{v_2}{R+\frac{B}{2}} = \frac{v_C}{R} \quad (6.1.5)$$

坦克平面中心 C 点的切线速度 v_C 也是内外侧履带的平均速度 v_0，即

$$v_C = v_0 = \frac{v_1 + v_2}{2}$$

根据式 (6.1.5)，如果已知坦克转向角速度 ω、履带中心距 B 和转向半径 R 或相对转向半径 ρ，则两侧履带（牵连）速度 v_1、v_2 和坦克平面中心速度 v_C 可以表示为

$$v_1 = \omega\left(R - \frac{B}{2}\right) = \omega\frac{B}{2}(\rho - 1) \quad (6.1.6)$$

$$v_2 = \omega\left(R + \frac{B}{2}\right) = \omega\frac{B}{2}(\rho + 1) \quad (6.1.7)$$

$$v_C = v_0 = \omega R = \omega\frac{B}{2}\rho \quad (6.1.8)$$

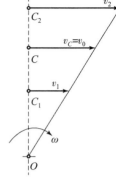

图 6.1.5 坦克平面转向速度图

由上述讨论可知，在转向过程中，某一瞬时的坦克平面中心 C 的牵连速度 v_C 和 ω 及 R 成正比。

根据式 (6.1.6)~式(6.1.8)，可以求出 v_1、v_2 与 v_0 的关系式，即

$$\begin{cases} v_1 = v_0\left(1 - \frac{1}{\rho}\right) \\ v_2 = v_0\left(1 + \frac{1}{\rho}\right) \end{cases} \quad (6.1.9)$$

6.2 平地均匀转向动力学

一般情况下，坦克的转向动力学是非常复杂的。现在研究坦克在水平地面上、低速、匀速、单车转向的情况，上述情况是最简单但也是最基本的转向情况。

6.2.1 转向时作用在坦克上的外力

由坦克转向运动学可知，坦克的转向运动可以看作坦克随其平面中心的平移运动与绕其中心的旋转运动的合成。在研究履带接地段转向时，这一原理同样适用，即履带接地段的转向运动，也可以看作接地段随其瞬时转向中心的平移运动与绕其瞬时转向中心的旋转运动的合成。因此，凡是由于履带接地段平移运动和接地段旋转运动所受的外力和外力矩，都会作用在坦克上，这些力和力矩就是转向时作用在坦克上的外力和外力矩。坦克在水平地面上低速、匀速转向时，作用在坦克上的外力如图 6.2.1 所示。

1. 履带接地段的直驶阻力

用直驶时地面行驶阻力代替转向时的直驶阻力，且两侧行驶阻力相等，即

$$F_{R1} = F_{R2} = \frac{1}{2}fG$$

$$F_{R1} + F_{R2} = fG$$

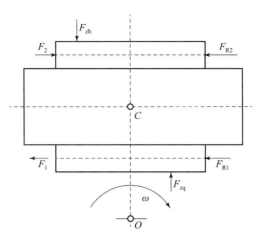

图 6.2.1 转向时坦克所受的外力

式中　f——直驶时地面行驶阻力系数；
　　　G——车重。

2. 履带接地段的牵引力和制动力

在转向过程中，接地段每一瞬时不但随瞬时转向中心做平移运动，而且还绕瞬时转向中心做旋转运动。坦克不但要克服平移运动阻力，还要克服转向阻力矩。因此，转向时外履带需要的牵引力 F_2 比直驶时要大得多，有时甚至大几倍。制动转向时所需的 F_2 最大，F_2 的最大值不能超过履带与地面的附着力。

为了获得足够的转向力矩，有时要对内侧制动器施加一个制动力矩 T_z，其方向和主动轮驱动力矩方向相反。由于内侧动力被切断，因此内侧履带被坦克车体拖着前进。履带接地段给地面一个作用力，其方向和坦克运动方向相同，地面给接地段一个反作用力，其方向和坦克运动方向相反，该力称为制动力，以 F_1 表示。制动力的大小取决于制动程度、制动方法，其最大值也受地面附着条件限制，也不能超过履带与地面的附着力。

3. 履带接地段的转向阻力

坦克转向过程中，在每一瞬时接地段都要随瞬时转向中心做平移运动，而且绕瞬时转向中心做旋转运动。由于做平移运动，因此接地段受到地面纵向阻力的作用；由于绕瞬时转向中心做旋转运动，因此接地段受到地面的横向阻力作用，其方向与接地段移动的方向相反。这些横向阻力就是坦克的转向阻力，在松软地面上它包括下述 3 种阻力，如图 6.2.2 所示。

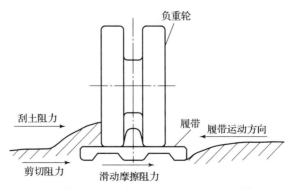

图 6.2.2 转向时作用在接地段上的 3 种地面横向阻力

1）滑动摩擦阻力

滑动摩擦阻力包括履带板接地面的凸起部分（履齿、筋）与地面之间的滑动摩擦力，粘于履带板接地面凹坑的土壤与地面之间的滑动摩擦力，履带板端面和负重轮端面与土壤之间的滑动摩擦力。这些阻力的大小和接地段的法向负荷、履带与地面的摩擦系数有关，和转向半径无关。

在水泥路、柏油路等坚硬路面上转向时，转向阻力只有履带板与路面之间的滑动摩擦阻力。

2）剪切阻力

坦克在松软地面上转向时，履带板上的履齿、筋甚至履带板都陷进土壤中。当接地段转向时，履带板的履齿和筋以及履带板端面便在履带轨迹切线方向上压缩土壤。土壤内部土粒间产生一定的位移，当土壤被压缩到极限状态以后，履齿、筋和履带板端面便剪切土壤。土壤内部土粒间的内摩擦力和内聚力反抗履带对它的剪切，因而产生了剪切阻力。该阻力大小和地面性质、法向负荷、履带板结构以及转向半径等因素有关。

3）刮土阻力

坦克在松软地面上转向时，不断有被履齿、筋和履带板挤碎、剪切下来的土壤，堆集在接地段和负重轮的侧面。坦克要继续旋转，履带板端面、履带诱导齿和负重轮端面就要推动这些土壤一起旋转，因而形成了刮土阻力。

刮土阻力的分布和摩擦力不同，而且两侧刮土阻力也不相同。刮土阻力的大小和地面性质、法向负荷、履带板结构、旋转角度以及转向半径等因素有关。例如，坦克在松软地面上180°范围内，做制动转向时，内侧接地段的刮土阻力随转向角度增加而增加，并且两端附近阻力最大，中部阻力最小，大约接近三角形分布。而外侧接地段的刮土阻力，起初随转向角度增加而增加，转过一定角度后，刮土阻力保持不变，而后开始下降。

由于地面性质、法向负荷以及转向半径等因素的不同，上述3种转向阻力有时全部存在，有时部分存在。

首先作两条假设如下。

（1）坦克法向负荷沿接地段均匀分布，即负荷图形为矩形，转向阻力 F_S 和法向负荷 G 成正比，其比例系数以 μ 表示，即

$$\mu = \frac{F_S}{G}$$

（2）坦克重心在水平面上的投影和坦克平面中心重合。

根据这些假设，可得接地段法向负荷图及转向阻力分布图，分别如图6.2.3、图6.2.4所示。

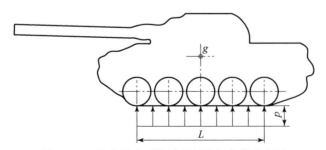

图6.2.3　坦克静止时接地段的法向负荷分布图

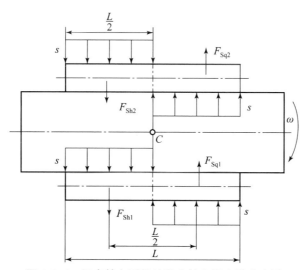

图 6.2.4　坦克转向时接地段上转向阻力的分布图

由图 6.2.3 可知，作用在接地段单位长度上的法向负荷 p，可通过车重 G 和履带接地段长度 L 求得，即

$$p = \frac{G}{2L}$$

已知接地段单位长度上的法向负荷后，可以求其相应的接地段单位长度上的转向阻力 s。由假设可知接地段单位长度上的转向阻力和对应的单位长度法向负荷 p 也成正比，比例系数仍为 μ，即

$$s = \mu p = \mu \cdot \frac{G}{2L}$$

作用在内侧履带接地段前半段（长度为 $L/2$）上的转向阻力 F_{Sq1} 可由下式表示为

$$F_{Sq1} = s\frac{L}{2} = \mu \cdot \frac{G}{2L} \cdot \frac{L}{2} = \frac{\mu G}{4}$$

由该式可知，内侧履带接地段前半段上的转向阻力，正好等于接地段前半段转向阻力分布图的面积。由于水平地面转向阻力分布图的 4 个小矩形面积都是相等的（其长为 $L/2$），因此在履带接地段的任一半段上的转向阻力都是相同的，即

$$F_{Sq1} = F_{Sh1} = F_{Sq2} = F_{Sh2} = s \cdot \frac{L}{2} = \frac{\mu G}{4}$$

6.2.2　转向时作用在坦克上的外力矩

将坦克在水平地面上、低速、匀速转向时，所受的纵向力（F_{R1}、F_{R2}、F_1'、F_2'）和转（横）向阻力（F_{Sq}、F_{Sh}）这些外力对坦克平面中心 C 点取矩，就形成了坦克转向时的两个外力矩，这就是坦克的地面转向阻力矩和转向驱动力矩。

1. 转向阻力矩

坦克转向时地面的转向阻力矩 T_μ 主要是地面转向阻力 F_{Sq} 和 F_{Sh} 所造成的。由图 6.2.4 可知，这两个地面转向阻力与坦克平面中心 C 点的距离都为 $L/4$，将这两个转向阻力对平面中心 C 点取矩，可得地面转向阻力矩公式为

$$T_\mu = (F_{Sq} + F_{Sh})\frac{L}{4} = \frac{\mu G L}{4} \quad (6.2.1)$$

由上式可知，地面转向阻力矩纯粹是地面的横向阻抗力矩，它随车重 G、接地段长度 L、地面转向阻力与法向负荷比例系数 μ 的增加而增加。可见，履带接地段越长对车辆其他性能方面都是有利的因素，唯独对转向是不利的因素。现有坦克等装甲履带车辆的接地段多数不是太长，主要原因是接地段太长了转向阻力矩大，转向较困难。

同时，地面转向阻力矩还和履带接地段法向负荷分布图形有关。式(6.2.1)是在履带接地段法向负荷为矩形的假设前提下推导出来的。很明显，当接地段法向负荷图不为矩形时，转向阻力矩的表达式也和式(6.2.1)不同。当地面外形不同，如在土岭或土埂上转向时，法向负荷图形为中间大两头小的等腰三角形分布，转向阻力矩最小（为 $\mu GL/6$）。如果在弹坑或凹坑内转向时，法向负荷图形变成中间小两头大的反等腰三角形分布，此时转向阻力矩最大（为 $\mu GL/3$）。如果在较大的坡道上作上坡或下坡转向时，法向负荷图形变成了一头小另一头大的梯形分布，此时的转向阻力矩介于上述两种极端情况之间。

2. 转向驱动力矩

坦克的转向驱动力矩 T_q 是推动坦克旋转的主动力矩。坦克在水平地面上、低速、匀速、单车转向时，转向驱动力矩由坦克接地段所受的各纵向力对坦克平面中心 C 点取矩求得。如图6.2.1所示，纵向力对 C 点的力矩平衡方程式为

$$T_q = (F_{R1} - F_{R2})\frac{B}{2} + (F_1 + F_2)\frac{B}{2}$$

因为在水平地面上转向时，已经假设 $F_{R1} = F_{R2}$，所以转向主动（驱动）力矩 T_q 为

$$T_q = (F_1 + F_2)\frac{B}{2} \quad (6.2.2)$$

由上式可以看出，坦克的转向驱动力矩和外侧履带上的牵引力 F_2、内侧履带上的制动力 F_1 以及履带中心距 B 成正比。前边曾讨论过 F_1 和 F_2 的最大值不能超过履带和地面的附着力。履带中心距越大，转向驱动力矩越大，转向越容易。但是，B 值过大，将会增大坦克正面中弹的可能性，特别是给铁路运输坦克带来了很大困难，因此近代坦克的 B 值通常变化不大。

3. 转向阻力系数

转向阻力系数用 μ 来表示，定义为履带接地段单位长度上的转向阻力 s 和对应的单位长度法向负荷 p 的比值，即

$$\mu = \frac{s}{p}$$

在坚硬路面，如水泥地面上转向时，地面转向阻力主要是摩擦阻力。转向阻力系数基本上是一个常数，和转向半径无关，其大小等于履带板与该地面间的摩擦系数。

在松软地面，如干燥的草地上转向时，转向阻力系数随转向半径增加而减小，尼基金教授提出了计算平均 μ 值的经验公式：

$$\mu = \frac{\mu_{max}}{a + (1-a)\dfrac{\left(R + \dfrac{B}{2}\right)}{B}}$$

式中 μ_{max}——坦克以规定半径 $R_g = B/2$ 做制动转向时的最大转向阻力系数，该值由实验求得，如表6.2.1所示；

a——经验系数，$a = 0.80 \sim 0.87$。

其中，经验系数 a 最有代表性的值为0.85。将它代入上式，可得如下的常用形式：

表6.2.1 不同地面的 μ_{max} 值

地面性质	μ_{max} 值
干黏土和沙质地面（湿度≤8%）	0.8~1.0
干泥沙土路（带黑上）	0.7~0.9
湿泥沙土路（湿度20%）	0.2~0.3
松软土路	1.0
农村土路	0.8
农村土公路	0.64
松软地面	0.6~0.7
黏性土壤	0.9
硬土路	0.5~0.6
水泥路	0.68
柏油路	0.49
松雪路	0.15~0.25
硬雪路	0.25~0.7

注：表中数据部分取自尼基金所著《坦克理论》。

$$\mu = \frac{\mu_{max}}{\left(0.925 + 0.15 \dfrac{R}{B}\right)} \quad (6.2.3)$$

6.2.3 转向所需牵引力和制动力

要使坦克在水平地面上、低速、匀速、单车转向，各种外力间必须满足什么条件？外侧接地段需要多大的牵引力 F_2？内侧接地段需要多大的地面制动力 F_1？这是本小节的中心问题。

要使坦克在上述条件下匀速转向，必须使作用在坦克上的外力和外力矩相平衡，即必须满足下列条件。

横向力平衡：$\sum F_y = 0$。

纵向力平衡：$\sum F_x = 0$。

对坦克平面中心 C 点的力矩平衡：$\sum T_C = 0$。

由前面的讨论可知，坦克在上述条件下匀速转向时，其受到的横向力是平衡的。

下面列出纵向力和其对坦克平面中心 C 的力矩平衡方程式，即

$$\begin{cases} F_2 - F_1 = F_{R1} + F_{R2} & \text{(a)} \\ (F_2 - F_1)\dfrac{B}{2} = T_\mu + (F_{R2} - F_{R1})\dfrac{B}{2} & \text{(b)} \end{cases} \quad (6.2.4)$$

式(a)、(b)是两个相关方程式,可解得两个未知数 F_1、F_2。要使坦克匀速转向,F_1、F_2 必须满足方程式(a),才能保证坦克匀速平移运动;同时,它们又必须满足方程式(b),才能保证坦克匀速旋转。由此可知,要使坦克匀速转向(既匀速平移又匀速旋转),必须同时满足方程式(a)和方程式(b)。联解这两个方程式,就可求得坦克匀速转向时所必需的牵引力 F_2 和制动力 F_1。

将方程式(a)代入方程式(b),再将已知的 $F_{R1} = F_{R2} = fG/2$ 和 $T_\mu = \mu GL/4$ 代入,得转向所需的地面制动力 F_1 和牵引力 F_2 为

$$\begin{cases} F_1 = -\dfrac{fG}{2} + \dfrac{\mu GL}{4B} \\ F_2 = \dfrac{fG}{2} + \dfrac{\mu GL}{4B} \end{cases} \quad (6.2.5)$$

由式(6.2.5)可知,坦克在水平地面上、低速、匀速、单车转向时,所需要的牵引力 F_2、制动力 F_1 和地面性质(f、μ),车重 G,结构参数(L、B)等因素有关。F_2 随 f、μ、G、L 的增加而增加;随 B 增加而减小。F_1 随 μ、G、L 的增加而增加,随 f、B 的增加而减小。由式(6.2.3)可知,μ 和转向半径成反比,所以 F_1、F_2 也随转向半径的减小而增加。

6.2.4 平地转向条件

坦克要实现在水平地面上、低速、匀速转向,须满足下面的转向条件。

1. 动力条件

动力条件即

$$F_2 \leqslant F_e \quad (6.2.6)$$

式中 F_e——发动机牵引力。

上式说明,坦克实现平地转向运动时,高速侧履带转向所需的牵引力 F_2 不能超过发动机牵引力 F_e,否则会因为动力不足,引起发动机熄火,无法实现预期的匀速转向运动。

2. 附着条件

附着条件即

$$F_2 \leqslant F_\varphi/2 ; F_1 \leqslant F_\varphi/2 \quad (6.2.7)$$

式中 F_φ——地面附着力;

$F_\varphi/2$——一侧履带上的地面附着力。

上式说明,坦克实现平地转向运动时,高速侧履带上转向所需的牵引力 F_2 和低速侧履带上转向所需的制动力 F_1 都不能超过地面能提供给该侧履带的最大切向反作用力(附着力)$F_\varphi/2$。否则,会出现高速侧履带完全滑转或低速侧履带完全滑移的情况,即坦克无法实现预期的匀速转向运动。

在一般情况下,坦克转向时低速侧履带所需的制动力小于高速侧履带所需的牵引力,即 $F_1 < F_2$,所以只要 $F_2 \leqslant F_\varphi/2$ 的条件满足了,$F_1 \leqslant F_\varphi/2$ 的条件就一定会满足。在验算平地转向附着条件时,往往只需要验算 $F_2 \leqslant F_\varphi/2$ 就可以了。将式(6.2.5)中 F_2 的表达式代入附着

条件中，可得

$$\frac{fG}{2}+\frac{\mu GL}{4B}\leq\frac{\varphi G}{2}$$

$$\frac{L}{B}\leq\frac{2(\varphi-f)}{\mu} \tag{6.2.8}$$

式(6.2.8)常称为坦克转向灵活性判据，它给出了坦克匀速转向时，为了保证高速侧履带不出现完全滑转情况，坦克的结构参数 L/B 和代表地面条件的参数 φ、f 及代表转向条件的参数 μ 之间所需要满足的关系。在松软的困难地面 (f 较大) 上做半径较小的转向 (μ 较大) 时，$2(\varphi-f)/\mu$ 的数值较小。如果坦克的 L/B 值过大，将无法在这种条件下完成匀速转向，不得不以较大的半径进行转向 (减小 μ)，从而影响坦克的转向灵活性。

6.3 考虑横向力、纵向力作用下的转向动力学

下面将介绍地面纵向坡度、侧倾坡度以及车速等因素对坦克匀速转向运动的影响，即坦克重力的纵向分力、横向分力以及离心力等对匀速转向运动的影响。在这里研究的仍是匀速转向运动，同时仍假设当没有纵向力和横向力作用时，履带接地段法向负荷是均匀分布（矩形分布）的，单位长度上的横向阻力 s 和单位长度上的法向负荷 q 成正比（此节用 q 替代 p），比例系数（即转向阻力系数）用 μ 表示。

6.3.1 纵向力作用下的转向

1. 上坡转向

坦克在纯纵向坡道上坡转向时，过坦克重心垂直于地面的纵向平面内，坦克的重力 G 可以分解为两个分力（见图 6.3.1）：一个为垂直于地面的法向分力（即附着重力）$G_f=G\cos\alpha$；另一个为平行于地面的纵向分力 $F_x=F_p=G\sin\alpha$（这里纵向力就是坡道阻力），F_x 就是作用在坦克重心上的纵向力。坦克重心高度以 h_g 表示，道路坡角以 α 表示。下面研究在纵向力 F_x 作用下，坦克的匀速转向和水平地面上有什么不同。

1) 压力中心纵向偏移量

坦克在水平地面上转向时，地面法向反力 F_N 的压力中心正好和坦克平面中心 C 相重合。但是在纵向力 F_x 作用下情况发生了变化，地面法向反力的压力中心不再和 C 点重合，而是向车体尾部纵向偏移，偏移的距离称为压力中心偏移量 x_0，如图 6.3.1 所示，且

$$x_0=h_g\tan\alpha \tag{6.3.1}$$

2) 法向负荷分布

压力中心纵向偏移量实际上反映了履带接地段法向负荷分布图形的变化，由于在上坡时纵向力 F_x 的方向是指向车体尾部，因此接地段后部的单位法向负荷 q 增加，前部减小。可以合理地假设接地段法向负荷分布图形由矩形变为梯形，如图 6.3.2 所示，并且近似认为两侧履带接地段的法向负荷梯形是完全一样的。为了研究方便，假设把两侧履带接地段上的法向负荷都集中在一个假想的接地段上，这个接地段既不在内侧也不在外侧，而是在坦克平面的纵向轴线上，两条履带接地段上的总法向负荷梯形图为 $ABFE$，如图 6.3.3 所示。

为了求出履带接地长度上各点单位法向负荷的大小，先求出接地段的前端、后端及中部

单位法向负荷 q_1、q_2 及 q_0 的大小。

根据单位法向负荷的定义和图 6.3.3 中的几何关系，接地段中部单位法向负荷，即平均单位法向负荷 q_0 可由下式表示：

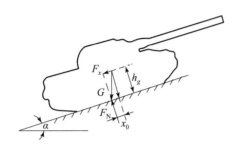

图 6.3.1　重力分解和压力中心偏移

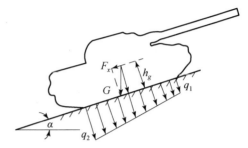

图 6.3.2　上坡转向时接地段法向负荷分布

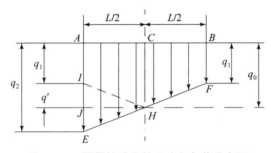

图 6.3.3　履带接地段的总法向负荷分布图

$$q_0 = \frac{G\cos\alpha}{L} = \frac{1}{2}(q_1 + q_2)$$

过 H 点作一虚线 HJ，由图 6.3.3 可知，q_1、q_2、q_0 及 q' 有如下关系：

$$\begin{cases} q_1 = q_0 - q' \\ q_2 = q_0 + q' \end{cases} \tag{6.3.2}$$

式中　q'——图 6.3.3 中线段 IJ 和 JE 的长度。

地面法向反力 F_N 对 C 点之矩 $F_N x_0$ 等于梯形图 $ABFE$ 对 C 点之矩，也等于等腰三角形 HIE 对 C 点之矩，即

$$\left(\frac{1}{2}2q'\frac{L}{2}\right) \cdot \frac{2}{3} \cdot \frac{L}{2} = \frac{1}{6}q'L^2$$

则有

$$F_N x_0 = \frac{1}{6}q'L^2$$

可得

$$q' = \frac{6x_0}{L^2} \cdot G\cos\alpha = \frac{6x_0}{L} \cdot q_0 \tag{6.3.3}$$

将式（6.3.3）代入式（6.3.2）可得

$$\begin{cases} q_1 = q_0 - q' = q_0\left(1 - \dfrac{6x_0}{L}\right) \\ q_2 = q_0 + q' = q_0\left(1 + \dfrac{6x_0}{L}\right) \end{cases} \tag{6.3.4}$$

由此可知，已知 G、α、h_g、L 及 x_0，就可由该式求出 q_1、q_2。当 q_1、q_2 求得后，就可

作出法向负荷梯形图 $ABFE$。

3）转向极的纵向偏移量

由于纵向力 F_x 的作用，两侧履带接地段转向极（瞬时转向中心）O_1 和 O_2 不能再保持在履带接地段中心 C_1 和 C_2 上。在上坡转向过程中，O_1 和 O_2 必然会发生纵向偏移，转向极的纵向偏移量用 y_3 表示，以区别于考虑滑转滑移条件下实际转向过程中的转向极的横向偏移量 y_1 和 y_2。转向极的纵向偏移现象是转向阻力横向力平衡的要求，换句话说，如果转向极没有纵向偏移，那么转向过程中两侧履带上的横向阻力就无法平衡。这是因为横向阻力分布图形与法向负荷分布图形是成一定比例的，当法向负荷分布图形变为梯形时，横向阻力分布图形也变为梯形。要想使履带前半段和后半段的横向阻力平衡，转向极（也就是前半段和后半段横向阻力的转折点和分界点）必然会向单位法向负荷大的一段偏移一定距离，否则在匀速转向情况下横向力平衡这一必要条件就无法满足。上坡转向过程中转向极的偏移和两侧履带上横向阻力分布图如图 6.3.4 所示。

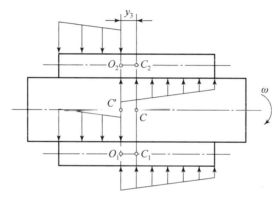

图 6.3.4　上坡转向过程中转向极偏移和横向阻力分布图

为了求出上坡转向过程中的转向阻力矩，必须首先确定转向阻力的分布情况。要想确定转向阻力的分布图形就必须先求出转向极的纵向偏移量 y_3。下面将通过横向力平衡方程求取 y_3。

由于上坡转向过程中两侧履带上所受到的横向阻力分布情况一致，因此为了分析简便，仍把两侧接地段上的横向阻力集中在一个假想的履带接地段上，总的横向阻力分布如图 6.3.5 所示。

图 6.3.5 中，总横向阻力分布为 $MNPQ$ 和 $TUVW$ 两个梯形，要求出这两个梯形图面积的大小（即为横向阻力合力的大小），必须先求出该接地段前端、后端和转向极处（C' 点的位置）的单位长度横向阻力 μq_1、μq_2、μq_y。在前面已经求得 q_1 和 q_2，只有转向极处对应的单位法向负荷 q_y 是未知的。q_y 可根据图 6.3.6 中相似三角形的几何关系求得，即

$$\frac{q_y - q_0}{q_2 - q_0} = \frac{y_3}{L/2} = \frac{2y_3}{L}$$

$$q_y = \frac{2y_3}{L}(q_2 - q_0) + q_0 = q_0\left(1 + \frac{12x_0 y_3}{L^2}\right) \tag{6.3.5}$$

得到了 q_y 与 y_3 的表达式后，就可以由匀速转向时的横向力平衡关系，求出 y_3 值。由于图 6.3.5 中横向阻力梯形图面积的大小就是其横向合力的大小，所以横向力平衡关系在这里就是指梯形 $MNPQ$ 和 $TUVW$ 的面积相等，即

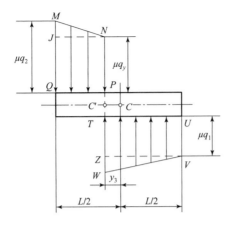

图 6.3.5 上坡转向过程中两侧履带上总横向阻力分布图

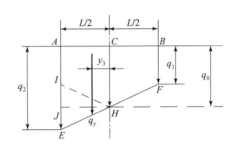

图 6.3.6 转向极处对应的单位法向负荷 q_y

$$\mu(q_1+q_y)\left(\frac{L}{2}+y_3\right)\cdot\frac{1}{2}=\mu(q_2+q_y)\left(\frac{L}{2}-y_3\right)\cdot\frac{1}{2}$$

将式 (6.3.5) 和 (6.3.4) 代入上式得到一个关于 y_3 的一元二次方程，即

$$y_3^2+\frac{L^2}{6x_0}y_3-\frac{L^2}{4}=0$$

解方程的根就可以得到转向极横向偏移量 y_3 的大小，这里只取符号为 "+" 的根，即

$$y_3=\frac{-\frac{L^2}{6x_0}+\sqrt{\left(\frac{L^2}{6x_0}\right)^2+L^2}}{2} \qquad (6.3.6)$$

由式 (6.3.6) 可知，转向极横向偏移量 y_3 和压力中心纵向偏移量 x_0 及接地长 L 有关。

4) 转向阻力矩

确定了转向极横向偏移量 y_3 后，就确定了图 6.3.5 中所示的转向阻力分布。下一步将求解上坡转向过程中坦克受到的转向阻力矩 T_μ。实际就是求图 6.3.5 中梯形 MNPQ 和 TUVW 的面积对 C' 点的合力矩。

为了方便计算，可在图 6.3.5 中作两条水平虚线 JN 和 ZV，将两个梯形分解成一个三角形和一个矩形之和。每个图形（三角形或矩形）的面积就代表了一部分横向阻力合力的大小，各图形的重心就是这部分横向阻力合力的作用点。所以，各部分横向阻力对 C' 点之矩，就等于相应图形面积与该图形中心到 C' 点距离的乘积，即

△MJN 对 C' 点之矩为 $\left[\frac{1}{2}\mu(q_2-q_y)\left(\frac{L}{2}-y_3\right)\right]\frac{2}{3}\left(\frac{L}{2}-y_3\right)$

□JNPQ 对 C' 点之矩为 $\left[\mu q_y\left(\frac{L}{2}-y_3\right)\right]\frac{1}{2}\left(\frac{L}{2}-y_3\right)$

△ZVW 对 C' 点之矩为 $\left[\frac{1}{2}\mu(q_y-q_1)\left(\frac{L}{2}+y_3\right)\right]\frac{1}{3}\left(\frac{L}{2}+y_3\right)$

□TUVZ 对 C' 点之矩为 $\left[\mu q_1\left(\frac{L}{2}+y_3\right)\right]\frac{1}{2}\left(\frac{L}{2}+y_3\right)$

上述各图形对 C' 点的力矩之和即为坦克转向阻力矩 T_μ，将式 (6.3.5) 和 (6.3.4) 代

入整理后可得下式，即

$$T_\mu = K \cdot \frac{\mu GL}{4} \cdot \cos \alpha \tag{6.3.7}$$

式中 K——转向阻力矩修正系数，且

$$K = 1 - \frac{6x_0}{L} \cdot \frac{2y_3}{L} + \left(\frac{2y_3}{L}\right)^2 \left(1 + \frac{4x_0 y_3}{L^2}\right)$$

K 值和 x_0、y_3 以及 L 有关，而 x_0、y_3 又和坡角 α 有关。随 α 的增加，x_0 和 y_3 均增大，K 值减小。反之，α 减小使 x_0 和 y_3 减小，K 值增加。$\alpha = 0$ 时，$x_0 = 0$，$y_3 = 0$，$K = 1$。在上坡转向过程中，K、x_0/L、y_3/L 和转向阻力矩 T_μ 随坡角 α 变化而变化的规律如表 6.3.1 和图 6.3.7 所示。

表 6.3.1 不同 α 值下 K、x_0/L、y_3/L 和 T_μ 的数值大小

α	x_0/L	y_3/L	K	T_μ
7°	0.04	0.08	0.986	$0.978\dfrac{\mu GL}{4}$
13°30′	0.08	0.11	0.944	$0.917\dfrac{\mu GL}{4}$
19°45′	0.12	0.16	0.882	$0.831\dfrac{\mu GL}{4}$
25°30′	0.16	0.20	0.760	$0.686\dfrac{\mu GL}{4}$

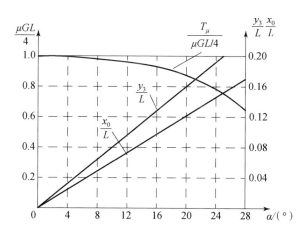

图 6.3.7 x_0/L、y_3/L、T_μ 和 α 的关系曲线

在常见坡角 $\alpha < 15°$ 时，K 值接近于 1。所以，在简化计算中，可假设 $K = 1$，这时上坡转向的转向阻力矩表达式可以简化为

$$T_\mu \approx \frac{1}{4} \mu GL \cos \alpha \tag{6.3.8}$$

从图 6.3.7 可以看出，随着坡角 α 的增大，上坡转向的转向阻力矩 T_μ 逐渐减小，这说明在相同性质的地面上（f、$\mu_{\max}$ 相同），做同样半径的转向（R 和 μ 也相同），上坡转向比

水平地面转向所受到的转向阻力矩小。但这并不能说明上坡转向就一定比水平地面转向容易。判断转向容易还是困难要根据转向时高速侧和低速侧履带上所需的牵引力 F_2 和制动力 F_1 进行判断。而转向所需的牵引力和制动力不仅与转向阻力矩有关，还与坦克平面受到的其他外力有关。上坡转向时，坦克平面上多了一个纵向力 $F_x = G\sin\alpha$，这个力也会直接影响 F_2 和 F_1 的大小。

5）转向所需牵引力和制动力

匀速上坡转向时坦克平面的受力分析如图 6.3.8 所示。已求得 T_μ 后，就可以利用纵向力平衡关系和力矩平衡关系建立两个方程，求出转向所需牵引力 F_2 和制动力 F_1。

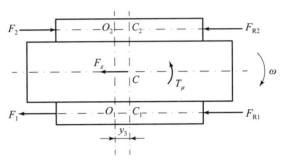

图 6.3.8　匀速上坡转向时坦克平面受力分析

根据 $\sum F_x = 0$，可得 $F_2 - F_1 = F_{R1} + F_{R2} + F_x$；

根据 $\sum M_C = 0$，可得 $(F_1 + F_2)\dfrac{B}{2} = (F_{R2} - F_{R1})\dfrac{B}{2} + T_\mu$。

联立求解上述两个方程式，可得坦克匀速上坡转向所需牵引力 F_2 和制动力 F_1，即

$$\begin{cases} F_1 = -F_{R1} + \dfrac{T_\mu}{B} - \dfrac{F_x}{2} \\ F_2 = F_{R2} + \dfrac{T_\mu}{B} + \dfrac{F_x}{2} \end{cases} \tag{6.3.9}$$

将已知的 $F_{R1} = F_{R2} = \dfrac{1}{2}fG\cos\alpha$、$F_x = G\sin\alpha$ 和 $T_\mu = \dfrac{1}{4}K\mu GL\cos\alpha$ 代入上式，得

$$\begin{cases} F_1 = \left(-\dfrac{fG}{2} + \dfrac{\mu GLK}{4B}\right)\cos\alpha - \dfrac{G\sin\alpha}{2} \\ F_2 = \left(\dfrac{fG}{2} + \dfrac{\mu GLK}{4B}\right)\cos\alpha + \dfrac{G\sin\alpha}{2} \end{cases} \tag{6.3.10}$$

当 $\alpha < 15°$ 时，$K \approx 1$，上式可以简化为

$$\begin{cases} F_1 \approx \left(-\dfrac{fG}{2} + \dfrac{\mu GL}{4B}\right)\cos\alpha - \dfrac{G\sin\alpha}{2} \\ F_2 \approx \left(\dfrac{fG}{2} + \dfrac{\mu GL}{4B}\right)\cos\alpha + \dfrac{G\sin\alpha}{2} \end{cases}$$

由式（6.3.10）可知，坦克匀速上坡转向所需牵引力 F_2 和制动力 F_1 随各种参数的变化规律比较复杂，难以直接看出坡角 α 对它们的影响，需要经过一定的计算分析后才能得出

有关结论。图 6.3.9 为经过计算得到的一定条件坦克匀速上坡转向所需牵引力 F_2 和制动力 F_1 随坡角 α 的变化规律。

从图 6.3.9 可以看出,当给定车辆(G、L/B 一定)在给定地面上(f、μ_{max} 一定),以一定的半径(μ 一定)转向时,随 α 增加,F_2 增加。所以,上坡转向所需 F_2 大于同条件下在水平地面上转向所需的 F_2,需要发动机提供更大的牵引力,即上坡转向比在水平地面转向困难。

同时,α 增加使 F_1 减小。当 α 增大到一定角度时,F_1 可以变为零,此时不需要低速侧履带提供制动力,所以上坡转向所需制动力小于同条件下的水平地面转向所需的制动力。这说明上坡转向时坦克转向机构摩擦元件(通常为制动器)的工作负担比水平地面上小,对低速侧制动器工作有利。当 α 过大时,低速侧履带的制动力将变为牵引力,此时如果操作不当会出现低速侧履带倒转的情况。

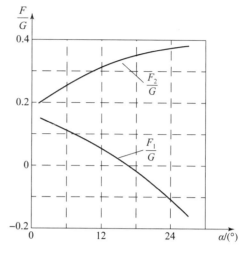

图 6.3.9 牵引力 F_2 和制动力 F_1 随坡角 α 的变化规律

所以,在坦克上坡过程中应当提前对好方向,尽量避免转向,特别是半径较小的转向。在转向时还应当适当加大油门,以防止发动机熄火。在中等以上坡道上转向时,应使用短促、断续的小角度转向,不能长时间大角度转向,以防发动机熄火或高速侧履带打滑,或者低速侧履带倒转而造成事故。

2. 下坡转向

坦克在纯纵向坡道上下坡转向时,重力分解和上坡转向时完全一样,所不同的仅是纵向力 $F_x = G\sin\alpha$ 的方向和上坡转向时相反。匀速下坡转向时坦克平面受力分析如图 6.3.10 所示。

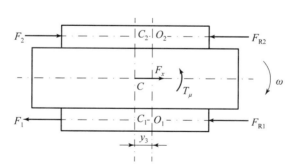

图 6.3.10 匀速下坡转向时坦克平面受力分析

由于下坡转向时车辆、地面、坡道角度等都和上坡转向一样,因此下坡转向时的接地段法向负荷分布图形、压力中心偏移量和转向极偏移量产生的原因、计算方法与上坡转向时完全一样。但下坡转向时,纵向力 F_x 的方向是指向车体的首部,所以下坡转向的法向负荷图形为前大后小的梯形,压力中心和转向极都向车首偏移。

上坡转向分析过程中的式(6.3.1)~式(6.3.8)完全适用于下坡转向过程。下坡转向所需牵引力和制动力公式和上坡转向的式(6.3.9)和式(6.3.10)基本相同,只需将式(6.3.9)和(6.3.10)中纵向力 F_x 前的正负号颠倒过来即可,即

$$\begin{cases} F_1 = -F_{R1} + \dfrac{T_\mu}{B} + \dfrac{F_x}{2} \\ F_2 = F_{R2} + \dfrac{T_\mu}{B} - \dfrac{F_x}{2} \end{cases} \tag{6.3.11}$$

$$\begin{cases} F_1 = \left(-\dfrac{fG}{2} + \dfrac{\mu GLK}{4B}\right)\cos\alpha + \dfrac{G\sin\alpha}{2} \\ F_2 = \left(\dfrac{fG}{2} + \dfrac{\mu GLK}{4B}\right)\cos\alpha - \dfrac{G\sin\alpha}{2} \end{cases} \tag{6.3.12}$$

通过前面的分析可知,纵向力 F_x 对转向所需牵引力 F_2 和制动力 F_1 的影响是最大的,所以下坡转向时在 F_x 的作用下,随着 α 增加,F_2 将显著减小。当 α 增大到一定值时,F_2 甚至可以等于零,这说明当其他条件相同时,下坡转向比在水平地面转向容易。

同时,随着 α 增加,F_1 将增大,这说明下坡转向时坦克转向机构摩擦元件(通常为制动器)的工作负担比水平地面上大,对低速侧制动器工作不利,驾驶员操作制动器也比较费力。通常在设计转向机构时要将下坡转向作为转向机构强度校核的工况。

3. 下坡反转向

装有独立式转向机构的坦克,在下坡转向中有时会出现反转向现象。所谓反转向就是拉一侧操纵杆,车辆却向另一侧转向的现象,叫反转向。

1) 下坡反转向的条件

下坡反转向现象的出现需要两个必要条件:一个是发动机制动(或联合制动);另一个是必须是独立式转向机构且使用分离转向工况,二者缺一不可。实现下坡反转向的充分条件是下坡角 $\alpha > \arctan f$,实际使用中坦克下坡时较容易具备这个条件,故常称之为"下坡反转向"。其实,在平地行驶的车辆,如果操作不当也会出现反转向。例如,车辆高速行驶中遇到险情突然减油再拉分离转向,就会形成反转向,在使用过程中应当尽量避免出现反转向现象。

2) 下坡反转向的力学分析

车辆下陡坡都要采用发动机制动或联合制动,因此容易满足反转向的条件。现以发动机制动说明反转向形成的原因。

坦克在长而陡的坡道上(坡度角 $\alpha > 7°$)下坡直驶时,在坦克重心上作用着一个纵向力 $F_x = G\sin\alpha$。当 F_x 大于坦克地面行驶阻力 $F_R = fG\cos\alpha$ 时,为了保持匀速运动,防止坦克加速下滑,常用发动机对坦克进行制动。此时,两侧履带上作用的制动力为 F_{Ze1} 和 F_{Ze2},如图6.3.11(a)所示。

在下坡匀速转向过程中,当切断内侧履带与发动机动力联系即分离内侧离合器(这是独立式转向机构的特点),而尚未对该侧制动器施加制动的瞬时(此时为分离转向工况),纵向力 F_x 与外履带发动机制动力 F_{Ze2} 形成一个力矩,该力矩的方向和驾驶员操纵的摩擦元件方向相反,它使坦克沿着与驾驶员操纵意图相反的方向转向,极易造成危险,如图6.3.11(b)所示。

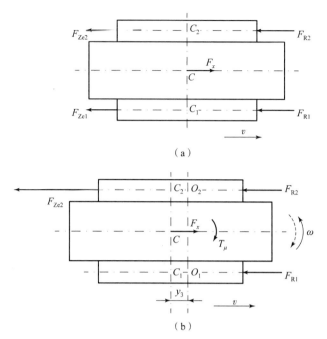

图 6.3.11 下坡反转向受力分析
(a) 发动机制动时下坡直驶受力分析；(b) 下坡反转向过程受力分析

3）下坡反转向半径及其影响因素

下坡反转向是一种失控状态，其转向半径无法预知。如果车速较高而反转向半径较小，坦克就有出现侧滑甚至侧翻的危险。下面对下坡反转向的半径及其影响因素进行理论分析。

在图 6.3.11（b）中，列出各种外力和外力矩对高速侧履带接地段中心 C_2 点的力矩平衡关系式，即

$$F_x \cdot \frac{B}{2} = F_{R1}B + T_\mu$$

$$T_\mu = F_x \cdot \frac{B}{2} - F_{R1}B = \frac{GB}{2}(\sin \alpha - f\cos \alpha)$$

将下坡转向阻力矩近似表达式代入上式中，经整理可得

$$\mu = 2(\tan \alpha - f)\frac{B}{L}$$

将转向阻力系数经验公式（注意其中包含转向半径）代入上式，可以求出下坡匀速反转向的理论转向半径 R_{fz}，即

$$R_{fz} = \frac{3.3L\mu_{max}}{\tan \alpha - f} - 6.17B \tag{6.3.13}$$

从式（6.3.13）可以看出，下坡反转向半径 R_{fz} 的大小与结构参数 L、B，地面条件 f、μ_{max} 和坡角 α 有关。在其他参数一定的条件下，R_{fz} 随坡角 α 的增大而减小。这是因为坡角 α 越大，推动坦克下坡的纵向力 $F_x = G\sin \alpha$ 也越大，为保证匀速下坡，发动机制动力也越大，因此对高速侧履带的制动力也大，反转向力矩也大，转向半径就小。

一般而言，地面的 f 越大，μ_{max} 越小，反转向的半径就会越小。例如，取 $L = 3$ m，$B = 2$ m，$\mu_{max} = 0.3$，$f = 0.05$，$\alpha = 15°$ 时，利用式（6.3.13）计算出理论的下坡反转向半径

$R_{fz}=1.28$ m。当坦克在这样的坡道上发生反转向时,转向半径很小,在车速过高的情况下极易出现侧滑现象。

能实现反转向的下坡角 α,必须大于运动阻力制动时的匀速下坡角。这是车辆能实现下坡反转向的充分条件,即下坡角 $\alpha > \arctan f$ 时,才有可能实现下坡反转向。因为车辆在这样的坡道上匀速下坡只靠运动阻力制动不能实现匀速行驶,只有利用发动机制动来实现,才有可能实现下坡反转向。

车辆平地行驶,如果处于发动机制动状态,再用分离转向也会形成反转向,这种情况容易造成事故,应当避免。因此,使用中采用分离转向时要平稳加油,否则不但转向不灵,甚至可能产生反转向。

6.3.2 横向力作用下的转向

坦克实际受到横向力作用的情况也不少。在本小节中,以坦克在纯侧倾坡上向坡下转向和向坡上转向为例进行分析。

1. 侧倾坡向坡下转向

坦克在纯侧倾坡上向坡下转向时,在过重心垂直于地面的横向平面内,坦克重力可以分解为两个分力:一个是垂直于地面的法向分力 $G_f = G\cos\beta$,另一个为平行于地面的横向分力 $F_y = G\sin\beta$,此力就是转向时坦克受到的横向力。两侧履带接地段地面法向反力为 F_{N1}、F_{N2},其合力为 F_N,外侧履带接地段受到的地面横向阻力的合力为 F_{S2},内侧履带接地段受到地面横向阻力的合力为 F_{S1},$F_{S1} + F_{S2} = F_S$。坦克重心高度为 h_g,地面侧倾坡角度为 β,如图 6.3.12 所示。

1)法向反力的压力中心横向偏移量

坦克在侧倾坡上向坡下转向时,由于横向力 F_y 作用,两侧履带接地段的地面法向反力大小不等,即 $F_{N1} > F_{N2}$。地面法向反力的压力中心显然也不能保持在坦克平面中心 C 点上,而是向坡下方向横向偏移,其偏移量为 y_0。y_0 可用力矩平衡方程式求得,对 C 点的力矩平衡方程式为

$$F_y h_g = F_N y_0$$

将已知的 $F_y = G\sin\beta$ 和 $F_N = G_f = G\cos\beta$ 代入上式得

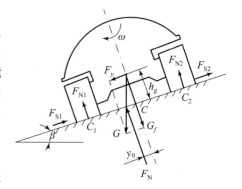

图 6.3.12 向坡下转向时重力分解和压力中心偏移

$$G\sin\beta h_g = G\cos\beta y_0$$

变换该式得压力中心横向偏移量 y_0 为

$$y_0 = h_g \tan\beta \quad (6.3.14)$$

由上式可知,压力中心横向偏移量 y_0 和 h_g 及 $\tan\beta$ 成正比。

2)法向负荷分布

压力中心横向偏移量 y_0 的大小实际上反映了接地段法向负荷图形的变化。由于 F_y 的方向是指向坡下(内侧履带),所以两侧履带接地段上单位法向负荷 q_2 和 q_1 的大小不等,即 $q_1 > q_2$。但每侧履带接地段法向负荷都是均匀分布,所以法向负荷图形仍然都是矩形,如图 6.3.13 所示。

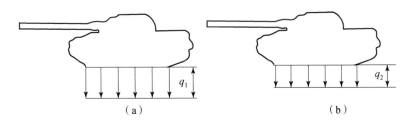

图 6.3.13　向坡下转向时法向负荷分布图
（a）内侧法向负荷分布；（b）外侧法向负荷分布

为了求出法向负荷矩形分布的大小，必须先求出 q_1 和 q_2，即

$$q_1 = \frac{F_{N1}}{L}, \quad q_2 = \frac{F_{N2}}{L} \tag{6.3.15}$$

两侧履带接地段单位长度上的法向负荷 q_1 和 q_2 可以用两侧履带上法向反力 F_{N1} 和 F_{N2} 与履带接地长度 L 的比值求出。F_{N1} 和 F_{N2} 则可根据外力对 C_1 和 C_2 点取力矩平衡关系求得，如图 6.3.13 所示，对 C_1 点的力矩平衡方程式为

$$F_{N1}B = G\cos\beta \frac{B}{2} + G\sin\beta h_g$$

$$F_{N1} = \frac{G}{2}\cos\beta + \frac{G\sin\beta}{B}h_g$$

将式（6.3.14）代入上式得

$$F_{N1} = G\cos\beta\left(\frac{1}{2} + \frac{y_0}{B}\right) \tag{6.3.16}$$

同理，对 C_2 点的力矩平衡方程式为

$$F_{N2}B + G\sin\beta h_g = G\cos\beta \frac{B}{2}$$

$$F_{N2} = \frac{G}{2}\cos\beta - \frac{G\sin\beta}{B}h_g$$

将式（6.3.14）代入上式得

$$F_{N2} = G\cos\beta\left(\frac{1}{2} - \frac{y_0}{B}\right) \tag{6.3.17}$$

根据式（6.3.15）~式（6.3.17）可得两侧履带单位法向负荷 q_1 和 q_2 为

$$\begin{cases} q_1 = \dfrac{G\cos\beta}{L}\left(\dfrac{1}{2} + \dfrac{y_0}{B}\right) \\ q_2 = \dfrac{G\cos\beta}{L}\left(\dfrac{1}{2} - \dfrac{y_0}{B}\right) \end{cases} \tag{6.3.18}$$

因为单位横向阻力和单位法向负荷成正比，比例系数为 μ，所以当法向负荷图形求出后，就可以作出其横向阻力分布图，如图 6.3.14 所示。

3）转向极纵向偏移量

由于横向力 F_y 的作用，履带接地段转向极（接地段的瞬时转向中心）不可能再保持在接地面的中心，必然向车体后部纵向偏移，这是由坦克平面横向力平衡条件所确定的。履带接地段转向极的纵向偏移量仍用 y_3 表示，如图 6.3.14 所示。为了平衡横向力 F_y，接地段必须

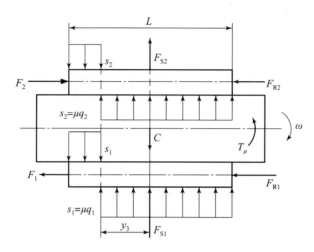

图 6.3.14 侧倾坡向坡下转向时横向阻力分布图

产生一个和 F_y 大小相等、方向相反的地面横向阻力 F_S。y_3 可由图 6.3.14 中的横向力平衡关系求得，即

$$F_S = F_{S1} + F_{S2}$$
$$= \left[\mu q_1\left(\frac{L}{2}+y_3\right) - \mu q_1\left(\frac{L}{2}-y_3\right)\right] + \left[\mu q_2\left(\frac{L}{2}+y_3\right) - \mu q_2\left(\frac{L}{2}-y_3\right)\right]$$
$$= 2\mu(q_1+q_2)y_3$$

将式(6.3.18)代入上式可得，$F_S = 2\mu \cdot \dfrac{G\cos\beta}{L} \cdot y_3$。

上式中，F_S 是两侧接地段横向阻力的合力，它和 F_y 大小相等，方向相反，即

$$F_S = 2\mu\frac{G\cos\beta}{L}y_3 = F_y = G\sin\beta$$

$$y_3 = \frac{F_y L}{2\mu G\cos\beta} = \frac{F_y L}{2\mu G_f} = \frac{L}{2\mu} \cdot \tan\beta \quad (6.3.19)$$

式中 μ——单位横向阻力和单位法向负荷之间的比例系数，也是转向阻力系数。

由式（6.3.19）可知，转向极的纵向偏移量 y_3 和侧倾坡角度 β、履带接地长 L 成正比，和地面转向阻力系数 μ 成反比。当某车辆在一定的侧倾坡道上转向时，对 y_3 的影响主要是 β。y_3 随 β 的增加而增加，当 y_3 增大到履带接地长度 L 的一半时，转向极偏移到履带接地段的最后端点，此时侧倾坡角度 β 为坦克匀速转向和发生侧滑的临界值。侧倾坡角度 β 再增加，则 $y_3 > L/2$，这时转向极便偏出了接地段，整个系统不再处于静力平衡状态，开始任意侧滑，不能再稳定转向了。侧倾坡角度 β 和转向极的纵向偏移量 y_3 之间的关系曲线如图 6.3.15 所示。

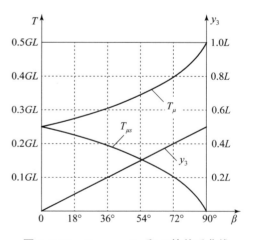

图 6.3.15 T_μ、y_3、$T_{\mu s}$ 和 β 的关系曲线

4）转向阻力矩

求得接地段横向阻力分布后，就可以求侧倾坡上的转向阻力矩 T_μ，它等于图 6.3.14 中各横向阻力分布矩形的面积与该面积中心到转向极之间距离的乘积之和，即

$$T_\mu = \frac{\mu q_1}{L}\left(\frac{L}{2}+y_3\right)\frac{1}{2}\left(\frac{L}{2}+y_3\right) + \frac{\mu q_2}{L}\left(\frac{L}{2}+y_3\right)\frac{1}{2}\left(\frac{L}{2}+y_3\right) +$$

$$\frac{\mu q_1}{L}\left(\frac{L}{2}-y_3\right)\frac{1}{2}\left(\frac{L}{2}-y_3\right) + \frac{\mu q_2}{L}\left(\frac{L}{2}-y_3\right)\frac{1}{2}\left(\frac{L}{2}-y_3\right) \quad (6.3.20)$$

$$= \frac{\mu G L \cos\beta}{4}\left[1+\left(\frac{2y_3}{L}\right)^2\right]$$

由上式可知，T_μ 随 μ、G、L、y_3 和 β 的增加而增加。对于给定车辆在一定的地面以一定的半径转向时，对 T_μ 的主要影响因素是 β。计算证明，T_μ 随 β 的增加而增大，如图 6.3.15 所示。

应当注意，由于横向力 F_y 的作用，作用在坦克上的外力矩不仅仅有 T_μ，还有一个由 F_y 对转向极取矩的外力矩 $F_y y_3$，外力矩 $F_y y_3$ 在这里是一个帮助转向的主动力矩。因此，侧倾坡向坡下转向时，总的转向阻力矩 $T_{\mu s}$ 应等于上述两个外力矩的代数和，即

$$T_{\mu s} = T_\mu - F_y y_3 = \frac{\mu G L \cos\beta}{4}\left[1+\left(\frac{2y_3}{L}\right)^2\right] - \frac{2\mu(q_1+q_2)}{L}y_3^2$$

$$= \frac{\mu G L \cos\beta}{4}\left[1-\left(\frac{2y_3}{L}\right)^2\right] \quad (6.3.21)$$

转向总阻力矩 $T_{\mu s}$ 随 μ、G、L 的增加而增加；当 μ、G、L 一定时，随 β 增加而显著减小；当 $\beta=0$ 时，$T_{\mu s}=T_\mu$。$T_{\mu s}$ 和 β 的关系曲线如图 6.3.15 所示。

5）转向所需牵引力和制动力

坦克在侧倾坡上向坡下转向时，所受外力如图 6.3.14 所示。求得转向阻力矩 F_μ 后，就可求转向所需牵引力 F_2 和制动力 F_1。

通过纵向力平衡和力矩平衡关系可得

$$\begin{cases} F_2 - F_1 = F_{R1} + F_{R2} \\ (F_1+F_2)\dfrac{B}{2} = (T_\mu - F_y y_3) + (F_{R2}-F_{R1})\dfrac{B}{2} \end{cases}$$

联立解两个方程式，得转向所需制动力和牵引力为

$$\begin{cases} F_1 = -F_{R1} + \dfrac{1}{B}(T_\mu - F_y y_3) \\ F_2 = F_{R2} + \dfrac{1}{B}(T_\mu - F_y y_3) \end{cases}$$

将各参数的表达式代入该式，整理后得

$$\begin{cases} F_1 = -G\cos\beta\left(\dfrac{1}{2}+\dfrac{y_0}{B}\right)f + \dfrac{\mu G L\cos\beta}{4B}\left[1-\left(\dfrac{2y_3}{L}\right)^2\right] \\ F_2 = G\cos\beta\left(\dfrac{1}{2}-\dfrac{y_0}{B}\right)f + \dfrac{\mu G L\cos\beta}{4B}\left[1-\left(\dfrac{2y_3}{L}\right)^2\right] \end{cases} \quad (6.3.22)$$

对于给定的坦克（G、L/B 一定），在给定的地面（f 一定）上，以一定的半径（μ 一定）转

向时，影响 F_1、F_2 的主要因素是 β。计算表明，随 β 的增加，在侧倾坡上向坡下转向时，高速侧履带所需的牵引力 F_2 和低速侧履带所需的制动力 F_1 都会减小，如图 6.3.16 所示。

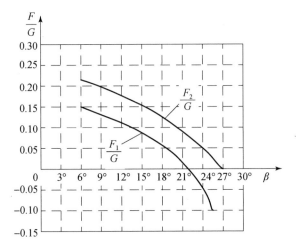

图 6.3.16 F_1、F_2 和 β 的关系曲线

由图 6.3.16 可知，坦克在侧倾坡上向下转向时，高速侧履带所需的牵引力会减小，所以比水平地面转向要容易；同时，低速侧履带需要提供的制动力也减小了，制动器的工作负荷也小。

2. 侧倾坡向坡上转向

坦克在侧倾坡上向坡上转向时和向坡下转向的分析过程类似，很多结论也相同。由于向坡上转向时横向力 F_y 指向外侧履带，因此与向坡下转向相比主要有两点区别：一是向坡上转向时 $F_{N2} > F_{N1}$，高速侧履带重载，所以两侧履带受到的行驶阻力 $F_{R2} > F_{R1}$；二是转向极向车尾方向发生纵向偏移，而不是向车首偏移。虽然转向极偏移方向不同，但是其偏移量的大小完全一致。两侧履带上横向阻力的分布仍为矩形分布，T_μ 和 $T_{\mu s}$ 都不变。坦克在侧倾坡上向坡上转向时的受力分析和横向阻力分布分别如图 6.3.17 和图 6.3.18 所示。

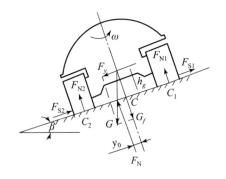

图 6.3.17 向坡上转向时重力
分解和压力中心偏移

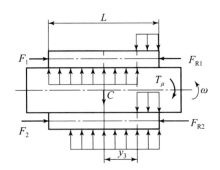

图 6.3.18 向坡上转向时
横向阻力分布

综上所述，式（6.3.18）~式（6.3.21）完全适用于侧倾坡上向坡上转向的情况。因此，转向所需牵引力 F_2 和制动力 F_1 的表达式变为

$$\begin{cases} F_1 = -G\cos\beta\left(\dfrac{1}{2}-\dfrac{y_0}{B}\right)f+\dfrac{\mu GL\cos\beta}{4B}\left[1-\left(\dfrac{2y_3}{L}\right)^2\right] \\ F_2 = G\cos\beta\left(\dfrac{1}{2}+\dfrac{y_0}{B}\right)f+\dfrac{\mu GL\cos\beta}{4B}\left[1-\left(\dfrac{2y_3}{L}\right)^2\right] \end{cases} \quad (6.3.23)$$

对比式(6.3.22)和式(6.3.23)可知，向坡上转向时高速侧履带在侧倾坡的下方，所以它的法向负荷大于向坡下转向时的法向负荷，当其他条件相同时，向坡上转向所需要的牵引力 F_2 大于向坡下转向时所需要的牵引力 F_2。向坡上转向时低速侧履带的法向负荷小于向坡下转向时的法向负荷，所以向坡上转向所需要的制动力 F_1 也大于向坡下转向时所需要的制动力 F_1。其他因素对 F_1、F_2 的影响和向坡下转向时的分析一样。总之，F_1、F_2 都随 β 的增加而减小。

当坦克、地面、坡度角等都相同时，向坡上转向比坡下转向要困难一些，但两种情况都比在水平地面上转向容易。

通过对坦克在侧倾坡上向坡下转向和向坡上转向的研究，可得如下结论。

（1）向坡下转向时，横向力指向内侧履带，转向极向车首偏移；向坡上转向时，横向力指向外侧履带，转向极向车尾偏移，偏移量的大小完全一样。

（2）横向力形成的力矩是帮助转向的力矩，所以在侧倾坡上转向比在水平地面上转向都要容易。

（3）向坡上转向时 $F_{R2} > F_{R1}$，F_{R2} 和 F_{R1} 形成的力矩 $(F_{R2}-F_{R1})B/2$ 是转向的阻力矩；向坡下转向时 $F_{R1} > F_{R2}$，F_{R1} 和 F_{R2} 形成的力矩 $(F_{R1}-F_{R2})B/2$ 是转向的助力矩。因此，当其他条件相同时，向坡上转向比向坡下转向困难。

6.3.3 横向和纵向力复合作用下的转向

1. 斜坡转向

前面讨论的坦克上坡转向、下坡转向、侧倾坡向上和向下转向都是坦克处于特殊情况下的转向，即坦克重力的坡道分力都是单纯的横向力或纵向力的情况。坦克在斜坡上，即坦克在同时具有纵向倾角又具有横向倾角的坡道上的转向称为斜坡转向。这种情况下，坦克将同时受到横向力和纵向力的作用。

设坡角为 α，则坦克平行于坡面指向坡下方向的重力分力为 $G\sin\alpha$。假设该分力与通过车辆中心的纵向对称轴线间的夹角为 φ，则可将重力分力 $G\sin\alpha$ 分解为一个纵向力 $F_x = G\sin\alpha\cos\varphi$ 和一个横向力 $F_y = G\sin\alpha\sin\varphi$，如图 6.3.19 所示。

纵向力 F_x 对坦克转向的影响与坦克上、下坡转向相似，横向力 F_y 对坦克转向的影响与坦克在侧倾坡上转向相似。在前面分析内容的基础上，可用类似的方法求出斜坡转向的两侧履带上转向所需的牵引力和制动力。

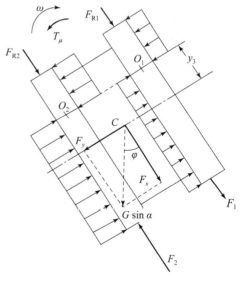

图 6.3.19 坦克在斜坡上转向时的受力分析

通过对坦克在纵向坡道和侧倾坡道上转向动力学分析的结论可以知道，纵向力对履带接地段法向负荷分布图形和坦克转向阻力矩的影响相对较小，特别是在常见坡角范围（$\alpha < 15°$），式(6.3.7)中转向阻力矩修正系数 $K \approx 1$。此时，纵向力作用下的转向阻力矩表达式与水平地面相似，只需将车重 G 替换为附着重力 $G_f = G\cos\alpha$ 即可。纵向力主要直接影响纯上坡和纯下坡转向所需的牵引力和制动力大小。所以，为了简便计算，在分析坦克斜坡转向动力学问题时，可以不考虑纵向分力对履带接地段法向负荷分布的影响，只考虑横向分力引起的法向负荷变化，仅将纵向力看作一个作用在坦克平面上的单纯外力。

斜坡上坦克受到的横向分力 $F_y = G\sin\alpha\sin\varphi$ 所引起的转向极偏移量可以采用同式(6.3.19)类似的推导方法进行分析，不难得出斜坡转向情况下只考虑横向分力影响的转向极偏移量为

$$y_3 = \frac{L}{2\mu}\tan\beta\sin\varphi$$

按照与侧倾坡转向工况相类似的推导过程可以得到斜坡转向时的转向阻力矩 T_μ，它与式(6.3.20)完全相同，即

$$T_\mu = \frac{\mu G L \cos\alpha}{4}\left[1 + \left(\frac{2y_3}{L}\right)^2\right]$$

坦克在斜坡上转向时，两侧履带受到的地面（直线）行驶阻力为

$$F_{R2} = f\left(\frac{G\cos\alpha}{2} + G\sin\alpha\sin\varphi \cdot \frac{h_g}{B}\right)$$

$$F_{R1} = f\left(\frac{G\cos\alpha}{2} - G\sin\alpha\sin\varphi \cdot \frac{h_g}{B}\right)$$

在图6.3.19中分别列两个坦克平面的力矩平衡关系，就可求得转向所需牵引力 F_2 和制动力 F_1。

所有外力和外力矩对 O_1 点取矩，列出对 O_1 点的力矩平衡式，得

$$F_2 B + F_y y_3 = T_\mu + F_{R2} B + F_x \frac{B}{2}$$

故有

$$F_2 = F_{R2} + \frac{1}{B}(T_\mu - F_y y_3) + \frac{F_x}{2}$$

所有外力和外力矩对 O_2 点取矩，列出对 O_2 点的力矩平衡式，得

$$F_1 B + F_{R1} B + F_x \frac{B}{2} + F_y y_3 = T_\mu$$

故有

$$F_1 = -F_{R1} + \frac{1}{B}(T_\mu - F_y y_3) - \frac{F_x}{2}$$

当坦克在一定坡角的斜坡上做360°整周转向运动时，纵向力 F_x 和横向力 F_y 均随转角 φ 的变化而变化，因而 F_2 和 F_1 也随之相应变化。E. U. 伊凡诺夫曾经对斯大林Ⅲ号重型坦克，在 $\alpha = 5.5°$ 的斜坡上做过转向试验，找出了 φ 由0°到360°，以固定半径进行转向时，F_2、F_1 随 φ 变化的情况，如图6.3.20所示，虚线为用仪器测得的变化曲线，实线为按公式计算所得的理论曲线。

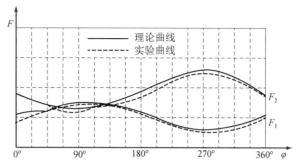

图 6.3.20　车辆在坡上做 360°整周转向时的 F_2、F_1

由图 6.3.20 可以看出，试验测得曲线与理论计算曲线很吻合，其变化规律是一致的。说明采用上述简化计算方法是足够精确的，可以满足工程应用的需要。

如果使坦克在一定坡角的坡道上以一定半径进行 360°转向，F_2、F_1 的变化规律如图 6.3.21 所示。纯上坡转向时，F_2 最大而 F_1 最小；纯下坡转向时，F_2 最小而 F_1 最大；侧倾坡向上转向时，F_2 和 F_1 均较大；侧倾坡向下转向时，F_2 和 F_1 均较小；斜坡转向时，F_2 和 F_1 介于纯上（下）坡转向和侧倾坡转向之间。由此可知，纯上坡转向是最困难的转向工况。在相同的转向条件下，需要高速履带提供的牵引力 F_2 最大。因此，在转向机构设计或对转向机构进行验算时，应以纯上坡转向作为计算条件。而纯下坡转向时，所需制动力 F_1 最大，因此转向机构中的制动元件设计与校核，应以纯下坡转向为计算条件。

2. 高速转向

前面讨论了由地面坡角所引起的横向力或纵向力对坦克匀速转向运动的影响规律，实际上坦克除了在坡道上转向外，在其他一些条件下（即使在水平地面上转向时）也会受到横向力或纵向力的作用。下面以坦克在水平地面上高速转向为例来进行分析。

前面的内容都是假设坦克的转向运动是在低速条件下完成的，没有考虑转向运动时坦克离心力的影响。但在高速转向时，离心力的作用就不可忽视了。因此，在讨论高速转向时，主要讨论离心力对坦克转向的影响。

坦克在水平地面上高速、匀速转向时的受力分析如图 6.3.22 所示。与低速转向相比，此时在坦克的重心（假设重心在坦克平面中心 C 点上）上会有一个较大的离心力 F_L。离心力 F_L 作用在坦克平面中心 C 点和转向中心 O 点的连线上，其方向始终指向高速侧（外侧）履带。

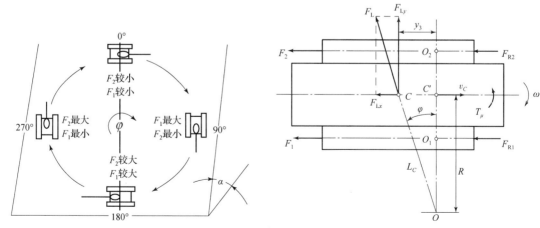

图 6.3.21　车辆在做 360°转向时各位置 F_2、F_1 的比较　　图 6.3.22　高速转向时坦克所受外力

离心力 F_L 的大小与坦克质量 m、C 点和 O 点之间的距离 L_C（就是重心做圆周运动的轨迹半径）以及旋转角速度 ω 有关，即

$$F_L = m\omega^2 L_C$$

式中　m——坦克全质量（kg）；

　　　ω——坦克旋转角速度（rad/s）；

　　　L_C——坦克平面中心 C 点到转向中心 O 点之间的距离（m），$L_C = R/\cos\varphi$。

离心力 F_L 可以分解为一个纵向分力 F_{Lx} 和一个横向分力 F_{Ly}，假设 OC 连线与 OC' 连线的夹角为 φ，则 F_{Lx} 和 L_{Ly} 的大小为

$$\begin{cases} F_{Lx} = F_L \sin\varphi \\ F_{Ly} = F_L \cos\varphi \end{cases}$$

在正常情况下，坦克高速转向时的转向半径 R 一般都比较大，OC 连线与 OC' 连线的夹角 φ 则较小，所以离心力的横向分力远大于纵向分力，即 $F_{Ly} \gg F_{Lx}$。所以，高速转向时履带接地段法向负荷分布图形主要受横向分力的影响。与上节中的分析类似，这里只考虑横向分力 F_{Ly} 对接地段法向负荷分布、横向阻力分布和转向阻力矩的影响。

由于离心力横向分力的方向永远指向高速侧履带，这与坦克在侧倾坡上向坡上转向的情况类似，因此此时坦克履带接地段的转向极必然会产生向车首方向的偏移。转向极偏移量仍用 y_3 表示，其大小可以用与式(6.3.19)相同方法表示，在水平地面上 $G_f = G$，即

$$y_3 = \frac{F_y L}{2\mu G}$$

式中　μ——单位横向阻力和单位法向负荷之间的比例系数，也是转向阻力系数。

高速转向时，外侧履带重载，单位法向负荷 q_2 较大；内侧履带轻载，单位法向负荷 q_1 较小，即 $q_2 > q_1$，因此法向负荷分布和横向阻力分布仍为矩形。

两侧履带单位法向负荷 q_1 和 q_2 为

$$\begin{cases} q_1 = \dfrac{1}{L}\left(\dfrac{G}{2} - \dfrac{F_{Ly} h_g}{B}\right) \\ q_2 = \dfrac{1}{L}\left(\dfrac{G}{2} + \dfrac{F_{Ly} h_g}{B}\right) \end{cases}$$

高速转向时履带接地段横向阻力分布如图 6.3.23 所示。

按照与侧倾坡向坡下转向工况相类似的推导过程可以得到水平地面高速转向时的转向阻力矩 T_μ，它与式(6.3.20)形式相同，即

$$T_\mu = \frac{\mu G L}{4}\left[1 + \left(\frac{2y_3}{L}\right)^2\right]$$

根据图 6.3.22 分别列出纵向力平衡方程式和力矩平衡方程式，就可求出转向所需牵引力 F_2 和制动力 F_1。平衡方程式为

$$\begin{cases} F_1 = -F_{R1} + \dfrac{1}{B}(T_\mu - F_{Ly} y_3) - \dfrac{F_{Lx}}{2} \\ F_2 = F_{R2} + \dfrac{1}{B}(T_\mu - F_{Ly} y_3) + \dfrac{F_{Lx}}{2} \end{cases}$$

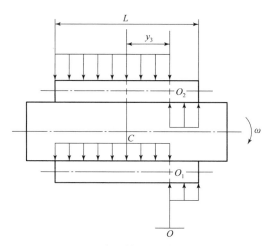

图 6.3.23　高速转向时横向阻力分布

即

$$\begin{cases} F_1 = -f\left(\dfrac{G}{2} - \dfrac{F_{Ly}h_g}{B}\right) + \dfrac{\mu G L}{4B}\left[1 - \left(\dfrac{2y_3}{L}\right)^2\right] - \dfrac{F_{Lx}}{2} \\ F_2 = f\left(\dfrac{G}{2} + \dfrac{F_{Ly}h_g}{B}\right) + \dfrac{\mu G L}{4B}\left[1 - \left(\dfrac{2y_3}{L}\right)^2\right] + \dfrac{F_{Lx}}{2} \end{cases}$$

由上式可知，F_1 随 μ、G、L 的增加而增加，随 F_{R1}、B、F_{Lx} 的增加而减小；F_2 随 F_{R2}、G、μ、L、F_{Lx} 的增加而增加，随 B 的增加而减小。

对于给定的坦克在给定的地面上，以一定的半径高速转向时，对 F_1、F_2 的主要影响因素是转向角速度 ω。随着 ω 的增大，离心力 F_L 增大，F_L 增大使 F_{Lx}、F_{Ly} 都增大。其中，F_{Ly} 是主要影响因素，F_{Ly} 增大的同时也使得 y_3 增大，从而使 F_1、F_2 显著减小。

总之，随 F_L 的增加使 F_1、F_2 都减小，所以离心力对转向是个有利因素。但应注意，转向速度不应太高，太高会引起坦克侧滑而失去控制，极易发生事故。

当坦克以很高的角速度在平滑坚硬的地面上做匀速转向时，离心力很大，其横向分力可能达到甚至超过坦克的横向附着力，这时坦克便产生侧滑。当离心力横向分力等于横向附着力 μG 时，转向极偏移到履带接地段的端点，偏移量达到最大值 $y_{3\max} = L/2$。这时，坦克处于匀速转向和侧滑的临界状态，这时的车速称为高速转向的极限速度 v_{Clim}，也就是转向允许的最大车速。相应的转向半径称为极限半径 R_{lim}，即在该车速下转向时所允许的最小转向半径。

在发生侧滑的临界状态下有

$$F_{Ly} = F_L\cos\varphi = m\omega^2 L_C \cos\varphi = m\omega^2 R = m\dfrac{v_{Clim}^2}{R} = \mu G$$

由上式可得此时的极限车速为

$$v_{Clim} = \sqrt{\mu g R} \tag{6.3.24}$$

或

$$v_{Clim} = 3.6\sqrt{\mu g R}$$

式中　g——重力加速度，$g = 9.8 \text{ m/s}^2$。

由式（6.3.24）可知，高速转向发生侧滑的极限车速 v_{Clim} 与地面的转向阻力系数 μ（这里也可以理解为地面的横向附着系数）和转向半径 R 的大小有关。地面性质不同，侧滑的极限速度也不同，如图 6.3.24 所示。如果地面的转向阻力系数或横向附着系数比较大（如草地等），一般来说坦克不容易发生侧滑，但高速转向过程中可能会出现侧翻的危险情况。所以，在高速转向过程中一定要控制好车速，尽量避免侧滑和侧翻的出现。

总结高速转向时离心力对转向的影响，可得如下结论：在保证坦克不产生侧滑的前提下，转向速度越高越好，离心力越大越好，这有助于提高转向灵活性。

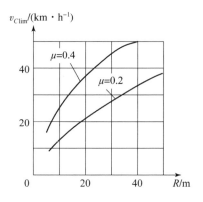

图 6.3.24　极限速度和极限半径以及转向阻力系数的关系

6.4　转向机构与转向功率平衡

坦克转向过程中，由于履带和地面之间存在很大的转向阻力，转向时两侧履带上所需的牵引力或制动力一般比直驶时大。坦克转向所需的发动机功率也大于同样条件下的直线行驶功率。这种现象给坦克的转向灵活性带来了较大的影响。例如，坦克在某些困难路面上做半径较小的转向运动时，常常会因为所需功率超过发动机提供的功率而造成熄火，或者因为使用不当造成转向机构内部摩擦元件工作负荷过重导致使用寿命下降，甚至损坏。

为此，基于坦克的发动机、变速、转向、制动机构，进行不同的发动机和传动装置型式的坦克转向功率平衡建模和仿真分析，为分析和改善坦克转向性能提供依据。

转向的功率平衡，是指坦克转向时所消耗的功率与所需发动机功率之间的相互关系。转向所需要的发动机功率，由发动机供给。转向时所消耗的各种功率不仅与坦克结构参数、地面情况、转向半径、转向角速度等因素有关，而且与转向机构的结构型式和内部工况有关。转向功率平衡分析离不开对具体转向机构的结构和工况的分析。

6.4.1　转向机构类型

1. 根据转向运动学参数分类

我们把坦克平面上保持直线行驶速度不变的点到坦克纵向轴线 x 的距离 y 和履带中心距 B 的比值，定义为坦克转向运动学参数，以 q_k 表示为

$$q_k = \frac{y}{B}$$

转向运动学参数 q_k 只和转向机构的运动学简图有关，不随其他任何因素变化。对于一定的转向机构，q_k 是一个常数。因此，它是一个能表征转向机构运动学特征的运动学参数。根据 q_k 可以将转向机构分成 3 类。

（1）$q_k = 0$（差速式转向机构），由于 $q_k = 0$，因此 $y = 0$。坦克平面上保持直线行驶速度 v 不变的点在坦克平面的中心 C 点，即 $v_C = v$。外侧履带中心 C_2 点的速度 v_2 比转向前直驶速度 v 提高了 Δv_2，内侧履带中心 C_1 点的速度 v_1 比转向前直驶速度 v 降低了 Δv_1，而且外侧履带速度增量等于内侧履带速度的减少量，即 $\Delta v_2 = \Delta v_1$。常见的差速式转向机构有单差速器

机构、双差速器机构等。

（2）$q_k = 1/2$（独立式转向机构），由于 $q_k = 1/2$，因此 $y = B/2$。坦克平面上保持直线行驶速度 v 不变的点在高速侧履带的中心 C_2 点，即 $v_2 = v$。内侧履带的速度 v_1 比转向前直驶速度 v 小，而且内侧履带速度的变化量与外侧履带速度无关，即两侧履带速度独立地改变。常见的独立式转向机构有转向离合器机构、二级行星转向机构等。

（3）$q_k > 1/2$（降速式转向机构），由于 $q_k > 1/2$，因此 $y > B/2$。坦克平面上保持直线行驶速度 v 不变的点在高速侧履带外侧某一点 S 上。内侧履带的速度 v_1 和外侧履带速度 v_2 均低于转向前直线行驶速度。这种转向机构由于转向时速度损失较大，机构较复杂等而没有被广泛应用。

在其他条件均相同时，若坦克以相同的直线行驶速度进入同样半径的均匀转向运动，则差速式、独立式和降速式 3 种转向机构所获得的旋转角速度 ω 依次减小。

2. 根据功率传递路线分类

（1）单功率流转向机构（简称单流转向机构），在这种转向机构中，发动机功率先经过变速机构再经过转向机构，而后再经侧传动传到主动轮。变速机构和转向机构是相互串联的，在发动机和某一侧主动轮之间只有一条功率传递路线。

（2）双功率流转向机构（简称双流转向机构），在这种转向机构中，发动机功率同时通过两条并联的传动路线：一条经变速机构，另一条经转向机构，然后两路功率在汇流行星排汇合，再经侧传动传给主动轮。在发动机和某一侧主动轮之间存在两条并联的功率传递路线。

3. 根据规定转向半径数目分类

按照转向机构规定转向半径数目的多少，可以把转向机构分成 3 类。

（1）一级转向机构：具有一个规定转向半径的转向机构，称为一级转向机构。

（2）二级转向机构：具有两个规定转向半径的转向机构，称为二级转向机构。

（3）多级转向机构：具有两个以上规定转向半径的转向机构，称为多级转向机构。

坦克等军用履带车辆转向机构的分类如表 6.4.1，几种典型的单流转向机构如图 6.4.1 所示。

表 6.4.1 军用履带车辆转向机构分类

转向机构类型		转向机构名称	规定转向半径	所应用车辆名称
功率流	运动学参数			
单流转向机构	$q_k = 0$ 差速式	单差速器	$\rho_g = \frac{1}{2}$	T－37 坦克
		双差速器	$\rho_g > \frac{1}{2}$	M113 输送车，M5A1 坦克
	$q_k = 1/2$ 独立式	转向离合器	$\rho_g = \frac{1}{2}$	T－34 坦克，Cy－76 火炮
		一级行星转向机	$\rho_g = \frac{1}{2}$	T－Ⅳ 坦克
		二级行星转向机	$\rho_{g1} = \frac{1}{2}$，$\rho_{g2} > \frac{1}{2}$	ИC－2 坦克，T－54 坦克
	$q_k > 1/2$ 降速式	"3K" 机构	$\rho_g = \frac{1}{2}$	ИC－3 坦克

续表

转向机构类型			转向机构名称	规定转向半径	所应用车辆名称
功率流	运动学参数				
双流转向机构	$q_k=0$ 差速式	正差速式	差速器	每挡有一个 ρ_g	M46、M48、M60 坦克
		零差速式	离合器	每挡有两个 ρ_g	豹 I 坦克
			液压转向机	每挡都可以无级转向	豹 II 坦克，S 坦克
		负差速式	差速器	每挡有一个 ρ_g	奇伏坦坦克，逊邱伦坦克
	$q_k=1/2$ 独立式	正独立式	离合器	1 挡有 1 个 ρ_g，其余各挡有两个 ρ_g	AT-Л 牵引车
		零独立式	离合器	1 挡有 1 个 ρ_g，其余各挡有两个 ρ_g	T-V 坦克

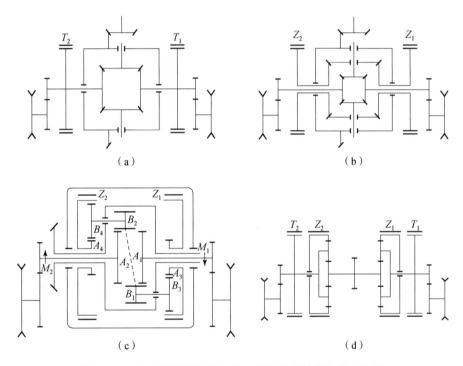

图 6.4.1 坦克等军用履带车辆上几种典型的单流转向机构

(a) 单差速器转向机构；(b) 锥齿轮双差速器转向机构；
(c) 圆柱齿轮双差速器转向机构；(d) 一级行星转向机；

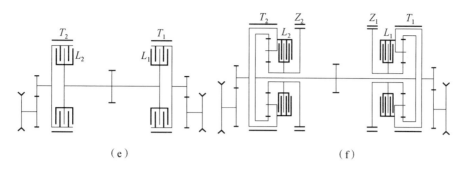

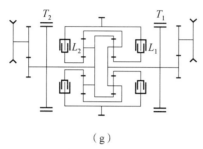

图 6.4.1 坦克等军用履带车辆上几种典型的单流转向机构（续）

（e）转向离合器机构；（f）二级行星转向机；（g）3K 机构

4. 双流转向机构

图 6.4.2 为双流传动原理简图。如以分析车辆转向性能为主，则双流传动机构也被称为双流转向机构，二者是等同的。双功率流转向机构将坦克的直驶性能和转向性能结合起来，保证了每个挡位都具有一个、几个、甚至无穷多个规定转向半径。

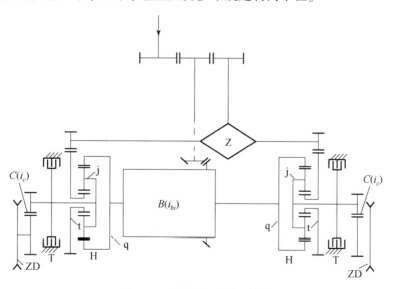

图 6.4.2 双流传动原理简图

现有双流传动的共同特点之一，都是以行星排作为汇合两路功率的汇流机构，所以把它称为汇流行星排，以 H 表示。汇流行星排的齿圈 q 和变速分路相连，太阳轮 t 和转向分路相连，行星架 j 经侧传动 C 和主动轮 ZD 相连。现有各种双流传动的区别主要在于驱动齿圈的变速机构 B 和驱动太阳轮的转向机构 Z 的具体结构型式不同。

为了便于区分太阳轮的运动状态，规定坦克直驶（前进挡）时齿圈的旋转方向为正方向，若此时太阳轮的旋转方向和齿圈旋转方向相同，就称之为"正"向，反之称之为"负"向，太阳轮完全制动，转速为零时，称之为"零"。所以，根据直线行驶时太阳轮的旋转方向，可以把双流传动机构分为正、零和负 3 类。同时，根据转向运动学参数的分类方法，也可以把双流传动机构分为差速式、独立式。把这两种分类方式组合起来使用，就得到了双流传动的 5 种常见类型，即正差速、零差速、负差速、正独立、零独立。理论上还存在一种负独立式双流传动机构，但是因其结构非常复杂，不实用，所以没有具体的应用实例。

上述 5 类双流传动在性能和结构上存在较大的区别，从性能方面讲，零差速式双流传动性能最好，如果转向机构用液压无级调速机构，可实现无级转向。从结构方面讲，正独立式双流传动结构最简单，它的转向机构组成、操作等几乎和二级行星转向机构完全一样，但与二级行星转向机不同的是，它每个挡都有一个第二规定转向半径，这使其转向性能有较大提高。

参照图 6.4.3，可得

$$i_{sh} = \frac{(1+k)i_B i_Z}{i_B + k i_Z} \tag{6.4.1}$$

$$\rho = \frac{i_{Z1} + i_{Z2}}{i_{Z1} - i_{Z2}} + \frac{2k i_{Z1} i_{Z2}}{i_B(i_{Z1} - i_{Z2})} \tag{6.4.2}$$

式中　i_{sh}——双流传动比；

　　　ρ——相对转向半径；

　　　i_B——变速分路传动比；

　　　i_{Z1}、i_{Z2}——两侧转向分路传动比；

　　　k——行星排特性参数。

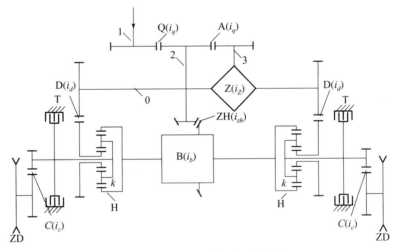

图 6.4.3　一般双流传动机构简图

双流传动机构的直驶性能与转向性能之间有一定的相互联系，不是独立的。这种联系在运动学上体现在车速与各挡规定转向半径之间的关系上。

结构一定的差速式双流传动机构，在以规定转向半径（$\rho = \rho_{ig}$）转向时，k、i_Z 和 i_C 均

为定值。所以有 $i_i\rho_{ig}=C_1$。其中，$C_1=(1+k)|i_Z||i_C|$，为一常数，即

$$i_1\rho_{1g}=i_2\rho_{2g}=i_3\rho_{3g}=\cdots=i_m\rho_{mg}=C_1 \qquad (6.4.3)$$

式中 m——变速箱挡位数。

将传动比用车速表达，输入 1 轴转速 n_o 所对应的各挡车速 v_1、v_2、…、v_m 与相对规定转向半径的关系式为

$$\frac{v_1}{\rho_{1g}}=\frac{v_2}{\rho_{2g}}=\frac{v_3}{\rho_{3g}}=\cdots=\frac{v_m}{\rho_{mg}}=C_2（某一常数） \qquad (6.4.4)$$

由式（6.4.4）可知，对采用差速式双流传动系统的车辆，直驶时各挡在同一发动机转速下的车速 v_i 和各挡相对规定转向半径 ρ_{ig} 的比值为常数。v_i 和 ρ_{ig} 或 R_{ig} 成正比，车速越高转向半径越大，这符合坦克转向的要求。

直驶各挡最大速度 $v_{i\max}$ 和各挡规定转向半径 R_{ig} 或 ρ_{ig} 的关系如图 6.4.4（a）所示。

同理，可以证明，对于独立式双流传动机构，输入 1 轴转速 n_o 所对应的各挡车速 v_1、v_2、…、v_m 与相对规定转向半径的关系式为

$$\frac{v_1}{\rho_{1g}+1}=\frac{v_2}{\rho_{2g}+1}=\frac{v_3}{\rho_{3g}+1}=\cdots=\frac{v_m}{\rho_{mg}+1}=C_2'（某一常数） \qquad (6.4.5)$$

独立式双流传动车辆在直驶时各挡最大速度 $v_{i\max}$ 和各挡规定转向半径 R_{ig} 或 ρ_{ig} 的关系，如图 6.4.4（b）所示。

双流转向机构和单流转向机构相比，有两个突出的特点。一是规定转向半径和变速箱传动比有关；二是变速箱挂空挡时也能转向，即空挡转向。空挡转向时，一侧履带向车前运动，另一侧履带向车后运动。在理想情况下，坦克的转向中心 O 点和坦克平面中心 C 点相重合，转向半径为零，这种空挡转向叫作中心转向。

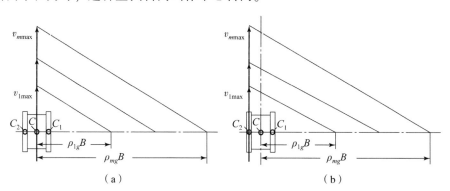

图 6.4.4 双流传动车辆各挡最大车速和规定转向半径的关系

（a）差速式双流传动；（b）独立式双流传动

6.4.2 转向功率平衡

为分析方便，不考虑履带接地段的滑转和滑移，且主要考虑坦克在水平地面上、低速、匀速转向条件下行驶的情况。

在上述条件下，坦克转向时消耗的功率主要有两部分：一部分是克服各种外阻力消耗的功率，称为外阻力消耗功率；另一部分是坦克以非规定半径转向时，转向机构内部的摩擦元件相对摩滑所消耗的功率，称为内部摩滑（损失）功率。

转向功率平衡是指坦克转向时内、外阻力所消耗的各种功率与转向所需要的发动机功率之间的相互关系。转向功率平衡方程式为

$$P_{ex} = \frac{P_w}{\eta_w} + \frac{P_m}{\eta_m} \quad (6.4.6)$$

式中 P_w——外阻力消耗功率（kW），是指转向时履带接地段做平移和旋转运动过程中克服地面阻力消耗的功率；

P_{ex}——转向时需要的发动机净功率（kW），已经扣除了发动机本身的功率损失；

P_w/η_w——克服外阻力转向所需要的发动机净功率；

η_w——发动机净功率传递到履带接地段过程中的总效率，它由传动装置和行动装置的效率组成；

P_m——转向机构内部摩滑（损失）功率（kW），是指转向机构摩擦元件（制动器或离合器）摩滑时所消耗的功率；

P_m/η_m——转向机构摩擦元件摩滑时消耗的发动机功率；

η_m——发动机净功率传递到转向机构摩擦元件过程中的总效率。

因为转向时内、外阻力都比直驶时大大增加；在外阻力中除了直驶时接地段平移运动的行驶阻力外，还增加了接地段转向阻力；在内阻力中除了包括直驶时的传动、行动装置的内力损失外，当以非规定转向半径转向时，还增加了转向机构摩擦元件的摩滑阻力；所以，坦克转向时所需要的发动机功率，比同条件(发动机转速相同、排挡相同)下直驶时消耗的功率要大得多。

如假设功率传递过程中相关的传动和行动装置的效率均为100%，即 $\eta_w = \eta_m = 1$。则式(6.4.6)可以写成

$$P_{ex} = P_w + P_m \quad (6.4.7)$$

当坦克在不同条件、不同工况转向时，外阻力消耗功率 P_w 永远存在，它主要和履带外部阻力有关，可先进行一般性的、不结合具体转向机构的讨论；转向机构内部摩滑（损失）功率 P_m 与转向机构和转向工况有关，将结合具体转向机构进行研究。

坦克在水平地面上、低速、匀速转向时，作用在坦克上的外力和外力矩及速度关系如图6.4.5所示。F_{R1} 和 F_{R2} 是内侧和外侧履带受到的地面行驶阻力，T_μ 是转向阻力矩，F_2 和 F_1 是外侧和内侧履带上转向所需的牵引力和制动力。注意：这里 F_2 和 F_1 的正方向均定义为牵引力的方向。v_1 和 v_2 分别为内侧和外侧履带的速度。v_0 为坦克几何中心 C 点的速度，它等于转向角速度和转向半径的乘积，也是内侧和外侧履带的平均速度，即

$$v_0 = \omega R = \frac{v_1 + v_2}{2}$$

根据前面的分析结论，可知两侧履带的速度和力可以表示为

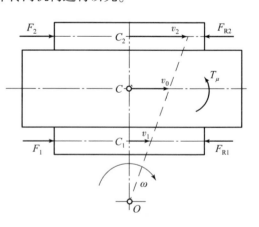

图 6.4.5 坦克转向时所受的外力和外力矩及速度关系

$$\begin{cases} v_1 = v_0\left(1-\dfrac{1}{\rho}\right) \\ v_2 = v_0\left(1+\dfrac{1}{\rho}\right) \end{cases}, \quad \begin{cases} F_1 = \dfrac{fG}{2}-\dfrac{\mu GL}{4B} \\ F_2 = \dfrac{fG}{2}+\dfrac{\mu GL}{4B} \end{cases}$$

则两侧履带上作用的功率为

$$\begin{cases} P_1 = F_1 v_1 = \dfrac{Gv_0}{2}\left(f-\dfrac{\mu L}{2B}\right)\left(1-\dfrac{1}{\rho}\right) \\ P_2 = F_2 v_2 = \dfrac{Gv_0}{2}\left(f+\dfrac{\mu L}{2B}\right)\left(1+\dfrac{1}{\rho}\right) \end{cases} \tag{6.4.8}$$

坦克转向时，外侧履带接地段上作用着牵引力，由于 F_2 和 v_2 同方向，因此外侧履带功率 P_2 始终为正值，说明外侧履带此时是由（坦克）内向外输出功率。而内侧履带接地段上的作用力 F_1 可能是牵引力，也可能是制动力，还有可能等于 0（分离转向时）。在大多数情况下，内侧履带接地段上的力 F_1 为制动力，即 $F_1<0$（此处定义牵引力方向为正方向），此时 F_1 和 v_1 方向相反，内侧履带功率 P_1 为负值，这说明低速侧履带是在吸收功率，即将外部的功率吸收到坦克内部。

无论内侧和外侧履带上的作用力 F_1 和 F_2 怎样变化，它们都是坦克转向过程中的主动力，都是为了克服转向过程中平移运动和旋转运动中的外阻力而产生的。内侧和外侧履带上功率之和在任何情况下均等于外阻力消耗的功率。换句话说，坦克做理论转向时，外阻力消耗的功率就是两条履带上的总功率，即

$$P_w = P_2 + P_1 = F_2 v_2 + F_1 v_1 \tag{6.4.9}$$

上述外阻力消耗功率公式适用于各类转向机构、转向工况和地面情况。当内侧履带作用制动力时，坦克克服外阻力所消耗的功率流如图 6.4.6 所示。该图体现了两侧履带与地面间的相互作用的能量关系。根据式（6.4.9）可知，如果 P_1 是负值，则 $P_w<P_2$，外阻力消耗的功率 P_w 只是外侧履带输出功率 P_2 的一部分，剩余的另一部分就是 P_1。这说明内侧履带吸收的功率 P_1 是来自外侧履带输出功率的一部分，此时外侧履带（高速侧）是在拖着内侧履带（低速侧）运动，即一部分 P_2 通过地面传递到内侧履带上，形成了 P_1。

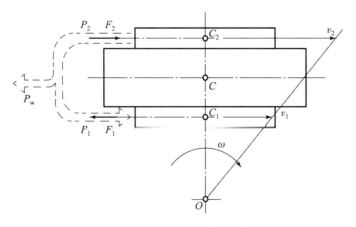

图 6.4.6　坦克克服外阻力所消耗的功率流

6.4.3 实例1——转向离合器

转向离合器机构的结构简图如图6.4.7所示。在坦克变速装置输出轴的两侧各有一个结构完全相同的转向机构，均是由一个离合器L和一个制动器Z组成的。两侧离合器L_1和L_2的主动部分与变速箱输出轴连接，被动部分通过侧减速器与坦克主动轮连接。在离合器L_1和L_2的被动部分上分别设置制动器Z_1和Z_2。

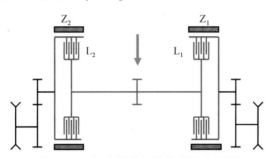

图6.4.7 转向离合器机构的结构简图

坦克直线行驶时，两侧离合器L_1和L_2完全结合，制动器Z_1和Z_2完全分离。此时，两侧主动轮都与变速箱输出轴连接，且传动比一致。

坦克转向时，外侧离合器L_2和制动器Z_2仍然保持直线行驶时的工作状态不变。内侧离合器L_1和制动器Z_1的工作状态将发生变化。该机构共有4种工作情况。

(1) 内侧离合器L_1完全分离，内侧制动器Z_1完全制动，此时坦克以规定转向半径做原地转向，$R_g = B/2$，这种转向工况称为完全制动转向。

(2) 内侧离合器L_1完全分离，内侧制动器Z_1部分制动，处于摩滑状态。此时，坦克的转向半径是非规定转向半径，即$R > R_g$，这种转向工况称为部分制动转向。

(3) 内侧离合器L_1完全分离，内侧制动器Z_1也完全分离，此时坦克低速侧主动轮及履带和坦克内部的动力联系被切断，处在一种自由转动的状态。对应的转向半径是分离转向半径，通常用R_0来表示，它也是非规定转向半径。一般$R_0 \gg R_g$，这种转向工况称为分离转向。

(4) 内侧离合器L_1部分结合，处于摩滑状态，内侧制动器Z_1完全分离。此时，坦克的转向半径是非规定转向半径，它比分离转向半径还要大，即$R > R_0$，多用于坦克小幅修正方向，这种转向工况称为部分结合转向。

下面将针对每种转向工况的运动学和动力学特点，并结合上一节中关于外阻力消耗功率的分析结果，研究转向离合器机构的转向功率平衡问题。

1. 完全制动转向工况（$R = R_g = B/2$，或$\rho = \rho_g = 1$）

在完全制动转向工况下，内侧制动器Z_1完全制动，所以内侧履带速度$v_1 = 0$。外侧履带速度等于转向前直驶速度，即$v_2 = v > 0$。内侧履带上此时作用着最大制动力，按照图6.4.5所示力的方向，有$F_1 < 0$。外侧履带上则作用着牵引力，即$F_2 > 0$。

内侧履带上的功率：$P_1 = F_1 v_1 = 0$。内侧履带既不输出功率，也不吸收功率。

外侧履带上的功率：$P_2 = F_2 v_2 > 0$。外侧履带对外输出功率。

此时，外阻力消耗的功率为

$$P_w = P_2 + P_1 = P_2 = F_2 v_2 = \frac{Gv_0}{2}\left(f + \frac{\mu L}{2B}\right)\left(1 + \frac{1}{\rho}\right)$$

由于此时转向机构内部没有摩擦元件摩滑，所以内部摩滑（损失）功率 $P_m = 0$。根据式 (6.4.9) 可得此时的功率平衡关系为

$$P_{ex} = P_w + P_m = P_w = P_2$$

完全制动转向工况下坦克转向机构内部和外部的功率流如图 6.4.8 所示。

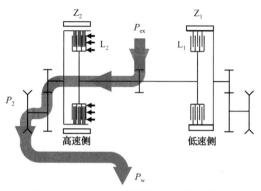

图 6.4.8　完全制动转向工况的功率流

2. 部分制动转向工况（$R > R_g$，或 $\rho > \rho_g$）

在部分制动转向工况下，内侧制动器 Z_1 部分制动，处于摩滑状态，所以内侧履带速度不为 0，即 $v_1 > 0$。外侧履带速度仍等于转向前直驶速度，即 $v_2 = v > 0$。内侧履带上此时作用着制动力，即 $F_1 < 0$。外侧履带作用着牵引力，即 $F_2 > 0$。

内侧履带上的功率：$P_1 = F_1 v_1 = \dfrac{Gv_0}{2}\left(f - \dfrac{\mu L}{2B}\right)\left(1 - \dfrac{1}{\rho}\right) < 0$。此时，内侧履带通过与地面的相互作用，从外界吸收功率，这部分吸收的功率来自外侧履带输出功率的一部分。

外侧履带上的功率：$P_2 = F_2 v_2 = \dfrac{Gv_0}{2}\left(f + \dfrac{\mu L}{2B}\right)\left(1 + \dfrac{1}{\rho}\right) > 0$。外侧履带对外输出功率。

此时，外阻力消耗的功率为

$$\begin{aligned}P_w &= P_2 + P_1 \\ &= \frac{Gv_0}{2}\left(f + \frac{\mu L}{2B}\right)\left(1 + \frac{1}{\rho}\right) + \frac{Gv_0}{2}\left(f - \frac{\mu L}{2B}\right)\left(1 - \frac{1}{\rho}\right) \\ &= Gv_0\left(f + \frac{\mu L}{2\rho B}\right)\end{aligned}$$

内侧制动器 Z_1 摩滑过程中会产生摩滑功率损失，这部分摩滑损失功率就是 P_m。由于内侧离合器 L_1 此时处在完全分离状态，低速侧履带吸收进来的功率无法通过离合器 L_1 反向传递，只能全部消耗在制动器 Z_1 的摩滑上，这部分机械能最终变成了热能耗散掉了，因此有

$$P_m = |P_1| = \left|\frac{Gv_0}{2}\left(f - \frac{\mu L}{2B}\right)\left(1 - \frac{1}{\rho}\right)\right|$$

此时，功率平衡关系为

$$P_{ex} = P_w + P_m = P_2 + P_1 + |P_1| = P_2$$

部分制动转向工况下转向机构内部和外部的功率流如图 6.4.9 所示。

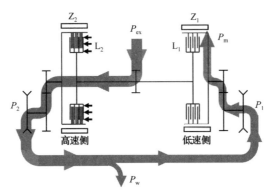

图 6.4.9 部分制动转向工况的功率流

转向离合器机构在部分制动转向时,内部摩滑损失功率较大,转向效率很低。这给该工况带来了两个方面的问题:首先,为了完成转向,克服一定的转向阻力,就需要更大的发动机功率输入,在困难路面上,坦克有可能因为发动机输出功率不足而熄火;其次,制动器摩滑功率较大,加重了制动器的热负荷,可能会影响制动器工作的可靠性和使用寿命,甚至损坏制动器。所以,为了避免制动器出问题,驾驶的时候要做断续的转向运动,以避免制动器过热,但这样会使坦克转向平稳性变差。

3. 分离转向工况($R=R_0$,或 $\rho=\rho_0$)

分离转向工况下,内侧离合器 L_1 和制动器 Z_1 完全分离,低速侧履带和主动轮因动力联系被切断而自由转动,内侧履带在外侧履带的拖动下,仍然具有一定的向前速度,即 $v_1 > 0$。外侧履带速度依然等于转向前直驶速度,即 $v_2 = v > 0$。内侧履带上作用力 $F_1 = 0$。外侧履带上作用着牵引力,即 $F_2 > 0$。

内侧履带上的功率:$P_1 = F_1 v_1 = 0$。内侧履带既不输出功率,也不吸收功率。

外侧履带上的功率:$P_2 = F_2 v_2 > 0$。外侧履带对外输出功率。

此时,外阻力消耗的功率为

$$P_w = P_2 + P_1 = P_2 = F_2 v_2 = \frac{Gv_0}{2}\left(f + \frac{\mu L}{2B}\right)\left(1 + \frac{1}{\rho}\right)$$

由于此时转向机构内部没有摩擦元件摩滑,因此内部摩滑(损失)功率 $P_m = 0$。功率平衡关系为

$$P_{ex} = P_w + P_m = P_w = P_2$$

分离转向工况下坦克转向机构内部和外部的功率流如图 6.4.10 所示。

由于分离转向半径很大,因此外阻力消耗的功率较小,转向所需的发动机功率也较小。同时,转向机构内部没有摩滑功率损失,转向机构的效率较高,这种工况常用来修正坦克行驶方向。在困难地面上转向时,为了尽量避免使用部分制动转向,经常通过反复使用该工况来调整坦克的方向。

4. 部分结合转向工况($R > R_0$,或 $\rho > \rho_0$)

在部分结合转向工况下,内侧制动器 Z_1 分离,内侧离合器 L_1 部分结合,处于摩滑状态。内侧履带速度不为 0,即 $v_1 > 0$。外侧履带速度仍等于转向前直驶速度,即 $v_2 = v > 0$。内侧履带上此时作用力从制动力变为牵引力,即 $F_1 > 0$。外侧履带同样作用牵引力,即 $F_2 > 0$。

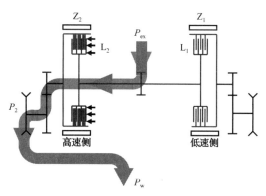

图 6.4.10 分离转向工况的功率流

内侧履带上的功率：$P_1 = F_1 v_1 = \dfrac{Gv_0}{2}\left(f - \dfrac{\mu L}{2B}\right)\left(1 - \dfrac{1}{\rho}\right) > 0$。此时，内侧履带通过内侧离合器的摩滑，也输出一部分发动机功率。

外侧履带上的功率：$P_2 = F_2 v_2 = \dfrac{Gv_0}{2}\left(f + \dfrac{\mu L}{2B}\right)\left(1 + \dfrac{1}{\rho}\right) > 0$。外侧履带对外输出功率。

此时，外阻力消耗的功率为

$$P_w = P_2 + P_1 = Gv_0\left(f + \dfrac{\mu L}{2\rho B}\right)$$

内侧离合器 L_1 摩滑过程中同样会产生摩滑功率损失，这部分摩滑损失功率就是此时的 P_m。离合器摩滑功率损失一般利用离合器传递的摩擦转矩和主被动部分的角速度差的乘积来进行计算，即

$$P_m = T_m(\omega_{zd} - \omega_{bd})$$

式中　T_m——离合器传递的摩擦转矩（N·m）；

　　　ω_{zd}——离合器主动部分的角速度（rad/s）；

　　　ω_{bd}——离合器被动部分的角速度（rad/s）。

为了便于分析，在假设相关的传动和行动装置的效率均为100%的前提下，把离合器 L_1 的摩滑转矩 T_m 和主被动部分的角速度 ω_{zd} 和 ω_{bd} 均换算为两侧履带上的作用力和速度。则根据图6.4.7，有如下关系式：

$$T_m = \dfrac{F_1 r_z}{i_c}; \quad \omega_{zd} = \dfrac{v_2 i_c}{r_z}; \quad \omega_{bd} = \dfrac{v_1 i_c}{r_z}$$

式中　r_z——主动轮工作半径；

　　　i_c——坦克侧传动比。

将这些公式代入离合器摩滑功率损失 P_m 的表达式中，得

$$\begin{aligned} P_m &= T_m(\omega_{zd} - \omega_{bd}) \\ &= \dfrac{F_1 r_z}{i_c}\left(\dfrac{v_2 i_c}{r_z} - \dfrac{v_1 \cdot i_c}{r_z}\right) \\ &= F_1(v_2 - v_1) \\ &= \left(\dfrac{fG}{2} - \dfrac{\mu GL}{4B}\right)\left[v_0\left(1 + \dfrac{1}{\rho}\right) - v_0\left(1 - \dfrac{1}{\rho}\right)\right] \\ &= \dfrac{Gv_0}{\rho}\left(f - \dfrac{\mu L}{2B}\right) \end{aligned}$$

此时，功率平衡关系为

$$P_{ex} = P_w + P_m = Gv_0\left(f + \frac{\mu L}{2\rho B}\right) + \frac{Gv_0}{\rho}\left(f - \frac{\mu L}{2B}\right) = fGv_0\left(1 + \frac{1}{\rho}\right)$$

部分结合转向工况下坦克转向机构内部和外部的功率流如图 6.4.11 所示。由于此时坦克的转向半径比分离转向半径还要大，因此转向所需的发动机功率接近于坦克以同样速度直线行驶时的功率。此时，离合器的摩滑功率损失也很小，长时间使用该工况一般不会影响离合器的工作可靠性。

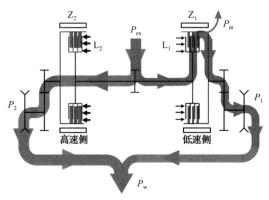

图 6.4.11　部分结合转向工况的功率流

5. 离合器转向机构的转向功率平衡曲线和性能评价

转向过程中，外阻力消耗的功率 P_w、转向机构内部的摩滑功率损失 P_m 和所需的发动机功率 P_{ex} 与相对转向半径 ρ 之间的关系曲线称为转向功率平衡曲线，如图 6.4.12 所示，图中纵坐标为功率，横坐标为相对转向半径。

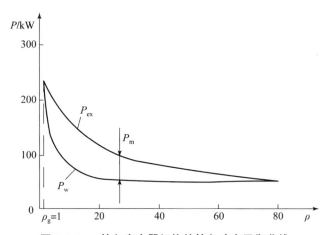

图 6.4.12　转向离合器机构的转向功率平衡曲线

对于一定的坦克，G、B、L 和 R_g 为已知值，只要知道地面参数 μ_{max} 和 f，就可以求出坦克直线行驶速度为 v 时，以 $\rho \geqslant \rho_g$ 的不同转向半径转向的各种功率值，并可绘制出 $P_w = f(\rho)$ 和 $P_{ex} = f(\rho)$ 的特性曲线，这两条曲线间纵坐标的高度差就是 P_m。在其他条件都相同时，转向机构内部的 P_m 越小，说明这种转向机构的转向效率越高，转向功率利用性能就越好。

转向离合器机构是一种结构简单、制造容易、经久耐用、使用维修方便的转向机构，它既能做原地制动转向，又能做大半径的部分制动转向、分离转向和部分结合转向，直线行驶稳定性能较好。

转向离合器机构的主要缺点如下。

（1）只有一个规定转向半径 $R_g = B/2$，当以 $R > B/2$ 转向时，内侧履带吸收的全部功率都消耗在摩擦元件摩滑中，所以转向消耗功率较大，不够经济。

（2）会产生反转向现象。当一侧离合器分离时，该侧功率流被切断，两侧功率失去联系。在下坡等情况下转向时，可引起反转向，这是所有独立式转向机构的共性特点。

（3）转向平稳性差。当以 $R > B/2$ 转向时，仅能做短时间的转向，若长时间转向会把摩擦元件烧毁。如果一定要做长时间转向，只能使摩擦元件时分时合，做断续式转向，所以转向平稳性较差。

6.4.4 实例2——行星转向机

在单流转向机构中，二级行星转向机构具有两个规定转向半径，而且能产生循环功率（也叫再生功率），转向功率消耗较低，在困难路面上直驶时，还可用两侧行星排作加力挡，行驶性能稳定，转向性能较好，优于转向离合器机构、单差速器和双差速器转向机构，适用于中型和轻型坦克、装甲履带车辆。图6.4.13 为二级行星转向机构的结构简图。

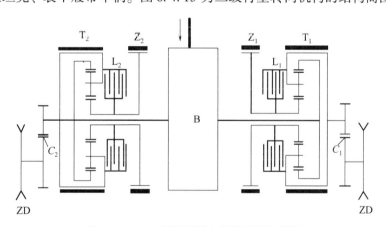

图 6.4.13 二级行星转向机构的结构简图

在坦克变速装置输出轴的两侧各有一个结构完全相同的转向机构，均是由一个行星排和3个摩擦元件组成。摩擦元件分别是闭锁离合器 L、小制动器（转向制动器）Z 和大制动器（停车制动器）T。行星排中齿圈和变速箱主轴连接，它是主动件；行星排的太阳轮与小制动鼓连接，它是操纵件；行星架与主动轮连接，它是被动件。当闭锁离合器将行星架和太阳轮闭锁时，转向机构呈整体回转；当小制动器制动时，主动轮做减速运动。

坦克直线行驶时，两侧的离合器 L_1、L_2 都结合，两侧的停车制动器 T_1、T_2 和转向制动器 Z_1、Z_2 都分离。坦克转向行驶时，外侧转向机构的操纵元件和直驶时一样，内侧转向机构的操纵元件有6种工作情况。参照转向离合器的分析方法可将二级行星转向机6种转向工况下的功率特性曲线绘制在一起，如图6.4.14 所示。在图中，P_{ex1} 表示制动大制动器转向时（第一规定转向半径工况）需要的发动机功率；P_{ex2} 表示制动小制动器转向时（第二规定转向半径工况）需要的发动机功率；P_{m1} 表示制动大制动器转向时（第一规定转向半径工况）

的内部摩滑功率损失；P_{m2}表示制动小制动器转向时（第二规定转向半径工况）的内部摩滑功率损失；其他符号意义同前。

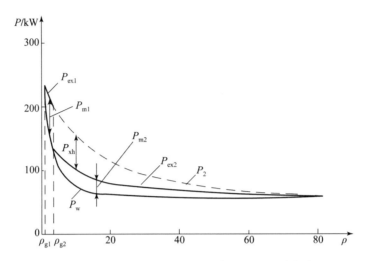

图 6.4.14　二级行星转向机构的转向功率特性曲线

通过对比图 6.4.12 和图 6.4.14 可以看出，二级行星转向机构在以 $R \geq R_{g2}$ 的半径转向时，转向机构内部存在循环功率，所需要的发动机功率大大减小。虽然外侧履带所需的输出功率仍然是 P_2，但它并不全部由发动机提供，有一部分可以由循环功率提供。所以，二级行星转向机构在这样的工况下比转向离合器机构节省了大量的功率，转向效率较高。

二级行星转向机构具有两个规定转向半径，当坦克以大于或等于第二规定转向半径做制动转向时，有循环功率产生，转向消耗功率比转向离合器小，在较困难路面直驶时，还可用两侧行星排作加力挡，以改善坦克的牵引性能。其使用维修方便、经久耐用、行驶稳定、转向性能较好，曾广泛用于中型坦克、重型坦克及部分轻型坦克上。

二级行星转向机构的缺点如下。

（1）在 $R_{g1} \leq R < R_{g2}$ 转向时，没有循环功率，转向消耗功率较大。

（2）也会产生反转向现象。

（3）以非规定半径转向时，内部摩擦元件的摩滑功率损失依然存在，所以转向平稳性较差。

第 7 章
动力传动部件及其性能仿真

发动机是车辆的心脏,其功率与扭矩特性决定着车辆的机动性能。经传动装置调节和改善后的车辆牵引特性更符合车辆行驶要求,更能满足车辆用途。因此,动力传动装置决定和影响着车辆的动力性、燃油经济性、转向灵活性等基本性能,动力传动部件及其性能的建模仿真成为分析车辆系统性能的前提和基础。

7.1 动力性

车辆动力性是指车辆在规定路面下直线行驶时由车辆动力传动装置决定的、所能达到的平均行驶速度和坡度,它是车辆最基本、最重要的性能。

7.1.1 评价指标

车辆动力性主要可由3方面的指标来评定:①最高车速 V_{max},②加速时间 t,③最大爬坡度 i_{max}。

最高车速是指在水平良好的路面(混凝土或沥青)上车辆能达到的最高行驶车速。

加速时间表示车辆的加速能力,它对平均行驶车速有着很大影响。

车辆上坡能力是用满载(或某一载质量)时车辆在良好路面上的最大爬坡度 i_{max} 来表示的。显然,最大爬坡度是指I挡最大爬坡度。轿车最高车速大,加速时间短,经常在较好的道路上行驶,一般不强调它的爬坡能力;然而,它的I挡加速能力大,故爬坡能力也强。货车在各种地区的各种道路上行驶,所以必须具有足够的爬坡能力,一般 i_{max} 为30%,即16.7°左右。越野车辆要在坏路或无路条件下行驶,因而爬坡能力是一个很重要的指标,它的最大爬坡度可达60%以上。

7.1.2 发动机特性及其效率

车辆行驶源于发动机输出轴所提供的动力,该动力可通过发动机输出轴的扭矩、转速和功率来描述。发动机油门处于最大位置时,发动机输出轴的扭矩和转速工作在外特性,即额定工况,属于线工况;发动机油门处于大于怠速、小于最大供油的某一确定位置不变时,发动机输出轴的扭矩和转速工作在部分特性,也属于线工况;发动机油门处于大于怠速、小于最大供油的区间变化时,发动机输出轴的扭矩和转速工作在部分特性区域,属于面工况。该发动机速度特性曲线即为发动机的动力学模型,它是车辆动力性计算的基础和前提,源于发动机出厂试验数据。

由于发动机辅助系统和附件传动的工作需要，装车发动机输出轴使用功率往往低于台架试验功率，存在损耗，损耗大小与发动机型式和结构相关。

车用发动机主要有汽油机、柴油机和燃气轮机，不同型式发动机其特性和效率也有所区别。

1. 工作范围

内燃机输出轴转速可在最低空转转速 n_{min} 到最高空转转速 n_{max} 之间变化。最低转速由内燃机工作稳定的状况来确定，最高转速受到工作循环进行的品质、共同工作的压气机、涡轮和活塞组惯性负荷的增长，以及传动装置特性的制约。

在每一转速工况下，内燃机的有效功率可以从零变化到该转速所能发出的最大功率。当转速一定时，可以用改变燃料供给的数量或可燃混合物的数量来改变功率。

如图 7.1.1 所示，曲线 1 表示在油门操纵机构处于最大位置时的功率变化关系，即 $N_e = f(n)$；曲线 3 表示了内燃机制动功率的变化，即 $N_T = f(n)$；曲线 2 表示了当内燃机喷油泵的全程式调速器限制循环供油量时功率的变化关系。整个阴影区为内燃机所有可能的工作范围。

2. 外特性

发动机的性能常用速度特性来表示。

将调整供油量的机构固定在一定位置时，内燃机的主要指标有效功率 N_e、输出扭矩 M_e、小时耗油量 G_T、燃油消耗率 G_e 与曲轴或动力涡轮转速的关系，称为发动机的速度特性。

当油门全开（汽油机）或者最大供油（柴油机）时，发动机的转矩、功率和转速之间的关系，叫作发动机的外特性，如图 7.1.2 所示。

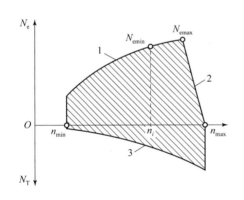

1—外特性；2—调节特性；3—制动特性。

图 7.1.1 发动机工作允许的范围

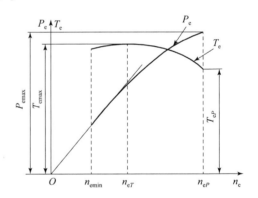

图 7.1.2 发动机（柴油机）的外特性

发动机的外特性是计算车辆动力性和加速性的依据，外特性曲线上有 3 个工作点特别重要，即额定功率 P_{eP} 及其相应的额定转速 n_{eP}、相应的额定功率点转矩 T_{eP}；最大转矩 T_{emax} 及其相应的最大转矩点转速 n_{eT}；最小稳定转速 n_{emin}，它是发动机有负荷时，能够持续工作 10 min 以上的最小转速，低于此转速时，发动机就会熄火。柴油机 $n_{emin} \approx 500 \sim 700$ r/min；汽油机 $n_{emin} \approx 400 \sim 900$ r/min。

当油门部分开启（汽油机）或者部分供油（柴油机）时，发动机的转矩、功率和转速之间的关系，叫作发动机的部分特性。

发动机的外特性由实验台测定,在实验台上测出各种工况下的转矩 T_e 和相应的转速 n_e,然后按下式计算相应的功率:

$$P_e = \frac{T_e n_e}{9\,549} \tag{7.1.1}$$

式中　T_e——发动机转矩(N·m);
　　　n_e——发动机转速(r/min)。

当测出发动机的转速、转矩,计算出相应的功率后,就可求出 $T_e = f(n_e)$ 和 $P_e = f(n_e)$ 两条曲线。通常实验台测定的外特性是比较准确的。如果在坦克设计初期没有具体实验数据,只知道 P_{eP} 和其相应的 n_{eP} 等性能指标时,可用下面一些经验公式计算发动机外特性。

汽油机　　　　　　$P_e = P_{eP}\left[\left(\dfrac{n_e}{n_{eP}}\right) + \left(\dfrac{n_e}{n_{eP}}\right)^2 - \left(\dfrac{n_e}{n_{eP}}\right)^3\right]$

直喷式柴油机　　　$P_e = P_{eP}\left[0.5\left(\dfrac{n_e}{n_{eP}}\right) + 1.5\left(\dfrac{n_e}{n_{eP}}\right)^2 - \left(\dfrac{n_e}{n_{eP}}\right)^3\right]$

预燃室式柴油机　　$P_e = P_{eP}\left[0.6\left(\dfrac{n_e}{n_{eP}}\right) + 1.4\left(\dfrac{n_e}{n_{eP}}\right)^2 - \left(\dfrac{n_e}{n_{eP}}\right)^3\right]$

这些经验公式是根据一定结构的发动机外特性总结归纳出来的,是近似估算公式。

1) 柴油机

当喷油泵齿杆伸出并固定在规定的最大供油位置时,所获得的发动机主要指标与曲轴转速的关系,称为柴油机的外特性。如图 7.1.3 所示,扭矩 M_e 随着转速的下降而上升,当扭矩达到最大扭矩值 M_{emax} 时,此时的转速 n_M 称为最大扭矩转速。有效功率 N_e 随着转速的增加而增加,当发动机有效功率达到最大值,此时的转速 n_N 称为最大有效功率转速,扭矩 M_{eN} 称为最大有效功率扭矩。当曲轴转速进一步提高时,N_e 值下降,惯性负荷增加,燃油经济性变坏,此时发动机的工作是不合理的。而当 $n = n_D$,即称为飞车的转速时,发动机有效功率变为零,在这种工况下,全部指示功率完全消耗于克服发动机本身的机械损失。因此,当 $n > n_D$ 时,对于每一种发动机而言(柴油机或燃气轮机),都采用燃油自动调节装置(即调速器)调节确定最大调整转速 n_{max},当转速超过 n_{max} 时,调节装置减少燃油供给限制曲轴或动力涡轮转速继续增加,直至完全断油,发动机处于制动工况,如下陡坡行驶。

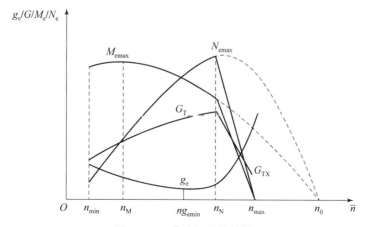

图 7.1.3　柴油机的外特性

2）汽油机

汽油机的速度特性基本类似于柴油机，是在节气门位置保持恒定时取得的。

图 7.1.4 为一台汽油发动机外特性中的功率与转矩特性曲线。图 7.1.5 是汽油机外特性及部分负荷特性的功率与转矩曲线，曲线上的数字为节气门开度百分比，相应的曲线便是各个节气门开度下的发动机转矩与功率。

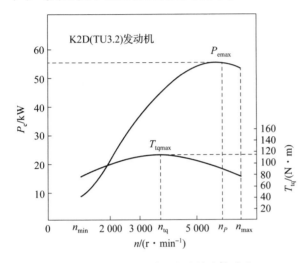

图 7.1.4　汽油发动机外特性中的功率与转矩特性曲线

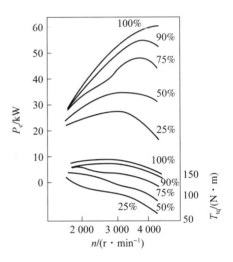

图 7.1.5　汽油机外特性部分负荷特性的功率与转矩曲线

3）燃气轮机

当涡轮压气机处在最大工况下，有效功率 N_e、扭矩 M_e、燃油消耗率 g_e 与动力涡轮转子转速的关系称为燃气轮机的外特性。

图 7.1.6 和图 7.1.7 显示了车用带自由涡轮涡轴式燃气轮机的功率、扭矩与动力涡轮转速之间的关系。其中，扭矩与转速呈线性关系，随转速减小，扭矩增加，扭矩储备系数大；同时，转速在接近于零时具有最大扭矩，显示出气动变矩器的良好特性；在 60%~100% 区域，表现出等功率特性。

3. 发动机适应性

发动机的适应性是指在不换入低挡的情况下，车辆能够克服外界运动阻力的能力。发动机对外部负荷的适应性，通常用适应性系数 E_{TS} 表征。

$$E_{TS} = E_T E_S,$$

式中　E_T——扭矩储备系数；
　　　E_S——转速储备系数。

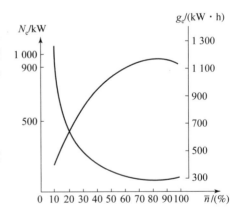

图 7.1.6　GTD-1250 燃气轮机外特性曲线

扭矩储备系数 $E_T = M_{emax}/M_{en}$。发动机外特性中扭矩特性曲线越陡，E_T 值就越大；即随运动阻力的增加，发动机速度变化越小，适应性就越好，对应车辆每个排挡提供的牵引力范围就越大。对于没有专门油量校正器的柴油机而言，$E_T = 1.1 \sim 1.2$；对于涡轮增压并带有专

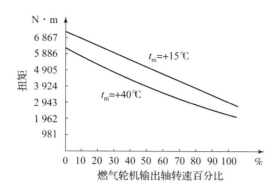

图 7.1.7　GTD-1250 燃气轮机扭矩特性

门调节的柴油机，E_T 值能够达到 1.5 或更高。对于汽油机，$E_T = 1.2 \sim 1.4$；对于燃气轮机，有的可达到 $1.8 \sim 2.5$。

转速储备系数 $E_S = n_N/n_M$。对于自然进气柴油机而言，$E_S = 1.48 \sim 1.73$；增压柴油机，$E_S = 1.42 \sim 1.67$；对于车用带自由涡轮的涡轴燃气轮机，因其动力涡轮转速可降至很低甚至可以为零，所以其 E_S 值很大。

图 7.1.8 为柴油机与燃气轮机扭矩特性的对比，发动机的适应性系数 E_{TS} 越大，车辆可获得的牵引特性越好；变速箱中的每个排挡就可以保证车辆在地面阻力变化范围较大的情况下以相应不同的速度行驶，从而可以减少换挡次数，提高车辆平均速度，减少功率损失。

4. 动力装置功率损失与效率

发动机的台架实验一般不安装冷却风扇、空气滤清器和排气管等辅助装置。当发动机装到坦克上实际使用时，应考虑这些装置的功率损失。对车辆行驶起直接作用的是发动机的净输出功率，即发动机有效功率与动力装置效率的乘积。

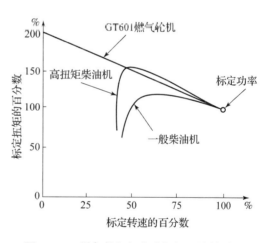

图 7.1.8　燃气轮机与柴油机扭矩特性对比

有效功率都是在台架上测定的，主要指曲轴或输出轴的功率，不包含冷却风扇、空气滤清器和排气管等辅助系统损失。动力装置损失主要由冷却风扇、空滤和排气产生，柴油机冷却风扇所消耗功率约为发动机标定功率的 6%～15%，而有的燃气轮机本体上装有冷却风扇，其输出轴功率不含此附件功率，无此项损失；有的燃气轮机（如 AGT-1500）也装有冷却风扇，其输出轴功率含此附件功率，但此项损失小，为 4%～9%；柴油机空滤所消耗功率约为发动机标定功率的 2%～4%，而燃气轮机为保证进气畅通，空滤一般为旋风筒式，其进气损失比较低，约为发动机标定功率的 1%～2%；柴油机排气所消耗功率为发动机标定功率的 1%～2%，而燃气轮机为保证排气畅通，排气管变化小，损失比较低，为发动机标定功率的 1%。综上所述，在发动机标定工况下动力装置效率：柴油机为 0.8～0.9；燃气轮机为 0.88～0.97。

在计算发动机任意转速 n_e 的动力装置总功率损失 P_s 时,可由下式决定,即

$$P_s = P_{smax}\left(\frac{n_e}{n_{eP}}\right)^3 \tag{7.1.2}$$

式中 P_{smax}——发动机转速为 n_{eP} 时,动力装置损失的总功率,也是最大功率损失;它在 $(0.1 \sim 0.2)P_{eP}$ 范围内变化,P_{eP} 为发动机的额定转速 n_{eP} 工作时动力装置的额定功率。

7.1.3 传动系结构及机械效率

输入传动系的功率 P_{in} 传至驱动轮的过程中,为了克服传动系各部件中的摩擦等额外做功,消耗了一部分功率,如以 P_T 表示传动系中损耗的功率,则传动系的机械效率为

$$\eta_{ch} = \frac{P_{in} - P_T}{P_{in}}$$

在匀速行驶情况下,$P_{in} = P_e$,则

$$\eta_{ch} = \frac{P_e - P_T}{P_e}$$

不同车辆的不同传动系结构和挡位决定着传动系在不同行驶状态下的传动机械效率。

1. 汽车

传动系的功率损失由传动系中的部件变速器、传动轴的万向节、主减速器等的功率损失所组成。其中,变速器和主减速器的功率损失占比最大,其余部件的功率损失较小。

传动系功率损失可分为机械损失和液力损失两大类。机械损失是指齿轮传动副、轴承、油封等处的摩擦损失,与啮合齿轮的对数、传递的转矩等因素有关。液力损失指消耗于润滑油的搅动、润滑油与旋转零件之间的表面摩擦等功率损失,与润滑油的品种、温度、箱体内的油面高度以及齿轮等旋转零件的转速有关。

传动系的效率是在专门的试验台上测得的,传动效率会受到多种因素的影响而有所变化,但对汽车进行初步的动力性分析时,可把它看作一个常数。表 7.1.1 为传动系各部件的传动效率,可用来估算整部汽车的传动效率。一般采用有级机械变速器传动系的轿车,其传动效率可取为 90%~92%;货车、客车可取 82%~85%。

表 7.1.1 传动系各部件的传动效率

部件名称	η_T	部件名称	η_T
4~6 挡变速器	95%	单级减速主减速器	96%
辅助变速器(副变速器或分动器)	95%	双级减速主减速器	92%
8 挡以上变速器	90%	传动轴的万向节	98%

2. 坦克

传动装置的功率损失和传动装置的型式有关,对机械式传动装置,其功率损失由 5 个部分组成:

(1) 齿轮啮合点的摩擦功率损失,它是传动装置最主要的功率损失;
(2) 轴和轴承间的摩擦功率损失;

(3) 传动装置各部件间的半刚性联轴器中的摩擦功率损失;
(4) 搅动润滑油的功率损失;
(5) 旋转件与密封装置间的摩擦功率损失。

上述 5 种功率损失中,以齿轮啮合摩擦功率损失为最大。通常计算效率的方法是将所有功率损失都归并于齿轮啮合摩擦功率损失中,而将这一功率损失估计得大些。传动装置的效率和齿轮连接方式有关。

对于串联的齿轮传动装置,传动装置的效率为

$$\eta_{ch} = \eta_{zh}^m \eta_{yz}^n \tag{7.1.3}$$

式中 η_{zh}——一对圆锥齿轮的效率,一般 $\eta_{zh} = 0.96 \sim 0.97$;

m——圆锥齿轮的啮合次数或啮合齿轮的对数;

η_{yz}——一对圆柱齿轮的效率,一般 $\eta_{yz} = 0.97 \sim 0.98$;

n——圆柱齿轮的啮合次数或啮合齿轮的对数。

对于并联的齿轮传动装置,传动装置的效率为

$$\eta_{ch} = \frac{\eta_1 P_1 + \eta_2 P_2}{P_1 + P_2}$$

式中 P_1——第一路传递的功率,η_1 为其效率;

P_2——第二路传递的功率,η_2 为其效率。

当 $\eta_1 = \eta_2$ 时,上式简化为 $\eta_{ch} = \eta_1 = \eta_2$。

可见,当并联的两条传递路线传动效率相等时,传动装置的效率等于一路功率传递的效率。

行星传动中单个行星排的传动效率通常为 97%~98%。

对于液力传动装置,处于设计工况下,液力变矩器的传动效率通常为 75%~80%,液力偶合器的传动效率在 95%~98%。

7.1.4 行动装置功率损失及总效率

轮式车行动装置的轮胎损失通常忽略不计,而履带车辆行动装置存在着较大的功率损失,必须要考虑分析。

履带车辆行动装置功率损失的组成:
(1) 履带销与履带孔间的摩擦功率损失;
(2) 负重轮沿履带接地段的滚动摩擦功率损失;
(3) 主动轮、负重轮、诱导轮及托带轮和履带之间的啮合、冲击功率损失;
(4) 主动轮、负重轮、诱导轮及托带轮密封装置和轴承的摩擦功率损失。

行动装置的效率和行动装置的结构、行驶速度、车重以及主动轮输出的转矩等因素有关,理论计算是很困难的,用实验方法测定最准确。但若无实验数据,则可用经验公式近似计算,即

$$\eta_{xd} = 0.95 - 0.0017v \tag{7.1.4}$$

式中 v——车辆行驶速度(km/h)。

车辆的总效率为动力装置效率、传动装置效率和行动装置效率三者的连乘积,即

$$\eta = \eta_e \eta_{ch} \eta_{xd} \tag{7.1.5}$$

7.1.5 机械传动车辆的动力特性

发动机在外特性工况下,坦克以不同排挡行驶时,发动机牵引力 F_e 和车速 v 之间的关系,称为牵引特性。F_e 和 v 之间的关系曲线 $F_e = f(v)$ 叫作牵引特性曲线,如图 7.1.9 所示。发动机牵引力 F_e 由式(4.2.24)或式(4.2.25)求出,车速 v(这里一般指理论车速)可由式(7.1.6)求出,当坦克滑转较小或计算精度要求不高时,也可用下式计算坦克实际车速:

$$v = 0.377 \frac{n_e}{i} r_z \tag{7.1.6}$$

式中 r_z——驱动轮半径(m);

n_e——发动机转速(r/min);

i——坦克传动系统的总传动比。

发动机牵引力 F_e 与车辆全重 G 之比,叫作单位牵引力,也叫动力因数,以 D 表示,即

$$D = \frac{F_e}{G} \tag{7.1.7}$$

动力因数是一个无量纲的物理量,它排除了车重因素的影响,能评价和比较不同车重坦克的动力性。在其他条件相同时,动力因数越大的车辆其动力性越好;动力因数越小的车辆其动力性越差。

发动机在外特性工况下,坦克以不同排挡行驶时,动力因数和车速之间的关系,叫作动力特性。动力因数和车速的关系常用曲线,$D = f(v)$ 表示,这种关系曲线叫作动力特性曲线,如图 7.1.10 所示。

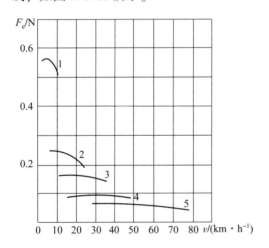

图 7.1.9 牵引特性曲线

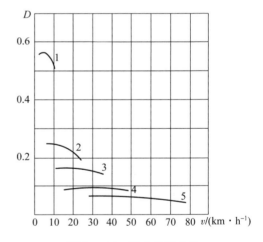

图 7.1.10 动力特性曲线

下面说明牵引特性曲线和动力特性曲线的计算绘制方法。

1. 已知数据

(1)发动机的外特性(功率或转矩外特性)。

(2)车辆的传动简图。

(3)车辆全重。

(4)各挡总传动比。

(5) 驱动轮工作半径。

如果需要考虑空气阻力，则还需要知道坦克的迎风面积和空气阻力系数。

2. 绘制动力特性曲线的方法和步骤

(1) 选取发动机转速计算点，在发动机最低稳定转速和最大功率点转速之间的整个转速范围内，按适当间隔，选取若干个转速计算点 n_{emin}、n_{e1}、n_{e2}、$\cdots$、n_{eP}，以后的全部计算都根据这些计算点进行。

(2) 根据已选定的转速计算点，在发动机外特性曲线上找出这些计算点相应的功率 P_{ei} 或转矩 $T_{ei}(i=1\sim n$，n 为转速计算点的数量）。

(3) 根据已选定的转速计算点和已知有关参数，按式(7.1.6)计算各挡理论车速。

(4) 根据已知各挡理论车速，计算动力装置效率 η_e，结合传动简图计算传动装置效率 η_{ch}，按式(7.1.4)计算各挡不同车速时的行动装置效率 η_{xd}，按式(7.1.5)计算不同排挡的坦克总效率 η。

(5) 根据已选定的转速计算点和已知有关参数，按式(4.2.15)或式(4.2.16)计算各挡发动机牵引力 F_e，根据不同排挡、不同转速计算点的 F_e 值和 v 值，可以绘制牵引特性曲线，即 $F_e=f(v)$ 曲线。

(6) 根据已选定的转速计算点和已知有关参数，按式(7.1.7)计算各挡动力因数。

(7) 根据上述计算的不同排挡、不同转速计算点的 D 值和 v 值，绘制动力特性曲线，即 $D=f(v)$ 曲线。

动力特性曲线就是车辆动力性的理论计算模型，其用途很多，如确定车辆动力性指标和各种行驶状态参数，并以此为基础进行仿真试验与优化、评价。

7.1.6 液力传动车辆的动力特性

液力传动是以液体动能来传递或交换能量的。采用液力传动的车辆，由于发动机曲轴和主动轮之间是非刚性的动力联系，因此能保证坦克平稳起步，在各挡低速工况时发动机不致熄火；便于实现不切断动力的换挡和自动操纵，提高了操纵方便性；能够起到减振、吸振、减缓冲击的作用，防止发动机和传动装置过载，有利于提高机件工作的可靠性和使用寿命。另外，这种传动装置由于传递牵引力平稳，因此可以提高车辆在附着性能不良的地面上的通过性；装有液力变矩器的车辆，当外界阻力增大时，在发动机曲轴转速变化不大的情况下，随着涡轮轴转速降低，所传递的扭矩可以在一定范围内增加。这种自适应的变矩特性不仅能充分地利用发动机的功率，而且可以减少变速箱的排挡数。但由于目前在车辆上采用的液力变矩器，其变矩系数为2~4，而车辆所遇到的外阻力变化范围比这个数值大得多，因此为了保证比较高的液力传动效率，一般还必须串联一个具有3个甚至更多排挡数的变速箱。

1. 发动机与液力变矩器共同工作的输入特性

发动机与液力变矩器共同工作的输入特性是指液力变矩器在不同的转速比 i 时，与发动机共同工作的转矩和转速的变化特性。它是研究发动机与液力变矩器匹配的基础，也是研究发动机与液力变矩器共同工作输出特性的基础。

下面简述发动机和液力变矩器共同工作输入特性的计算过程及方法。

(1) 在绘制共同工作的输入特性曲线时，首先应该知道液力变矩器的原始特性及发动机的净转矩外特性。同时，应知道工作液体的密度 ρ 和液力变矩器的有效直径 D。

(2) 在液力变矩器的原始特性曲线图上,给定若干液力变矩器的工况(即转速比 i)。对于普通的单级液力变矩器,可选择起动工况的 $i=0$;高效区(η 等于 75%~80%)的转速比 i_1 和 i_2;最高效率工况 i^* 和最大转速比工况(空载工况)i_{max} 等。

(3) 根据给定的转速比 i,由液力变矩器原始特性曲线的转矩系数 $\lambda_B = f(i)$ 曲线分别定出转矩系数值 λ_{B0}、λ_{B1}、λ_B^*、λ_{B2}、λ_{BM} 和 λ_{Bmax} 等。为了作图精确,可以根据需要增加转速比 i 的数目,并确定相应的 λ_B 的数值。

(4) 根据所确定的不同 i 时的转矩系数值及液力变矩器的有效直径 D,应用液力变矩器泵轮的转矩计算公式 $T_B = \rho g \lambda_B n_B^2 D^5$ 计算并绘制液力变矩器泵轮的负荷抛物线。当 λ_B 随 i 的变化规律不同,即液力变矩器的透穿性不同时,将得到一条或一组负荷抛物线。

(5) 将发动机的净转矩外特性与液力变矩器的负荷抛物线,以相同的坐标比例绘制在一起,即得发动机与液力变矩器共同工作的输入特性,如图 7.1.11 所示。

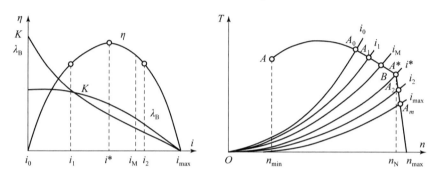

图 7.1.11 发动机和液力变矩器共同工作输入特性

负荷抛物线与发动机转矩外特性曲线的一系列交点就是最大油门开度(或最大供油)时,发动机与液力变矩器共同工作的稳定点。由最小转矩系数和最大转矩系数所确定的两条负荷抛物线所截取的转矩外特性曲线部分,即为处于发动机外特性下,两者共同工作的范围。

同理,由最小转矩系数和最大转矩系数所确定的两条负荷抛物线与转矩部分特性曲线的交点所确定的曲线范围,为在发动机部分供油时,发动机与液力变矩器共同工作的范围。

影响共同工作范围宽度的主要因素是液力变矩器的透穿性。具有不同透穿性的液力变矩器与发动机共同工作的特性曲线如图 7.1.12 所示。

对于不透穿的液力变矩器,由于泵轮的转矩系数 λ_B 不随转速比 i 变化,因此在不同的转速比 i 下只有一条负荷抛物线。此时,共同工作的全部范围为由 C_0A_0 所确定的一段负荷抛物线。而发动机处于外特性和部分特性下工作时,则为曲线上的某一点,如图 7.1.12(a)所示。

对于具有正透穿性的液力变矩器,由于 λ_B 随 i 的增大而减小,因此共同工作的整个范围是由一束随 i 增大而逐渐向右移动的负荷抛物线组成的,如图 7.1.12(b)所示。工作范围 $A_0A^*A_mC_mC_0$ 的大小和宽窄取决于液力变矩器透穿性系数的大小。

对于具有负透穿性的液力变矩器,由于 λ_B 随 i 的增大而增大,因此共同工作的全部范围是由一束随 i 增大而逐渐向左移动的负荷抛物线所组成的,如图 7.1.12(c)所示。

对于具有混合透穿性的液力变矩器,由于 λ_B 随 i 的变化是先增大后减小,因此共同工作的整个范围是由以 λ_B 最大时的 i 的负荷抛物线为上界,以 i_{max} 的负荷抛物线为下界所组成

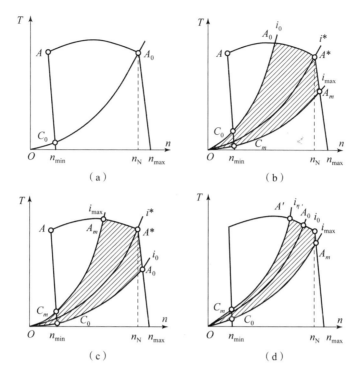

图 7.1.12　不同透穿性的液力变矩器与发动机共同工作的特性曲线

的面积 $A'A_0A_mC_mC_0$ 所决定的。其中，有一部分工作范围（即 $A'A_0C_0C_m$）是重叠的，如图 7.1.12(d)所示。

由发动机和液力变矩器共同工作的输入特性来评价两者的匹配是否合理时，单从共同工作范围的面积大小来看是不够的，还必须了解共同工作范围在发动机全部工作范围中的位置，也就是在发动机外特性和部分特性的那一区段。

最理想的匹配就是共同工作所利用的发动机工作区段，能满足车辆的工作需要，同时还能兼顾到下列几个方面。

（1）在液力变矩器的整个工作范围内，应能充分利用发动机的最大有效功率。因为功率利用率高，就能保证车辆有较高的平均速度。为此，要求最高效率时的负荷抛物线通过发动机最大净功率的转矩点 T_{jN}。但如果仅考虑一点的情况，还不能说明变负荷下工作时的功率利用，所以希望高效区的共同工作点在最大功率点附近，即 i_1 和 i_2 两负荷抛物线应在最大功率点 N_{ej} 的两侧。

（2）为使车辆具有良好的燃料经济性，希望共同工作的整个范围能够在发动机的燃油消耗量最低值 g_{emin} 的工况附近，这样就可以使车辆的燃油消耗量较小。

（3）为使车辆在起步工况或爬最大坡度的工况下能够获得最大的输出转矩，希望液力变矩器在低转速比时的负荷抛物线（特别是 $i=0$ 时的负荷抛物线）能通过发动机的最大转矩点。

一般说来，同时满足以上几项要求是比较困难的，特别是对于不可透穿的液力变矩器，由于负荷抛物线的分布很窄，甚至是一条线，因而只能满足上述要求的一种；对于可透穿的液力变矩器，则由于负荷抛物线的分布较广，同时满足上述 3 项要求存在一定的可能性。

为了使共同工作特性满足上述3项要求,可以通过下列措施来达到。

(1) 在液力变矩器型式一定的情况下,调整有效直径 D 来改变共同工作的输入特性。由图 7.1.13 可以看出,当有效直径增大时,即 $D > D'$,整个工作范围向左方移动;当有效直径减小时,整个工作范围向右方移动。因此,可以根据使用的要求,选择液力变矩器的不同有效直径,来达到较好的匹配性能。

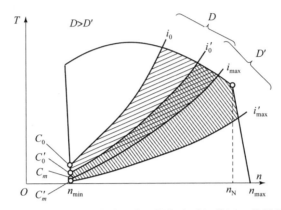

图 7.1.13　不同有效直径的液力变矩器与发动机共同工作的特性曲线

(2) 在发动机和液力变矩器间安装中间传动。发动机经过中间传动后,输出的转矩和转速发生变化,转矩 $T = T_e i_{eB}$;转速 $n = n_e / i_{eB}$。由图 7.1.14 可以看出,当 $i_{eB} > 1$ 时,输出的转矩增大,转速降低,即转矩外特性曲线向左上方移动,相对地,共同工作范围向右下方移动;当 $i_{eB} < 1$ 时,输出的转矩降低,转速增大,即转矩外特性曲线向右下方移动,相对地,共同工作范围向左上方移动。因此,通过调整中间传动的传动比 i_{eB},也可达到较好的匹配性能。

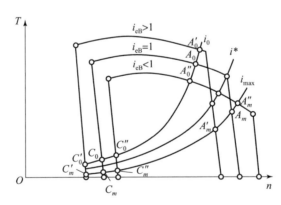

图 7.1.14　不同前传动比的液力变矩器与发动机共同工作的特性曲线

2. 发动机与液力变矩器共同工作的输出特性

共同工作的输出特性是指发动机与液力变矩器共同工作时,涡轮轴输出转矩 T_W、涡轮轴输出功率 P_W、发动机每小时燃油消耗量 G_W、比燃油消耗量 g_{eW} 和泵轮(发动机)转速 n_B 等与涡轮轴转速 n_W 之间的关系。

当发动机与液力变矩器组合后,其输出特性与发动机特性完全不同了,如同形成一种新的动力装置。可以按如下的方法和步骤,获得发动机与液力变矩器共同工作的输出特性曲线。

(1) 绘制液力变矩器的原始特性曲线及发动机与液力变矩器共同工作的输入特性曲线。

(2) 根据共同工作的输入特性曲线，确定在不同转速比 i 时，液力变矩器负荷抛物线与发动机转矩外特性相交点的转矩 T_B 和转速 n_B，由发动机的外特性曲线确定对应的每小时燃油消耗量 G_W 或比燃油消耗量 g_e。一般选择 i_0、i_1、i^*、i_2、i_M 和 i_{max} 等有代表性的工况，但为了作图准确，也可以多选一些工况。

(3) 根据选定的传动比 i 值，在液力变矩器原始特性曲线上，确定对应的变矩比 K 值和效率 η 值。

(4) 根据选定的传动比 i 及此传动比时负荷抛物线与发动机外特性曲线交点的转速 n_B 值，计算涡轮转速 n_W，即

$$n_W = i n_B \tag{7.1.8}$$

根据有关公式，分别计算在上述涡轮转速下的有关参数（T_W、P_W 等）。其中

$$T_W = K T_B \tag{7.1.9}$$

(5) 将上述计算所得数据列表，并以涡轮转速为横坐标，其他参数为纵坐标，进行绘图，即得发动机与液力变矩器共同工作的输出特性曲线，如图 7.1.15 所示。

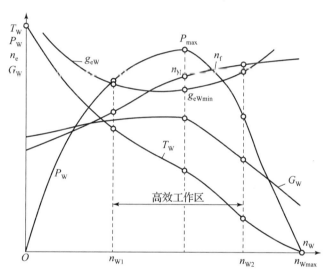

图 7.1.15　发动机与液力变矩器共同工作的输出特性曲线

发动机和液力变矩器共同工作的输出特性是进行液力传动车辆牵引特性和动力特性计算的基础。

3. 牵引特性和动力特性曲线

车辆液力传动系统简图如图 7.1.16 所示。在求解具有液力传动系统车辆的牵引特性和动力特性曲线时，可以将发动机和液力变矩器看作一个完整的新"动力装置"，其输出特性就是发动机与液力变矩器共同工作的输出特性。根据求解发动机与液力变矩器共同工作的输出特性过程中用到的式(7.1.8)和式(7.1.9)，可以确定液力变矩器涡轮轴上的输出转矩 T_W 与对应的转速 n_W 的关系曲线就相当于这个新"动力装置"的转矩外特性曲线。下面的步骤，可以按照前面所述的方法进行，只需将发动机的外特性更换为涡轮轴上的共同工作输出特性即可。

根据涡轮转速计算车辆车速的公式为

$$v = 0.377 \frac{n_w r_z}{i_i}$$

式中 i_i——第 i 挡涡轮轴到驱动轮之间的传动系统的总传动比。

根据涡轮转矩计算车辆发动机牵引力的公式为

$$F_e = \frac{T_w i_i \eta'}{r_z}$$

式中 η'——涡轮轴到驱动轮之间的传动装置和行动装置的总效率。

求出每一挡的动力特性曲线以后,依次计算其他各挡的动力特性曲线。将计算结果按顺序填入表 7.1.2,这种方法在进行计算时是比较方便的。

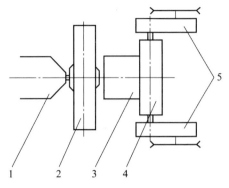

1—发动机；2—液力变矩器；3—变速箱；
4—转向机构；5—侧传动。

图 7.1.16 车辆液力传动系统简图

表 7.1.2 具有液力传动装置的坦克的牵引计算表

参数		计算结果				
液力变矩器传动比 i_y（选取工况计算点）		$i_0 = 0$	⋯	$i^* =$	⋯	$i_{max} =$
泵轮力矩系数 $\lambda_B = f(i_y)$						
液力变矩器效率 $\eta_y = f(i_y)$						
共同工作状态时 $M_f = T_B(\text{N·m})$						
共同工作状态时 $n_f = n_B(\text{r/min})$						
液力变矩器系数 $K = f(i_y)$						
涡轮轴力矩 $T_W(\text{N·m}) = KT_B$						
涡轮轴转速 $n_W(\text{r/min}) = i_y n_B$						
车辆速度 $v(\text{km/h})$	第1挡					
	第2挡					
	第3挡					
驱动轮上牵引力 $F_e(\text{N})$	第1挡					
	第2挡					
	第3挡					
行驶装置效率 η_x	第1挡					
	第2挡					
	第3挡					

续表

参数		计算结果			
车辆的单位牵引力 $D = \dfrac{P_z \eta_x}{G}$	第1挡				
	第2挡				
	第3挡				

装有综合式液力变矩器的液力传动装置的车辆，其动力特性曲线如图7.1.17所示，变速箱有3个前进挡，该曲线图由上述方法绘制。显而易见，这种传动装置的动力特性比较接近于理想的动力特性，该曲线就是具有液力传动车辆动力性的理论计算模型。

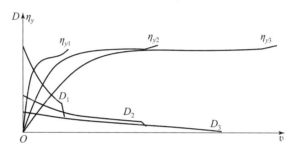

图7.1.17　具有液力传动装置的坦克的动力特性曲线

7.2　燃油经济性

在保证动力性的条件下，车辆尽量少的燃油消耗量以经济行驶的能力，称作车辆的燃油经济性。燃油经济性好，可以降低使用费用、节省石油资源，同时也降低了发动机产生的CO_2的排放量，起到减缓地球变暖的作用。

发动机的燃油消耗率与排放污染是有密切关系的，只能在保证排放达到有关法规要求的前提下来降低发动机的燃油消耗率，提高汽车的燃油经济性。

发动机负荷特性和万有特性是车辆燃油经济性的理论计算模型和基础，来源于发动机台架试验数据。

7.2.1　评价指标

发动机燃油经济性通常用燃油消耗率g_e来描述和评价，即发动机每千瓦指示功率、每小时所消耗的燃油量，由发动机台架试验确定，其计算公式为

$$g_e = \frac{B \times 10^3}{P_i} \quad\quad (7.2.1)$$

式中　B——在发动机指示功率P_i时，每小时消耗的燃油量（kg/h）。

车辆的燃油经济性常用一定运行工况下行驶100 km的燃油消耗量或一定燃油量能使车辆行驶的里程来衡量。

7.2.2 发动机的负荷特性

内燃机的负荷特性是指当内燃机的转速不变时,性能指标随负荷而变化的关系。这时,性能指标主要指燃油消耗率 g_e,有时也加上燃油消耗量 B 和排气温度等。由于转速不变,内燃机的有效功率 P_e、转矩 T_{tq} 与平均有效压力 p_{me} 之间互成比例关系,均可用来表示负荷的大小。负荷特性是在内燃机试验台架上测取的,包括充量系数 ϕ_c、过量空气系数 ϕ_a、指示热效率 η_{it}、机械效率 η_m、g_e 和 B 随负荷 P_e 的变化规律。

负荷特性是内燃机的基本特性。利用负荷特性可以确定在指定转速下的最大许用负荷,确定最低有效燃油消耗率及其对应负荷,确定能经济工作的负荷范围。

1. 柴油机

图 7.2.1(a)为一些参数随负荷的变化关系,图 7.2.1(b)为某一转速下柴油机的负荷特性曲线。

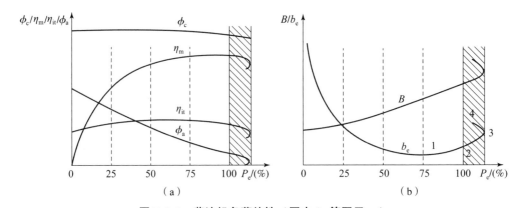

图 7.2.1 柴油机负荷特性(图中 b_e 等同于 g_e)
(a)各参数随负荷变化;(b)负荷特性曲线

负荷 $P_e=0$ 时,b_e 趋于无穷大。随负荷增加,b_e 明显下降。当负荷增加到一定程度时,b_e 变化也较平缓。负荷较大时,b_e 呈缓慢上升趋势。图 7.2.1(b)中点 1 为 b_e 的最低点。当负荷加大到点 2 时,因循环供油量较大,会出现燃烧不良,排气中黑烟明显增加,活塞、燃烧室表面积炭,发动机过热,可靠性和耐久性受损。当排气烟度达到国家标准允许值时的柴油机负荷称为冒烟界限。在实验室条件下,如果拆除油量限制机构,继续增加负荷与循环供油量,则由于燃烧恶化,有效燃油消耗率 b_e 迅速上升,排黑烟也进一步加剧,至点 3,达到该转速下的最大负荷,即该转速下的极限功率。此时,若阻力矩再加大,则内燃机转速会迅速降低。若再增加供油量,则由于过量空气系数 ϕ_a 过小,工作过程十分恶化,内燃机转矩反而下降,如图中 3 点至 4 点所示,此时 b_e 值更高。

2. 汽油机

汽油机采用改变进入气缸混合气数量的方法来调节负荷,负荷大时,节气门开度大,进入气缸的混合气多。因此,随着负荷的改变,充量系数 ϕ_c、过量空气系数 ϕ_a 和指示热效率 η_{it} 的变化与柴油机有明显区别,如图 7.2.2 所示。

当汽油机负荷减小时,由于节气门的节流作用,造成较大的泵气损失,使 b_e 的上升比柴油机更快;当负荷很小时,汽油机燃烧室中残余废气相对增多,为保证燃烧稳定,不得不加浓混合气，导致 b_e 上升尤为明显；当汽油机的负荷接近全负荷时，为了增加最大功率，采取加浓混合气的措施，导致燃料燃烧不完全，生成大量 CO，燃烧效率下降，b_e 上升。

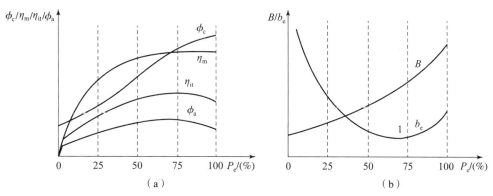

图 7.2.2　汽油机负荷特性

(a) 各参数随负荷变化；(b) 负荷特性曲线

3. 燃气轮机

图 7.2.3 是三轴燃气轮机的最佳负荷特性，由于涡轮压气机转速与发动机功率呈线性关系，因此用高压涡轮转速来描述负荷变化。燃油消耗率 g_e 随涡轮转速下降和负荷减小而呈线性增加，也就是说，发动机功率较小，发动机效率越低，g_e 也就越高；高压涡轮转速越低，g_e 成倍增加。因此，燃气轮机低负荷时经济性变差是其明显的缺点，通过增加回热器可以得到有效的改善。

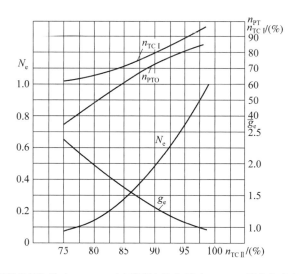

$n_{TC\,I}$—低压涡轮压气转速；$n_{TC\,II}$—高压涡轮压气机转速；n_{PTO}—最佳的动力涡轮转速。

图 7.2.3　三轴燃气轮机的最佳负荷特性

7.2.3　发动机的万有特性

万有特性一般是在以转速 n 为横坐标、平均有效压力 p_e（或转矩 T_{tq}）为纵坐标的坐标平面内绘出一些重要特性参数的等值曲线族，其中最重要的就是燃油消耗率 b_e，此外还有排气温度、过量空气系数 ϕ_a 以及各种排放参数等。

图 7.2.4 为典型的内燃机关于有效燃油消耗率 b_e 的油耗特性示意图，也可称为燃油经济性特性曲线族，简称油耗特性曲线。为了绘制内燃机的油耗特性曲线，可以先绘制不同转速下的多条负荷特性曲线或不同油门（节气门）位置下的多条速度特性曲线，然后把不同特性曲线上的各等值 b_e 点连接起来即可。将外特性和最大油门（节气门）位置调速特性的 $p_{me}(T_{tq})$ 标在万有特性曲线上，即得到内燃机万有特性曲线的上边界，内燃机可在该边界以下各转速和负荷下工作。

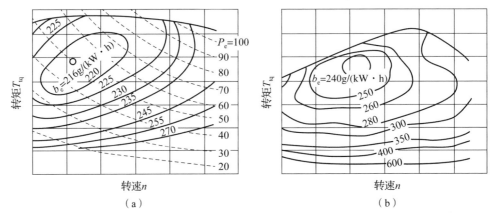

图 7.2.4　内燃机的油耗特性示意图
（a）柴油机；（b）汽油机

从万有特性曲线中，可清楚地了解内燃机在各种工况下的性能，很容易找出最经济的负荷和转速。

在万有特性曲线上，最内层的等 b_e 线相当于最经济的区域，曲线越向外，经济性越差。等 b_e 线的形状及分布情况对内燃机使用经济性有重要影响。如果曲线的形状在横向上较长，则表示内燃机在负荷变化不大，而转速变化较大的情况下工作时，有效燃油消耗率变化较小。如果曲线形状在纵向较长，则表示内燃机在负荷变化较大，而转速变化不大的情况下工作时，有效燃油消耗率变化较小。

从图 7.2.4 可以看出，汽油机和柴油机的油耗特性有明显差异。首先，汽油机的 b_e 普遍比柴油机高；其次，汽油机的最经济区域处于偏向高负荷的区域，且随负荷的降低，油耗增加较快，而柴油机的最经济区域则比较靠近中等负荷，且负荷改变时，油耗增加较慢。所以，在实际使用时，柴油汽车与汽油车在燃油消耗上的差距，比它们在最低燃油消耗率 b_{emin} 上的差距更大。

车辆的行驶阻力与车速有关，作用在内燃机曲轴的负荷主要取决于行驶阻力和所挂排挡。同样的车速和行驶阻力下，要求内燃机输出功率是一定的，但在同样功率下排挡不同时换算到曲轴的阻力矩不同。由图 7.2.4（a）中等功率线可看出，同样的功率可以有不同的转矩 T_{tq} 和转速，相应的 b_e 也不同。车辆运行时，应选择合适的排挡，提高负荷率，以保证内燃机负荷和转速在低油耗区范围内。

图 7.2.5 给出了一汽油发动机的万有特性曲线，其上有等燃油消耗率曲线。根据这些曲

线，可以确定发动机在一定转速 n、发出一定功率 P_e 时的燃油消耗率 g_e。为了便于进行计算，按照转速 n 和车速 u_B 的转换关系在横坐标上画出汽车（最高挡）的行驶车速比例尺。

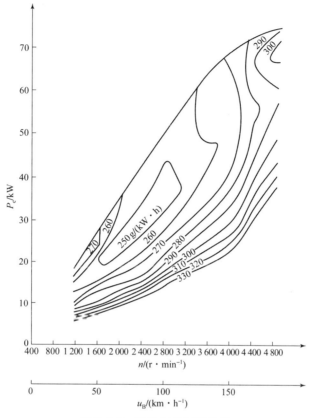

图 7.2.5　汽油机的万有特性

7.3　变速、转向及制动性能

车辆传动装置最主要的功能是变速、转向和制动，这三方面性能是评价传动装置好坏的基本依据。变速性能取决于变速机构和换挡操控，转向性能取决于转向机构和转向操控，制动性能取决于制动器及其操控机构。

7.3.1　变速性能

车辆变速是由变速机构来实现的，变速机构的好坏取决于两方面，一是传动比是否满足车辆动力性要求；二是换挡操控是否平稳、快捷、轻便。这些功能要求往往决定着建模和仿真的分析目标。

变速机构通常为齿轮变速箱，其传动比设计是通过牵引计算来确定的，必须同时满足最大速度、最大坡度和加速性要求，而且要确保传动比能可靠实现有级切换，这是满足变速功能的前提。带有液力传动的变速箱换挡会更加平稳，扭矩适应性也更好。传动比设计好坏通常在表征动力性的牵引特性图中得到体现。

换挡操控要求做到平稳、快捷、轻便，平稳指的是换挡要自然切换、冲击小；快捷指的是换挡在满足平稳的条件下尽可能迅速到位；轻便指的是换挡机构操纵力要小，适合大多数驾驶员。换挡操作不仅与换挡机构有关，还与驾驶员操控熟练程度和技能有关，也与操控的自动化程度有关。操控性通常由换挡特性图来体现。

7.3.2 转向性能

转向性能是车辆改变运动方向的一种能力，它既和车辆结构参数、动力特性、转向机构的结构型式有关，又和地面条件有关。任一条件的变化，都会影响车辆的转向性能。转向性能的好坏常用"旋转快""占地小"和"用力少"作为评价标准。轮式车辆由操纵稳定性来反映，履带车辆由转向机构和转向功率平衡来反映，主要指标如下。

1）平均旋转角速度

车辆的平均旋转角速度，是指车辆在转向过程中转过的角度与所用时间的比值。平均角速度越大，车辆转向越快；越小，车辆转向越慢。

2）最小转向半径

最小转向半径标志着车辆在狭窄地域的转向通行能力。

对于轮式车辆，主要指方向盘为最大转角时，车辆所能实现的最小转向半径。

对于履带车辆，如坦克，主要考虑规定转向半径数目和最小值。规定转向半径数目的多少，决定了坦克能够以较多半径进行持续转向可能性的大小。规定转向半径越多，以规定转向半径转向的可能性越大，转向性能越好。当坦克具有无数多的规定转向半径时(无级转向机构)，便能随时以任意的规定转向半径和任意长的时间进行转向，这种坦克具有较理想的转向性能。如果坦克只有一个规定转向半径，那么当路面不允许用该规定半径转向时，只能用非规定转向半径转向。此时，为了防止烧坏摩擦元件，必须采用断续式转向，转向轨迹为一折线，转向过程是冲击式的，所以转向速度较慢，转向性能较差。最小规定转向半径的大小，决定了坦克转向时所占最小面积的大小。显然，最小转向半径越小，坦克在狭窄地面上转向的可能性越大，转向性能越好。总之，规定转向半径数目越多，最小规定转向半径越小，转向性能越好。

3）转向单位阻力

转向单位阻力(单位车重所受到的转向阻力)的大小，表示了转向时克服内、外阻力的大小。转向单位阻力越大，表明转向阻力越大，转向越困难。轮式车转向阻力远远小于履带车辆，因而转向轻便性更好。

当坦克的动力因数大于或等于转向单位阻力时，坦克可以做加速或匀速转向；当坦克的动力因数小于转向单位阻力时，坦克就不能做匀速转向。因此，坦克的转向单位阻力越小，坦克的动力因数越大，转向越容易，转向性能也越好。

4）转向操控性

转向操控性主要指转向操纵是否满足转向行驶要求，由轮式车辆的转向系或履带车辆的转向操纵机构来实现。

5）转向安全性

转向安全性主要指转向时保持车辆不发生侧翻、侧滑的极限安全性，与车辆结构、转向机构、路况、行驶状态等有关，是车辆综合性能指标之一。

7.3.3 制动性能

制动性能是保证车辆安全行驶的前提和基础,包括减速、制动、紧急停车、驻车、坡上起车等功能,主要取决于车辆的制动器性能,通常用制动距离来评价。

制动器的特征是制造一个切向力,使车辆在风阻力和滚动阻力的作用之外达到更大的减速度效果,其主要任务是帮助车辆在一定的路况之下取得最佳的制动效果。由此必须要考虑两个主要的问题:一是怎样设计制动力分配才能使得各个制动轴附着率得到充分利用;二是怎样处理动能和势能转化成热能的问题,不会产生制动器过热而烧毁。对于不同结构型式的车辆及其制动器,必须依据具体结构来建模,并依据分析目标进行仿真试验。

7.4 动力传动部件的性能模拟

车辆传动装置能够最大限度调节和改善发动机的性能不足,来满足车辆行驶的各种要求,如变速、转向、制动、爬坡和自动化操控等。因此,传动和操控部件种类很多,其功能也各不相同,主要有变速机构、转向机构、制动器、离合器、联轴器、变矩器、耦合器、传动箱、侧减速器、操纵机构等,针对不同结构的部件应依据其工作机理和结构参数采取不同方式的建模。同时,基于不同载荷工况,以及不同性能分析目标,对动力传动部件可建立不同的数学分析模型,主要包括动力学、扭振、结构强度、疲劳可靠性等模型。

动力传动部件的性能模拟通常由部件台架试验或计算机建模仿真来实现,本节对其工作过程模拟以稳态和瞬态分析为主,不对扭振模型作具体分析。

7.4.1 载荷工况

动力传动部件建模必须首先确定载荷工况,这取决于分析目的和失效模式。

车辆在使用中传动装置可能发生的故障,分为两类:

(1) 当作用在零件上的应力超过材料的强度极限时,产生的突然破坏;

(2) 在使用期间内,在零件上由于逐渐累积的损坏而产生的破坏,如疲劳损坏、磨损、塑性变形不可恢复的累积等。

载荷工况不同,破坏形式也不同,强度及使用寿命的计算方法也就不同,对应上述两类故障形式的计算分别为:①在峰值载荷作用下静强度的计算,②在车辆整个使用期间循环载荷作用在零件上的疲劳寿命计算。

1. 静强度计算

传动装置的静强度计算的 3 种载荷工况如下。

(1) 按照发动机的最大转矩计算。在这种载荷工况下,作用在零件上的计算力矩为发动机外特性曲线上的最大转矩与从发动机到传动装置所计算零件传动比的乘积。

(2) 按照在传动装置非稳定工况时产生的最大动载荷计算。车辆在起步、换挡、制动和遇到障碍等非稳定工况时,传动装置承受的最大载荷受到摩擦元件打滑力矩的影响,需要按照传动装置结合的摩擦元件的打滑力矩计算,摩擦元件起保险离合器作用。对多自由度变速箱同时操纵多个摩擦元件时,计算力矩按照在该工况下具有最小储备系数的摩擦元件的打滑力矩计算。

(3) 按照推进装置与地面的附着力矩来计算。在某些情况下，由于传动装置的低挡传动比较大，传递到主动轮上的力矩大于地面附着力矩，履带打滑，因此，按照地面附着力矩，计算主动轮的力矩，然后再依据传动比换算到所计算的传动部位的零件。

传动装置的静强度计算可按两种方法进行，第一种方法是按照第一种载荷工况计算，计算的安全系数按照零件材料的屈服极限应不小于 2~3；第二种方法是按照第二和第三种载荷工况计算出的打滑力矩中最小的力矩作为计算力矩，计算的安全系数按照零件材料的屈服极限应不小于 1.2~1.5。

按照第一种载荷工况（发动机最大转矩）计算得到的应力数值高于平均使用的值，但低于车辆起步、换挡等非稳定工况时发生的峰值。这种计算方便简单，可与长期的设计经验相比较，实际中常用。

2. 疲劳寿命计算

车辆传动装置的零部件承受的载荷主要是发动机和道路激励以及传动系内部的冲击等交变载荷，在这种随时间变化的载荷的作用下，其破坏形式一般是疲劳破坏。统计资料表明，零件的破坏 50%~90% 为疲劳破坏。随着车辆传动装置向高转速、高功率密度方向发展，其零部件的应力越来越高，使用条件越来越恶劣，发生疲劳破坏的现象越来越多。因此，在车辆传动装置的设计中，仅进行静强度计算，是远远不够的，必须计算零件的疲劳寿命。

进行疲劳寿命预测的前提是已获得经过加工处理的载荷谱和材料疲劳特性曲线，这样就可以采用适当的方法对新设计的零件的寿命进行预测，或者在改进原设计时进行评估。

载荷谱通常源于台架或实车试验，并基于车辆行驶工况的负载与速度关系试验数据，通过特定的统计处理方法的来生成。

7.4.2 发动机扭矩模型

发动机的动态特性主要包括稳定工况和非稳定工况两种工作状态下的动态特性。稳定工况下发动机的输出转矩是脉动的，是车辆传动系统扭转振动的主要激励源。发动机在非稳定工况的工作状态非常复杂，油门开度和负载都不断变化。在进行车辆动力传动系非稳定工况动态特性研究时，精确地描述发动机的输出特性非常困难，一般用发动机的静态特性近似描述其动态过程。

1. 柴油机

柴油机的外特性、调速特性和制动特性曲线如图 7.4.1 所示。

柴油机的外特性可用下式近似描述：

$$\begin{cases} M_e = B_1 + B_2\omega_e - B_3\omega_e^2, & \omega_{emin} \leq \omega_e \leq \omega_{eN} \\ M_e = K(\omega_{emax} - \omega_e), & \omega_{eN} < \omega_e \leq \omega_{emax} \end{cases} \quad (7.4.1)$$

式中　B_1，B_2，B_3，K——发动机特性常数；

ω_{emin}，ω_{eN}，ω_{emax}——发动机最小稳定角速度、额定角速度和最大角速度。

柴油机的调速特性可用下式近似描述：

$$M_e = B_1 + B_2\omega_{emin} - B_3\omega_{emin}^2 \quad (7.4.2)$$

柴油机的制动特性可用下式近似描述：

$$M_e = -(B_4 + B_5\omega_e) \quad (7.4.3)$$

式中　B_4，B_5——发动机特性常数。

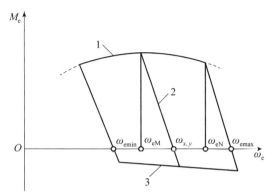

1—$M_{KP}(\omega_e)$，外特性曲线；2—$M_P(\omega_e, \alpha_T)$，调节特性曲线；3—$M_T(\omega_e)$，制动特性曲线。

图 7.4.1 柴油机的外特性、调速特性和制动特性曲线

2. 燃气轮机

燃气涡轮发动机的转矩取决于发动机动力涡轮转速 n_{CT}，传输供给燃料状态 α_T 和受控的涡轮导向器（PCA）状态 α_{PCA}。

通常情况下，PCA 可以处于 3 种相对独立的状态：工作状态、分离状态和制动状态。PCA 的现有状态由已知的标准时间函数确定。

图 7.4.2 为三轴燃气轮机在最大燃料供给和最小气流量（对应最低燃料供给）时的理想特性曲线。可以简化认为这些特性曲线是发动机输出轴转速的线性函数。

可将发动机随时间改变的调节额定参数 $0 \leqslant \alpha_T \leqslant 1$ 看作是外来的调节作用（供给燃料），其中，$\alpha_T = 1$ 对应着最大燃料供给，$\alpha_T = 0$ 对应最小燃料供给。引入参数 $0 \leqslant S_{TK} \leqslant 1$，当二级涡轮压缩机的转速最大时，$S_{TK} = 1$；最小时，$S_{TK} = 0$；稳定工作

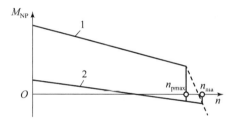

1—最大燃料供给；2—最小燃料供给。

图 7.4.2 燃气轮机最大和最小燃料供给情况下理想特性曲线

状态下可以近似认为 $S_{TK} = \alpha_T$。在变工况状态下，涡轮压缩机部件的惯性作用 S_{TK} 会滞后于 α_T，将确定 S_{TK} 的问题简化为对一阶微分方程的求解，T_{TK} 为一时间常量，即

$$T_{TK} \dot{S}_{TK} + S_{TK} = \alpha \tag{7.4.4}$$

这样，参数 S_{TK} 看作是信号 α 通过积分的结果。增大和减少燃料供给时会对应不同的时间常数：当 $\alpha_T > S_{TK}$ 时，等于 T'_{TK}；当 $\alpha_T < S_{TK}$ 时，等于 T''_{TK}。

发动机转矩是 S_{TK} 的复杂非线性函数，但对于 PCA 工作状态下，在所指出的问题范围内，可通过简化由特性曲线线性插值获得，即

$$M_{KP}(n_{CT}, \alpha_T) = M_2(n_{CT}) + [M_1(n_{CT}) - M_2(n_{CT})] S_{TK} \tag{7.4.5}$$

其中，M_1 和 M_2 分别对应最大和最小燃料供给状态下的转矩。

同理，可以推出 PCA 处于摩滑和制动状态下的发动机特性曲线。

当 $n_{CT} < n_{pmax}$ 时，式（7.4.5）适用，n_{pmax} 为发动机输出轴的最大工作转速。超出 n_{pmax} 时，会自动切换到制动状态。当转速 $n_{CTmax} \approx 1.03 n_{pmax}$ 时，PCA 处于制动状态。

7.4.3 动态模拟的当量系统模型

1. 动态过程及模拟

设计和使用军用履带车辆的特殊性取决于动力传动装置中产生的动态过程特性。动力传动部件具有弹性，在周期性变化的转矩作用下，多个质点运动的瞬时速度不同，产生振动质量本身的惯性力矩和振动质量间的弹性力矩。在这些力矩作用下，系统由静止状态过渡到振动状态。

自由振动是由内部变化的力矩引发的，这些振动的频率由系统的基本参数决定。每一种自由振动对应着一个固定的表达式——振动质量的振幅与连接变形间相互关系的总和。动力传动装置组成的多样性确定了系统中诸多集中质量，现行的各种变速箱具有包括车辆直线和转向行驶传动装置在内相应的不同结构型式。所有这些都确定了自由振动振型的多样性，这些自由振动将在动力传动装置各元件摩擦力矩的作用下迅速衰减。

强迫振动是在外部力矩作用下产生的振动。这些振动的频率等于产生振动的周期性干扰力的频率，也就是说与振源的振动频率成正比。当强迫振动的频率与传动系统的某一固有频率一致时，产生共振。这时，振动幅度最大，相应的频率称为共振频率。在动力传动装置中强迫振动的激励源可能是能源产生的不均衡转动力矩（发动机）以及这些能源的使用者（压缩机、泵等），路面不平度产生的车体振动，传递功率的装置产生的振动（履带板互相碰撞、齿轮啮合、一些回转零件的偏心）等。

路面或地形的不平度以及运动阻力矩的变化是发动机负载与转速大幅度变化的主要因素。转速的变化范围不由发动机轴的最大转速和最低稳定转速决定。在非稳态工况下，如不适时地由低速挡挂入高速挡时，会降低发动机轴的转速而使它低于最低稳定转速；当从高速挡挂入低速挡时，会使转速增加而超出最大允许值。

发动机工作具有较大转速变化范围，动力传动装置中自由振动和强迫振动振源的形式多种多样，很有可能发生共振。共振状态的主要特征是当负载数值很大时，动力传动装置的传动零件强度和使用寿命受到影响，并且位于共振区范围内共振频率上的发动机会空转。这种现象可能发生在克服阻力所需系统功率超出发动机供给功率（发动机起动时期）的情况下，此时发动机不能可靠起动。在动力传动装置工作时，频繁改变工况（转弯，加速，减速，坦克火炮发射炮弹）的过渡状态是十分重要的，这时动力传动装置各部件上作用着由惯性和振动两部分组成的脉冲负荷，且大多数情况下这些脉冲负荷将成为负荷的主要成分。由摩擦元件分离过程中车辆的速度和加速度、车辆行驶路线以及动力传动装置的一些部件转速随时间的变化，可以判断过渡状态。

过渡状态大都是非稳态过程。稳定性是指当向系统施加一些外作用力后，系统可以恢复到初始状态的能力。过渡状态的不稳定性（摩擦离合器摩滑时）是由于系统中产生了发散振动或自激振动。

运用模型分析动态过程就是指将所研究的物理现象分解，并建立一些数学简图。这些数学简图用来描绘一些外部作用和系统内零件、系统、受控对象、工作部件之间及车辆整体的相互作用。建立动态过程模型就是运用一些规则和假设，用理想模型替代实际动态过程。这些理想模型与原过程则依据最初参数准则等效。对研究对象的模拟还要求将弹性、耗散、惯性要素特性理想化，与外部环境的作用力和运动联系也要模型化。

2. 实际系统的简化原则

车辆动力传动系统是一个非常复杂的连续弹性质量系统，对其进行动态性能分析时需要进行简化。进行简化时，理想地认为车辆动力传动系统是由一些只有转动惯量而无弹性变形的刚体和一些只有弹性变形而无转动惯量的弹性轴段组成。在简化过程中，遵循以下5点原则：

（1）忽略系统间隙，将动力传动系统转化为线性多自由度集中质量-弹性质量系统；

（2）转动惯量大且集中的部件为非弹性体，转动惯量小且分散的部件为无惯量弹性体；

（3）对于大惯量的部件，以其回转平面中心线作为该部件的质量集中点；

（4）相邻两集中质量间的连接轴，其转动惯量可平均地分配到两集中质量上，其扭转刚度就是两集中质量间的当量扭转刚度；

（5）激励力矩作用在惯性元件上。

3. 典型部件转动惯量的确定

1）轴、齿轮等转动惯量的确定

材料力学提供了简单几何体零件转动惯量的计算公式，可以将齿轮和轴等零部件划分为若干简单几何体零件，分别计算其转动惯量，再进行合成，得到齿轮和轴的转动惯量。对于曲柄等复合回转体的转动惯量，可采用近似求解。

利用实验方法或 Pro/e、UG、I-DEAS 等软件可以精确地确定复杂形状零部件的转动惯量。

2）变转动惯量问题

最常见的变转动惯量问题是转动惯量随轴的旋转而周期性变化，如活塞连杆机构，它属于非线性问题，比较复杂，通常采用一些简化方法确定其转动惯量。

精确求解往复运动质量对轴系的回转惯量问题，要用能量方程式。例如，经分析计算，以曲轴回转一周能量守恒建立方程计算得，活塞组加连杆小端的往复运动质量的当量转动惯量 J_e 为

$$J_e = \frac{1}{2}(m_p + m_{c1})\left(1 + \frac{\lambda^2}{4}\right)R^2 \qquad (7.4.6)$$

式中　m_p——活塞组质量；

　　　m_{c1}——连杆小端往复运动质量；

　　　λ——曲柄与连杆的长度比；

　　　R——活塞半径。

3）平面行星齿轮系各部件的惯量

下面以单轴输入、单轴输出的单排平面行星齿轮系为例讨论行星架、太阳轮和齿圈转动惯量的计算方法。

（1）太阳轮为输入元件，行星架为输出元件。

太阳轮为输入元件，行星架为输出元件时，行星齿轮系几何运动及行星轮受力分析如图7.4.3所示。c、s、p 和 r 分别代表行星架、太阳轮、行星轮和齿圈。假定太阳轮和齿圈的绝对位移 φ_s 和 φ_r 方向相同，设 $\varphi_s > \varphi_r$，于是得到 s、p 和 r 之间的相对位移关系。图7.4.3 (b) 中箭头方向表示功率流方向，取行星轮 p 为自由体，其受力分析如图7.4.3 (c) 所示。图中，F_c、F_s 和 F_r 分别为行星架、太阳轮和齿圈作用在行星轮上的力。依据力矩、速度和几何关系得

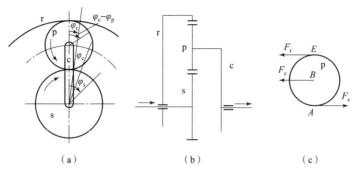

图 7.4.3 行星轮系几何运动及行星轮受力分析图

(a) 几何运动图；(b) 行星排示意图；(c) 行星轮受力分析

齿圈 r 制动时，太阳轮 s 对其旋转轴线的等效转动惯量为

$$J_s^e = \frac{2nJ_p}{(1-k)^2} + J_s \tag{7.4.7}$$

齿圈 r 制动时，行星架 c 对其旋转轴线的等效转动惯量为

$$J_c^e = \frac{nJ_p(1+k)^2}{(1-k)^2} - nm_pR_c^2 + J_c \tag{7.4.8}$$

式中　J_s——太阳轮对其旋转轴线的转动惯量；

　　　J_c——行星架对其旋转轴线的转动惯量；

　　　J_p——行星轮对其旋转轴线的转动惯量；

　　　k——行星排参数；

　　　n——行星排行星轮数目；

　　　m_p——行星齿轮质量。

（2）齿圈为输入元件，行星架为输出元件。

同样方法可求得太阳轮 s 制动时，齿圈 r 对其旋转轴线的等效转动惯量为

$$J_r^e = J_r + \frac{2k^2nJ_p}{(k-1)^2} \tag{7.4.9}$$

（3）平面行星轮系的当量系统模型。

不考虑齿轮啮合刚度，输入输出元件之间有一定的传动比关系，可将行星排简化成定轴齿轮传动系统，建立 2 自由度（2 个集中质量）当量系统模型，如图 7.4.4（a）所示。J_1^e 和 J_2^e 是输入和输出元件对其旋转轴线的等效转动惯量；i 为输入、输出元件的传动比。图 7.4.4（a）进一步简化可得到平面行星轮系单自由度当量系统模型，如图 7.4.4（b）所示。

4. 典型部件扭转刚度的确定

用计算或试验方法可确定部件的扭转刚度，下面讨论用计算法确定部件的扭转刚度。

1）轴的扭转刚度

在材料力学中，轴的扭转刚度 K 定义为，在轴的全长范围内产生单位扭转角所需的扭

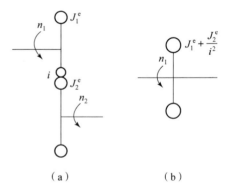

图 7.4.4　平面行星轮系当量系统

(a) 当量系统 1；(b) 当量系统 2

矩。据此，依据材料力学公式可知，对于等直径圆轴有

$$K = \frac{\pi G D^4}{32L} \qquad (7.4.10)$$

式中　G——材料的剪切弹性模量；
　　　D——轴的直径；
　　　L——轴的长度。

对于传动系的复杂轴段，常简化为阶梯轴或者套轴，按照刚度串联或者并联的方法求解。轴端串联使轴变长，刚度减小。

在实际工程中，常遇到开有花键或者键槽的阶梯轴。目前，通常采用以下 4 种方法计算这类轴的扭转刚度。

(1) 将开有花键或键槽的阶梯轴简化成与其最小横截面直径相等的圆轴，然后按材料力学的有关公式计算。

(2) 用有限元法求解圣维南扭转应力函数。

利用图表和曲线查得各自的扭矩系数 K 后，分别求出花键轴段、键槽轴段和阶梯轴段各自的扭转刚度。然后，将计算所得结果按一定的法则，通过串联和并联的组合，最终求得全轴的扭转刚度。

(3) 利用 ANSYS、I-DEAS、ADAMS 等软件进行计算，通过给零件施加约束和扭转力矩，得出所加力产生的角变形来计算轴段扭转刚度。

(4) 利用经验公式，考虑花键连接和单键连接处的扭转刚度为

$$K = \beta d^2 l h z \qquad (7.4.11)$$

式中　β——花键连接和单键连接的系数，对于半圆键连接，$\beta = 115 \text{ N}/(\text{rad} \cdot \text{m}^3)$；对于花键连接，$\beta = 379 \text{ N}/(\text{rad} \cdot \text{m}^3)$。
　　　d——连接处直径(花键连接时 $d = d_{cp}$，d_{cp} 为花键节圆直径) (m)。
　　　l——连接长度(m)。
　　　h——键的有效长度 (m)。
　　　z——单键(花键)数。

2) 万向节的扭转刚度

万向节的扭转刚度计算公式为

$$K = A d^3 \qquad (7.4.12)$$

式中　A——系数，$A = 32 \text{ N}/(\text{rad} \cdot \text{m}^2)$；
　　　d——被连接轴的直径 (m)。

3) 盖斯林格联轴器的扭转刚度

盖斯林格联轴器是通过内部簧片的高弹性和油流动所形成的阻尼来改善轴系扭振的，它的扭转刚度是振动频率的函数，其经验公式为

$$K_d = \begin{cases} K_s(1 + 0.37\omega/\omega_0), & 0 < \omega < \omega_0 \\ K_s(11 + 027\omega/\omega_0), & \omega > \omega_0 \end{cases} \qquad (7.4.13)$$

式中　K_d——联轴器动扭转刚度；
　　　K_s——联轴器静扭转刚度；
　　　ω_0——联轴器自振频率；

ω——系统振动频率。

5. 典型部件阻尼系数的确定

一般情况下,车辆动力传动系统中的能量消耗由零件材料中的滞后损失、键连接、轴承支承、齿轮啮合中的流动阻尼以及各种阻尼装置中的阻尼引起。零件材料中的能量损失可以不考虑,因为金属中的相对能量耗散比(一个振动循环内的能量散耗同整个循环的能量的比值)是很小的,一般为 0.01~0.02。

车辆动力传动系统中的阻尼主要有发动机阻尼、轴段阻尼、联轴器阻尼、液力变矩器阻尼、减振器阻尼、惯量阻尼等,这些阻尼属于摩擦阻尼。摩擦阻尼具体可分为外阻尼和内阻尼。所谓外阻尼,就是系统各零部件表面和外界物体表面或介质摩擦产生的阻尼,如活塞与气缸之间、轴颈与轴承之间、变矩器叶片与液体之间的阻尼等;内阻尼是振动物体因变形而产生的分子之间的摩擦阻尼,也叫材料的滞后阻尼。车辆动力传动系统除了一般概念上的摩擦阻尼外,还包括一种"假阻尼"。由于轴系在扭振过程中转动惯量和扭转刚度的不稳定,使轴系的自振频率不稳定;又由于曲轴回转的不均匀度,使激励力矩的频率不稳定。所有这些不稳定因素都将使轴系的共振工况不易建立,使实际的共振振幅有所减小,将这种实际共振振幅的减小视为假阻尼的作用。

1) 发动机阻尼系数

在进行车辆动力传动系统扭转振动计算中,估算发动机阻尼系数是必不可少的。计算阻尼的经验公式中,用放大系数和阻尼功的形式表示的阻尼系数公式比较多,但直接给出单气缸阻尼系数的公式尚少。单气缸阻尼系数一般是通过大量实验得到的,与发动机类型、单气缸结构、冲程长短、振型及频率等种种因素有关,还没有一个通用的阻尼系数计算公式解决所有问题。常用的与单气缸尺寸有关的单气缸阻尼系数公式为

$$C_z = k_e A R^2 \quad (7.4.14)$$

式中 A——活塞面积(m^2);

R——曲柄半径(m);

k_e——取决于机型的系数($N \cdot s/m^3$)。

Wydler 公式和 Ker. Wilson 公式具有这一形式,在 Wydler 公式中,重型机 k_e 的取值为 $(0.04 \sim 0.07) \times 10^{-8}$;在 Ker. Wilson 公式中,高速机 k_e 的取值为 $(1.4072 \sim 4.2216) \times 10^{-8}$。

2) 液力变矩器阻尼系数

液力变矩器的减振性能被人们广泛认知,但其减振效果的定量分析一直是车辆动力传动系统扭振分析中的难题。

利用阻尼转矩及阻尼功的概念可得到确定液力变矩器阻尼系数的方法。假设液力变矩器的阻尼为线性阻尼,液力变矩器损失功率等于液力变矩器阻尼力矩所做的功,则液力变矩器阻尼力矩可表示为

$$M_C = C\dot{\varphi} \quad (7.4.15)$$

式中 C——液力变矩器黏性阻尼系数;

$\dot{\varphi}$——扭振角速度。

车辆动力传动系统的激励按傅里叶级数展开为一系列不同谐次的正弦项的叠加,设在第 r 谐次简谐激励下,液力变矩器扭振角位移响应为

$$\varphi_r = A_r \sin \omega_r t + B_r \cos \omega_r t$$

式中 A_r、B_r——第 r 次激励下响应的正弦项和余弦项的扭振幅值；

ω_r——第 r 次外激励角频率。

依据上述方法计算可得出 C 的计算公式为

$$C = \frac{2(M_P - M_T i_y)}{\sum_r r\omega_P(A_r^2 + B_r^2)} \tag{7.4.16}$$

式中 M_P、M_T——泵轮输入转矩、涡轮输出转矩；

ω_P——泵轮角速度；

i_y——液力变矩器的传动比，$i_y = \omega_T/\omega_P$，ω_T 为涡轮角速度。

依据式(7.4.16)可计算得到 C 是 ω_P 的函数，可由试验数据拟合得到。

3）弹性联轴器阻尼系数

弹性联轴器阻尼以轴段阻尼形式考虑，联轴器的阻尼系数公式为

$$C_R = \frac{\psi K}{2\pi\omega} \tag{7.4.17}$$

式中 K——联轴器扭转刚度；

ψ——损失系数；

ω——系统振动圆频率。

不同联轴器损失系数的取值如下：①橡胶高弹联轴器，$\psi = 0.75$；②塞销式联轴器，$\psi = 0.085 \sim 0.1$；③盖斯林格联轴器，当 $\omega \leq \omega_0$ 时，$\psi = 2\pi(0.2 + 0.5\omega/\omega_0)$；当 $\omega > \omega_0$ 时，$\psi = 2\pi \times 0.7$，ω_0 为联轴器的自振频率。

4）扭转减振器阻尼系数

（1）对于橡胶硅油减振器、盖斯林格减振器等有阻尼弹性减振器，阻尼以轴段阻尼形式考虑，阻尼系数为

$$C = \frac{\psi K_d}{2\pi\omega} \tag{7.4.18}$$

式中 K_d——动扭转刚度；

ψ——损失系数，选取参见联轴器部分；

ω——振动圆频率。

（2）对于阻尼型减振器（如纯硅油减振器），阻尼以质量阻尼形式考虑，阻尼系数为

$$C = \frac{1}{2}J_d\omega \tag{7.4.19}$$

式中 J_d——纯硅油减振器惯性轮转动惯量。

（3）对于橡胶减振器，阻尼系数取为

$$C = \frac{2\xi K_d}{\omega} \tag{7.4.20}$$

式中 ξ——相对阻尼系数。

5）轴段阻尼系数

以轴段阻尼形式考虑，并作线性化处理，轴段的阻尼系数为

$$C = \frac{0.02}{\pi\omega}K \tag{7.4.21}$$

式中 K——轴段扭转刚度。

6. 当量系统模型

进行履带车辆动力传动部件动态特性计算,必须建立包括发动机、传动装置、整车在内的动力传动系统当量系统的力学模型,包括归一化及非归一化当量系统模型,以及刚性体和弹性体动力学模型。

1) 归一化和非归一化当量系统模型

(1) 建模假设。

对履带车辆动力传动系统,由于动力传递路线随动力传动系统挡位的不同而不同,因此动力传动系统模型随挡位的不同也有所变化。建立力学模型时,遵循能量守恒原则,即转化前后系统的势能、动能和耗散能保持不变。

(2) 归一化当量系统模型。

目前,车辆动力传动系统动力学研究计算模型普遍采用归一化当量系统模型。根据转换前后系统的动能、势能和耗散能保持不变的原则,各旋转件的转动惯量、扭转刚度及阻尼系数等原始参数按式(7.4.22)转换到系统某一轴上。转换后的模型称为归一化当量系统模型。归一化当量系统模型的建立分两步:一是将原系统简化,求得集中质量–弹性轴系统的转动惯量、扭转刚度等参数;二是进行归一化处理。

归一化的表达式为

$$\begin{cases} J = J'/i^2 \\ K = K'/i^2 \\ C = C'/i^2 \\ i = n/n' \\ M = M'/i \end{cases} \quad (7.4.22)$$

式中 C'、K'、J'、n'、M'——转换前系统(即原系统)某部件的阻尼、扭转刚度和对其旋转轴线的转动惯量、转速和扭矩;

C、K、J、n、M——转换后系统(即当量系统)某部件的阻尼、扭转刚度和对其旋转轴线的转动惯量、转速和扭矩;

i——当量系统归一化的轴到原系统实际轴的传动比。

(3) 非归一化当量系统模型。

非归一化当量系统模型为面向部件建模。建模时,转动惯量、扭转刚度及阻尼系数等原始参数不向某一轴进行转换,系统原始参数不变,这种模型称为非归一化当量模型。非归一化当量系统模型的特点如下:

①模型的参数物理意义明确,模型清晰易读、建模过程简单;

②仿真过程中不用进行各挡间不同转动惯量的切换,仿真过程更快捷;

③在后续的仿真计算中,可得到系统中任一部件的运动学和动力学响应;

④部件通用性好,利于模块化建模。

非归一化当量系统模型如图 7.4.5 所示。图中,CT 代表液力变矩器闭锁离合器;CL、CH、CR、C1、C2 和 C3 分别代表动力换挡离合器;P、T 和 D 分别表示液力变矩器泵轮、涡轮和导轮;J'_e、J'_B、J'_T 分别表示发动机、液力变矩器泵轮和涡轮转动惯量;J'_1、J'_2、J'_3、J'_4 表示换挡离合器主动部分或者被动部分的转动惯量;J'_V 为整车质量等效转动惯量;i_1、

i_2、i_3、i_4 为传动比。

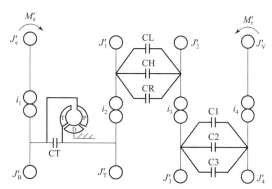

图 7.4.5　非归一化当量系统模型

2）刚性体和弹性体当量模型

（1）车辆传动刚性体当量模型。

简化分析常采用刚性体动力学模型进行车辆传动系统动态特性计算。忽略系统的弹性和阻尼，将各构件视为由单一的惯性环节所组成，得到包含发动机、综合传动和整车质量的动力传动系统的刚性体动力学当量模型。

车辆综合传动系统刚性体动力学当量模型的一般形式如图 7.4.6 所示，该模型为归一化当量模型。发动机和曲轴系统简化为一个集中质量，发动机的转矩作用其上。液力变矩器泵轮、涡轮分别以集中质量来表示，车辆传动系统简化为 8 自由度模型。

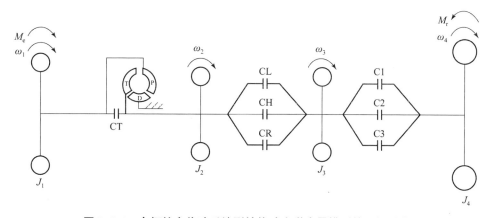

图 7.4.6　车辆综合传动系统刚性体动力学当量模型的一般形式

图 7.4.6 中，J_1 表示发动机至液力变矩器泵轮的当量转动惯量，J_4 为整车质量当量转动惯量，J_2、J_3 表示换挡离合器主动部分、被动部分的当量转动惯量，ω_1、ω_2、ω_3、ω_4 表示对应部分的角速度，M_e 和 M_r 分别表示发动机激励力矩和作用在整车上的阻力矩。

（2）车辆传动弹性体当量模型。

将车辆传动系统简化成线性多自由度集中质量－弹性－阻尼系统，即系统由无惯性的弹性环节和无弹性的惯性环节组成，同时考虑阻尼作用。实际系统各部件以集中质量存在。在简化过程中，忽略轴的横向振动，忽略轴承和轴承座的弹性。阻尼有发动机阻尼、液力变矩器阻尼、轴段阻尼和集中质量阻尼等。车辆综合传动系统弹性体动力学当量模型的一般形式如图 7.4.7 所示。该模型为归一化当量模型，车辆传动系统简化为 8 个自由度的弹性体动力学模型，忽略集中质量阻尼的作用。

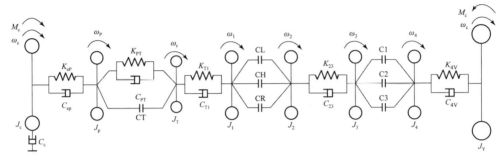

图 7.4.7 车辆综合传动系统弹性体动力学当量模型的一般形式

图 7.4.7 中，K_{ep}、K_{T1}、K_{23} 和 K_{4V} 表示两个集中质量间轴段的当量扭转刚度，C_{ep}、C_{T1}、C_{23} 和 C_{4V} 表示两个集中质量间轴段的阻尼，K_{PT} 表示液力变矩器的等效扭转刚度，C_{PT} 表示液力变矩器的阻尼，其余参数意义同图 7.4.6。机械工况时，液力变矩器闭锁离合器 CT 闭锁，液力变矩器等效扭转刚度和阻尼不起作用；液力工况时，CT 解锁，液力变矩器正常工作。

3) 当量系统的简化方法

车辆传动系统自由度多，模型结构复杂，可根据研究的目的和精度要求，按照一定原则进行简化。目前有许多简化系统的方法，用得最多的是偏频方法。这种方法的基础是用双质量系统代替单质量系统或者用单质量系统代替双质量系统，简化的原则如下。

(1) 简化系统的偏频等于被替换的原系统的偏频。

(2) 要求 $\omega \gg \omega_{lim}$。这里 ω 为原系统频率，ω_{lim} 为所研究的动态系统频率范围上限。ω 的计算公式为

$$\omega = \sqrt{\frac{K}{J}} \tag{7.4.23}$$

式中，对于单质量系统，$J = J_m$，$K = K_m + K_{m-1}$；对于多质量系统，$J = J_m J_{m+1}/(J_m + J_{m+1})$，$K = K_m$。

(3) 在考虑的频率范围内，简化系统的固有频率和振型与被替换的原系统的特性一致，一般情况下，如果研究中只考虑系统前 n 阶的固有频率和振型，则最后简化系统的自由度数应不少于 $n+2$ 个。

双质量系统代替单质量系统如图 7.4.8 所示。双质量系统代替单质量系统时，双质量系统的参数为

$$\begin{cases} J_m^e = \dfrac{K_{m-1}}{K_{m-1} + K_m} J_m \\ J_{m+1}^e = \dfrac{K_m}{K_{m-1} + K_m} J_m \\ K_m^e = \dfrac{K_{m-1} K_m}{K_{m-1} + K_m} \\ C_m^e = C_{m-1} \left(\dfrac{K_m}{K_{m-1} + K_m} \right)^2 + C_m \left(\dfrac{K_{m-1}}{K_{m-1} + K_m} \right)^2 \end{cases} \tag{7.4.24}$$

单质量系统代替双质量系统如图 7.4.9 所示。

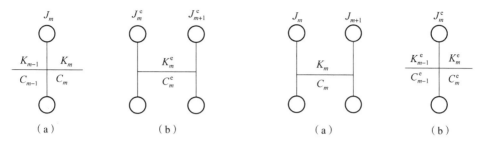

图 7.4.8　双质量系统代替单质量系统
(a) 单质量系统；(b) 双质量系统

图 7.4.9　单质量系统代替双质量系统
(a) 双质量系统；(b) 单质量系统

单质量系统代替双质量系统时，单质量系统的参数为

$$\begin{cases} J_m^e = J_m + J_{m-1} \\ K_{m-1}^e = \dfrac{J_m + J_{m+1}}{J_{m+1}} K_m, \quad K_m^e = \dfrac{J_m + J_{m+1}}{J_m} K_m \\ C_{m-1}^e = \dfrac{C_m}{2}\left(\dfrac{J_m}{J_{m+1} + J_m}\right)^2 + \dfrac{C_m}{2}\left(\dfrac{J_{m+1}}{J_{m+1} + J_m}\right)^2 \end{cases} \tag{7.4.25}$$

把得到的等效系统代入总的动态系统来代替原来的局部系统，这时得到的系统相应的参数应与未进行变换的系统的相应参数合并。如果原系统是边界系统，那么简化方法仍一样，仍保留自由扭转刚度部分，这部分不影响系统的动态过程，可以忽略不计。

7.4.4　齿轮传动装置

车辆传动装置中的传动箱、变速机构、转向机构和减速器基本上都采用齿轮传动装置。进行车辆动力学性能分析时，仅以传动比方式进行简化，而惯性影响往往用质量增加系数来近似代替。如果要进行传动部件扭振或可靠性分析，还要考虑齿轮传动每一环节的转动惯量和扭转刚度的影响。齿轮传动转动惯量的计算在上一小节已介绍，而扭转刚度计算在本小节来说明，齿轮传动的转动挠度等于扭转刚度的倒数。

1. 非行星式齿轮传动

每一个齿轮或齿轮箱都有一个动态当量，此动态当量是相对于广义坐标的真实值建立的，如图 7.4.10 所示，相邻齿轮的动态当量简化后可以相互组合。

动态当量的挠度由下列公式计算得出。

图 7.4.10 (a) 方案挠度的计算公式为

$$e'_{k,k+1} = \dfrac{1}{r_k^2 \cos^2 \alpha}\left[f_k + f_k^{(z)}\right] \tag{7.4.26}$$

图 7.4.10 (b) 方案挠度的计算公式为

$$e'_{k,k-1} = e'_{k,k+1} = \dfrac{1}{r_k^2 \cos^2 \alpha}\left\{f_k\left[1 + \cos\gamma_k^{(z)}\right] + f_k^{(z)}\right\} \tag{7.4.27}$$

图 7.4.10 (c) 方案挠度的计算公式为

$$e'_{k,k-1} = \dfrac{1}{r_{k_1}^2 \cos^2 \alpha}\left\{f_k\left[1 + \dfrac{r_{k_1}}{r_{k_2}}\cos\gamma_k^{(z)}\right] + f_{k_1}^{(z)}\right\} \tag{7.4.28}$$

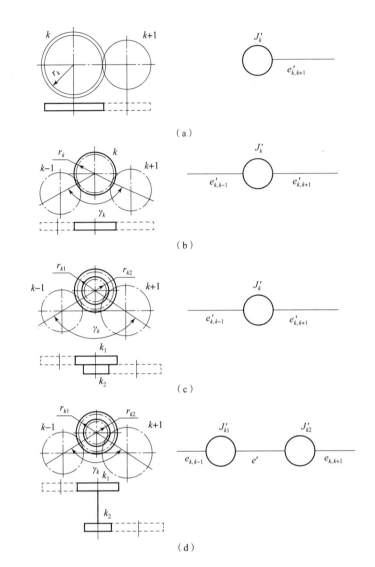

图 7.4.10 各种不同方式的齿轮啮合简图（左侧）和动态当量图（右侧）
（a）单齿轮对啮合；（b）三齿轮啮合；（c）塔形双齿轮对啮合；（d）轴接双齿轮对啮合

$$e'_{k,k+1} = \frac{1}{r_{k_2}^2 \cos^2\alpha} \left\{ f_k \left[1 + \frac{r_{k_2}}{r_{k_1}} \cos\gamma_k^{(z)} \right] + f_{k_2}^{(z)} \right\} \qquad (7.4.29)$$

图 7.4.10（d）方案挠度的计算公式为

$$e'_{k,k-1} = \frac{1}{r_{k_1}^2 \cos^2\alpha} \left[f_{k_1} + \frac{r_{k_1}}{r_{k_2}} f_{k_1,k_2} \cos\gamma_k^{(z)} + f_{k_1}^{(z)} \right] \qquad (7.4.30)$$

$$e'_{k,k+1} = \frac{1}{r_{k_2}^2 \cos^2\alpha} \left[f_{k_2} + \frac{r_{k_2}}{r_{k_1}} f_{k_1,k_2} \cos\gamma_k^{(z)} + f_{k_2}^{(z)} \right] \qquad (7.4.31)$$

式中　α——啮合角；

　　　$\gamma_k^{(z)}$——在节点处 k 齿轮与相邻的 $k-1$ 和 $k+1$ 齿轮间的角度；

　　　r_k——相应齿轮的基圆半径；

f_k、f_{k_1}、f_{k_2}、f_{k_1,k_2}——变形引起的线性换算挠度；

$f_k^{(z)}$、$f_{k_1}^{(z)}$、$f_{k_2}^{(z)}$——节点处弯曲和接触变形齿轮线性换算挠度。

角度 $\gamma_k^{(z)}$ 与齿轮啮合方式（见图 7.4.11）有关，并可通过下列公式计算：

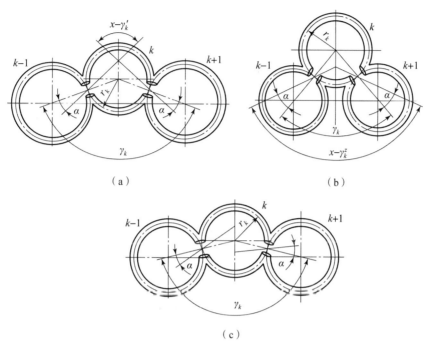

(a) (b)

(c)

图 7.4.11 齿轮双极啮合形式

(a) 拉动 k 齿轮；(b) 推动 k 齿轮；(c) k 齿轮作为主动轮

拉动 k 齿轮时，如图 7.4.11（a）所示，$\gamma_k^{(z)} = \pi - \gamma_k + 2\alpha$；

推动 k 齿轮时，如图 7.4.11（b）所示，$\gamma_k^{(z)} = \pi - \gamma_k - 2\alpha$；

k 齿轮作为主动轮时，如图 7.4.11（c）所示，$\gamma_k^{(z)} = \pi - \gamma_k$。

刚性齿轮挠度与齿轮在轴上的分布有关（见表 7.4.1），计算公式为

$$f_k^{(z)} = K^{(z)}/b_k \tag{7.4.32}$$

式中　b_k——齿轮的宽度（m）；

　　　$K^{(z)}$——经验系数，$k^{(z)} = 3 \times 10^{-11}$（m²/N）。

表 7.4.1 齿轮线性挠度计算

方案	在轴上齿轮的分布	计算公式
a		$f_k = \dfrac{(l-a)^2}{l^2} f_A^{(\pi)} + \dfrac{a^2}{l^2} f_B^{(\pi)}$

续表

方案	在轴上齿轮的分布	计算公式
b	(图：齿轮 k 位于 A 处，固定端支承)	$f_k = f_A^{(\pi)}$
c	(图：k 在 A 左侧，距离 a，A 到 B 距离 l)	$f_k = \dfrac{(l+a)^2}{l^2} f_A^{(\pi)} + \dfrac{a^2}{l^2} f_B^{(\pi)}$
d	(图：A、k_1、k_2、B，A 到 k_1 距离 a，k_1 到 k_2 距离 b，总长 l)	$f_{k_1} = \dfrac{(l-a)^2}{l^2} f_A^{(\pi)} + \dfrac{a^2}{l^2} f_B^{(\pi)}$ $f_{k_2} = \dfrac{b^2}{l^2} f_A^{(\pi)} + \dfrac{(l-b)^2}{l^2} f_B^{(\pi)}$ $f_{k_1 k_2} = \dfrac{b(l-a)}{l^2} f_A^{(\pi)} + \dfrac{a(l-b)}{l^2} f_B^{(\pi)}$

表 7.4.1 中，$f_A^{(\pi)}$、$f_B^{(\pi)}$ 表示的是线性挠度。滚动轴承的径向挠度

$$f^{(\pi)} = \frac{K_1^{(\pi)}}{d} + \frac{4 K_2^{(\pi)}}{\pi d b}\left(1 + \frac{d}{D}\right) \tag{7.4.33}$$

式中 d、D、b——轴承内径、外径和宽度(m)；

$K_1^{(\pi)}$、$K_2^{(\pi)}$——经验系数(m^2/N)。

对于标准系列滚柱轴承，系数 $K_1^{(\pi)}$ 等于 0.52×10^{-10}，宽系列轴承为 0.33×10^{-10}；对于短圆柱滚柱轴承，窄系列为 0.65×10^{-10}，宽系列为 0.43×10^{-10}；双排滚柱轴承为 0.4×10^{-10}，单排滚珠轴承为 3×10^{-10}。如果轴承拉紧安装，那么 $K_1^{(\pi)}$ 的值减少 50%；$K_2^{(\pi)} = 1 \sim 2.5$。

当加工精度较高或内环锥度配合时，$K_2^{(\pi)}$ 取较小值；当按照第七精度等级加工（绞孔和精磨轴颈）或安装多个轮时，$K_2^{(\pi)}$ 相应地变大。

3 个节点的轴承动态当量示意图的轮盘结构比较复杂。实际计算中合理地将 3 个弹性连接的动态当量依据节点数进行简化。这时，取某一功率传输方向为主要方向，齿轮动态当量挠度的确定方法与带有两个节点的齿轮相同。主环节的分支可以看作是独立的齿轮传动系统。

当轴承支点为减振结构时，齿轮传动动态当量弹性连接的能量吸收系数可取 0.4。考虑振动时齿轮接触点处的阻力作用，齿轮质量的能量吸收系数取 0.1。

2. 行星式齿轮传动

行星式齿轮传动动态示意图要考虑内部的弹性连接。行星齿轮具有对称性，可认为行星传动机构的中心轮不受轴向力作用，它们的合成转动挠度主要由行星齿轮和齿轮的形变产生。

第7章 动力传动部件及其性能仿真

与非行星式齿轮传动不同，行星式齿轮传动动态模型中行星式齿轮机构中的一部分不能相对于另一部分简化掉。尤其是针对行星式变速箱来说，其传动过程中单个环节的速度比发生变化。由于包括离合器等在内的支承结构的不同，因此行星齿轮传动的动力学示意图各异，但动态当量的内涵不变，变速箱外传动元件的弹力惯性参数值不变。

在军用履带车辆的传动装置中使用3节点或4节点的行星齿轮系统。最为常见的是带有3个节点的齿轮传动装置（包括太阳轮、齿圈和框架），如表7.4.2中方案a所示。利用齿轮二次啮合可以得到3节点行星齿轮装置（表7.4.2中方案b、c）和双太阳轮的4节点行星齿轮装置（表7.4.2中方案d）。

表7.4.2 行星机构动态模型

方案	行星机构图示	动态等效	等效挠度计算公式
a			$e_{1,2} = \dfrac{f_\mathrm{I}}{r_1(r_1+r_3)}$; $e_{1,3} = \dfrac{f_\mathrm{I}}{r_1 r_3}$; $e_{2,3} = \dfrac{f_\mathrm{I}}{r_3(r_1+r_3)}$; $f_\mathrm{I} = \dfrac{1}{q_s \cos^2 a}[f_1^{(z)} + f_4^{(z)} + 4f_A^{(\pi)}\cos^2 a]$
b			$e_{1,2} = \dfrac{f_\mathrm{II}}{r_1(r_1+r_4)}$; $e_{1,4} = \dfrac{f_\mathrm{II}}{r_1 r_4}$; $e_{2,4} = \dfrac{f_\mathrm{II}}{r_4(r_1+r_4)}$; $f_\mathrm{II} = \dfrac{1}{q_s \cos^2 a}\{f_1^{(z)} + f_4^{(z)} + f_x^{(z)} +$ $2f_A^{(\pi)}[1-\cos(\gamma_A \pm 2a)] +$ $2f_B^{(\pi)}[1-\cos(\gamma_B \pm 2a)]\}$
c			$e_{2,4} = \dfrac{f_\mathrm{III}}{r_4(r_3-r_4)}$; $e_{2,3} = \dfrac{f_\mathrm{III}}{r_3(r_3-r_4)}$; $e_{3,4} = \dfrac{f_\mathrm{III}}{r_3 r_4}$; $f_\mathrm{III} = \dfrac{1}{q_s \cos^2 a}\{f_3^{(z)} + f_4^{(z)} + f_x^{(z)} + 2f_A^{(\pi)}$ $[1+\cos(\gamma_A \pm 2a)] + 2f_B^{(\pi)}[1-\cos(\gamma_B \pm 2a)]\}$

续表

方案	行星机构图示	动态等效	等效挠度计算公式
d			$e_{1,4} = -\dfrac{S}{r_1 r_4 f_{\mathrm{I},\mathrm{III}}};$ $e_{1,2} = \dfrac{S}{r_1(r_1+r_3)f_{\mathrm{II},\mathrm{III}} + r_1(r_1+r_4)f_{\mathrm{I},\mathrm{III}}};$ $e_{1,3} = -\dfrac{S}{r_3 r_1 f_{\mathrm{II},\mathrm{III}}};$ $e_{3,4} = \dfrac{S}{r_3 r_4 f_{\mathrm{I},\mathrm{II}}};$ $e_{2,4} = \dfrac{S}{r_4(r_1+r_4)f_{\mathrm{I},\mathrm{III}} - r_4(r_3-r_4)f_{\mathrm{I},\mathrm{II}}};$ $e_{2,3} = \dfrac{S}{r_3(r_1+r_3)f_{\mathrm{II},\mathrm{III}} + r_3(r_3-r_4)f_{\mathrm{I},\mathrm{II}}};$ $f_{\mathrm{I},\mathrm{II}} = (f_{\mathrm{I}} + f_{\mathrm{II}} - f_{\mathrm{III}})/2;$ $f_{\mathrm{I},\mathrm{III}} = (f_{\mathrm{I}} + f_{\mathrm{III}} - f_{\mathrm{II}})/2;$ $f_{\mathrm{II},\mathrm{III}} = (f_{\mathrm{III}} + f_{\mathrm{II}} - f_{\mathrm{I}})/2;$ $S = f_{\mathrm{I},\mathrm{II}} f_{\mathrm{I},\mathrm{III}} + f_{\mathrm{I},\mathrm{II}} f_{\mathrm{II},\mathrm{III}} + f_{\mathrm{II},\mathrm{III}} f_{\mathrm{I},\mathrm{III}}$
注释	(1) 行星机构各构件间等效扰度用 $e_{i,j}$ 表示，i 和 j 为构件号，不能是同一构件；r_1、r_4 表示太阳齿轮基圆半径；r_3 表示齿圈基圆半径； (2) $f_1^{(z)}$、$f_2^{(z)}$、$f_3^{(z)}$ 表示构件 1、3、4 的刚性齿轮挠度；$f_x^{(z)}$ 表示行星齿轮的刚性齿轮扰度；$f_A^{(\pi)}$、$f_B^{(\pi)}$ 表示 A 处或 B 处行星轮轴承的径向扰度； (3) a 表示齿轮啮合角；γ_A、γ_B 表示在节点处齿轮与相邻齿轮间的角度；q_s 表示齿轮啮合的单位全载荷。		

行星齿轮装置单个轮齿的线性挠度等于依照式(7.4.32)计算得出结果的二倍，轴承挠度可以利用式(7.4.33)计算。

行星齿轮做牵连运动和相对运动时可以简单地认为是没有惯性的，只在计算框架惯性矩时考虑齿轮质量的惯性矩。弹性连接中行星齿轮传动系统的动态当量能量吸收系数取 0.4，齿轮质量的能量吸收系数为 0.1。

3. 条件刚性减速连接的动态当量

过渡工况中（如当摩擦元件起动时）固有振动的整个频谱受到干扰，该固有振动只有在与控制信号作用时间相比得出不可忽视的低频半周期振动时，才会在实际过程中显示出来。当使摩擦元件闭锁时，摩擦接触点增压油缸充满（液体）后，控制压力在 0.02~0.10 s 内急剧上升到额定值，半周期减少 4~5 倍的高频振动实际中是不存在的。因此，在动力传动动态模型中，当动力学原理图的基本组成部分的分频率在 50~60 Hz 范围时，分析过渡工况只考虑具有较大柔韧性的弹性部分。多数情况下，传动过程中只需考虑 3~5 个弹性连接，只在一些个别情况下分析 6~8 个或更多的弹性连接。

由于只考虑频率与摩擦离合器起动作用时间相当的振动（频率为 10~20 Hz），计算摩擦元件起动参数时还可以使用更简单的示意图，即传动中只有1~3个弹性连接，特殊情况下，刚体动力学示意图则不考虑弹性组合。

动力学结构示意图的规范化元件构成齿轮传动的刚性动态当量，该示意图表示传动基本部件的传动连接。

如图7.4.12(a)所示，刚性差速式连接动态简图中包括两个圆和一条闭合曲线（点划线）表示的相关量，通过这条闭合曲线将相关质量块和两个独立质点连接起来，并用动力学微分方程式表示，即

$$\dot{\varphi}_S = i_{S_1}\dot{\varphi}_{S_1} + i_{S_2}\dot{\varphi}_{S_2} \tag{7.4.34}$$

式中 $\dot{\varphi}_S$——质点 S 的速度；

$\dot{\varphi}_{S_1}$、$\dot{\varphi}_{S_2}$——质点 S_1、S_2 的速度；

i_{S_1}、i_{S_2}——传动比。

在差速器中可以认为任意两接点是独立质点，而第三个是非独立点。根据式(7.4.34)，具有相应的传动比的任何两接点组合（摩擦对）受到第三个接点的阻碍。

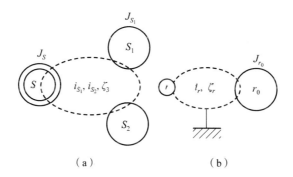

图 7.4.12　刚性减速连接动态简图
(a) 差速式；(b) 单一式

如图 7.4.12（b）所示，单一式减速连接的动态模型示意图包括一个无质量的运动点 r 和一条将该运动点与质点 r_0 组合在一起的闭合曲线，第三个基本要素是固定端。单一式减速连接是差速式连接的特殊情况（一个元件总是固定在机身上）。点 r 和 r_0 传动连接通过方程表示为

$$\dot{\varphi}_r = i_r\dot{\varphi}_{r_0} \tag{7.4.35}$$

式中 $\dot{\varphi}_r$——质点 r 的速度；

$\dot{\varphi}_{r_0}$——质点 r_0 的速度；

i_r——传动比。

离合器全部质量的惯性矩作用在独立质点的一个输入端，动力学相关的二阶输入端可以认为是"零"作用或无惯性作用的。

7.4.5　摩擦式离合器

1. 动态模型

计算发动机激励的转矩是针对每一种传动状态即针对每一个具体的接合摩擦离合器组进行的。从在计算过程中使用的动态示意图上可以看出，接合摩擦离合器组对应着任意质量块

间的一个刚性连接（见图 7.4.13）或是某一质量块与固定端之间的一个刚性连接。非接合摩擦离合器与动力学系统没有任何关联。通常质量块可以是独立的质点、受限质点（差速式连接）或是动力质点（单一式减速连接）。

闭锁摩擦离合器使系统少了一个自由度，约束方程表示为

$$\dot{\varphi}_{pj} - \dot{\varphi}_{qj} = 0 \quad \text{或} \quad \ddot{\varphi}_{pj} - \ddot{\varphi}_{qj} = 0 \quad (7.4.36)$$

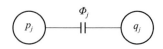

图 7.4.13 摩擦离合器的稳态简图

当解该方程时，每一步积分都确定一个反力矩。该反力矩是扭转系统微分方程中的未知项，微分方程与约束方程联立求解。摩擦离合器分离并开始摩滑的条件是 $|M_{pj}| > M_{\varphi j}^{(0)}$，其中 $M_{\varphi j}^{(0)}$ 是摩擦离合器最大静摩擦力矩。

坦克动力传动过渡工况计算时，第 j 个摩擦离合器的控制条件可以是离合器加压机构中的瞬时控制压力 $p_j(t)$ 或是直接作用在摩擦片组上的轴向力 $Q_j(t)$。

第 j 个摩擦离合器最大静摩擦力矩通过下式计算：

$$M_{\varphi j}^{(0)} = \mu_j Q_j R_{pj} z \quad (7.4.37)$$

式中　Q_j——作用在摩擦片上的轴向力；

　　　z——摩擦对数量；

　　　R_{pj}——摩擦离合器摩擦片平均工作半径；

　　　μ_j——静摩擦系数。

对于在油中工作的摩擦片，$\mu_j = 0.12 \sim 0.15$；对于干摩擦的片式制动器，$\mu_j = 0.30 \sim 0.40$。

滑转摩擦离合器的摩擦力矩为

$$M_{pj} = \mu_d Q_j R_{pj} z \quad (7.4.38)$$

式中　μ_d——动摩擦系数，取决于滑转速度、压力、温度等一系列参数，其数值小于同样条件下的静摩擦系数，是一个变化值。

摩擦离合器结合的条件是当滑转速度跨越 0 时，$|M_{pj}| \leq M_{\varphi j}^{(0)}$。

2. 热计算模型

离合器打滑过程会消耗能量，能量转化为热能散失掉，过多的热集聚有可能烧毁离合器，导致离合器失效。因此，热计算对于离合器而言，必不可少。热量产生的多少取决于离合器打滑过程的滑摩功大小。

离合器滑摩过程中的滑摩功为

$$W_f = \int_0^{t_s} M_{pj} |\omega_{zd} - \omega_{bd}| \mathrm{d}t \quad (7.4.39)$$

式中　t_s——滑摩时间；

　　　M_{pj}——摩擦力矩；

　　　ω_{zd}——离合器主动部分角速度；

　　　ω_{bd}——离合器被动部分角速度。

滑摩功计算时间以实际工况确定，通常按照一个换挡过程、一个加减速过程或一个打滑过程来计算分析。

7.4.6　液力元件

1. 静态模型

液力传动装置有液力变矩器、液力偶合器和液力减速器。

图 7.4.14 (a) 所示的液力变矩器的动态简图中指出了两质量之间的流体动力学关系（分别对应泵轮和涡轮）。当泵轮与涡轮转速相同时（$n_B = n_T$），流体作用在导轮上的反力矩为 0；当 $n_B \neq n_T$ 时，在泵轮上作用有阻力矩 $-T_P$，在涡轮上作用有主动力矩 T_T，且

$$T_P = \lambda_B \rho g D^5 n_B^2, \quad -T_T = \lambda_T \rho g D^5 n_T^2 \quad -T_T = K T_P \tag{7.4.40}$$

式中　D——工作轮的有效直径；
　　　K——变矩比，它是 $i_y = n_T/n_B$ 的函数；
　　　ρ——工作液体密度；
　　　λ_B、λ_T——泵轮、涡轮力矩系数。

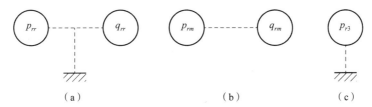

图 7.4.14　液力传动装置动态简图
(a) 液力变矩器；(b) 液力偶合器；(c) 液力减速器

变矩器的效率为

$$\eta = \frac{-T_T n_T}{T_P n_B} = K i_y \tag{7.4.41}$$

变矩器原始特性决定着其静态模型性能，包括 $K = f(i_y)$、$\eta = f(i_y)$ 和 $\lambda_B = f(i_y)$ 3 种特性，由试验来确定。

如图 7.4.14(b) 所示，液力偶合器的动态简图与液力变矩器的动态示意图的区别在于缺少一个与固定端导轮的连接，其 $K = 1$，不能变矩。

一些坦克传动中使用液力减速器（液力制动器），如图 7.4.14(c) 所示。非工作状态下内腔是空的，调节该空腔的工作液填充率可导致液力减速器转动轮制动力矩的变化。在液力减速器动力学示意图中表示为运转端和固定端的流体力学关系。

运转泵轮的制动力矩为

$$T_P = \alpha(t) \lambda_B \rho g D^5 n_B^2 \tag{7.4.42}$$

式中　$\alpha(t)$——外部调节参数，$0 \leq \alpha(t) \leq 1$。

2. 变矩器动态模型

液力变矩器在非稳定工况（加速、减速和制动等）下工作时的动态特性是指泵轮和涡轮轴上的动态扭矩 T_P、$-T_T$，泵轮和涡轮的角速度 ω_P、ω_T 及转速比 i_y 与时间的关系曲线。

以广泛应用于军用车辆上的三元件向心涡轮液力变矩器作为研究对象，研究中假设不考虑液力变矩器在偶合器工况下工作时的导轮惯性力矩。

三元件向心涡轮液力变矩器的动态系统力学模型（不考虑机械损失）如图 7.4.15 所示。图中，T_P^D、T_T^D 为非稳定工况下，泵轮和涡轮轴上的动态扭矩；T_P^{HD}、T_T^{HD} 为非稳定工况下，泵轮和涡轮轴

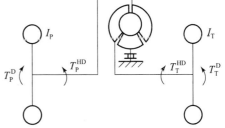

图 7.4.15　液力变矩器的
动态系统力学模型

上的动态液力扭矩；I_P、I_T 为泵轮及泵轮轴、涡轮及涡轮轴等主要旋转零件的转动惯量。

根据牛顿定律，由图 7.4.15 可得数学模型

$$\begin{cases} T_P^D = T_P^{HD} + I_P \cdot \dfrac{d\omega_P}{dt} \\ T_T^D = T_T^{HD} + I_T \cdot \dfrac{d\omega_T}{dt} \end{cases} \tag{7.4.43}$$

其中，泵轮和涡轮在非稳定工况时的动态液力扭矩分别为

$$\begin{cases} T_P^{HD} = T_P^H + \rho F_{Py} \cdot \dfrac{dQ}{dt} + I_{Py} \cdot \dfrac{d\omega_P}{dt} \\ T_T^{HD} = T_T^H - \rho F_{Ty} \cdot \dfrac{dQ}{dt} - I_{Ty} \cdot \dfrac{d\omega_T}{dt} \end{cases} \tag{7.4.44}$$

式中　　T_P^H、T_T^H——稳定工况下，液力变矩器泵轮和涡轮轴上的液力转矩；

　　　　I_{Py}、I_{Ty}——泵轮和涡轮中工作液体的转动惯量；

　　　　F_{Py}、F_{Ty}——泵轮和涡轮叶片间流道几何参数的形状因素；

　　　　Q——变矩器循环圆内的液体循环流量。

由上式可以看出，在非稳定工况下，液力变矩器泵轮和涡轮轴上的动态液力转矩由静态液力转矩加上或减去泵轮和涡轮内的工作液体的惯性力矩，该惯性力矩由工作液体沿循环圆方向循环流动的惯性力矩和随泵轮或涡轮一起旋转产生的惯性力矩组成。

将式（7.4.44）代入式（7.4.43）得

$$\begin{cases} T_P^D = T_P^H + \rho F_{Py} \cdot \dfrac{dQ}{dt} + (I_P + I_{Py})\dfrac{d\omega_P}{dt} \\ T_T^D = T_T^H - \rho F_{Ty} \cdot \dfrac{dQ}{dt} - (I_T + I_{Ty})\dfrac{d\omega_T}{dt} \end{cases} \tag{7.4.45}$$

上式为液力变矩器在非稳定工况时的动态数学模型。

液力变矩器在非稳定工况下工作时，如果保证液力变矩器具有足够高且稳定的进、出口油压，使进入变矩器的循环流量 Q 稳定不变，则可忽略工作液体沿循环圆方向循环流动的惯性力矩。此时，式（7.4.45）可以简化为

$$\begin{cases} T_P^D = T_P^H + (I_P + I_{Py})\dfrac{d\omega_P}{dt} \\ T_T^D = T_T^H - (I_T + I_{Ty})\dfrac{d\omega_T}{dt} \end{cases} \tag{7.4.46}$$

由于工作液体的转动惯量 I_{Py}、I_{Ty} 与泵轮或涡轮及其连接轴等主要零件的转动惯量 I_P、I_T 相比非常小，因此在一般的计算中也可将工作液体的转动惯量 I_{Py}、I_{Ty} 忽略，则动态模型进一步简化为

$$\begin{cases} T_P^D = T_P^H + I_P \cdot \dfrac{d\omega_P}{dt} \\ T_T^D = T_T^H - I_T \cdot \dfrac{d\omega_T}{dt} \end{cases} \tag{7.4.47}$$

7.4.7 汽车转向系

普通车辆的转向系如图 7.4.16 所示。其中，转向盘的转动通过转向轴及转向器传递给横拉杆，再通过转向节臂，使得前轮绕主销转动。如果将所有转向系的运动全部换算成绕主销的转动，则可得到一个等效的转向系模型，如图 7.4.17 所示。

一个具有转动惯量 I_h 的旋转刚体（等效为转向盘），通过弹性系数为 K_s 的旋转轴（等效为转向轴和转向器）与转动惯量为 I_s 的另一旋转刚体（等效为两个前轮）相连。其中，I_h、I_s、K_s 为绕主销的等效惯量和等效弹性系数。同时，考虑到转向轴和主销存在的阻尼摩擦，我们分别定义其为阻尼系数 C_h、C_s，将换算到主销的转向盘转角定义为 α，前轮转角定义为 δ，则上述等效模型简化成为一个两自由度的扭转振动系统。I_s 和 C_s 均为左、右两轮之和；由驾驶人手臂施加于转向盘的力矩 T_h 可以看成外力；$\xi = \xi_n + \xi_c$，ξ_n 称为轮胎拖距；ξ_c 称为主销后倾拖距；前轮轮胎的侧偏刚度为 K_f；前轮侧偏角为 β_f。作用于前轮的回正力矩如图 7.4.18 所示，则经分析计算可得转向系运动方程简化模型为

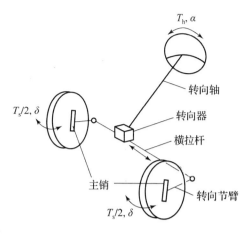

图 7.4.16 汽车的转向系

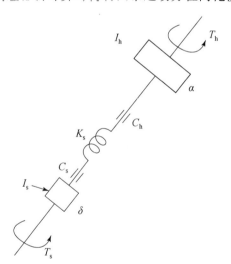

图 7.4.17 转向系等效模型

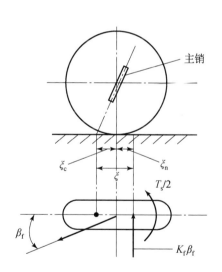

图 7.4.18 作用于前轮的回正力矩

$$\begin{cases} I_h \cdot \dfrac{d^2\alpha}{dt^2} + C_h \cdot \dfrac{d\alpha}{dt} + K_s(\alpha - \delta) = T_h \\ I_s \cdot \dfrac{d^2\delta}{dt^2} + C_s \cdot \dfrac{d\delta}{dt} + K_s(\delta - \alpha) = 2\xi K_f \beta_f \\ \beta_f = \beta + l_f r/V - \delta \end{cases} \quad (7.4.48)$$

式中 β——质心侧偏角；
V——车速；

r——车轮半径;
l_f——质心至前轴的距离。

7.5 发动机工作过程模拟

7.5.1 计算方法

发动机工作过程计算是从发动机各系统的物理模型出发,用微分方程对各系统的实际工作过程进行数学描述,然后通过数值计算的方法求得各参数随时间的变化规律。发动机工作过程计算是研究发动机性能的有力工具,它具有模拟迅速、结果准确等特点。计算中需要考虑气体流动、缸内热力过程、换气过程、涡轮增压器特性及其与发动机的配合等问题。本节以柴油机为例进行分析。

计算发动机的工作过程可以利用自编程序,也可以借助现有商业软件,其中 Ricardo 公司的发动机系统设计一维分析和仿真软件 WAVE、Tesis DYNAware 公司的发动机实时仿真软件 enDYNA、AVL 公司的发动机系统气体交换和热力性能仿真软件 Boost、GAMMA 技术公司的发动机性能和控制计算软件 GT – Power 等都是不错的选择。此外,利用 MSC. EASY5 的 Ricardo 发动机库、MATLAB 的 Simulink 工具箱也可对发动机性能进行建模仿真研究。当发动机为未采用中冷的增压柴油机时,还可采用国际内燃机委员会推荐的用于增压柴油机工作过程计算的 CIMAC 程序。

7.5.2 稳态计算模型

典型车用大功率柴油机结构如图 7.5.1 所示。在保证动力性的前提下,为了提高柴油机的紧凑程度,通常采用 V 型结构和废气涡轮增压加中冷的技术方案。柴油机工作时,新鲜空气首先经压气机压缩以提高进气密度;从压气机流出的空气经中冷器冷却,进一步提高密度后流入进气管;进气管中的新鲜空气在进气门开启时流入气缸,与燃油混合燃烧后产生的废气经排气门流入排气系统;涡轮从废气中回收能量,用以驱动压气机工作。

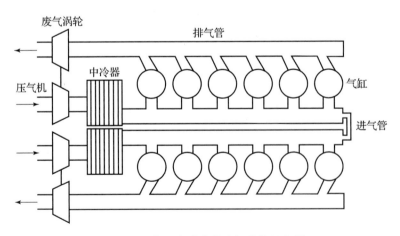

图 7.5.1 车用大功率柴油机结构示意图

废气涡轮增压柴油机是一个复杂的热力系统,在模拟其工作过程时,为了使结果更符合实际,需要综合考虑气缸内热力过程(燃烧、换气、传热等)、进排气管路气体流动,以及调速器、喷油泵、压气机、废气涡轮、中冷器等典型部件的工作。

1. 气缸内热力过程模型

将气缸盖底面、活塞顶面和气缸套内壁面围成的空间作为一个热力系统,通常采用"容积法"计算其内的热力过程,描述工质状态的参数有压力、温度、质量和组成成分,它们由能量守恒方程、质量守恒方程及气体状态方程联系起来,经联立求解后得到工质状态参数随曲轴转角的变化。

为此,需要作如下简化假设:

(1) 气缸内的状态是均匀的,也就是不考虑气缸内各点的温度、压力和浓度的差异,并认为在进气期间,流入气缸内的空气与气缸内的残余废气实现瞬时的完全混合;

(2) 气缸内工质为理想气体,其比热、内能仅与气体温度和气体成分有关;

(3) 气体流入或流出气缸为准稳定流动;

(4) 进、出口的动能忽略不计。

由气缸内热力系统能量守恒,得气缸内温度变化微分方程为

$$\frac{\mathrm{d}T}{\mathrm{d}\varphi} = \frac{1}{mc_\mathrm{v}}\left(\frac{\mathrm{d}Q_\mathrm{b}}{\mathrm{d}\varphi} + \frac{\mathrm{d}Q_\mathrm{w}}{\mathrm{d}\varphi} - p\cdot\frac{\mathrm{d}V}{\mathrm{d}\varphi} + \frac{\mathrm{d}m_\mathrm{e}}{\mathrm{d}\varphi}\cdot H_2 + \frac{\mathrm{d}m_\mathrm{a}}{\mathrm{d}\varphi}\cdot H - U\cdot\frac{\mathrm{d}m}{\mathrm{d}\varphi} - m\cdot\frac{\partial U}{\partial \lambda}\cdot\frac{\mathrm{d}\lambda}{\mathrm{d}\varphi}\right)$$

(7.5.1)

由气缸内热力系统质量守恒,得气缸内质量变化微分方程为

$$\frac{\mathrm{d}m}{\mathrm{d}\varphi} = \frac{\mathrm{d}m_\mathrm{b}}{\mathrm{d}\varphi} + \frac{\mathrm{d}m_\mathrm{e}}{\mathrm{d}\varphi} + \frac{\mathrm{d}m_\mathrm{a}}{\mathrm{d}\varphi}$$

(7.5.2)

理想气体状态方程为

$$pV = mRT$$

(7.5.3)

式中　m——气缸内气体质量(kg);

　　　p——气缸内气体压力(Pa);

　　　V——气缸内气体体积(m^3);

　　　T——气缸内气体温度(K),1 K = -272.15 ℃;

　　　λ——过量空气系数;

　　　c_v——气体定容比热(J/(kg·K));

　　　U——气缸内单位质量气体对应的内能(J/kg);

　　　H——气缸内单位质量气体对应的焓(J/kg);

　　　H_2——流入气缸单位质量气体对应的焓(J/kg);

　　　$\mathrm{d}m_\mathrm{e}/\mathrm{d}\varphi$——流经进气门的气体质量随曲轴转角的变化率(kg/°CA);

　　　$\mathrm{d}m_\mathrm{a}/\mathrm{d}\varphi$——流经排气门的气体质量随曲轴转角的变化率(kg/°CA);

　　　$\mathrm{d}m_\mathrm{b}/\mathrm{d}\varphi$——气缸内燃油质量随曲轴转角的变化率(kg/°CA);

　　　$\mathrm{d}Q_\mathrm{b}/\mathrm{d}\varphi$——燃料燃烧放热率(J/°CA);

　　　$\mathrm{d}Q_\mathrm{w}/\mathrm{d}\varphi$——气缸壁面传热率(J/°CA)。

1) 气缸内燃烧模型

通常采用零维模型模拟气缸内燃烧过程,即用(单、双、三)韦伯燃烧函数模拟气缸

内燃烧放热率及瞬时燃料质量变化率。

采用三韦伯燃烧函数计算柴油机燃烧放热率的计算公式为

$$\frac{dQ_b}{d\varphi} = H_u g_f \left(\frac{dx_1}{d\varphi} + \frac{dx_2}{d\varphi} + \frac{dx_3}{d\varphi} \right) \tag{7.5.4}$$

式中 H_u——柴油低热值；

g_f——单缸循环供油量；

$dx_1/d\varphi$——预混合燃烧中已燃燃料份数随曲轴转角的变化率；

$dx_2/d\varphi$——主燃烧中已燃燃料份数随曲轴转角的变化率；

$dx_3/d\varphi$——尾燃烧中已燃燃料份数随曲轴转角的变化率。

令

$$C_1 = \left[\frac{\Delta\varphi_1}{2.302^{1/(1+m_1)} - 0.105^{1/(1+m_1)}} \right]^{-(1+m_1)}$$

$$C_2 = \left[\frac{\Delta\varphi_2}{2.302^{1/(1+m_2)} - 0.105^{1/(1+m_2)}} \right]^{-(1+m_2)}$$

$$C_3 = \left[\frac{\Delta\varphi_3}{2.302^{1/(1+m_3)} - 0.105^{1/(1+m_3)}} \right]^{-(1+m_3)}$$

则有

$$\frac{dx_1}{d\varphi} = C_1(m_1+1)(\varphi - \varphi_i - \varphi_d)^{m_1} e^{-C_1(\varphi - \varphi_i - \varphi_d)^{(m_1+1)}} f_1 \tag{7.5.5}$$

$$\frac{dx_2}{d\varphi} = C_2(m_2+1)(\varphi - \varphi_i - \varphi_d)^{m_2} e^{-C_2(\varphi - \varphi_i - \varphi_d)^{(m_2+1)}} (1 - f_1 - f_3) \tag{7.5.6}$$

$$\frac{dx_3}{d\varphi} = C_3(m_3+1)(\varphi - \varphi_i - \varphi_d)^{m_3} e^{-C_3(\varphi - \varphi_i - \varphi_d)^{(m_3+1)}} f_3 \tag{7.5.7}$$

式中 φ_i——喷油开始角；

φ_d——燃烧延迟角；

f_1——预混合燃烧份数；

f_2——主燃烧份数；

f_3——尾燃烧份数；

m_1——预混合燃烧品质指数；

m_2——主燃烧品质指数；

m_3——尾燃烧品质指数；

$\Delta\varphi_1$——预混合燃烧持续角；

$\Delta\varphi_2$——主燃烧持续角；

$\Delta\varphi_3$——尾燃烧持续角。

由三韦伯燃烧函数确定的瞬时燃烧放热率曲线和累积燃烧放热率曲线分别如图 7.5.2 和图 7.5.3 所示。

由燃烧放热率可以计算气缸内燃油质量变化率，计算公式为

$$\frac{dm_b}{d\varphi} = \frac{1}{H_u} \cdot \frac{dQ_b}{d\varphi} \tag{7.5.8}$$

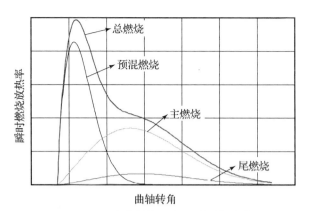

图 7.5.2 三韦伯燃烧函数瞬时放热率曲线

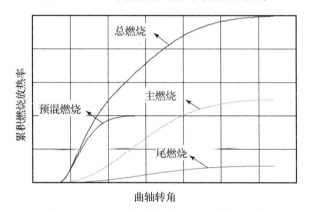

图 7.5.3 三韦伯燃烧函数累积放热率曲线

在模拟气缸内热力过程时,需要合理确定燃烧延迟时间 t_i(燃烧开始角 θ_z),其方法是从实际喷油开始(实际喷油开始角等于几何喷油开始角与喷油延迟角之和),在每一计算步长之内,计算燃烧延迟时间 t_i 并求 $s = \sum d\varphi/t_i$,$d\varphi$ 为计算步长。当 $s \geqslant 1$ 时即认为开始燃烧。可根据气缸内瞬时温度和压力计算燃烧延迟时间,计算公式为

$$t_i = 0.1 + 2.627 e^{\frac{1967}{T}} p^{-0.87} \tag{7.5.9}$$

2)气缸壁传热模型

气缸壁面传热按活塞顶面、气缸盖底面和气缸套内壁面 3 个部分计算,计算公式为

$$\frac{dQ_w}{d\varphi} = \frac{1}{\omega} \sum_{i=1}^{3} \alpha_{wi} A_i (T_{wi} - T) \tag{7.5.10}$$

式中 ω——发动机曲轴转动角速度;

T_{wi}——气缸壁面温度;

A_i——气缸壁传热面积;

α_{wi}——气缸壁传热系数,可以用 Woschni 公式计算,计算公式为

$$a_{wi} = 3.26 D^{-0.2} p^{0.8} T^{-0.55} \left[C_1 u_{cm} + C_2 \cdot \frac{V_h T_1}{p_1 V_1} (p - p_o) \right]^{0.8} \tag{7.5.11}$$

式中 u_{cm}——活塞平均运动速度(m/s);

p_o——倒拖工况对应的气缸压力(kPa);

T_1——压缩始点的气缸内燃气温度（K）；
p_1——压缩始点的气缸内燃气压力（kPa）；
T——气缸内气体温度（K）；
p——气缸内气体压力（kPa）；
V_1——压缩始点的气缸容积（m^3）；
V_h——气缸工作容积（m^3）；
D——气缸直径（m）；
C_1——气体速度系数；
C_2——燃烧室形状系数。

气体速度系数由气缸所处的工作阶段、进气涡流速度和活塞平均速度确定。

换气过程

$$C_1 = 6.18 + 0.417 u_u / u_{cm}$$

压缩、燃烧和膨胀过程

$$C_1 = 2.28 + 0.308 u_u / u_{cm}$$

式中 u_u——进气涡流速度（m/s）。

换气和压缩过程

$$C_2 = 0$$

燃烧和膨胀过程

$$C_2 = 0.00324(直喷式), C_2 = 0.00622(预燃式)$$

3) 换气过程模型

换气过程中，流入、流出气缸的气体质量随曲轴转角的变化率按瞬时质量流量计算，计算公式为

$$\frac{\mathrm{d}m_{e.a}}{\mathrm{d}\varphi} = \frac{1}{\omega} \cdot \dot{m}_{e.a} \tag{7.5.12}$$

式中 $\dot{m}_{e.a}$——流经排气门的气体瞬时质量流量。

气体流经排气门时准稳定流动处理，其理论流量 $\dot{m}_{th}$ 按一维等熵流的流量公式计算，实际流量 $\dot{m}$ 等于理论流量乘以流量系数，即

$$\dot{m} = \mu \dot{m}_{th} = \mu A \sqrt{2 p_\mathrm{I} \rho_\mathrm{I}} \psi \tag{7.5.13}$$

式中 ψ——流动函数；
μ——流量系数；
A——瞬时流动面积；
p_I——气门入口气体压力；
ρ_I——气门入口气体密度。

若 $\dfrac{p_\mathrm{II}}{p_\mathrm{I}} > \left(\dfrac{2}{k+1}\right)^{\frac{k}{k-1}}$，则为亚临界流动，有

$$\psi = \sqrt{\frac{k}{k-1}\left[\left(\frac{p_\mathrm{II}}{p_\mathrm{I}}\right)^{\frac{2}{k}} - \left(\frac{p_\mathrm{II}}{p_\mathrm{I}}\right)^{\frac{k+1}{k}}\right]} \tag{7.5.14}$$

若 $\dfrac{p_\mathrm{II}}{p_\mathrm{I}} \leq \left(\dfrac{2}{k+1}\right)^{\frac{1}{k+1}}$，则为超临界流动，有

$$\psi = \left(\frac{2}{k+1}\right)^{\frac{1}{k-1}} \sqrt{\frac{k}{k+1}} \tag{7.5.15}$$

式 (7.5.14)、式 (7.5.15) 中，下标号 Ⅰ、Ⅱ 分别表示气门入口、出口。

流量系数 μ 采用下式计算，即

$$\mu = 0.98 - 3.3\left(\frac{h}{d}\right)^2 \tag{7.5.16}$$

式中　h——气门瞬时升程；
　　　d——气门直径。

2. 进排气管路气体流动模型

进排气管路内的气体通常做有摩擦、有传热的一维非定常流动处理，可采用"有限容积法"计算其热力参数及流动状态。

如图 7.5.4 所示，"有限容积法"将计算区域划分为有限个、连续、无重叠的容积，在每个容积内应用控制方程的守恒形式，得到代数方程。计算节点位于容积内部，边界上的值由相邻节点上的变量插值得到，这样就可以在每个控制体内得到一个以本节点和若干个相邻节点变量表示的方程组，补充相应的边界条件使方程组封闭，这样求解与节点数相同的方程组就可以得到整个计算区域的解。

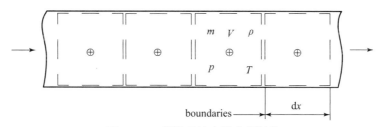

图 7.5.4　管道系统内的容积划分

对于构成进排气系统的管道和三通部件，需要求解描述其内部气体流动的连续方程、能量方程和动量方程。

连续方程为

$$\frac{\mathrm{d}m}{\mathrm{d}\varphi} = \frac{1}{\omega}\sum_{\text{boundaries}}\dot{m}_{\text{b}} \tag{7.5.17}$$

能量方程为

$$\frac{\mathrm{d}me}{\mathrm{d}\varphi} = p\frac{\mathrm{d}V}{\mathrm{d}\varphi} + \frac{1}{\omega}\Big[\sum_{\text{boundaries}}\dot{m}_{\text{b}}H_{\text{b}} - h_{\text{w}}A_{\text{w}}(T - T_{\text{w}})\Big] \tag{7.5.18}$$

动量方程为

$$\frac{\mathrm{d}\dot{m}_{\text{b}}}{\mathrm{d}\varphi} = \frac{A\mathrm{d}p + \sum_{\text{boundaries}}\dot{m}_{\text{b}}u_{\text{b}} - \left(4C_{\text{f}}\dfrac{\mathrm{d}x}{D} + C_{\text{p}}\right)\dfrac{\rho u_{\text{b}}^2}{2}A}{\omega\mathrm{d}x} \tag{7.5.19}$$

式中　φ——曲轴转角（°CA）；
　　　ω——曲轴旋转角速度（°CA/s）；
　　　m——气体质量（kg）；
　　　ρ——气体密度（m³/s）；
　　　p——气体压力（Pa）；

V——气体体积（m³）；

T——气体温度（K）；

e——单位质量气体的总能量，包括气体内能和动能（J/kg）；

A——气体流动截面积（m²）；

D——气体流动截面的当量直径（m）；

u_b——边界面处的气体流速（m/s）；

$\dot{m}_b$——边界面处的气体质量流量（kg/s）；

H_b——边界面处单位质量气体对应的总焓（J/kg）；

A_w——壁面传热面积（m²）；

T_w——壁面温度（K）；

h_w——壁面传热系数（W·K·m⁻²）；

C_f——壁面摩擦系数；

C_p——压力损失系数；

$\mathrm{d}x$——沿气体流动方向的气体厚度（m）；

$\mathrm{d}p$——$\mathrm{d}x$ 对应的压力降（Pa）。

气体沿管道壁面流过时，会造成压力损失，对应的壁面摩擦系数可以根据气体流动状态和管道尺寸确定。

对于光滑管道，壁面摩擦系数由下式决定：

$$C_f = \frac{16}{Re} \quad (Re < 2\,000) \tag{7.5.20}$$

$$C_f = \frac{0.08}{Re} \quad (Re > 4\,000) \tag{7.5.21}$$

对于粗糙管道，壁面摩擦系数由式(7.5.20)和下式共同决定：

$$C_f = \max\left[\frac{0.08}{Re}, \frac{0.25}{[2\lg(0.5D/h) + 174]^2}\right] \quad (Re > 4\,000) \tag{7.5.22}$$

式中 Re——气体流动的雷诺数；

D——管道当量直径（m）；

h——管道壁面粗糙度（m）。

不同类型管道的壁面粗糙度如表 7.5.1 所示。

表 7.5.1 不同类型管道壁的壁面粗糙度

管道类型	壁面粗糙度/mm
拉制金属管	0.001 5 ~ 0.002 5
弹性光滑橡胶管	0.025
光滑处理的表面镀锌金属管	0.025
钢管	0.046
普通处理的表面镀锌金属管	0.15

续表

管道类型	壁面粗糙度/mm
稍微生锈的钢管	0.25
铸铁	0.26
生锈严重的钢管	1.0

3. 部件工作模型

1) 调速器

调速器的作用是根据柴油机外界负荷变化自动控制供油量。对全程式调速器来说,其作用具体表现为,限制发动机最高空转转速;稳定发动机最低空转转速;当外界负荷发生变化时,自动调节供油量,使发动机在一定转速范围内稳定工作。

若为电子调速器,则可根据调速器调速特性实验数据描述其工作过程,即

$$s = f(n, Th) \tag{7.5.23}$$

式中 n——发动机转速;

Th——油门开度。

若为机械调速器,则可根据调速结构与工作原理建立描述其工作的数学模型。

常见的机械调速器有飞球离心式机械全程调速器和可变杠杆比机械全程调速器(简称RQV调速器,"R"表示离心式调速器,"Q"表示用操纵杆改变浮动杠杆比,"V"表示全程调速器)两种,对应结构分别如图7.5.5和图7.5.6所示。

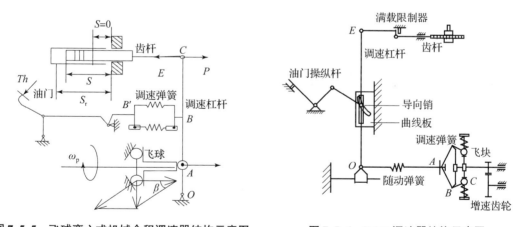

图 7.5.5 飞球离心式机械全程调速器结构示意图　　图 7.5.6 RQV调速器结构示意图

对于飞球离心式机械全程调速器,飞球作为感应元件。在某一个稳定工况下,作用在齿杆上的力有两个,一个是弹子离心力换算到齿杆处的称为支持力 P,另一个是弹簧拉力换算到齿杆处的称为恢复力 E,这两个力互相平衡。当驾驶员操纵油门位置时,E 增大,使齿杆向加油方向移动,内燃机扭矩增大,调速器轴角速度增大,使 P 增大,二者在经过过渡工况以后最终达到新平衡。同样,在外界负荷增大时,调速器轴角速度将减小,P 减小,此时 $E > P$,齿杆向加油方向移动,内燃机扭矩增大,最终 E 与 P 达到新的平衡。

对于RQV调速器,当柴油机稳定工作时,调速器飞块离心力和弹簧支持力相互平衡,

加油齿杆位置一定，供油量保持不变。当外界负荷变化时，柴油机转速随之变化，导致飞块离心力变化，从而破坏了它和调速弹簧的平衡，使得飞块移动并通过角形杠杆（ABC）、伸缩轴（OA）、滑套（O）使调速杠杆（OE）以导向销为支点转动，从而带动齿杆移动改变供油量，直到和负荷重新相适应为止。此时，柴油机在一新的转速稳定。当在柴油机初始稳定工作的基础上突然将油门操纵杆转到另一位置后固定不变，则扳动油门操纵杆的瞬间，调节杠杆以其下端为支点摆动并带动齿杆移动，从而破坏柴油机的平衡；飞块感受转速的变化并通过角形杠杆使滑套移动；由于油门操纵杆位置不再改变，导向销受到传动杆和曲线板的约束也不能移动，因此调节杠杆以导向销为支点转动并带动齿杆移动，直到齿杆重新回到供油量与负荷相适应的位置，柴油机和调速器在新的状态下达到平衡。

假设调速器稳定工作时油门位置为 Th，杠杆比为 α，齿杆位移为 s，飞块旋转半径为 r、离心力为 P，弹簧支持力为 E，标定工况时齿杆位移为 s_a，飞块旋转半径为 r_a。

若调速器未工作时低速弹簧不发生形变，则高低速临界弹力可表示为

$$E_{01} = k_d \Delta z_d \tag{7.5.24}$$

$$E_{02} = k_d \Delta z_d + k_{gw} \Delta z_{gw} + k_{gn} \Delta z_{gn} \tag{7.5.25}$$

式中　k_d——低速弹簧刚度（N/m）；
　　　k_{gw}——高速外弹簧刚度（N/m）；
　　　k_{gn}——高速内弹簧刚度（N/m）；
　　　Δz_d——低速弹簧单独作用行程（m）；
　　　Δz_{gw}——高速外弹簧预压缩量（m）；
　　　Δz_{gn}——高速内弹簧预压缩量（m）。

此时，飞块离心力为

$$P_0 = M\omega_p^2 (\Delta z_d + r_{\min}) \tag{7.5.26}$$

式中　M——飞块质量（kg）；
　　　ω_p——飞块旋转角速度（rad/s）；
　　　$r_{\min}$——飞块最小旋转半径（m）。

如果 $P_0 < E_{01}$，则说明柴油机转速较低，低速弹簧可以单独提供支持力，此时弹簧支持力为

$$E = k_d (r - r_{\min}) \tag{7.5.27}$$

如果 $P_0 > E_{02}$，则说明柴油机转速较高，需要高、低速弹簧共同提供支持力，有

$$E = k_d (r - r_{\min}) + k_{gw} (r - r_{\min} - \Delta z_d + \Delta z_{gw}) + k_{gn} (r - r_{\min} - \Delta z_d + \Delta z_{gn}) \tag{7.5.28}$$

飞块离心力为

$$P = M\omega_p^2 r \tag{7.5.29}$$

结合飞块平衡条件 $E = P$ 计算飞块旋转半径。

如果 $P_0 < E_{01}$，飞块旋转半径为

$$r = \frac{k_d r_{\min}}{k_d - M\omega_p^2} \tag{7.5.30}$$

如果 $E_{01} \leq P_0 \leq E_{02}$，飞块旋转半径为

$$r = r_{\min} + \Delta z_d \tag{7.5.31}$$

如果 $P_0 > E_{02}$，飞块旋转半径为

$$r = \frac{\left[k_{\mathrm{d}}r_{\min} + k_{\mathrm{gw}}(r_{\min} + \Delta z_{\mathrm{d}} - \Delta z_{\mathrm{gw}}) + k_{\mathrm{gn}}(r_{\min} + \Delta z_{\mathrm{d}} - \Delta z_{\mathrm{gn}})\right]}{k_{\mathrm{d}} + k_{\mathrm{gw}} + k_{\mathrm{gn}} - M\omega_{\mathrm{p}}^2} \quad (7.5.32)$$

而

$$\omega_{\mathrm{p}} = R\omega_{\mathrm{in}} \quad (7.5.33)$$

式中 ω_{in}——调速器输入转速（rad/s）；
R——调速器齿轮增速比。

若 A 点相对于飞块旋转平面的距离为 z，则由调速器结构上的关系，有

$$r^2 + z^2 = r_{\mathrm{a}}^2 + z_{\mathrm{a}}^2 = AC^2 \quad (7.5.34)$$

式中 AC——调速器角形杠杆两端点间的距离（m）；
z_{a}——标定工况时 A 点相对于飞块旋转平面的距离（m）。

由式（7.5.34）可得 A 点相对于标定工况的位移量为

$$z - z_{\mathrm{a}} = \sqrt{AC^2 - r^2} - \sqrt{AC^2 - r_{\mathrm{a}}^2} \quad (7.5.35)$$

对 RQV 调速器，随着油门位置的增大，杠杆比随之增大，杠杆比 α 随油门位置 Th 变化的两段线性关系式为

$$\alpha = \alpha_{\mathrm{i}} \quad (Th < Th_{\mathrm{i}}) \quad (7.5.36)$$

$$\alpha = \alpha_{\mathrm{i}} + (\alpha_{\mathrm{a}} - \alpha_{\mathrm{i}})\frac{Th - Th_{\mathrm{i}}}{100 - Th_{\mathrm{i}}} \quad (Th \geq Th_{\mathrm{i}}) \quad (7.5.37)$$

式中 α_{i}——怠速工况对应的杠杆比；
α_{a}——标定工况对应的杠杆比；
Th_{i}——怠速运转油门位置值。

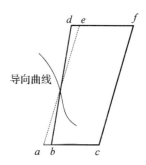

图 7.5.7 齿杆与滑套运动关系示意图

如图 7.5.7 所示，cf、bd 分别代表两油门位置时的调节杠杆位置，ae 为过导向销位置所作的辅助线，且 ae 平行 cf，认为齿杆沿 df 做直线运动，滑套沿 ac 做直线运动，且 df 平行于 ac，则有

$$df = de + ef = \alpha \cdot ab + ac$$
$$ab = ac - (z - z_{\mathrm{a}})$$
$$ac = s_{\mathrm{da}} - s_{\mathrm{d}}$$
$$df = s_{\mathrm{a}} - s$$

整理得

$$s_{\mathrm{a}} - s = (s_{\mathrm{da}} - s_{\mathrm{d}}) + \alpha\left[(s_{\mathrm{da}} - s_{\mathrm{d}}) - (z - z_{\mathrm{a}})\right] \quad (7.5.38)$$

即

$$\begin{aligned} s &= s_{\mathrm{a}} + \alpha(z - z_{\mathrm{a}}) - (\alpha + 1)(s_{\mathrm{da}} - s_{\mathrm{d}}) \\ &= s_{\mathrm{a}} + \alpha(\sqrt{AC^2 - r^2} - \sqrt{AC^2 - r_{\mathrm{a}}^2}) - (\alpha + 1)(s_{\mathrm{da}} - s_{\mathrm{d}}) \end{aligned} \quad (7.5.39)$$

式中 s_{da}——全油门位置时导向销在滑套方向的位移（m）；
s_{d}——部分油门位置时导向销在滑套方向的位移（m）。

根据导向曲线形状，采用相切的两段抛物线关系式确定 s_{d} 随油门位置的变化关系，具体如下。

令

$$Th_0 = 100 - Th_{\mathrm{i}}, \quad x_0 = Th_0, \quad y_0 = s_{\mathrm{da}}\frac{Th_0}{100}$$

$$a = -\frac{100-x_0}{(s_{da}-y_0)^2}, \quad b = \frac{2(100-x_0)s_{da}}{(s_{da}-y_0)^2}, \quad c = 100 - \frac{(100-x_0)s_{da}^2}{(s_{da}-y_0)^2}$$

当 $Th < x_0$ 时

$$s_d = s_{da}\sqrt{\frac{x_0}{100}\frac{Th}{100}} \tag{7.5.40}$$

当 $Th \geq x_0$ 时

$$s_d = -\sqrt{\frac{Th}{a} + \frac{b^2-4ac}{4a^2}} - \frac{b}{2a} \tag{7.5.41}$$

由式(7.5.40)和式(7.5.41)确定的 s_d 可使式(7.5.39)给定的 s 满足：柴油机转速增加，则 r 增大，从而导致 s 减小；油门开度增大则 s 增大；$s_{min} \leq s \leq s_{max}$，若由式(7.5.39)所得的 $s > s_{max}$，则表示随动弹簧受压；若 $s < s_{min}$，则表示随动弹簧受拉。s_{min}、s_{max} 分别为齿杆最小位移和齿杆最大位移。

2）喷油泵

基于喷油泵供油特性实验数据描述其工作，即

$$g_f = f(s, n) \tag{7.5.42}$$

已知发动机转速和加油齿杆位移的情况下，可基于喷油泵供油特性数据插值得到发动机单缸循环供油量，为气缸内燃烧模拟计算提供已知条件。

3）压气机

入口压力为

$$p_1 = p_0 - \Delta p_{10}\left(\frac{\dot{m}_k}{\dot{m}_{k0}}\right)^2 \tag{7.5.43}$$

式中 p_0——环境压力；

Δp_{10}——设计工况时压气机前的总压降，一般为 100~300 Pa。

压比为

$$\pi_k = \left(\frac{W_k \eta_k}{G_k \cdot \frac{k}{k+1} \cdot RT_0} + 1\right)^{\frac{k}{k+1}} \tag{7.5.44}$$

式中 W_k——压气机消耗功；

G_k——压气机循环流量；

T_0——环境温度。

出口压力为

$$p_2 = p_1 \pi_k \tag{7.5.45}$$

出口温度为

$$T_2 = T_1 + T_1\left[(\pi_k)^{\frac{k_1-1}{k_1}} - 1\right]\frac{1}{\tau \eta_k} \tag{7.5.46}$$

式中 T_1——压气机入口气体温度；

τ——考虑向外散热的冷却系数，一般取 1.04~1.1。

消耗功率为

$$N_k = \frac{\dot{m}_k T_1 R}{\eta_k \eta_{mk}} \cdot \frac{k_1}{k_1-1}\left(\pi_k^{\frac{k_1-1}{k_1}} - 1\right) \tag{7.5.47}$$

式中　η_{mk}——压气机机械效率。

计算时需要输入压气机特性,它一般以特性曲线的形式给出。在特性图中,共有压气机流量 $\dot{m}_k$、压比 π_k、转速 n_k、等熵效率 η_k 4 个参数,而且 n_k、η_k 与 $\dot{m}_k$、π_k 有一定的关系,也就是说,n_k、$\dot{m}_k$ 及 π_k 或 η_k、$\dot{m}_k$ 及 π_k 3 个参数中的两个参数决定后,第三个参数就确定了。利用这一关系,将压气机特性以数组形式输入计算机,在计算中根据 $\dot{m}_k$ 与 π_k 从数组中插值求出 n_k、η_k,相应的两数组形式为

$$n_k = f(\pi_k, \dot{m}_k)$$
$$\eta_k = f(\pi_k, \dot{m}_k)$$

4) 废气涡轮

膨胀比为

$$\pi_t = \frac{p_{B0}}{p_5} \tag{7.5.48}$$

式中　p_{B0}——涡轮入口处的绝热滞止压力,可由排气总管内的气体状态及流速求出;
　　　p_5——涡轮后的静压 p_5,可按下式计算:

$$p_5 = p_0 + \Delta p_{t0}\left(\frac{\dot{m}_t}{\dot{m}_{t0}}\right)^2 \tag{7.5.49}$$

式中　$\dot{m}_{t0}$——设计工况时的涡轮流量;
　　　Δp_{t0}——涡轮后的压力损失,其最大允许值为 2 000~2 500 Pa。

涡轮效率表示涡轮中能量转换的完善程度,主要与速度比 u/c_0 有关,膨胀比 π_t 对它的影响较小,可以忽略不计,即

$$\frac{\eta_t}{\eta_{tmax}} = -0.105 + 2.685\left(\frac{u}{c_0}\right) - 0.76\left(\frac{u}{c_0}\right)^2 - 1.17\left(\frac{u}{c_0}\right)^3 \tag{7.5.50}$$

式中　η_{tmax}——涡轮的最高效率;
　　　u——涡轮叶轮圆周速度;
　　　c_0——涡轮喷嘴前燃气速度。

吸收功率为

$$N_t = \dot{m}_t \eta_t \eta_{mt} \cdot \frac{k_B}{k_B - 1} \cdot RT_{B0}\left[1 - \left(\frac{1}{\pi_t}\right)^{\frac{k_B-1}{k_B}}\right] \tag{7.5.51}$$

式中　η_{mt}——涡轮机械效率。

计算时需要涡轮流通特性,即涡轮流量 $\dot{m}_t$ 随涡轮膨胀比 π_t 的变化关系,可根据涡轮膨胀比,采用对涡轮流通特性插值的方法求取涡轮流量。

5) 中冷器

中冷器可作为一定数量的散热管处理,空气流经中冷器的压力降为

$$\Delta p = 4C_f \cdot \frac{L}{D} \cdot \frac{\rho_{cm} u_{cm}^2}{2} + C_p \cdot \frac{\rho_{cm} u_{cm}^2}{2} \tag{7.5.52}$$

式中　L——管道长度(m);
　　　D——管道当量直径(m);
　　　ρ_{cm}——空气平均密度(kg/m³);
　　　u_{cm}——空气平均流速(m/s);

C_f——壁面摩擦系数;

C_p——压力损失系数。

中冷器出口空气温度可由中冷器效率计算得到,即

$$T_z = T_2 - \eta_z(T_2 - T_c) \tag{7.5.53}$$

式中 η_z——中冷器冷却效率;

T_c——冷却介质进口温度;

T_2——压气机出口温度。

4. 计算流程

柴油机工作过程稳态计算流程如图 7.5.8 所示。如果计算发动机调速特性,则直接输入油门开度及发动机转速;如果计算发动机负荷特性,则需要根据所给发动机转速及负荷对油门开度进行迭代计算求取对应油门开度值,其计算流程如图 7.5.9 所示。

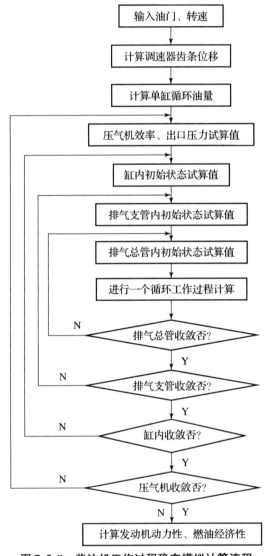

图 7.5.8 柴油机工作过程稳态模拟计算流程

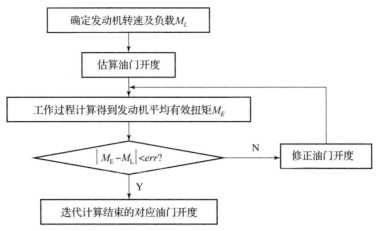

图 7.5.9 油门迭代求解流程

7.5.3 瞬态计算模型

所谓柴油机工作过程瞬态计算是指在变转速、变负荷的情况下计算柴油机的不稳定工作特性，也就是指从一个稳定工况点变化到另一个稳定工况点时的中间过渡过程特性。目前，发动机工作过程瞬态模拟主要采用线性模型、拟线性模型和非线性模型 3 种。前两者都不能真实描述发动机的非线性工作过程，模型计算精度不高。较准确的非线性模型是建立在实际工作过程逐步计算的基础上，是在发动机工作过程稳态模拟计算基础上发展起来的非线性数值模拟计算模型。这种模型除了要考虑到实际气体流动、燃烧过程、传热损失、气阀的开启过程及各流量系数等因素外，还要建立涡轮增压器、发动机及调速器的动力学方程。

对于非线性模型模拟柴油机的瞬态特性，与稳态特性计算模型相比，有如下不同：

(1) 增加了负载系统；
(2) 必须建立调速器动力学模型，注意循环供油量随时间的变化；
(3) 气缸内燃烧必须考虑过量空气系数的影响；
(4) 计算发动机及涡轮增压器的转速变化时，要同时考虑两者及负载的旋转惯性；
(5) 计算过程是从一个平衡状态的稳定点出发，对瞬态过程进行积分，不必进行首尾迭代计算。

1. 瞬态燃烧模型

在稳定工况下，总认为柴油机内的燃烧是完全的，即所取燃烧效率 η_u 为 1。在瞬态工况下，过量空气系数 λ 能对 η_u 产生较大影响，可采取下式对 η_u 进行修正：

$$\begin{cases} \eta_u = 0.75\lambda & (\lambda \leq 1) \\ \eta_u = 0.25\lambda + 0.5 & (1 < \lambda < 2) \\ \eta_u = 1 & (\lambda \geq 2) \end{cases} \quad (7.5.54)$$

2. 涡轮增压器动力学模型

涡轮增压器转速变化率为

$$\frac{dn_{tk}}{dt} = \frac{30}{\pi} \cdot \frac{M_t - M_k}{J_{tk}} \quad (7.5.55)$$

式中　J_{tk}——涡轮增压器转动惯量；
　　　M_t——涡轮产生的扭矩；
　　　M_k——压气机消耗的扭矩。

$$M_t = \frac{N_t}{\omega_{tk}} \tag{7.5.56}$$

$$M_k = \frac{N_k}{\omega_{tk}} \tag{7.5.57}$$

式中　ω_{tk}——涡轮增压器转动角速度。

3. 柴油机动力学模型

柴油机转速变化率为

$$\frac{dn}{dt} = \frac{30}{\pi} \cdot \frac{M_E - M_L}{J_E + J_L} \tag{7.5.58}$$

式中　M_E——发动机扭矩；
　　　M_L——负载扭矩；
　　　J_E——柴油机换算到曲轴的当量转动惯量，包括曲轴、飞轮、活塞、连杆机构及辅助传动系统等；
　　　J_L——换算至曲轴的负载转动惯量。

4. 计算流程

在进行柴油机工作过程瞬态模拟计算之前，必须首先计算得到柴油机的初始稳定运行状态，在此基础上计算每一时刻的参数变化率，然后根据各参数变化率计算得到下一时刻该参数的值，如此重复，直到各参数变化率都小于一定值后停止。

7.5.4　计算实例

1. 计算实例1

某大功率柴油机结构如图7.5.1所示。该柴油机采取了增压加中冷的性能强化措施，采用了RQV机械全程调速器和MPC（组合脉冲式）排气管。采用"容积法"计算气缸内热力过程和排气支管内的气体流动，采用"修正容积法"（在"容积法"基础上引入动量方程，用以求解气体流速）计算进排气总管中的气体流动，基于面向对象的C++方法编程计算该柴油机的工作过程，得到相关动力性、燃油经济性参数。

1）稳态计算结果

图7.5.10为外特性工况下，柴油机有效功率、比油耗和涡轮增压器转速的验证结果（实线为实验值，虚线为计算值）。由结果可见，有效功率和有效比油耗最大计算误差不超过4%，涡轮增压器转速最大误差不超过7%，因此基于柴油机工作过程模拟的动力性、燃油经济性计算精度较高。

图7.5.11为柴油机负荷特性验证结果（实线为实验值，虚线为计算值，"+"代表各实验数据点，从上到下，各曲线对应的柴油机转速分别为2 200 r/min、2 000 r/min、1 800 r/min、1 600 r/min）。由结果可见，计算值与实验值非常接近，2 200 r/min时计算误差较大，但是最大也不超过10%，而其余几条曲线计算结果则较为满意。

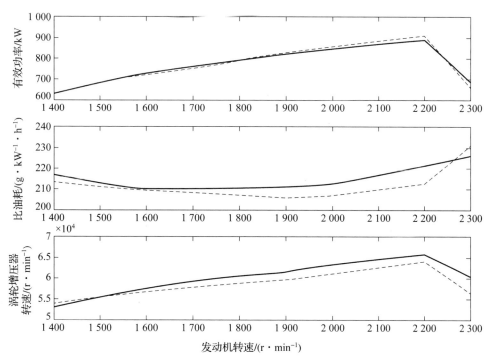

图 7.5.10 外特性工况下柴油机有效功率、比油耗和涡轮增压器转速验证结果

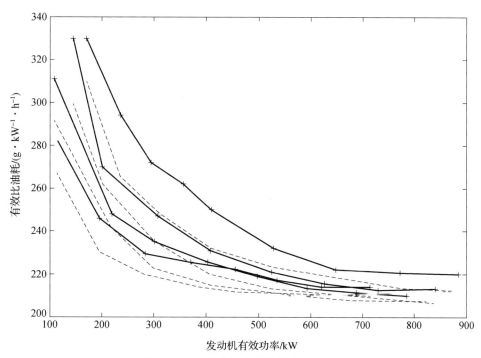

图 7.5.11 柴油机负荷特性验证结果

图 7.5.12 为柴油机速度特性计算结果。由结果可见，所建立的柴油机工作过程模型能够合理模拟有效扭矩（或有效功率）随油门开度和柴油机转速的变化。

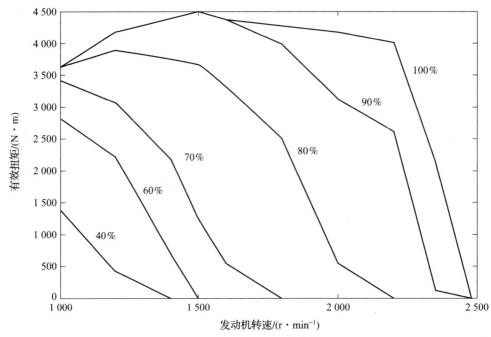

图 7.5.12　柴油机速度特性计算结果

图 7.5.13 为标定工况下，气缸内燃气压力的计算结果及其验证（实线为实验值，虚线为计算值）。由结果可见，计算值与实验值非常接近。

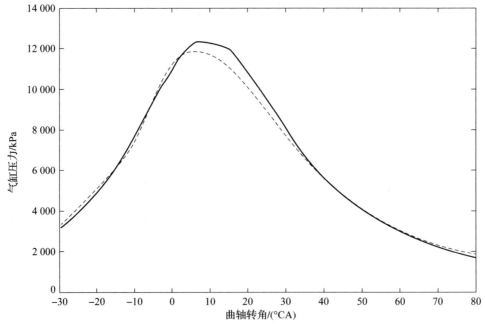

图 7.5.13　标定工况下气缸内燃气压力的计算结果及其验证

柴油机工作过程模拟还可以给出其他许多结果，这里只给出标定工况下的部分参数计算结果，如图 7.5.14～图 7.5.16 所示。

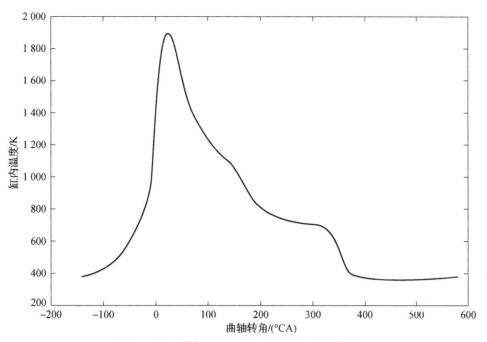

图 7.5.14 标定工况下气缸内燃气温度计算结果

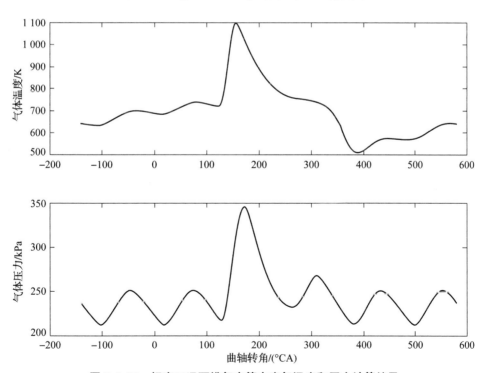

图 7.5.15 标定工况下排气支管内废气温度和压力计算结果

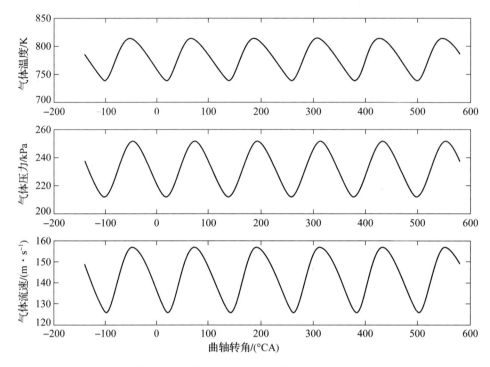

图 7.5.16　标定工况下排气总管内废气温度、压力和流速计算结果

2) 瞬态计算结果

（1）柴油机负荷不变，油门突变。

初始转速为 800 r/min，初始油门开度为 35%，负荷不变，油门突增到 100%，对应的模拟结果如图 7.5.17 所示。由图可见，发动机转速、扭矩，涡轮增压器转速都有一个从不平衡状态逐渐波动最后趋向稳定的过程；当重新进入稳定运行状态后，发动机转速、涡轮增压器转速都比初态值高，而发动机输出扭矩稳定于初始扭矩值。

初始转速 2 400 r/min，油门开度 100%，负荷不变，油门突降为 80%，对应的模拟结果如图 7.5.18 所示。由图可见，齿条位移也有较大的波动；当重新进入稳定运行状态后，齿条位移、发动机转速、涡轮增压器转速都比初态值低。

（2）柴油机油门不变，负荷突变。

初始转速 2 400 r/min，油门开度 100%，油门不变，负荷突增为 4 000 N·m，对应的模拟结果如图 7.5.19 所示。

初始转速 1 400 r/min，油门开度为 100%，油门开度保持不变，负荷突降为 1 000 N·m，对应的模拟结果如图 7.5.20 所示。

2. 计算实例 2

某大功率柴油机采取了两级增压加两级中冷的性能强化措施，气缸共有两排、呈 V 形对称布置，其单侧气缸排结构如图 7.5.21 所示。柴油机工作时，新鲜空气经两级压缩两级中冷提高进气密度；新鲜空气在进气门开启时流入气缸，与燃油混合燃烧后产生的废气经排气门流入排气系统；两级涡轮从废气中回收能量，用以驱动一级二级压气机工作。

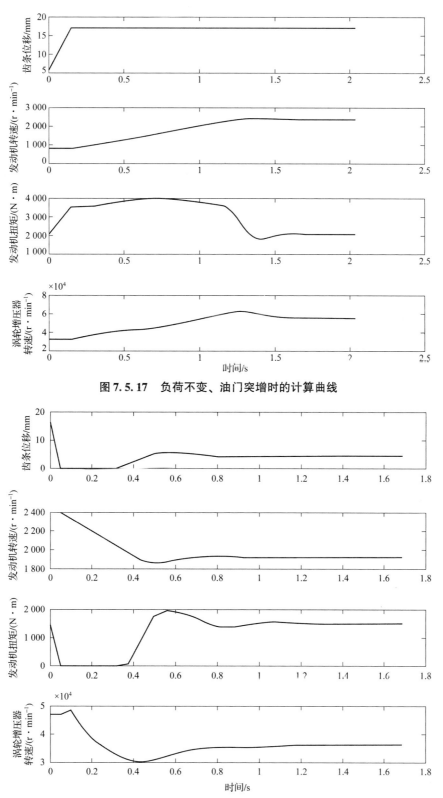

图 7.5.17　负荷不变、油门突增时的计算曲线

图 7.5.18　负荷不变、油门突降时的计算曲线

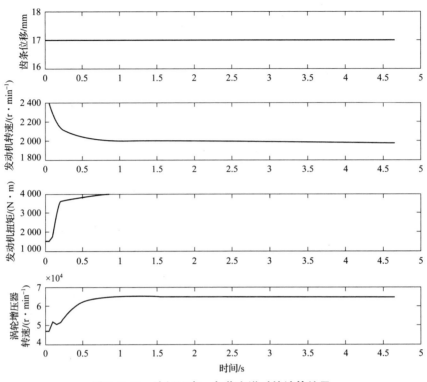

图 7.5.19 油门不变、负荷突增时的计算结果

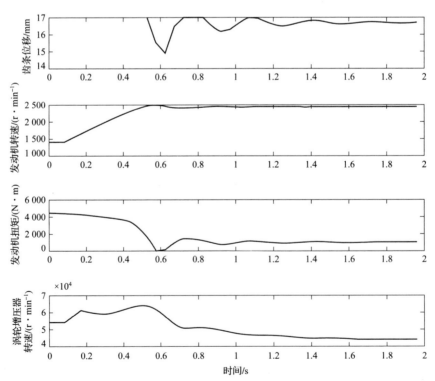

图 7.5.20 油门不变、负荷突降时的计算结果

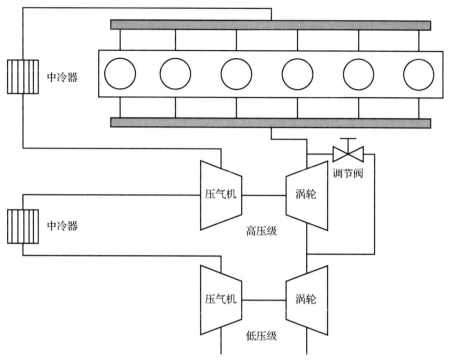

图 7.5.21　柴油机一侧气缸排结构示意

利用 GT–ise 软件建立该柴油机单侧气缸排的稳态工作过程计算模型,如图 7.5.22 所示,基于该模型计算环境压力和温度对柴油机工作的影响。

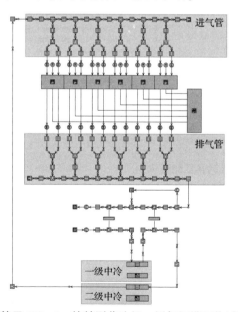

图 7.5.22　基于 GT–ise 的某型柴油机一侧气缸排工作过程计算模型

1) 气缸内及进排气管参数计算

取环境压力为 1.013 25 bar（1 bar = 100 kPa）、环境温度为 25 ℃、转速为 4 200 r/min、

油门为100%，计算得到气缸内及进排气管参数随曲轴转角的变化。

柴油机气缸内压力和温度随曲轴转角的变化规律分别如图7.5.23和图7.5.24所示，缸内最大爆发压力为232.17 bar，出现在压缩行程上止点后7.15 °CA；缸内瞬时平均温度的最大值为1 445 ℃，出现在压缩行程上止点后29 °CA。

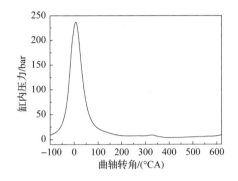
图7.5.23 气缸内压力随曲轴转角的变化规律

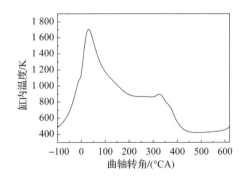
图7.5.24 气缸内温度随曲轴转角的变化规律

柴油机进气管压力、温度和平均流速随曲轴转角的变化规律如图7.5.25～图7.5.27所示，最高进气压力为5.25 bar，最低进气压力为4.66 bar，平均进气压力为4.831 bar；最高进气温度为90 ℃，最低进气温度为79 ℃，平均进气温度为83 ℃。进气压力保持在5个大气压左右，保证了柴油机充足的进气，也显示了二级涡轮增压系统强大的增压能力；在保持较大压力升高的同时使温度维持在84 ℃左右，上下波动不超过6 ℃。

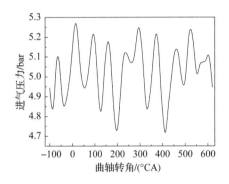
图7.5.25 进气管压力随曲轴转角变化规律

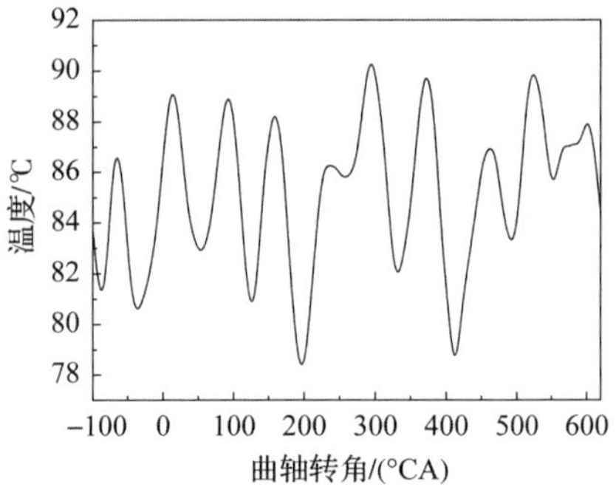

图7.5.26 进气管温度随曲轴转角变化规律

计算得到的排气管压力、温度和平均流速随曲轴转角的变化规律如图7.5.28～图7.5.30所示。由计算结果可见：排气管内最大压力达到了7.12 bar，最低压力为5.70 bar，平均压力为6.28 bar；排气管内最高排气温度为607.76 ℃，最低排气温度为540.08 ℃，平均排气温度为574 ℃。

2）环境温度对柴油机工作的影响

取环境压力为1.013 25 bar，环境温度分别为30 ℃、20 ℃、10 ℃、0 ℃、-10 ℃、-20 ℃，计算分析环境温度对柴油机工作的影响，结果如图7.5.31～图7.5.36所示，随着环境温度的升高，柴油机功率、进气流量、平均进气压力、平均进气温度、平均排气压力降低，平均排气温度升高；30 ℃与-20 ℃时各参数的变化对比如表7.5.2所示。

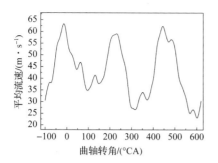

图 7.5.27　进气管平均流速随曲轴转角变化规律

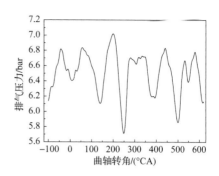

图 7.5.28　排气管压力随曲轴转角变化规律

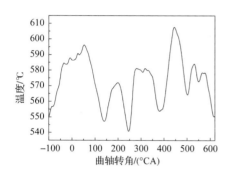

图 7.5.29　排气管温度随曲轴转角变化规律

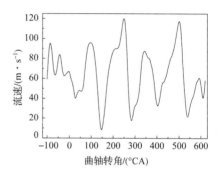

图 7.5.30　排气管平均流速随曲轴转角变化规律

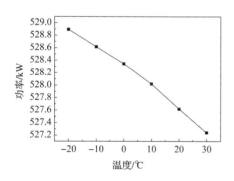

图 7.5.31　柴油机功率随环境
温度变化规律

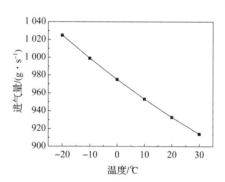

图 7.5.32　柴油机进气量随环境
温度变化规律

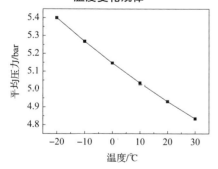

图 7.5.33　平均进气压力随环境
温度变化规律

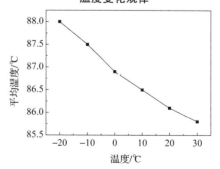

图 7.5.34　平均进气温度随环境
温度变化规律

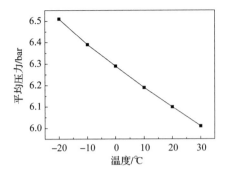

图 7.5.35 平均排气压力随环境
温度变化规律

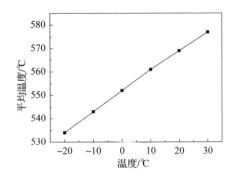

图 7.5.36 平均排气温度随环境
温度变化规律

表 7.5.2　30 ℃ 与 -20 ℃ 环境温度条件下柴油机工作参数对比

参数名称	环境温度/℃		相对变化/%
	-20	30	
发动机有效功率/kW	528.9	527.3	-0.30
进气流量/(g·s^{-1})	1 027.3	914.7	-10.96
平均进气压力/bar	5.42	4.84	-10.70
平均进气温度/℃	88.0	85.8	-2.50
平均排气压力/bar	6.52	6.03	-7.52
平均排气温度/℃	534	578	8.24

随着环境温度的升高，环境空气密度降低，使得发动机进气流量下降，发动机有效功率减小；燃烧总产热量中转化为有效功比例降低，导致发动机热负荷增加，废气带走的热量增加，使得平均排气温度和涡前温度升高；排气流量随进气流量的减小而减小，且减小的程度大于平均排气温度升高的程度，使得平均排气压力降低；随着环境温度的升高，环境空气密度降低，导致发动机进气压力降低，且进气量减小的程度大于进气压力降低的程度，依据理想气体状态方程，可知进气温度降低。

3）环境压力对柴油机工作的影响

取环境温度为 25 ℃，环境压力分别为 1.0 bar、0.9 bar、0.8 bar、0.7 bar、0.6 bar、0.5 bar，计算分析环境压力对柴油机的影响，结果如图 7.5.37～图 7.5.42 所示，随着环境压力的升高，柴油机功率、进气流量、平均进气压力、平均排气压力升高，柴油机平均排气温度降低，平均进气温度总体呈降低趋势；1 bar 与 0.5 bar 时各参数的变化对比如表 7.5.3 所示。

随着环境压力的升高，环境空气密度增大，发动机进气流量增加，发动机有效功率增大；燃烧总产热量中转化为有效功比例增加，废气带走的热量减少，且废气流量随进气流量增加，使得平均排气温度降低；排气流量随进气流量的增大而增大，增大的程度大于平均排气温度降低的程度，使得平均排气压力升高；发动机进气压力随环境压力的升高而升高，且进气量增加程度大于进气压力升高程度，依据理想气体状态方程，可知进气温度降低。

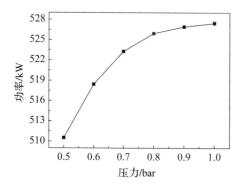

图 7.5.37 柴油机功率随环境压力变化规律

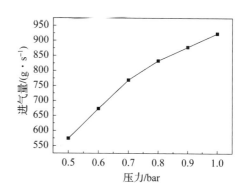

图 7.5.38 柴油机进气量随环境压力变化规律

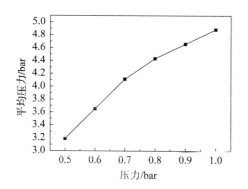

图 7.5.39 平均进气压力随环境压力变化规律

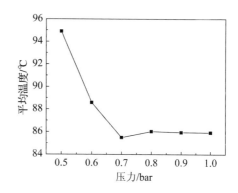

图 7.5.40 平均进气温度随环境压力变化规律

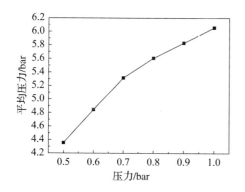

图 7.5.41 平均排气压力随环境压力变化规律

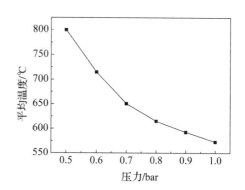

图 7.5.42 平均排气温度随环境压力变化规律

表 7.5.3　0.5 bar 与 1 bar 环境压力条件下柴油机工作参数对比

参数名称	环境压力/bar		相对变化/%
	0.5	1	
发动机有效功率/kW	511	527	3.13
进气流量/(g·s^{-1})	570	930	63.15
平均进气压力/bar	3.2	4.9	53.13

续表

参数名称	环境压力/bar		相对变化/%
	0.5	1	
平均进气温度/℃	95.3	85.5	-10.28
平均排气压力/bar	4.35	6.1	40.22
平均排气温度/℃	800	573	-28.38

7.6 发动机传、散热过程模拟

7.6.1 计算方法

通常基于发动机冷却系统传散热耦合计算的方法仿真分析发动机的传散热。本节以柴油机为例进行分析。

发动机冷却系统传散热耦合计算综合考虑气缸内燃气传热、柴油机部件传热、冷却液流动与传热，对这些传热过程的单独研究为柴油机整机散热性能计算奠定了基础。

1. 气缸内燃气传热计算

柴油机气缸内燃气与气缸内壁面的传热计算研究较多，所采用的模型有完全实验模型、简单无量纲模型、简单流动模型和流动分析模型。

1）完全实验模型

完全实验模型通过整理实验结果得到，完全实验模型公式的形式与系数完全取决于实验数据和人为选择，因此缺乏理论依据，适用范围有限。

2）简单无量纲模型

简单无量纲模型是在完全实验模型的基础上，通过引入强迫对流传热的相似准则关系式而发展起来的一种气缸内传热模型，它以传热学中的相似理论为指导，使模型具有一定的普遍性，模型中各参数间的联系也有了一定的物理含义。

3）简单流动模型

简单流动模型是无量纲模型的一个分支，这类模型也采用了准则方程的表示形式，与简单无量纲模型相比，它的一个显著特点是用能够反映气缸内复杂流动状态的某种流动参数取代活塞平均速度成为特征速度。简单流动模型开辟了由研究气缸内气体流动入手研究对流传热的方向，但这种模型中的流场经过了极大简化，且仍依赖于传热实验，因此仍是半经验模型。

4）流动分析模型

流动分析模型是在内燃机气缸内流动计算的基础上，通过联立质量、能量和动量守恒方程建立边界层内的一维或多维传热模型，并用数值方法进行求解以从理论上分析气缸内传热过程。

2. 柴油机部件传热计算

计算柴油机部件传热，所采用的方法有解析法、数值计算法和热网络法3种。

1) 解析法

解析法是用形式化的符号来表达实际问题中各要素之间的关系以得出描述该问题所需的数学表达式，然后通过数学计算求解问题解析解（用数学表达式表示的解）的方法。对单个部件传热过程的求解最初采用的是解析法，其理论比较成熟，可以求解出零件温度场的解析值，并可详细了解传热表达式中各项参数对温度变化的影响，但是该方法只能用来分析形状和边界条件都比较简单的零件，因此限制了其应用。

2) 数值计算法

实际中的数学问题，只有很少一部分能求出其解析解，因此通常采用各种计算方法对具体数值进行运算来求出数学问题的数值解（由具体数值表示的解），这些数值解就是满足实际问题需要的解。上述求数值解的方法称为数值计算法。目前在发动机受热部件温度场的数值计算研究中，所采用的数值计算方法主要是有限差分法和有限单元法。

3) 热网络法

热网络法也称热阻热容法或简化的有限差分法，其基本原理是，把研究对象细分为节点，相邻节点之间任何方式的传热都用热阻代替，并构成传热网络；各个节点均看成是具有集总参数的单元，对每个单元或回路利用基尔霍夫电流定律（KCL）、基尔霍夫电压定律（KVL）建立以温度为待求量的热平衡方程；将每个单元的热平衡方程组合在一起得到传热网络的非线性微分代数方程组；求解传热方程组得到单元温度。热网络法是一种分析传热过程的有效方法，易于得出各种复杂传热问题的热平衡方程，能够求解复杂结构中各点的温度及其变化率，非常适用于计算由多个零部件和装置组成的复杂系统的稳态和非稳态传热过程。相对于有限元及其他数值计算方法，热网络法更适用于系统级的传热和温度场分析，可以避免数值计算的烦琐和困难，具有简单快捷、边界条件易于处理等优点，而且计算精度满足一般工程计算要求。

3. 冷却液流动与传热计算

发动机工作时，水泵驱动冷却液流动，冷却液在冷却系统内部循环，当其流经机体和气缸盖时从高温部件带走热量，流经水散热器芯体时将热量传给冷却空气。若计算冷却液在冷却系统所有管路内的流动与传热，则需要仿真整个冷却系统的工作。

7.6.2 耦合计算模型

1. 气缸内燃气传热模型

气缸内燃气与气缸内壁面传热，传热流量随曲轴转角的变化可利用式(7.5.10)、式(7.5.11)计算得到，这里不再重复。

2. 柴油机部件传热模型

可以利用有限单元法计算柴油机零部件的传热，为了保证计算精度，通常需要划分得到大量的计算单元，从而导致计算时间过长、计算成本过高，因此有限单元法不适合用于柴油机整体部件传热计算。

热网络法非常适用于模拟由多个零部件和装置组成的复杂系统的稳态和非稳态传热过程，具有简单快捷、边界条件易于处理等优点，而且计算精度满足一般工程计算要求，因此，这里采用热网络法计算柴油机部件和换热器芯体的换热，将多维数值计算问题转化为由有限多个节点构成的多个方向上的一维计算问题，通过不同节点之间的连接，构成整个计算网络。

根据热网络法的基本原理，通过引入热阻和热容的概念，可以建立以热单元 n 的温度为待求量的热平衡方程，即

$$\sum_j \frac{f(T_j^i) - f(T_n^i)}{R_{j,n}} + q_n V_n = C_n \cdot \frac{T_n^{i+1} - T_n^i}{\Delta t} \tag{7.6.1}$$

式中 $f(T)$——T 的函数，对于导热热阻和对流换热热阻 $f(T) = T$，对于辐射换热热阻 $f(T) = T^4$；

Δt——计算的时间步长（s）；

T_n^i——i 时刻热单元 n 的温度（K）；

T_j^i——i 时刻热单元 j 的温度（K）；

T_n^{i+1}——$i+1$ 时刻热单元 n 的温度（K）；

V_n——热单元 n 的体积（m³）；

q_n——热单元 n 的单位体积内热源的发热率（W/m³）；

C_n——热单元 n 的比热容（J/K）；

$R_{j,n}$——热单元 j 与热单元 n 之间的热阻（K/W）。

稳态情况下，各单元节点温度为一个定值，因此式（7.6.1）转化为

$$\sum_j \frac{f(T_j) - f(T_n)}{R_{j,n}} + q_n V_n = 0 \tag{7.6.2}$$

式中 T_n——热单元 n 的温度（K）；

T_j——热单元 j 的温度（K）。

传热网络中，热流量由高温部件传向低温部件、由部件的高温部位传向低温部位，根据传热方式的不同，传热过程中需要克服的热阻可以表示为导热热阻、对流换热热阻和辐射换热热阻，分别为

$$R_{导热} = \frac{L}{\lambda A} \tag{7.6.3}$$

$$R_{对流} = \frac{1}{hA} \tag{7.6.4}$$

$$R_{辐射} = \frac{T_j - T_i}{\sigma \varepsilon A (T_j^4 - T_i^4)} \tag{7.6.5}$$

式中 λ——导热系数（W·℃·m⁻¹）；

h——对流传热系数（W·m²·K⁻¹）；

A——相邻热单元之间的换热面积（m²）；

L——相邻热单元之间的距离（m）；

σ——黑体辐射常数；

ε——发射率。

相邻两个传热单元之间的导热传热流量由传热单元之间的温差和导热热阻确定，即

$$Q_{i,j} = \frac{T_i - T_j}{R_{i,j}} \tag{7.6.6}$$

式中 T_i、T_j——相邻两个传热单元的温度（K）；

$R_{i,j}$——相邻两个传热单元之间的导热热阻。

流体与传热单元之间的对流传热流量由二者之间的温差和对流传热热阻确定，即

$$Q_{i,c} = \frac{T_i - T_c}{R_{i,c}} \quad (7.6.7)$$

式中　T_i——传热单元温度（K）；

T_c——流体温度（K）；

$R_{i,c}$——流体与传热单元之间的对流传热热阻。

两个传热单元之间的辐射传热流量由二者之间的温差和辐射传热热阻确定，即

$$Q_{i,j} = \frac{T_i^4 - T_j^4}{R_{i,j}} \quad (7.6.8)$$

式中　T_i、T_j——传热单元的温度（K）；

$R_{i,j}$——传热单元之间的辐射传热热阻。

将热网络中各热单元对应的以其温度为待求量的热平衡方程组合到一起，可以得到以矩阵形式表达的传热计算方程组，即

$$\begin{bmatrix} a_{11} & a_{12} & \cdots & a_{1n} \\ a_{21} & a_{22} & \cdots & a_{2n} \\ \vdots & \vdots & & \vdots \\ a_{n1} & a_{n2} & \cdots & a_{nn} \end{bmatrix} \begin{bmatrix} T_1 \\ T_2 \\ \vdots \\ T_n \end{bmatrix} = \begin{bmatrix} c_1 \\ c_2 \\ \vdots \\ c_n \end{bmatrix} \quad (7.6.9)$$

式中　a_{ij}——方程组系数矩阵的元素；

c_i——常数矩阵的元素；

T_i——温度矩阵的元素；

n——热网络中的传热单元数目。

一旦网络中产热源的产热量、传热热阻及边界温度确定，则式(7.6.9)中系数矩阵和常数矩阵的元素就会成为具体数值，解式(7.6.9)可以得到待求量，即各传热单元的温度。

柴油机的空间结构十分复杂，不同部件以及同一部件的不同部位受热情况各不一样，因此需要根据情况确定各部件的传热单元划分数目。连接柴油机各部件及其划分的各个传热单元，可以得到柴油机整机的传热网络，如图7.6.1所示。图中圆点表示热单元，每个热单元代表一个集总热容，各热容之间通过热阻进行热量的传递；折线表示传热热阻；圆点之间即固体部件内部的热单元之间进行导热传热；三角形表示燃气、高温废气、新鲜充量、冷却液、润滑油与固体边界的热单元进行对流传热及辐射传热；点线部分表示气缸盖和气缸体内的冷却液；⇨和➡分别表示新鲜充量和高温废气的流动方向。

同样利用热网络法，忽略垂直于冷却空气和热流体流动方向上的芯体温度变化，分别沿其内两种流体的流动方向，将芯体划分为3×6个传热单元，然后搭建其传热计算网络，如图7.6.2所示。

3. 冷却液流动与传热模型

1）冷却液流动方程

冷却液的流动属于内部流动，其一维流动网络由节点方程组、回路方程组和阻力方程组等进行描述。

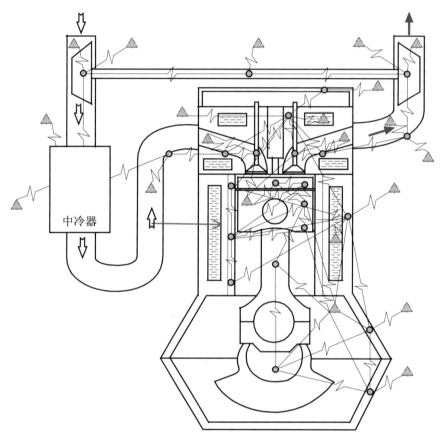

图 7.6.1 柴油机传热计算网络示意图

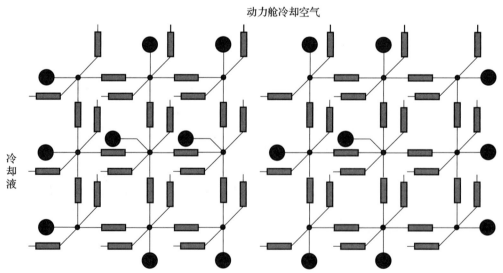

图 7.6.2 水散热器芯体传热示意图

节点方程组是节点流量连续性方程组，说明与任何节点连接的所有管段的流量代数和为零，用矩阵形式表示为

$$A\dot{q} = 0 \tag{7.6.10}$$

式中 A——流动网络的基本关联矩阵，由管网内各管段的布置关系确定；

$\dot{q}$——管段的流量矩阵，$\dot{q} = (\dot{q}_1, \dot{q}_2, \cdots, \dot{q}_i, \cdots, \dot{q}_n)^T$，$\dot{q}_i$ 为管段 i 的体积流量。

回路方程组是能量方程组，说明每个回路的水头损失闭合差为零，其矩阵形式为

$$B\Delta H = 0 \tag{7.6.11}$$

式中 B——流动网络的基本回路矩阵，由管网内各管段的布置关系确定；

ΔH——管段的阻力损失矩阵，$\Delta H = (\Delta H_1, \Delta H_2, \cdots, \Delta H_i, \cdots, \Delta H_n)^T$，$\Delta H_i$ 为管段 i 的阻力损失。

阻力方程组说明管段流量 $\dot{q}$ 与阻力损失 ΔH 之间的关系，用矩阵表示为

$$\Delta H = \begin{bmatrix} \Delta H_1 \\ \Delta H_2 \\ \vdots \\ \Delta H_n \end{bmatrix} = \begin{bmatrix} S_1 \dot{q}_1^2 \\ S_2 \dot{q}_2^2 \\ \vdots \\ S_n \dot{q}_n^2 \end{bmatrix} - \begin{bmatrix} H_{p1} \\ H_{p2} \\ \vdots \\ H_{pn} \end{bmatrix} = \begin{bmatrix} S_1 & & & \\ & S_2 & & \\ & & \ddots & \\ & & & S_n \end{bmatrix} \begin{bmatrix} \dot{q}_1^2 \\ \dot{q}_2^2 \\ \vdots \\ \dot{q}_n^2 \end{bmatrix} - \begin{bmatrix} H_{p1} \\ H_{p2} \\ \vdots \\ H_{pn} \end{bmatrix} = S\dot{q} - H_p \tag{7.6.12}$$

式中 S——阻力系数矩阵，与管材、管长、管径以及产生局部阻力的管路附件有关；

H_p——泵的扬程。

在已知管段 i 的体积流量 $\dot{q}_i$ 的情况下，质量流量和流速可以由下式计算，即

$$\dot{m}_i = \rho \dot{q}_i \tag{7.6.13}$$

$$v_i = \dot{q}_i / A_i \tag{7.6.14}$$

式中 $\dot{m}_i$——管段 i 的质量流量（kg/s）；

v_i——管段 i 的管内流速（m/s）；

A_i——管段 i 的流通面积（m²）；

ρ——流体密度（kg/m³）。

2) 冷却液传热公式

冷却液与气缸套水道的对流传热系数由环形通道内管传热准则关系式计算，即

$$a_{c1} = 0.024 \left(1 - 0.12 \frac{D_1}{D_2}\right) Re^{0.8} Pr^{0.37} \left(\frac{\mu_1}{\mu_w}\right)^{0.14} (\lambda/D) \tag{7.6.15}$$

$$Pr = \frac{\mu_1 C_p}{\lambda} \tag{7.6.16}$$

$$Re = \frac{uD}{v_1} \tag{7.6.17}$$

式中 D_1——气缸套外径（m）；

D_2——冷却水套空间的外部轮廓形成的直径（m）；

v_1——平均水温时的运动黏性系数（m²/s）；

μ_1——平均水温时的动力黏度（Pa·s）；

μ_w——冷却液温度为壁温时的动力黏度（Pa·s）；

λ——冷却液导热系数（W·℃·m^{-1}）；

D——冷却液流动的当量直径（m）；
u——冷却液流速（kg/s）。

冷却液与气缸盖水道的对流传热系数由如下广泛使用的关联式计算，即

$$a_{c2} = 0.023\, Re^{0.8} Pr^{0.3} (\lambda/D) \tag{7.6.18}$$

冷却液与水散热器芯体热侧的对流传热系数为

$$a_{c3} = j u_m c_p Pr^{-2/3} \tag{7.6.19}$$

式中 u_m——冷却液的质量流速（$kg \cdot ℃ \cdot m^{-2}$）；
c_p——冷却液的定压比热（$J \cdot kg \cdot K$）；
j——传热因子。

传热因子可以表示为

$$j = C\, Re^n \tag{7.6.20}$$

式中 C、n——常数，由实验数据整理得到。

3) 冷却液流动与传热计算网络

典型车用柴油机冷却系统的组成及工作示意图如图 7.6.3 所示。该冷却系统的冷却液循环部分由水泵、水散热器、膨胀水箱、水管、蒸汽排除管、补偿水管、换季开关、放水开关、机油箱蛇形管、传动油箱蛇形管等构成。水泵由柴油机通过传动机构驱动，用来给冷却液的流动提供动力；水散热器是冷却液与动力舱冷却空气的热量交换装置，用来将柴油机排至冷却系的热量散至大气，以降低冷却液的温度；膨胀水箱设置在冷却系统的最高位置处，用来调节系统压力、增加水泵入口压力以减少水泵发生穴蚀的可能性；水管为冷却液的流动提供通路；蒸汽排除管将水散热器和气缸盖内产生的蒸汽引入膨胀水箱中；补偿水管连接膨胀水箱底部和水泵入口；换季开关根据季节打开或关闭，用以控制冷却系统管路与加温系统管路是否连接；放水开关设置在冷却系统的最低位置处，用来在车辆换季更换冷却液时将原冷却液放出系统；机油箱蛇形管位于机油箱内部，是冷却液和润滑油交换热量的地方；传动

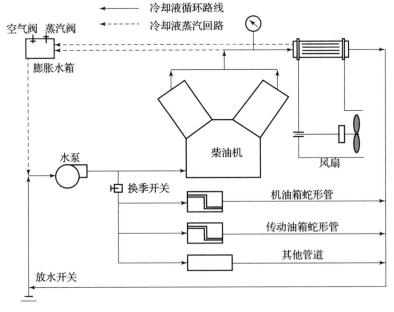

图 7.6.3 典型车用柴油机冷却系统组成及工作示意图

油箱蛇形管位于传动油箱内部，是冷却液和传动油交换热量的地方；其他管道是为满足其他加温要求而设置的冷却液管道，如加温器、电动预润泵内部水道等。

冷却液的流动循环路线如图7.6.4所示。若为夏季工况，换季开关关闭，从气缸盖水道流出的冷却液只流向水散热器；若为冬季工况，换季开关打开，从气缸盖水道流出的冷却液不但流向水散热器，还流向加温管路。假定冷却液在所有的管道中都是一维流动，采用一维不可压缩定常变物性层流或湍流流动模型描述冷却液的流动和传热，基于Flowmaster软件建立冷却液的流动与传热计算网络，如图7.6.5所示。

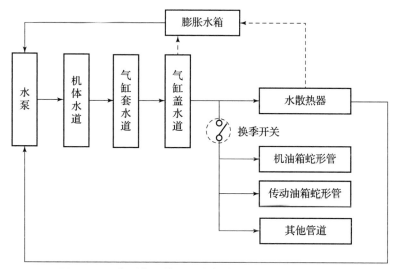

图7.6.4 典型车用柴油机冷却液流动循环路线示意图

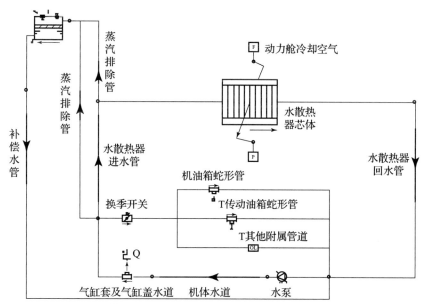

图7.6.5 基于Flowmaster软件的冷却液流动与传热计算网络

7.6.3 耦合计算流程

柴油机冷却系统传散热耦合计算流程如图 7.6.6 所示。固体单元和冷却液温度是需要假定的计算初值；计算时依次调用柴油机工作过程计算模块、气缸内燃气传热计算模块、冷却液流动与传热计算模块、柴油机部件和换热器芯体传热计算模块；采用热网络法计算柴油机部件和换热器芯体传热单元的温度，流程如图 7.6.7 所示。

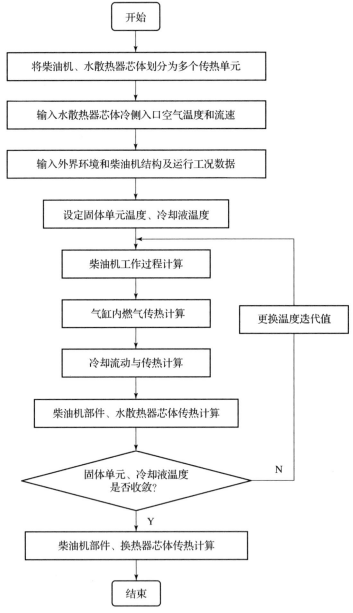

图 7.6.6 柴油机冷却系统传散热耦合计算流程

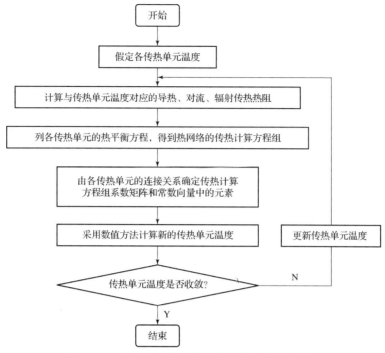

图 7.6.7　柴油机部件和换热器芯体传热计算流程

7.6.4　计算实例

某型废气涡轮增压中冷柴油机，V 型结构、气缸数目为 12、行程数目为 4，采用组合脉冲废气涡轮增压系统，利用上述模型和方法计算该柴油机传散热。

利用 GT – Power 软件建立柴油机工作过程计算模型，用以计算气缸内燃气状态。为了减少计算时间，这里忽略左右气缸排的工作差异，只建立其单排气缸的计算模型，如图 7.6.8 所示；利用 Flowmaster 搭建冷却液流动与传热计算网络如图 7.6.9 所示，柴油机部件传热计算网络如图 7.6.10 所示。

计算得到设计工况下的柴油机部件温度，结果如表 7.6.1 所示。燃烧室内排气门的温度最高，为 582.5 ℃，这是因为排气门时刻被高温燃气和高温废气所包围，而且冷却条件极其恶劣，只能通过导热传热给气缸盖，而且热阻较大；柴油机外表面排气管硅酸铝隔热层温度最高，达到 195.2 ℃，这是由于其接触的废气温度和流速都很高；进气门虽然也与高温燃气接触，但由于它同时跟新鲜充量换热，因此温度并不算高；进气道、气缸盖、排气道、排气管金属部分的温度依次升高，这是因为受热越来越严重而冷却条件却越来越差；气门室罩的温度远低于气缸盖，这是因为动力舱冷却空气主要与气门室罩换热且气缸盖与气门室罩之间的导热热阻较大；由于隔热层隔热良好，因此排气总管和废气涡轮隔热层外表面的温度远低于内部的金属温度；对于气缸套，其最上部对应的热单元温度最高，因为该处与燃气接触，但是却不与冷却液换热，即冷却条件很差；对于活塞，其环岸部分温度最高，这是因为该处从燃气接收热量，同时有大量的摩擦热传入，随着远离活塞顶面，活塞温度越来越低；与下曲轴箱相比，上曲轴箱离高温热源更近，因此温度更高；与曲轴相比，连杆离高温热源更近，因此温度更高。

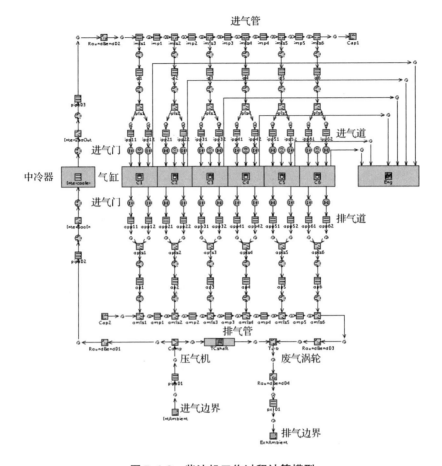

图 7.6.8　柴油机工作过程计算模型

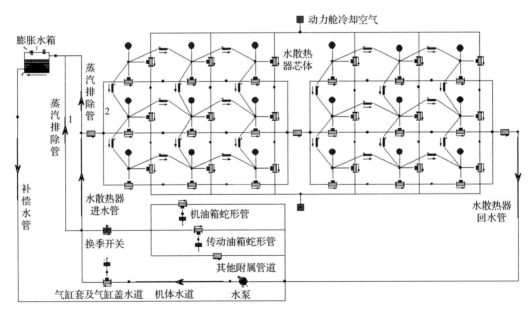

图 7.6.9　冷却液流动与传热计算网络

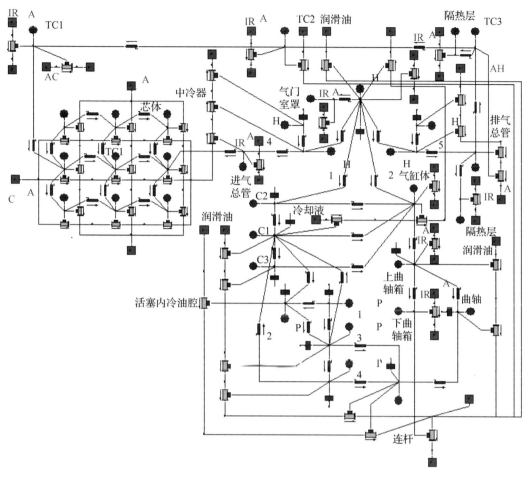

图 7.6.10　柴油机部件传热计算网络

表 7.6.1　柴油机部件温度计算结果

柴油机部件	温度/℃	柴油机部件	温度/℃
进气门	190.4	气缸套（最高）	281.2
排气门	582.5	活塞顶	335.0
进气道	149.0	活塞环岸	287.2
排气道	327.4	上曲轴箱	105.3
进气总管	72.8	下曲轴箱	102.8
排气总管（金属）	314.2	曲轴	115.1
排气总管（隔热层）	195.2	连杆	148.4
气门室罩	81.29	压气机	82.57
气缸盖	157.4	废气涡轮（金属）	294.8
气缸体	121.7	废气涡轮（隔热层）	188.5

水散热器芯体温度计算结果如图 7.6.11 所示。沿冷却液流动方向，水散热器芯体单元温度逐渐降低；沿冷却空气流动方向，水散热器芯体单元温度逐渐升高；最高温度在距离散热器迎风面最远而距离冷却液入口最近的热单元处，温度为 78.80 ℃。

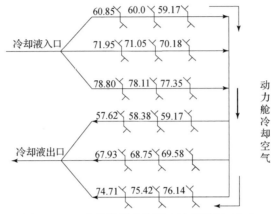

图 7.6.11　水散热器芯体温度计算结果（℃）

冷却液流量、流速、温度和压力计算结果如图 7.6.12 所示。因为环境温度远高于 5 ℃，所以按夏季工况计算，即冷却液不走加温支路，而全部走冷却支路；来自气缸盖和水散热器集水箱的含蒸汽冷却液经蒸汽排除管送往膨胀水箱，由蒸汽阀和空气阀调节压力；膨胀水箱的下部通过水管与水泵入口连通，其作用是提高水泵入口压力，即提高冷却系统内压力，由计算结果看，冷却液压力在水泵入口最低，其值为 2.105 bar，也远高于外界环境的压力；随着冷却液远离水泵出口，冷却液压力逐渐降低，水泵进出口压力差为 2.75 bar；出水温度最高，为 89.7 ℃。

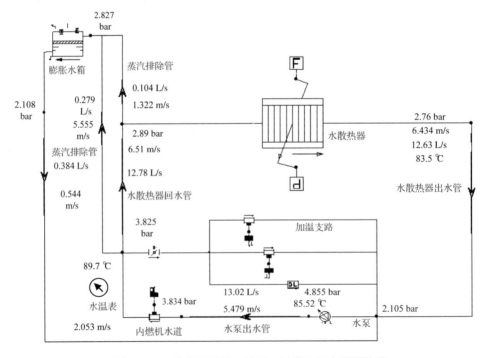

图 7.6.12　冷却液流量、流速、温度和压力预测结果

以设计工况为基准工况，分别设置环境温度为 -10 ℃、10 ℃、35 ℃、50 ℃，保持其他条件不变，计算各环境温度下的柴油机热状态，所得结果如图 7.6.13～图 7.6.16 所示。由图可见，随着环境温度升高，活塞、排气门、排气管、涡轮蜗壳等柴油机高温部位温度、柴油机出水温度、水散热器芯体最高温度等随之升高，水散热器散热量随着环境温度升高而下降。这是由于随着环境温度的升高，流经水散热器芯体的冷却空气温度升高，导致水散热器散热量下降，进一步导致柴油机部件和出水温度升高。当环境温度为 50 ℃ 时，水温、油温均超过了正常温度，排气门温度达到 607.2 ℃。

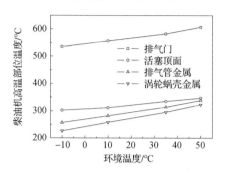

图 7.6.13　柴油机高温部位温度随环境温度的变化

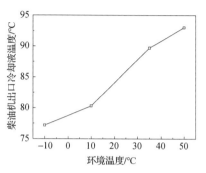

图 7.6.14　柴油机出口冷却液温度随环境温度的变化

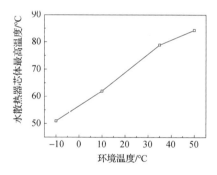

图 7.6.15　水散热器芯体最高温度随环境温度的变化

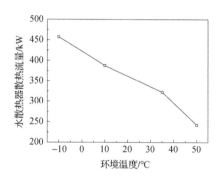

图 7.6.16　水散热器散热流量随环境温度的变化

以设计工况为基准工况，保持油门位置为 100%，分别设置柴油机转速为 1 600 r/min、1 800 r/min、2 000 r/min、2 200 r/min，保持其他条件不变，计算各转速下柴油机的热状态，所得结果如图 7.6.17～图 7.6.20 所示。由图可见，随着柴油机转速升高，排气门、排气管、涡轮蜗壳等柴油机高温部位的温度随之升高，这是由于如上部件温度主要受高温废气的影响，随着柴油机转速的增加，柴油机负荷增加，废气的流量增加、温度升高；活塞顶面温度随柴油机转速的升高而降低，这是因为活塞顶面温度受其冷却油腔内润滑油冷却作用的影响明显，随着柴油机转速的增加，润滑油量增加；柴油机出水温度随着柴油机转速的升高而降低，这是由于冷却液和冷却空气流量随柴油机转速的升高而增大，使柴油机散热增强；水散热器芯体的最高温度随着柴油机转速的增加而降低，这是由于柴油机出水温度降低而冷却空气流量增加。

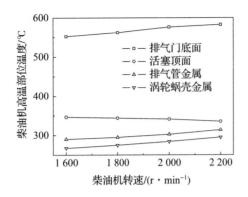

图 7.6.17 柴油机高温部位温度
随柴油机转速的变化

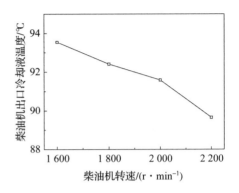

图 7.6.18 柴油机出口冷却液温度
随柴油机的变化

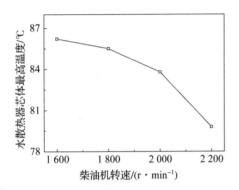

图 7.6.19 水散热器芯体最高温度
随柴油机转速的变化

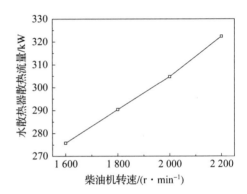

图 7.6.20 水散热器散热流量
随柴油机转速的变化

第8章
车辆通过性模拟

车辆在越野地面上行驶时，所遇到的地形和地物是相当复杂的。迫使车辆改变运动方向、降低运动速度或停止的地形和地物，称为障碍。车辆不用辅助装置（器材）克服障碍的能力越好，通过障碍的速度越快，则其平均行驶速度也就越高。

车辆的通过性是指不用任何辅助装置而能克服各种天然和人工障碍的能力。车辆的通过性也是其机动性的重要组成部分之一。车辆通过性一般包括松软地面通过性、几何通过性和水上通过性3个方面的内容。松软地面通过性一般指车辆在平整、松软地面（如沼泽、水稻田、沙漠、雪地等）上行驶的能力（可行驶性）；几何通过性一般指车辆克服较大的几何障碍（如崖壁、断崖、壕沟、陡坡等）的能力；水上通过性一般指车辆以涉水、潜渡或浮渡的方法克服水障碍（如河流、湖泊、海洋等）的能力。

车辆的通过性不仅取决于车辆本身的性能参数和几何参数，同时与正确的驾驶方法有关。因此，只有充分掌握车辆通过障碍时的规律，应用正确的驾驶方法，才能充分发挥车辆的机动性。

8.1 土壤特性模型

8.1.1 土壤的物理性质

自然条件下的土壤通常是由固体、液体和气体所组成的三相介质。各相不同的配合比例会使土壤的物理性质和机械特性出现很大的不同。与车辆行驶相关的土壤物理性质主要有土壤的含水量、容重、可塑性以及土壤颗粒间的内聚性和内摩擦性等。

1. 土壤的含水量（湿度）

将土壤的试样在 105~110 ℃ 的温度下烘干，总共失去水分的质量占土样质量的百分比，即称之为该土壤的含水量（湿度）。

2. 容重

自然结构土壤单位体积的质量称为湿容重，烘干土壤单位体积的质量称为干容重。土壤的容重和土壤的密度不同，密度是指土壤颗粒的单位体积质量，因此密度值比容重值要大些。例如，容重为 1 100~1 800 kg/m³，则密度为 1 300~2 700 kg/m³。

3. 土壤的可塑性

土壤在湿润状态下，可塑成一定形状并持久保持不变的性质称为可塑性。土壤呈现可塑性状态时的含水量称为塑限,而土壤失去可塑性并开始流动变形时的含水量称为液限。液限与塑限间含水量之差叫塑性指数。显然,塑性指数越小,其可塑性就越差。砂的塑性指数近于零,亦即砂无可塑性。黏土的可塑性最好,其塑性指数大于17,是高塑性土壤。

4. 土壤的内聚力

土壤的内聚力是指土壤颗粒间的结合水和胶结物所形成的胶结力。所谓结合水是指粘附在土壤颗粒表面的水膜,它由吸湿水和膜状水形成。当土壤压实时,土壤颗粒间距离靠近,使颗粒间的结合水膜变薄,因而胶结力加强。当土壤的含水量增加时,土壤颗粒间距加大,结合水膜增厚,使胶结力变弱。结合水的胶结力还和土壤的表面积有关,因为它们之间的相互作用发生在接触面上,所以土壤单位体积的表面积,即"比表面积"可以用来度量土壤颗粒间粘结的程度。

土壤颗粒间单位表面积上的胶结力定义为土壤的内聚力 $c(\text{kPa})$。黏土颗粒细小,其比表面积大,因此内聚力就大。此外,土壤的内聚力还和土壤颗粒间的胶结物质有关。

5. 土壤的内摩擦力

土壤的内摩擦力是土壤颗粒间的摩擦阻力,它包括土壤间的表面摩擦和颗粒间的相互嵌入阻止相对滑动的阻力。内摩擦力的大小和内摩擦系数成正比。内摩擦系数的反正切值称为内摩擦角 φ。黏性土壤的 φ 值在 $6°\sim43°$ 范围内;干砂的 φ 值一般大于 $30°$,其内摩擦系数大于 0.58。

6. 土壤的粘附性

土壤粘附于其他物体上的性质称为粘附性。粘附性与土壤的含水量关系极大,当含水量达到80%的饱和度时,粘附性达到最大;含水量超过80%时,粘附性逐渐减小。土壤的粘附性会造成履带或轮胎的花纹被填平,使它们与土壤的相互作用关系变差,为了获得必要的地面反作用力,履带或车轮的滑转将更严重,甚至完全滑转。

8.1.2 土壤的力学特性

土壤的承压特性和剪切特性是与车辆行驶有关的两个基本力学特性。

1. 土壤的承压特性

土壤的承压特性是指土壤因承受法向负荷而发生沉陷变形的性能。土壤的沉陷变形包括弹性变形和塑性变形(永久变形)两个部分。在法向负荷去掉以后,土壤沉陷部分的恢复取决于弹性变形值,它只占土壤变形量的一小部分。

土壤的承压特性和地面车辆结构参数的选择(如车辆行走机构)以及车辆行驶性能的预测有很大关系。因此,必须研究土壤这种能力,也就是研究土壤垂直方向的应力-应变关系。人们通常用土壤垂直压强 p 和沉陷变形量 z 之间的试验曲线来表示履带接地面下土壤的应力-应变关系,如图8.1.1所示。

土壤的 $p-z$ 曲线,是通过试验装置施加给

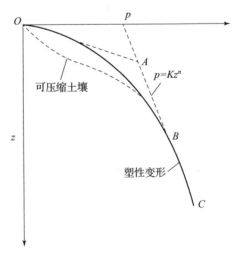

图 8.1.1 土壤的 $p-z$ 变化关系

地面与越野车辆类似的载荷状况而实际测得的。这种试验装置实际上就是一种模拟履带或车轮的平板,把它垂直压入土中,并且测出压强和相应的沉陷量,就得到了表面土壤的承压能力曲线。图8.1.1中,直线 OA 表示土壤的应力应变呈线性变化部分,即土壤的弹性变形或土粒相对移动部分;而直线 AB 则表明土壤产生塑性流动的沉陷过程。因此,A 点可近似为该土壤的极限承载能力。土壤的 $p-z$ 曲线的形状可能因土壤性质的不同而有所不同。

要想利用一个理论公式来完整描述图8.1.1中的全部曲线 OC 是十分困难的。目前在研究车辆地面力学时多采用简化的模型,其中用得最多的就是 Bekker(贝克)模型。该模型是由美国学者 MG·Bekker(贝克)综合大量的试验数据所提出的,即

$$p = \left(\frac{k_c}{b} + k_\varphi\right)z^n = Kz^n \tag{8.1.1}$$

式中 n——土壤变形指数;

b——试验平板的短边(矩形板的宽度);

k_c 和 k_φ——土壤的内聚和摩擦变形模量;

K——土壤特性系数。

变形模量 k_c 和 k_φ 可通过不同尺寸的试验平板(考虑到越野条件下土壤的不均匀性,一般要求试验平板的长宽比应大于7)在相同条件下,对同一种土壤进行穿入试验,测出 $z=1$ 处的压强,再依式(8.1.1)求出。土壤的变形指数 n 则可利用式(8.1.1)在双对数坐标中的斜率确定。式(8.1.1)是一个近似经验公式。

表8.1.1中列出了各种典型地表土壤的 k_c、k_φ 和 n,可以看出,这些参数间是存在密切关系的。

表8.1.1 典型行驶地面的土壤力学参数值

地面类型	含水量 /(%)	n	$k_c/$ $(kN \cdot m^{-(n+1)})$	$k_\varphi/$ $(kN \cdot m^{-(n+1)})$	c /kPa	φ /(°)
干砂	0	1.1	0.95	1 528.43	1.04	28
砂土	15	0.7	5.27	1 515.04	1.27	29
	22	0.2	2.56	43.12	1.38	38
	11	0.9	52.53	1 127.97	4.83	20
黏土	38	0.5	13.19	692.15	4.14	13
	55	0.7	16.03	1 262.53	2.07	10
重黏土	25	0.13	12.70	1 555.95	68.95	34
贫瘠黏土	22	0.2	16.43	1 724.69	68.95	20
雪	—	1.6	4.37	196.72	1.03	19.7

一般地,摩擦性土壤的 k_φ 和 n、φ 有关,并且总是 k_φ 高,而 k_c 低;而内聚性土壤则总是 k_c 高,而 k_φ 低。同样,土壤的变形指数 n 也总是干的摩擦性土壤偏高,而高湿度的内聚性土壤和摩擦性土壤则偏低。可见,土壤的含水量对土壤的力学性质有明显影响。

2. 土壤的剪切特性

车辆的行驶牵引力是通过地面提供给驱动轮胎或履带接地段的切向反作用力实现的。地面提供这种反力的能力与地面（土壤）的剪切特性有关。车辆在松软地面上行驶时的最大牵引力（附着牵引力）受到土壤切向抗剪切强度的限制。因此，土壤的剪切特性是影响车辆松软地面通过性最重要的特性。

土壤的剪切特性通常用土壤在一定法向单位压力（压强）作用下的切应力 τ 和土壤切向位移 j 之间的变化关系来表示。对不同的土壤，这种变化关系是不一样的。

土壤的 τ–j 变化关系，可以通过土壤的剪切试验来确定。在剪切试验中，土壤受车辆行走部分的剪切作用由特制的剪切板来模拟。剪切板的形状与前述的矩形板相似，只是在与土壤接触的表面上装有模拟履带或车轮花纹的特制凸起。在给定的法向压力下，牵引试验平板运动同时测出拉力和相应的位移值，根据测量数据就可以建立起给定压力下的 τ–j 关系，如图 8.1.2 所示。

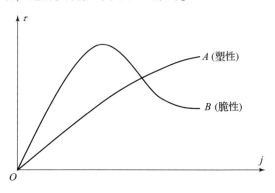

图 8.1.2　土壤 τ–j 曲线

图 8.1.2 中曲线 A 所指的是塑性土壤（如饱和的黏土、大多数未经搅动的土壤以及蓬松的雪等）。其剪切应力和切位移之间的变化曲线无明显峰值，曲线是平滑变化的，一般在某个位移值之后应力就不再随位移的增加而增加。

图 8.1.2 中曲线 B 所指的是脆性土壤（如粉土、壤土、冻结的雪和坚实的砂等）。脆性土壤的变化模式中，剪切应力有一个明显的峰值，如同一个驼峰。最大的剪切应力（抗剪强度）τ_{max} 所对应的土壤位移 j_0 即为该土壤的屈服点。过此点后，土壤结构发生破坏，新的土壤结构不具有原始结构的抗剪切强度，所以剪切应力–位移曲线随即开始下降，之后趋于平缓。

应当注意的是，对于某种特定的土壤，其究竟属于脆性土壤还是塑性土壤并不是绝对的。对黏性土壤，有时在增大剪切面上压力的情况下，可以由脆性土壤转变成塑性土壤，而有些土壤在改变含水量的条件下，又可能从塑性土壤变为脆性土壤。

对于塑性土壤，人们一般认为其剪切应力和剪切位移之间的关系都类似于图 8.1.2 中曲线 A，并提出用如下经验公式描述：

$$\tau = (c + p\tan\varphi)(1 - e^{-j/j_0}) = \tau_m(1 - e^{-j/j_0}) \tag{8.1.2}$$

式中　τ_m——最大的抗剪应力，即抗剪强度，$\tau_m = c + p\tan\varphi$（该式即土壤力学中著名的库仑公式）；

p——土壤剪切面上的法向压力；

φ——土壤的内摩擦角；

c——土壤的内聚力；

j——水平剪切土壤变形量，j_0 值可以认为是达到最大剪切应力 τ_{max} 所需要的变形值，即 j_{max}。

对于脆性土壤，还要考虑驼峰点，依据贝克模型，其经验公式为

$$\tau = (c + p\tan\varphi)\frac{e^{(K_2+\sqrt{K_2^2-1})Kj} - e^{(K_2-\sqrt{K_2^2-1})Kj}}{e^{(K_2+\sqrt{K_2^2-1})Kj_0} - e^{(K_2-\sqrt{K_2^2-1})Kj_0}} \qquad(8.1.3)$$

式中　K_1，K_2——滑动系数，由试验数据拟合或曲线拟合经验值来确定。

8.2　土壤-车轮模型

车辆在松软地面上的通过性与地面的土壤特性，轮胎与地面间的相互作用规律密切相关。一方面，车辆在松软土壤上通过的可能性取决于土壤特性；另一方面，土壤保障车辆在其上通过的能力，又与车辆的一些结构参数有关。

8.2.1　滚动阻力计算

对于轮式车辆，当车轮滚动时，将在下面4个方面消耗能量。
（1）地面因车轮的压力而形成轮辙。
（2）车轮和地面（包括轮辙侧壁）之间发生相对滑动摩擦。
（3）车轮在行驶过程中将一部分土推向前方而引起的"堆土"现象。
（4）因车轮变形而引起的内部损耗。

在不同的地面条件下，这4个方面的能量损失是不一样的。例如，在坚硬的混凝土路面上主要的能量损失是由轮胎变形引起的，而在松软的土路上，地面形成轮辙（沉陷）所消耗的能量又变成主要的因素。

1. 刚性车轮的土壤压实阻力

轮式车辆在松软土体上的外部行驶阻力，主要是压实土体形成轮辙而消耗能量所导致的。假设车轮为刚性的，车轮垂向载荷 W_g，车轮直径为 D，车轮宽度为 b，轮辙深度为 Z_0，行驶长度为 L，则压缩土体所做的功 P_g 可以表示为

$$P_g = \int_0^{Z_0} pbL\mathrm{d}z \qquad(8.2.1)$$

将式（8.1.1）代入得

$$P_g = \int_0^{Z_0} pbL\mathrm{d}z = bL\left(\frac{k_c}{b} + k_\varphi\right)\frac{Z_0^{n+1}}{n+1}$$

而滚动阻力所做的功 $P_g = F_f L$，由此得

$$F_f = b\left(\frac{k_c}{b} + k_\varphi\right)\frac{Z_0^{n+1}}{n+1} \qquad(8.2.2)$$

如图8.2.1所示，基于几何和压实做功可计算出轮辙深度为

$$Z_0 = \left[\frac{3W_g}{\left(\frac{k_c}{b} + k_\varphi\right)(3-n)b\sqrt{D}}\right]^{\frac{2}{2n+1}} \qquad(8.2.3)$$

将式（8.2.3）代入式（8.2.2）得

$$F_f = \frac{\left(\dfrac{3W_g}{\sqrt{D}}\right)^{\frac{2n+2}{2n+1}}}{(3-n)^{\frac{2n+2}{2n+1}}(1+n)(k_c+bk_\varphi)^{\frac{1}{2n+1}}} \qquad(8.2.4)$$

一般来说，式(8.2.4)对在大多数类型的均质土壤中产生中等沉陷量的刚性轮均适用。刚性轮直径越大、沉陷越小时，计算的结果越准确。n 对应于不同的土壤，依据试验或经验数据所得。

2. 轮胎压实阻力

轮胎的压实阻力取决于它的工作状态，为了预测轮胎的压实阻力，首先必须确定在给定的行驶条件下，轮胎是弹性轮还是可相当于刚性轮。

定义由同样载荷 W_g 的刚性轮所对应的压力 p_g 为临界压力，其车轮轮辙深度为 Z_0，充气轮胎胎压 p_i，胎壁刚度等效压力 p_c（约为 39.2~68.6 kPa），其计算公式为

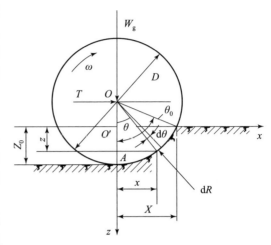

图 8.2.1 刚性轮受力简图

$$p_g = \left(\frac{k_c}{b} + k_\varphi\right) Z_0^n \tag{8.2.5}$$

当 $p_i + p_c \geqslant p_g$ 时，看成是刚性轮，按照式（8.2.4）计算滚动阻力。

当 $p_i + p_c < p_g$ 时，为弹性轮，按如下两种方式计算。

方法1：

依据巴勃科夫模型，等效车轮直径 D'，计算公式为

$$D' = D(1 + \mu/Z_0) \tag{8.2.6}$$

式中 μ——车轮变形量。

将式(8.2.4)中的 D 由 D' 代换计算即可。

方法2：

如图 8.2.2 所示，弹性轮胎的一部分会被压平，且压平部分的接触应力将等于 $p_{cp} = p_i + p_c = W_g/bl$，此时，依据贝克公式，轮胎沉陷量为

$$Z_0 = \left(\frac{p_{cp}}{\frac{k_c}{b} + k_\varphi}\right)^{1/n} = \left[\frac{W_g}{l(k_c + bk_\varphi)}\right]^{1/n} \tag{8.2.7}$$

将式(8.2.7)代入式(8.2.2)可得

$$F_f = \frac{1}{(1+n)(k_c + bk_\varphi)^{\frac{1}{n}}} \left(\frac{W_g}{l}\right)^{\frac{n+1}{n}} = \frac{[b(p_i + p_c)]^{\frac{n+1}{n}}}{(1+n)(k_c + bk_\varphi)^{\frac{1}{n}}} \tag{8.2.8}$$

式中 p_{cp}——土体单位支承面上的载荷；

W_g——车轮上的垂直载荷；

b——车轮宽度；

l——接地面平面部分的长度。

3. 驱动轮的滑转阻力

当车轮滚动时，土的全部变形有垂直方向的压实、水平方向的位移和车轮前形成移动的波浪状凸起等。

驱动轮下土体水平方向的位移引起驱动轮滑转下陷，因此，驱动轮总的下陷量应由土体压缩变形与滑转下陷两部分组成。试验证明，除了滑转率 i 为100%的情况以外，驱动轮下陷量 H 可由滑转率 i 的线性函数表示，即

$$H = A_i + B \quad (8.2.9)$$

式中　A_i——系数，取决于土的承载能力，在松软土体中可能比在坚硬土体中要大；

　　　B——系数，取决于车轮静下陷量或在车轮没有滑转情况下的土体变形。

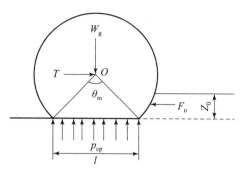

图 8.2.2　充气轮胎压痕示意图

驱动轮滑转引起滚动阻力增加。由于滑转所产生的滚动阻力称为滑转阻力（用 F_j 表示），通过下式计算：

$$F_j = F_o i = M_K / r \cdot i \quad (8.2.10)$$

式中　F_o——车轮的圆周力；

　　　M_K——作用在驱动车轮上的力矩；

　　　r——车轮半径。

4. 车轮的推土阻力

当车轮滚动时，土壤的变形除垂直方向的压实外，还有宏观上表现出的车轮滑转沉陷和车轮前形成的波浪状凸起（弓形波）。弓形波是由于车轮前方土壤颗粒逆时针方向移动形成的。

当车轮滚动前进时，要多消耗一部分功率推移隆起的土壤。对于车轮推移土壤引起的推土阻力可用下式计算：

$$F_{Rb} = \frac{b\sin(\alpha+\varphi)}{2\sin\alpha\cos\varphi}(2zcK_c + \gamma z^2 K_\gamma) + \frac{\pi l^3 \gamma(90°-\varphi)}{540} + \frac{c\pi l^2}{180} + cl^2\tan(45°+\varphi/2)$$

式中　$K_c = (N_c - \tan\varphi)\cos^2\varphi$，$N_c$——太沙基承载能力系数；

　　　$K_\gamma = \left(\dfrac{2N_1}{\tan\varphi} + 1\right)\cos^2\varphi$，$N_1$——太沙基承载能力系数；

　　　$l = z\tan^2(45°-\varphi/2)$；

　　　b——车轮宽度；

　　　φ——土壤内摩擦角；

　　　c——土壤内聚力；

　　　γ——土壤密度；

　　　$\alpha = \arccos\left(1 - \dfrac{2z}{D}\right)$；

　　　D——车轮直径。

推土阻力 F_{Rb} 随车轮宽度 b 的增加而增大。若车轮载荷及接地面积一定，则直径大、宽度小的轮胎推土阻力较小。

在非常松软的土壤条件下，b 对滚动阻力的影响很大，推土阻力将超过压实阻力。

5. 总的滚动行驶阻力

总的行驶阻力由压实阻力、滑转阻力、推土阻力、粘着阻力和轮胎弹性变形阻力组成，即

$$F_R = F_f + F_j + F_{Rb} + F_n + F_t \tag{8.2.11}$$

压实阻力是主要因素，滑转阻力仅针对驱动轮，推土阻力在非常松软的土壤条件下比较大，粘着阻力和轮胎弹性变形阻力在一般路面通常比较小，常被忽略。但由行走机构积泥产生的粘着阻力，是车辆在水网稻田地区、沼泽地区及高饱和黏土上行驶阻力的重要组成部分。

应当注意：上述方法用于单个刚性轮或弹性轮行驶阻力的预测。实际上，车辆有许多车轮，其后轮往往行驶在前轮形成的车辙中。所以，后轮接触的地面特性，与那些原始的地面特性不同。如果该地面在载荷作用下改变了它的特性，则应该测量车辙中的地面参数，用于预测后轮的性能。大量研究证实，在松砂中，连续通过将引起土体变形模量 k_φ 的增大和变形指数 n 的微小减少。但在具有一定原始结构的摩擦型土体中，k_φ 值则常常在一次加载后减少，而 n 值或者保持不变，或者略微减少。对于某些黏土，在连续施加车辆载荷之后，其剪切强度显著减小。

8.2.2 牵引力计算

1. 塑性土壤

在驱动轮作用下，土壤的水平剪切和位移如图 8.2.3 所示。车轮与土壤刚接触时，土壤变形 $j_0 = 0$；而在车轮与土壤接触表面之末端，土壤变形达到最大值，即 $j_0 = j_{max}$。

其中，$j = ix$，代入式（8.1.2），可得

$$\tau = (c + p\tan\varphi)(1 - e^{-ix/j_0}) \tag{8.2.12}$$

又

$$F_H = b\int_0^{X_0} \tau dx \tag{8.2.13}$$

图 8.2.3 驱动轮作用下土壤水平剪切和位移

可得

$$F_H = bX_0(c + p\tan\varphi)\left[1 - \frac{j_0}{iX_0}(1 - e^{-iX_0/j_0})\right] \tag{8.2.14}$$

上式为塑性土壤车轮的计算牵引力的数学模型，其中最大的附着牵引力为

$$F_\varphi = bX_0(c + p\tan\varphi) \tag{8.2.15}$$

式中

$$X_0 = \sqrt{DZ_0}, \quad p = \frac{W_g}{bX_0}$$

2. 脆性土壤

将 $j = ix$，代入式（8.1.3），可得

$$\tau = (c + p\tan\varphi)\frac{e^{(K_2 + \sqrt{K_2^2-1})K_1 ix} - e^{(K_2 - \sqrt{K_2^2-1})K_1 ix}}{e^{(K_2 + \sqrt{K_2^2-1})K_1 j_0} - e^{(K_2 - \sqrt{K_2^2-1})K_1 j_0}} \tag{8.2.16}$$

将式 (8.2.16) 代入式 (8.2.13) 可得

$$F_H = \frac{b(c+p\tan\varphi)}{K_1 i \left[e^{(K_2+\sqrt{K_2^2-1})K_1 j_0} - e^{(K_2-\sqrt{K_2^2-1})K_1 j_0} \right]} \left[\frac{e^{(-K_2+\sqrt{K_2^2-1})K_1 ix_0}-1}{-K_2+\sqrt{K_2^2-1}} - \frac{e^{(K_2-\sqrt{K_2^2-1})K_1 ix_0}-1}{-K_2-\sqrt{K_2^2-1}} \right]$$
(8.2.17)

上式为脆性土壤车轮的计算牵引力的数学模型。一般路面以塑性土壤来计算分析。

3. 挂钩牵引力

车辆在松软地面的通过性能可以用挂钩牵引力 F_{DP} 来衡量,F_{DP} 定义为地面附着允许的牵引力 F_{Hmax} 和土壤变形产生的滚动阻力 F_R 之间的差值。对在塑性土壤上滚动的单个车轮来说,F_{DP} 之值可以用式(8.2.15)和式(8.2.8)之差求得,即

$$F_{DP} = F_{Hmax} - F_f \tag{8.2.18}$$

8.3 土壤 – 履带模型

建立土体 – 车辆系统间关系的数学模型,主要采用经验法或半经验法。履带车辆是靠履带行驶的,履带用来承受机体的重量并发出牵引力。履带接地面对地面的压力即履带接地压力,是履带车辆的一个重要参数,它对车辆的行驶阻力、牵引性能以及通过性影响很大。

8.3.1 履带接地压力

履带车辆通过松软地面的能力可用名义接地压力 P_{NG} 来衡量,其值为车辆总重 W 除以履带接地面积(履带宽度为 b,接地长度为 L)。

$$P_{NG} = W/2bL \tag{8.3.1}$$

表 8.3.1 列出了部分不同类型履带车辆的名义接地压力。

表 8.3.1　各种常见土的极限承载压力和部分履带车辆的名义接地压力

土的种类	p_0/kPa	车辆类型	P_{NG}/kPa
沼泽	39.23~56.84	沼泽地履带车	0.5~1.0
沼泽土	78.51~98.1	一般用途履带车	35~50
湿黏土、松砂、耕过的土地	196.1~392.3	中耕履带车	55~70
大粒砂、湿的中等黏土	392.3~588.4	轻型坦克	48~75
中等黏土和湿实黏土	588.4~686.5	中型坦克	77~90
中等湿度的实黏土、湿泥灰土、湿黄土	784.5~980.7		
干实黏土、干泥炭土、干黄土	1 078.7~1 471.0		

试验证实,履带车辆的接地压力并非均匀分布,而是与支重轮数目、履带的挠性、负重轮的刚性等因素有关的。负重轮的数目是用相邻负重轮间距 S 与履带节距 t 的比值来衡量的,$S/t<2$ 时为小间距,$S/t>2$ 时为大间距。负重轮数目较多,间距比 $S/t<2$,履带刚性较大时,接地压力比较均匀;反之,则接地压力呈不均匀分布。因此,用平均最大接地压力

P_{MM} 来代替 P_{NG}，作为表征车辆与地面性能的一个参数，并作为履带车辆在松软地面上通过性的评价指标。它指所有负重轮位置下最大接地压力的一个平均值，用下述经验公式来进行计算：

$$P_{MM} = \frac{1.285 G}{2nb\sqrt{ld}} \times 10^6 \qquad (8.3.2)$$

式中　G——车辆的战斗全重(N)；
　　　n——每条履带上的负重轮数；
　　　b——履带的宽度(m)；
　　　l——履带板节距(m)；
　　　d——负重轮外径(m)。

履带下压力非均匀分布的特点是，支重轮正下方压力最大，并出现波峰，相邻支重轮间压力大大降低，出现波谷。大量的试验结果表明，对于履带车辆，$P_{MM} \leq 167$ kPa 时，在松软地面上有很好的机动性；当 $P_{MM} \geq 294$ kPa 时，在松软地面上的机动性会受到很大限制。对于在泥炭沼泽地区行驶的履带车辆，则要求 $P_{MM} \leq 49$ kPa。若要通过浮动草垫沼泽地，则要求 $P_{MM} < 9.8$ kPa。

8.3.2　滚动阻力计算

履带车辆的滚动行驶阻力主要是其压实土体形成车辙而消耗能量所导致的，因此可用功能转换的方法计算。

如图 8.3.1 所示，履带车辆前进距离为 L（L 为履带接地长度），履带宽度为 b；作用在土体单位支承面积上的载荷为 p，车辙深度为 Z_0，接地压力平均分布，且为 p_{cp}，则依据压实做功得到

$$F_c = \frac{2b}{(n+1)\left(\dfrac{k_c}{b}+k_\varphi\right)^{1/n}}(p_{cp})^{\frac{n+1}{n}} \qquad (8.3.3)$$

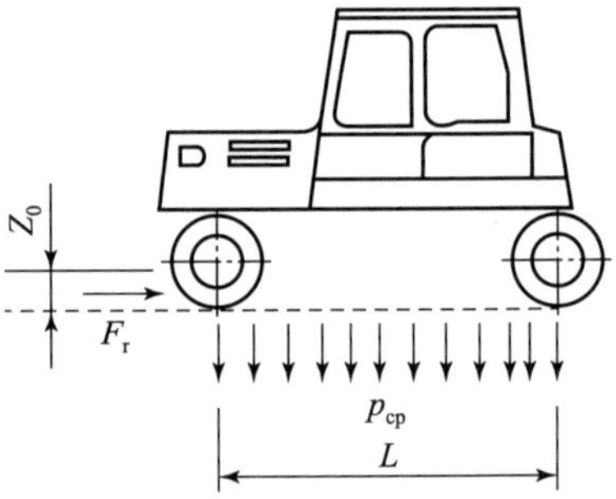

图 8.3.1　行驶阻力计算示意图

若接地压力不按均匀分布计算，其模型更复杂。

履带车辆推土阻力可参照车轮推土阻力计算与分析。

8.3.3　牵引力计算

车辆推进力的形成机理可以这样阐述：当车辆行驶时，驱动轮在驱动转矩的作用下转动或带动履带转动而被地面阻止其运动时产生的土的反作用力，称为切线牵引力 F（也称为土的推力或车辆推进力）。车辆在坚实的硬路上行驶时，切线牵引力主要由行走机构和路面的摩擦产生。一般情况下，在松软土路上行驶时，履带车辆的切线牵引力 F 主要是在履带作用下，土体发生剪切变形产生剪应力所形成的土的推力。按土力学的观点，土的推力是一种土的性质，它具有推动车辆前进的功能。土的推力中的一部分消耗在克服行驶阻力上，其余部分则称为挂钩牵引力 F_{DP}，它用于机器作业以及使车辆加速、爬坡或牵引负荷。

当车辆在松软地面上行驶时，在接地面积的范围内，履刺之间充满着泥土，土体之间的剪切就沿着这一接地面积产生。如图 8.3.2 所示，设履带宽为 b，长为 L，参照车轮牵引力

计算方法，可得到接地压力均匀分布的牵引力计算公式。

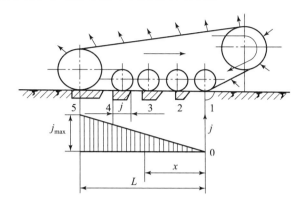

图 8.3.2　履带接地长度上各点土的剪切位移

对于塑性土壤，牵引力计算公式为

$$F_{\mathrm{H}} = 2bL(c + p_{\mathrm{cp}}\tan\varphi)\left[1 - \frac{j_0}{iL}(1 - \mathrm{e}^{-iL/j_0})\right] \tag{8.3.4}$$

对于脆性土壤，牵引力计算公式为

$$F_{\mathrm{H}} = \frac{2b(c + p_{\mathrm{cp}}\tan\varphi)}{K_1 i\left[\mathrm{e}^{(K_2 + \sqrt{K_2^2-1})K_1 j_0} - \mathrm{e}^{(K_2 - \sqrt{K_2^2-1})K_1 j_0}\right]}\left[\frac{\mathrm{e}^{(-K_2 + \sqrt{K_2^2-1})K_1 iL} - 1}{K_2 + \sqrt{K_2^2-1}} - \frac{\mathrm{e}^{(K_2 - \sqrt{K_2^2-1})K_1 iL} - 1}{-K_2 - \sqrt{K_2^2-1}}\right] \tag{8.3.5}$$

由于 $j_0 = j_{\max} = Z_0 = \left(\dfrac{p_{\mathrm{cp}}}{\dfrac{k_c}{b} + k_\varphi}\right)^{1/n}$，且当 $i = 100\%$ 时，$L \gg j_0$，因此

$$F_{\mathrm{Hmax}} = 2bL(c + p_{\mathrm{cp}}\tan\varphi) = F_\varphi \tag{8.3.6}$$

则挂钩牵引力 $F_{\mathrm{DP}} = F_{\mathrm{H}} - F_{\mathrm{R}}$。

8.3.4　履刺效应

前面计算履带车辆推进力的方法，都是按履带对土体形成底面剪切情况计算的，而没有考虑侧边剪切效应的影响。一般车辆行走机构上都装有高为 h 的履刺或轮刺，必须指出，当履带的履刺高度不低而且相间不很密时，应考虑履刺的侧壁效应。这是因为沿履带板的两侧表面 $2hL$，存在侧向剪切力，使切线牵引力 ΔF_{H} 增加，即

$$\Delta F_{\mathrm{H}} = \left(4hLc + 0.64\,\frac{h}{b}p_{\mathrm{cp}}\cot^{-1}\frac{h}{b}\tan\varphi\right)\left[1 - \frac{j_0}{iL}(1 - \mathrm{e}^{-iL/j_0})\right] \tag{8.3.7}$$

式中　p_{cp}——平均接地压力；

　　　h——履刺高度；

　　　b——履带宽度；

　　　L——履带接地长度。

考虑履刺效应的最大牵引力（$i = 100\%$）为

$$F_{\mathrm{Hmax}} = 2bL(c + p_{\mathrm{cp}}\tan\varphi) + 4hLc + 0.64\,\frac{h}{b}p_{\mathrm{cp}}\mathrm{arccot}\frac{h}{b}\tan\varphi \tag{8.3.8}$$

对于小的滑动和沉陷,式(8.3.8)的精确度是令人满意的。从该式中可以看出,对于摩擦性土来说,除非履刺高度 h 相对其宽度来说相当大;否则增高履刺的效果不大;但对于黏性土来说,履刺的效果便很显著。为了判断履刺高度 h 对 ΔF_H 的影响,下面就两种特殊情况(干砂和饱和黏土)进行分析。

当 $c=0$ 时,有

$$F_{\text{Hmax}} = p_{\text{cp}}\tan\varphi\left(2bL + 0.64\frac{h}{b}\text{arccot}\frac{h}{b}\right) \tag{8.3.9}$$

在上述两种土中,土的推力随 h/b 而变化,在摩擦性土中,履刺高度的作用是可以略去的。因为实际上履刺高度与履带板宽度之比很少能超过 0.2,即 ΔF_H 很小,所以履刺在干砂中的作用是很小的。但在黏性土中,履刺的作用就很显著,如果 $h/b=1/2$,牵引力就可以提高 1 倍,当然履刺是不会达到这样高度的。无论如何,履刺可以使得在黏性土上工作的履带车辆性能大为改善。

大多数土在不同程度上兼有黏性与摩擦性。高履刺的履带在黏性土中效率很高,而在摩擦性土中则可能不起作用。履刺的作用是与土的性质密切相关的,不说明土的性质,就很难用履刺的形状与大小,说明履带设计的优劣。

8.3.5　接地压力分布对牵引力的影响

前面我们分析了当履带接地压力均匀分布时土的推进力(即履带车辆的切线牵引力),实际上履带接地压力的分布很少是均匀的,为此,有必要研究履带接地压力分布规律对牵引力的影响。下面从 3 种典型的履带接地压力分布规律着手,论述履带车辆接地压力分布规律对牵引力的影响。

1. **履带接地压力中心偏前**

由于车辆的质心布置和工作装置结构等原因,履带接地压力中心可能偏前。现假设一极端情况,即 $E=-L/6$,并假设履带接地压力沿接地长度呈线性分布(见图 8.3.3),则有

$$p(x) = \frac{2N}{A} - \frac{2N}{A}\cdot\frac{x}{L} \tag{8.3.10}$$

$$\Delta F_H = N\tan\varphi\left[1 - \frac{2j_0}{iL} + \left(1 + \frac{2j_0}{iL}\right)e^{-iL/j_0}\right]\frac{j_0}{iL} \tag{8.3.11}$$

式中　N——土的法向反力。

履带接地压力中心偏前将使车辆切线牵引力降低,当 $E=-L/6$ 时,降低值为 ΔF_H。

2. **履带接地压力中心偏后**

由于上述同样的原因,履带接地压力中心也可能偏后。现假设为另一极端情况,即 $E=L/6$,并假设履带接地压力沿接地长度呈线性分布(见图 8.3.4),则有

$$p(x) = \frac{2N}{A}\cdot\frac{x}{L} \tag{8.3.12}$$

$$\Delta F_H = N\tan\varphi\left[1 - \frac{2j_0}{iL} + \left(1 + \frac{2j_0}{iL}\right)e^{-iL/j_0}\right]\frac{j_0}{iL}$$

根据上式可得出结论,履带接地压力中心偏后可增加车辆的切线牵引力,当 $E=L/6$ 时,增大值也为 ΔF_H。

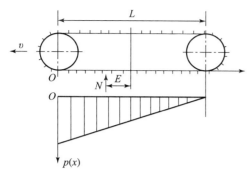
图 8.3.3　接地压力中心偏前示意图

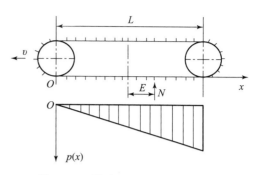
图 8.3.4　接地压力中心偏后示意图

3. 履带接地压力非线性分布

当车辆的履带装置支重轮数量较少时，履带接地压力可视为非线性分布。

为了简化计算，特作以下假定：①履带接地长度范围内，支重轮呈等距离分布；②$E=0$；③履带接地压力分布规律为一多峰余弦函数，并于支重轮下方产生峰值，如图 8.3.5 所示。

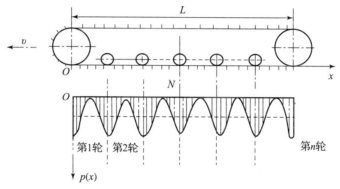
图 8.3.5　接地压力非线性分布示意图

基于上述假定，可建立履带接地压力分布函数，即

$$p(x) = \frac{N}{A} + \frac{N}{A} \cdot \cos\left(\frac{n-1}{L} \cdot 2\pi x\right) \tag{8.3.13}$$

式中　n——接地车轮的个数，即支重轮个数加 2。

$$\Delta F_\mathrm{H} = N\tan\varphi \frac{j_0}{iL + \frac{4(n-1)^2\pi^2 j_0^2}{iL}}(1 - 3^{-iL/j_0}) \tag{8.3.14}$$

根据式(8.3.14)可得出结论：履带接地压力呈多峰余弦函数分布，将使车辆切线牵引力降低，在所述条件下，降低值为 ΔF_H。

4. 具有横向偏心距

若车辆重心具有横向偏心距 C，假设纵向偏心距为 0，则两侧履带接地压力将不同，牵引力也会不同。则有

$$p_\mathrm{cp}^\mathrm{l} = \frac{W}{2bL}\left(1 + \frac{2C}{B}\right); \quad p_\mathrm{cp}^\mathrm{H} = \frac{W}{2bL}\left(1 - \frac{2C}{B}\right)$$

那么，两条履带牵引力之差为

$$\Delta F_{H12} = \frac{2CW}{B}\tan\varphi\left[1 - \frac{j_0}{iL}(1 - e^{-iL/j_0})\right] \qquad (8.3.15)$$

当车辆重心（考虑垂直外载荷时为接地压力中心）具有横向偏心距 C 时，整机的牵引力不受影响，但两条履带各自的牵引力不等，有一差值 ΔF_{H12}，该差值与 C 成正比，与轨距 B 成反比。若 C/B 较大时，则差值较大，将导致车辆在直线行驶时，产生"偏载"或"跑偏"现象，这样就增加了车辆单条履带的磨损。因此，车辆重心的横向偏心距 C 对履带行走装置的使用寿命是很不利的，设计时，要尽量将其压缩到最低限度。

5. 履带接地压力为不连续三角形分布

履带下的接地压力可以近似地看成不连续的三角形分布，其最大压力值位于各支重轮的正下方，如图 8.3.6 所示。

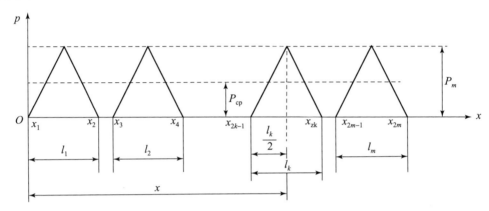

图 8.3.6 不连续的三角形分布的接地压力示意图

计算三角形顶点的动平均接地压力 P_m 的公式为

$$p_m = I\frac{Lp_{cp}}{\sum_{k=1}^{m}l_k} \qquad (8.3.16)$$

式中　p_m——三角形顶点的峰值压力；
　　　p_{cp}——名义平均接地压力（或静载平均接地压力）；
　　　I——动载荷系数；
　　　l_k——同时受到一个支重轮负荷的履带板长度；
　　　L——履带接地长度；
　　　k——支重轮的序数，$k = 1, 2, 3, \cdots$。

现取任意一个三角形，分析其压力分布变化规律。由图 8.3.6 可知，在三角形左侧，压力 p 随 x 的增加而增大，直到顶点的最大值；在三角形右侧，压力 p 随 x 的增大而减小，直到减为零。根据相似三角形原理，左侧压力分布函数为

$$p(x) = \frac{2p_m}{l_k}(x - x_{2k-1}) \quad (k=1,2,3,\cdots) \qquad (8.3.17)$$

右侧压力分布函数为

$$p(x) = \frac{2p_m}{l_k}(2_{2k} - x) \quad (k=1,2,3,\cdots) \qquad (8.3.18)$$

分别用 $p(x)$ 代替 p，依据式(8.1.2)和式(8.1.3)分别计算出两种土壤的剪切应力 $\tau(x)$，最后利用下式计算整条履带的牵引力：

$$F_{\mathrm{H}} = b \sum_{k=1}^{m} \int_{x_2k-1}^{x_2k} \tau(s)\mathrm{d}x \qquad (8.3.19)$$

其中，$\tau(x)$ 由土的参数和 $p(x)$ 而求得，但 $p(x)$ 必须分两段代入。

8.4 车辆的软土通过性

8.4.1 土壤的可行驶性

美国学者 MG·Bekker（贝克）认为，车辆在松软土壤上运动的能力取决于挂钩牵引力 F_{gg}，即土壤推力（地面行驶牵引力）F 与行驶阻力 F_R 之差：$F_{gg} = F - F_R$。F_{gg} 既表示土壤的剪切强度储备，也表示使车辆产生加速度、爬坡或牵引负荷的能力。现已公认，车辆单位重量的挂钩牵引力 F_{gg}/G 能更准确地评定车辆的软土通过性。

车辆的软土通过性不仅与车辆结构参数和土壤特性参数有关，而且与滑转率密切相关。图 8.4.1 给出了在砂壤土中同吨位级别的履带式及轮式拖拉机的挂钩牵引力比较。从图中可以看出，12.8 t 的履带式拖拉机在 8% 的滑转率时可获得 78.45 kN 的挂钩牵引力，而 11.3 t 的轮式拖拉机在 40% 滑转率时才能获得 58.84 kN 的挂钩牵引力。由此可见，履带式车辆比轮式车辆的软地通过性要好得多。

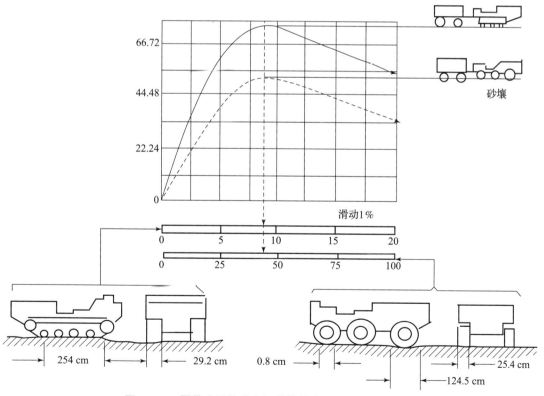

图 8.4.1　履带式及轮式车辆的挂钩牵引力与滑转率关系

土壤的可行驶性是指土壤支承车辆通过的能力。土壤承受由运动着的车辆施加的负荷和变形,因此,土壤的可行驶性必须根据它的强度特性及其与车辆性能的函数关系进行评定,必须既包括土壤参数,又包括车辆参数。

目前,这个问题还不可能得到严格而完整的解,但简化解经过试用,其实用价值经过了试验检验。这就是贝克提出的土壤可行驶性的普遍概念,可用下式表示:

$$\tau_n = c + p\tan\varphi - \frac{p^{\frac{(n+1)}{n}}}{\lambda b(n+1)(k_c/b+k_\varphi)^{1/n}} \tag{8.4.1}$$

式中 τ_n——在均匀分布接地压力 p 下所发挥的有效土壤净推力;

λ——接地面长度 L 和宽度 b 之比。

式(8.4.1)中的第1项和第2项的和为抗剪强度,第3项是一个由于地面沉陷而产生的一个阻力项。

式(8.4.1)基于以下假设:在克服同"压实抵抗"造成的阻力中要消耗一部分地面强度,这一阻力等于因土壤压实而损失的能量除以给定能量被消耗时经过的距离;另一假设是加载面积为一个刚性的、大长宽比的矩形,并且是均匀加载。

在式(8.4.1),表示土壤净推力的 τ_n 值取决于 p。对于某一 p_0,显然有一最大的 τ_{max},它对设计和性能规定了最佳条件,这是一个很重要的事实,因为车辆设计总是试图选择能提供最大推力 τ_{max} 的单位载荷 p_0。因此,采用 τ_{max}/p_0 这一比值对给定的土壤(k_c、k_φ、n、c、φ)确定理想的工作参数(τ、p)和设计参数(λ、b)是有益的。

由于湿度引起的土壤变化可产生一簇相似的 $\tau - p$ 曲线如图8.4.2所示。

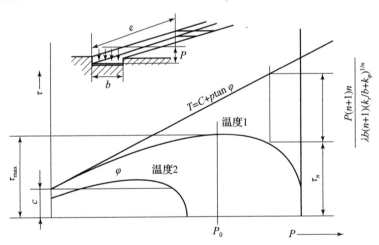

图 8.4.2　土壤的可行驶性曲线

将式(8.4.1)对 p 微分并使导数等于零,可求得 τ_{max} 值为

$$\frac{d\tau_n}{dp} = \tan\varphi - \left(\frac{p}{k_c/b+k_\varphi}\right)^{\frac{1}{n}} \frac{1}{\lambda nb} = 0 \tag{8.4.2}$$

将 $p_0 = b^{n-1}(k_c + bk_\varphi)(\lambda n \tan\varphi)^n$ 代入得

$$\tau_{max} = c + \frac{p_0 \tan\varphi}{n+1}$$

因而

$$\frac{\tau_{max}}{p_0} = \frac{c}{p_0} + \frac{\tan\varphi}{n+1}$$

或

$$\frac{\tau_{max}}{p_0} = \frac{c}{b^{n+1}(k_c + bk_\varphi)(\lambda n\tan\varphi)^n} + \frac{\tan\varphi}{n+1} \tag{8.4.3}$$

贝克利用式(8.4.2)、式(8.4.3)对砂壤土的计算结果表明，含水量的变化会引起 k_c、k_φ、n、c 的变化，但 τ_{max}/p_0 几乎趋于不变。可见，τ_{max}/p_0 是测定土壤可行驶性的一个可靠而方便的量度。

8.4.2 圆锥指数法

为判断土壤的可行驶性，美国陆军工程部队水道试验站提出了一种快速测定法，即圆锥指数法，也有称之为 WES 法或 Vicks-burg 法的。尽管该方法有一定的局限性，但由于测试简单、方便易行，因此在美、英、日等国仍被采用。

1. 圆锥指数和额定圆锥指数

将一个压头顶角为 30°，圆锥投影面积为 3.226 cm² 的圆锥压头，以 3 cm/s 的速度压入地面内到车辆影响所及的深度，其所需之力除以锥底面积所得之压力称为圆锥指数 CI。

圆锥指数是穿入深度 z 的函数，深度与穿入阻力的关系曲线称为圆锥指数曲线，如图 8.4.3 所示。对于一般的中型车辆，推荐测量从地表面 15~30 cm 深的土层；对于轻型车辆，深度减少 7.5 cm；对于重型车辆，深度增加 7.5 cm。

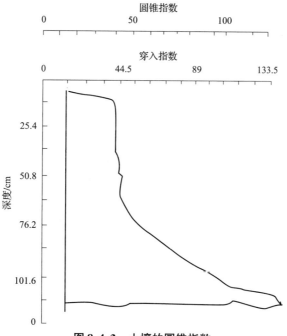

图 8.4.3　土壤的圆锥指数

车辆有可能在同一车辙重复行驶，包括后轮沿前轮的车辙通过，后车沿前车的车辙通过，使土壤产生重塑，重塑会引起土壤状态的变化，使细粒土壤（如黏土、粉土、壤土等）的强度变弱。因此，需要考虑到这种情况的重塑试验。试验是将土壤装入一个小圆筒中，然后以 1.13 kg 的重锤，从 30.5 cm 高度自由落下，冲击 100 次后，再测取的圆锥指数称为额定圆锥指数 RCI，它是车辆最终能否通过的判断值。额定圆锥指数和最初测定的圆锥指数之比称为重塑指数（RI），其关系式为

$$RCI = CI \times RI \tag{8.4.4}$$

例如，若最初测定的圆锥指数为 70，重塑指数为 0.8，则额定圆锥指数为 56。

可以看出，最初测定的圆锥指数表示该层土壤的承载能力，而额定圆锥指数表示经过重塑后该土壤的最小承载能力，二者是判断车辆软土通过性的土壤方面的综合参数。

2. 车辆圆锥指数

车辆在同一车辙内通过 50 次所需的最小额定圆锥指数，称之为车辆圆锥指数 VCI。若超过 50 次，则用水来减弱土壤强度；若不足 50 次，则用夯实等手段加强土壤强度，然后进行测量。车辆圆锥指数是表示通过性的车辆方面的参数，它受车辆质量、行走装置参数的影响。

在求车辆圆锥指数之前，先要确定各种车辆的通过性指数（亦称机动性指数，简写为 MI），然后，利用图 8.4.4 所示的曲线求出 VCI。

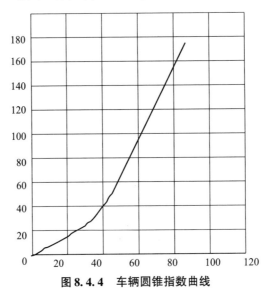

图 8.4.4 车辆圆锥指数曲线

影响 MI 的因素很多，但主要是发动机、传动系结构型式、车辆形态和离地间隙、行走系的结构型式和几何尺寸等。

对于黏性土壤，轮式车辆的通过性指数 MI，WES 法中建议用下式计算：

$$MI = 0.6\left[\left(\frac{接地压力系数 \times 质量系数}{轮胎系数 \times 花纹系数} + 车轮载荷 - 间隙系数\right) \times 发动机系数 \times 传动系数\right] + 20$$

其中，接地压力系数 = $\dfrac{0.07 \times 总质量（以 kg 计）}{轮胎宽度（以 cm 计）\times 轮辋直径（以 cm 计）\times 轮胎数}$；

质量系数：15 876 kg 以上为 1.1，6 804 ~ 15 876 kg 为 1.0，6 804 kg 以下为 0.9；

车轮系数 = 0.49 × 轮胎宽度/100；

花纹系数：有防滑链的为 1.05，无防滑链的为 1.0；

车轮载荷 = 总质量/车轮数 × 454；

间隙系数＝间隙（以 cm 计）/25.4；

发动机系数：每吨质量 7.35 kW 以上为 1.0，7.35 kW 以下为 1.05；

传动系数：液力式为 1.0，机械式为 1.5。

对于履带车辆的通过性指数 MI，WES 法推荐的经验公式为

$$MI_T = \left(\frac{接地压力 \times 质量系数}{履带系数 \times 履刺系数} + 负重轮系数 - 地隙系数\right) \times 发动机系数 \times 传动系数$$

其中，质量系数：小于 22 680 kg 为 1.0，22 680~31 751 kg 为 1.2，31 752~45 359 kg 为 1.4，大于或等于 45 360 kg 为 1.8；

履带系数：履带宽（以 cm 计）/254；

履刺系数：履刺高度（以 cm 计）<3.8 时为 1.0，≥3.8 时为 1.1；

负重轮系数 $= \dfrac{0.007 \times 总质量（以 kg 计）}{单块履带板面积（以 cm 计）\times 接地负重轮总数}$；

地隙系数＝最低地隙（以 cm 计）/25.4；

发动机系数：大于或等于 7.35 时为 1.00，小于 7.35 时为 1.05；

传动系数：液力式为 1.00，机械式为 1.05。

由于 MI 在 20 以上与 VCI 呈线性关系，因此可用下式直接求 VCI，即

$$VCI = 25.5 + 0.456 MI$$

RCI(或 CI)反映了地面抵抗垂直载荷的能力，是表征土壤强度的综合指标。而 VCI 表征车辆所要求的土壤承压能力，它不仅考虑到接地面积，还涉及车辆的其他参数，因而比接地压力更全面地反映了车辆参数的影响。因此，可根据 RCI（或 CI）和 VCI 来判断车辆的通过性。

根据计算得到的 VCI 值，与在野外实测的 $CI-z$ 曲线图进行比较，即可判定车辆的通过性。例如，若 $RCI > VCI$，则车辆至少可通过 50 次；若 $RCI < VCI$，则车辆不能通过；若 $RCI = 0.75 VCI$，则车辆可通过 1~2 次。

8.5 车辆的几何通过性

车辆在无路地区失去通过能力，主要是因为不能越过各种几何形障碍，而不是因为土壤的坚实度和地面的不平度。车辆的越障性能也称为几何通过性，涉及车辆不能通过几何障碍物的原因和建立越过几何障碍物的条件。

8.5.1 车辆失去几何通过性的类型

车辆在无路地面行驶时，由于碰到几何障碍物而失去通过性可分为以下 5 种类型。

1. 因牵引力或附着力不足而失去通过性

当车辆在坡道上匀速爬坡时，由于车重产生的上坡阻力和滚动阻力之和大于车辆所能发出的最大牵引力时，车辆就不能前进。

当坡面或无坡的路面比较滑时，车轮或履带与地面的附着性能很差，尽管车辆动力传动系具有足够大的扭矩，但由于行走装置打滑，车辆仍然不能前进，甚至向后倒溜。泥泞或冰雪路面上经常会遇到这种情况。

2. 因车辆轮廓碰到障碍物而失去通过性

当车辆越野行驶时，有时会由于车辆前、后、底部的突出部碰到障碍物面不能继续前

进，包括：车辆的底部碰到凸形障碍，即所谓"托底"，使车辆悬起而失去通过性；车辆的前突出部碰到凹形障碍，使车辆被卡住而不能通过；车的尾部被凹形障碍卡住而不能通过。

若凸形或凹形障碍的强度不高（如松软的土壤），则车辆有可能冲撞障碍物而强制通过。

3. 因车辆失去稳定性而引起通过性的破坏

车辆的稳定性包括横向稳定性和纵向稳定性，失稳包括横向倾覆和纵向倾覆。

4. 因植物类障碍物挡住去路而影响通过性

若树木的间距大于车辆宽度，则车辆可减速通过；若树木的间距小于车辆宽度，且树干直径足够大，则车辆无法通过，而不得不绕行，导致平均车速降低。这两种情况均使车辆的通过性变坏。

5. 水陆两栖车辆出入水由于与堤岸几何学不协调而失去通过性

水陆两栖车辆出入水时的地形对通过性影响很大，由于堤岸几何学不协调而失去通过性有3种情况，如图8.5.1所示。

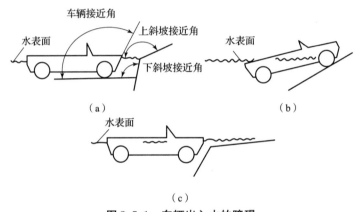

图 8.5.1 车辆出入水的障碍

(a) 下陡坡搁浅；(b) 软土坡打滑搁浅；(c) 坡相交棱线托底搁浅

（1）上斜坡的接近角虽大于车辆的接近角，但由于下降坡太陡，车辆不易登上堤岸，如图8.5.1（a）所示。

（2）车辆上岸时，由于浮力和轴荷转移，引起车辆前轴的附着重力减小，导致车轮在软土壤上滑转，使车身仍淹在水中，因而，车辆应选择缓坡上岸，如图8.5.1（b）所示。

（3）下斜坡的接近角虽大于车辆的接近角，但由两个平面组成的斜坡，有可能在两平面的相交处托底，使车辆搁浅，如图8.5.1（c）所示。

8.5.2 车辆越障通过的条件

车辆通过障碍物的能力不仅取决于障碍物的几何尺寸，也和车辆本身的几何尺寸及重心位置等有关，只有二者适当组合才构成车辆通过的条件。

1. 因车身悬起而失去通过性的条件

假设车辆是静止的，沿两个相交平面形成的凸起障碍物运动，那么，障碍平面交点所描出的河点的轨迹如图8.5.2和8.5.3所示，该轨迹理论上是帕斯卡螺线，但可近似地看作一个直径等于D_r的圆，该圆和前、后轮相切。圆D_r和车轮接触的B、C点由角α决定。而α

又取决于车辆的极限位置,即当两个车轮正好要从障碍物的一个平面滚入另一个平面的情况。如图 8.5.4 所示,按照几何关系计算,可得车辆失去通过性的条件为

$$h_g \leq 0.5\left[(D+D_r)\sqrt{(D+D_r)^2-l^2}\right] \qquad (8.5.1)$$

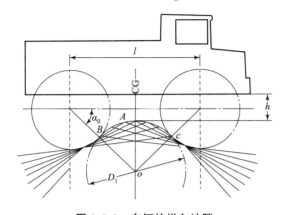

图 8.5.2 车辆的纵向地隙

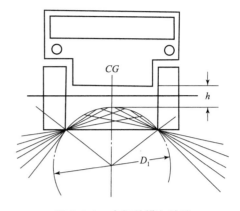

图 8.5.3 车辆的横向地隙

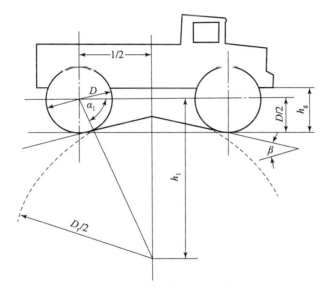

图 8.5.4 车辆离地间隙 h_g 与 h_1 的几何关系

2. 因车首碰壁而失去通过性的条件

车辆车首碰壁丧失通过性(亦称栽头失效,简称 NIF)可能在车辆通过由二、三或四个平面组成的障碍物情况下发生。

图 8.5.5 表示一台通过两个平面组成的障碍物并驶进沟里的车辆的情况。深为 h 的沟底和地平面两侧成一角度分别为 β_1 和 β,用圆圈代表的车辆前突出部自前轴向前延伸一个距离 l_1-l。

根据障碍物和车辆的几何关系,NIF 发生的条件是

$$\frac{D}{2\sin\beta(\beta_1+\alpha)} \leq l_1-l \qquad (8.5.2)$$

式中 α——车首碰壁时纵轴线的倾斜角。

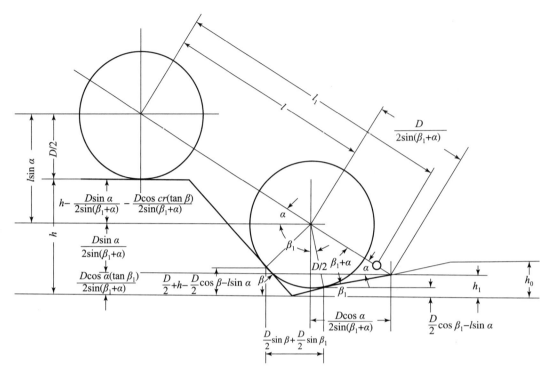

图 8.5.5　栽头失效的几何关系

依据几何关系和给定数据可计算出车首突出长度影响通过性的临界条件。

对于由不同数目的平面以不同方式组合的凹形障碍物,可以用上述原理确定相应的 NIF 条件。

3. 车辆超越垂直路障的条件

车辆超越阶状障碍及垂直凸起障碍的性能主要由它们所能克服的垂直障碍的高度来评定,现以履带车辆通过崖壁为例进行越障计算。

凡接近 90°的陡上坡均称为崖壁式障碍。崖壁之所以成为障碍,是由于壁面垂直地面,坦克通过时,可能由于产生严重撞击或颠震而损伤机件或人员;或由于发动机牵引力不足而使发动机熄火;或由于附着力不足而使履带打滑,造成坦克不能通过崖壁。

坦克通过崖壁的过程分攀登、通过和落地 3 个阶段。

1) 攀登阶段

攀登阶段指从坦克前轮接触崖壁到前轮轴心搭上崖壁棱沿的过程。

攀登阶段中,坦克车体有两种运动,即车体向前平移和车体的旋转运动,其受力如图 8.5.6 所示。

此时,作用在坦克上的外力如下。

(1) 重力 G。它作用在车辆重心 C 点,垂直于水平面。

(2) 壁崖底部地面法向反作用力 F_N。它作用在履带后端 A 点,垂直于地面。

(3) 牵引力 F。作用在 A 点,与坦克运动方向相同,大小由发动机牵引力、附着力和阻力大小确定,一般情况由地面附着力来确定,即 $F = \varphi F_N$,φ 是崖壁底部地面的附着系数,F_N 的大小代表了攀登阶段坦克在崖壁底部地面上的附着重力。

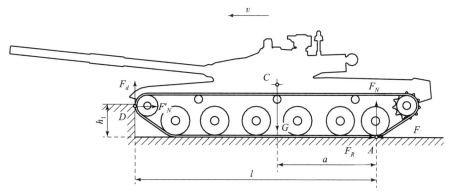

图 8.5.6 攀登阶段受力图

(4) 行驶阻力 F_R。它作用在下支履带 A 点，与坦克运动方向相反，其大小为 $F_R = fN$，f 是崖壁底部地面的行驶阻力系数。

(5) 壁面法向反作用力 F'_N。在攀登阶段，坦克前支履带顶住崖壁并给壁面施加一个正压力，壁面会产生一个垂直于壁面的法向反作用力，作用在履带和壁面接触的 D 点。它与坦克运动方向相反，其大小等于牵引力 F 和运动阻力 F_R 之差，即

$$F'_N = F_N(\varphi - f)$$

(6) 壁面的切向反作用力 F_d（攀登力）。其大小为

$$F_d = F'_N(\varphi' - f')$$

式中 φ'——壁面附着系数；

f'——壁面的行驶阻力系数。

在攀登阶段，此力的方向可能朝上，也可能朝下。只有 F_d 向上时，才叫攀登力，这时，车辆才有可能克服崖壁。所以下面就来分析这个反作用力朝上的条件，也就是能够产生攀登力的条件。

在前支履带与壁面接触的 D 点，要想获得向上的切向反作用力 F_d（攀登力），则 D 点履带在壁面上的绝对速度 v_{jD} 必须向下。也就是说，只有履带在 D 点打滑（相对壁面向下滑动），壁面才有可能提供给履带一个向上的切向反作用力。利用履带直驶运动学可以分析 D 点履带打滑的条件。

如图 8.5.7 所示，坦克在攀登阶段必须绕某点转动才能使车头向上完成攀登过程。从图中 D 点和 A 点分别作地面和壁面的垂直线，两垂线的交点 M 就是攀登阶段坦克旋转运动的瞬时转向中心。

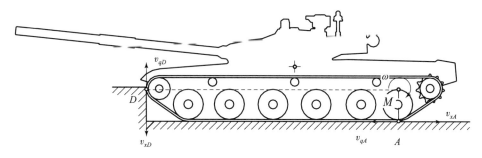

图 8.5.7 攀登阶段崖壁和地面与履带接触部分的速度分析

设坦克旋转运动的的角速度为 ω，则 D 点和 A 点的履带牵连速度分别为

$$v_{qD} = \omega \cdot MD; v_{qA} = \omega \cdot MA$$

因为 $MD > MA$，所以 $v_{qD} > v_{qA}$。

D 点和 A 点的履带相对速度均相等，即 $v_{xD} > v_{xA}$，则两点处履带的绝对速度可以表示为

$$v_{jD} = v_{qD} - v_{xD}; v_{jA} = v_{qA} - v_{xA}$$

要使履带在 D 点打滑（相对壁面向下滑动），即 $v_{jD} < 0$。就必须满足

$$v_{xD} > v_{qD}$$

也就是

$$v_{xA} = v_{xD} > v_{qD} > v_{qA}$$

可见，此时履带在 A 点必须首先开始打滑（滑转），即 $v_{xA} > v_{qA}$，$v_{jA} < 0$。而且，只有在 A 点滑转到了一定程度之后，D 点才开始打滑。下面就来分析 D 点发生滑转的瞬时，履带在 A 点的滑转程度，即滑转率的大小。

D 点将要发生滑转的瞬时实际上处于理论行驶状态，此时 $v_{qD} = v_{xD} = v_{xA}$。根据滑转率的定义可以推导出如下表达式：

$$\sigma_A = \frac{v_{xA} - v_{qA}}{v_{xA}} = \frac{v_{xD} - v_{qA}}{v_{xD}} = \frac{v_{qD} - v_{qA}}{v_{qD}} = 1 - \frac{\omega \cdot MA}{\omega \cdot MD} = 1 - \frac{MA}{MD}$$

上式说明，在 D 点将要发生滑转的瞬时，履带在 A 点的滑转率等于 $1 - MA/MD$。要使履带在 D 点产生一定的滑转，履带在 A 点的滑转率必须满足

$$\sigma_A > 1 - \frac{MA}{MD}$$

综上所述，在攀登阶段，要想在前支履带与壁面的接触的 D 点上获得向上的攀登力，在崖壁底部地面支承点上的履带必须滑转，且滑转率必须大于 $1 - MA/MD$。

但仅当壁面的切向反作用力 F_b 朝上，尚不能完全确定坦克履带前端能否搭上崖壁棱沿，还要依据各外力对 A 点取力矩平衡关系确定，也就是需要满足

$$F'_N h_1 + F_b l > G \cdot a$$

式中　h_1——D 点到 A 点的垂直高度；

　　　l——D 点到 A 点的水平长度；

　　　a——重心 C 至 A 点的水平距离。

否则，不是由于发动机牵引力不足，发动机熄火；就是履带打滑、前轮不能搭上崖壁棱沿。

因此，影响完成攀登阶段的因素主要是牵引力（发动机牵引力和附着力）、前轮中心距地高度、车体长、重心位置和崖壁底部及壁面的土壤条件。牵引力 F 越大，F'_N、F_b 也就大，越容易完成攀登阶段；前轮中心距地高度 h_1 越高、车体 l 越长，重心偏后（a 小），也越容易完成攀登阶段；$\varphi - f$ 和 $\varphi' - f'$ 越大，也越容易完成攀登阶段。

经验证明，$h_1 = 0.7 \sim 0.75$ m 的坦克，依靠履带打滑可以克服的垂直壁高度为 $0.9 \sim 0.95$ m。

2）通过阶段

通过阶段是指从前轮轴心搭上崖壁棱沿到坦克重力作用线与崖壁棱沿重合的过程。

通过坦克是坦克能否通过崖壁的关键性阶段，此时坦克受力情况相当于纯上坡直线运动

时的受力,如图 8.5.8 所示,不同之处在于通过阶段中车体与壁底面的夹角随着坦克向上运动而逐渐增大。

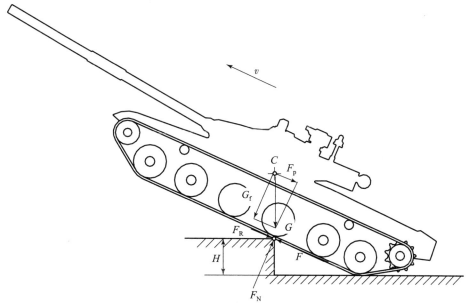

图 8.5.8 通过阶段受力分析

当重力作用线与壁面的棱线重合时,其夹角最大,上坡阻力 F_p 也越大。此时,可能由于发动机牵引力不足而熄火;或由于附着力不足而履带打滑,不能完成这一阶段。

从图 8.5.9 看出,这阶段坦克能克服的崖高为

$$H = L_0 \sin \alpha + h \cos \alpha + \frac{h_2}{\cos \alpha} + r_h - \frac{h_g}{\cos \alpha}$$

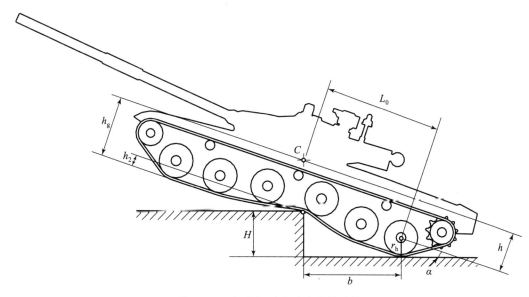

图 8.5.9 坦克通过崖壁高度的计算

式中 H——通过崖壁的高度;

L_0——坦克重心至后轮轴心的纵向距离;

α——坦克的最大上坡角;

h——平地时重心至后轮轴心的垂直距离;

h_2——负重轮的行程;

r_h——负重轮的半径;

h_g——车辆重心距地高度。

例如,若取 $l_0 = 3$ m;$\alpha = 30°$;$h = 0.6$ m;$h_2 = 0.1$ m;$r_h = 0.3$ m;$h_g = 1.4$ m,则可以求出通过崖壁的高度为

$$H = (3 \times \sin 30° + 0.6 \times \cos 30° + \frac{0.1}{\cos 30°} + 0.3 - \frac{1.4}{\cos 30°}) \text{m} = 0.82 \text{ m}$$

由上式可知,L_0 愈长,则坦克可能克服的垂直壁愈高,坦克的倾斜角 α 对克服垂直壁的高度也有影响。若 $\alpha = 30° \sim 35°$,就已接近于所能克服的最大坡度值。一般说来,坦克能克服垂直壁的高度不是受攀登阶段的限制,而是主要受通过阶段的限制。

3)落地阶段

落地阶段指从重力作用线越过崖壁棱线到坦克落于崖壁顶上的过程。在此阶段中,由于坦克的重力作用线越过棱线时,形成一个向下转动的力矩,使坦克落于崖壁顶部。正确通过此阶段的主要标志是坦克下落时颠震小,不倒滑下来。若此时车速高,则造成颠震就严重,可能摔坏机件或人员;若减油早,牵引力不足则会使车辆滑下来或倒爆。因此,当坦克重心越过垂直壁开始下落时,必须停止供油,有时还要制动,使坦克慢慢地落于崖壁顶上。

4. 车辆通过壕沟的条件

轮式车辆所能克服的壕沟宽度在很大程度上取决于车轮直径和轴距等几何参数,因此,轮式车辆跨越壕沟的性能也和超越垂直障碍物的情况一样,可以用壕沟宽度 l_d 与车轮直径 D 之比 l_d/D 来评定。贝克认为,对同一轮式车辆来说,所能克服的垂直障碍高度与车轮直径之比 h/D 可以和 l_d/D 相互转换,如图 8.5.10 所示。因此,若已知 h,就可按图中曲线确定 l_d。

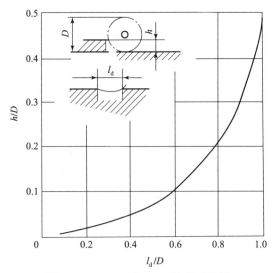

图 8.5.10 h/D 和 l_d/D 的关系曲线

坦克通过壕沟的宽度与坦克的车长、重心位置以及驾驶方法有关。克服壕沟可以用静力法（即坦克缓慢行驶）和动力法（坦克高速行驶，利用动能来克服壕沟）。

坦克的越壕宽是指坦克以低速法通过平地壕沟时，头部或尾部不掉入沟内的最大宽度。

用静力法克服壕沟受坦克稳定性丧失的限制。稳定性的丧失是在坦克的重力作用线超出负重面的界限的情况下发生。如果重力作用线是在车首和对面的壕壁接触之前超出负重面的，那么坦克的前部就落入壕中；如果重力作用线还未到达对面的壕壁，而坦克的尾部已和第一壁脱离，那么坦克的尾部就落入壕内。

所以，用静力法克服壕沟的可能性取决于坦克两端支撑点和坦克重心在行驶平面上的投影间的距离，如图 8.5.11 所示。若取主动轮和诱导轮轴心为两端支撑点，则坦克可能克服的最大壕宽应等于 a 和 b 中的较小值。

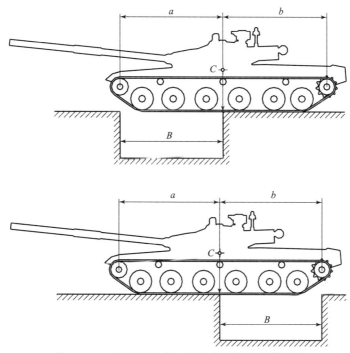

图 8.5.11　坦克以静力法通过水平地面上的壕沟

如果企图克服宽为 $B = b$，且 $a < b$ 的壕沟时，当坦克前端尚未支撑在壕沟前缘时，坦克重心就早已离开壕沟后缘，于是坦克前端就落入壕沟中。

如果企图克服宽为 $B = b$，且 $a < b$ 的壕沟时，当坦克尾部已失去壕沟后缘的支撑时，坦克重心尚未靠近壕沟前缘，于是坦克尾端就落入壕沟中。

现代的中型和重型坦克，当其两端支撑点长 $a + b = 5 \sim 6$ m，重心差不多位于履带接地段的中间时，用静力法所能克服的壕沟宽 B 为 $2.5 \sim 2.8$ m。

为了能克服较宽的壕沟，在设计坦克时应尽量将其重心布置在履带接地段中心处。

用动力法克服壕沟就是以较高的速度驶过壕沟，这样可以增加越壕的宽度。在坦克高速通过壕沟时，当第一负重轮脱离支持面后，车体便开始向沟底下倾。显然，如果坦克的行驶速度越高，在同一距离内，坦克车体前部向沟底下落的程度便越小。

应用动力法克服壕沟与壕沟两边缘的相互位置和形状有很大关系，如果壕沟的前边缘比后边缘高则难以克服,反之则较容易克服。如果后边缘呈下坡的斜面,则不易通过;如呈上坡状斜面,则较易克服。

应用动力法克服壕沟虽然可以提高越壕的宽度,但必须注意壕沟前沿的地面状态、乘员的安全和机件的损坏,所以,一般不用动力法越壕。当壕沟前沿是木质的、石头的或冻结的地面时,为了避免撞击力对乘员的安全和行驶装置的损坏,亦不宜采用动力法。当坦克通过宽度为车体长30%~45%,而且边缘坚固的壕沟时,应挂低速挡通过。

坦克在上坡克服壕沟的第一阶段(即坦克前端跨过壕沟的时候)与克服水平地段上的壕沟比起来,坦克重心是不容易超过后边缘的,如图8.5.12所示。因此,就第一阶段来说,坦克能克服的壕宽为

$$B = a + h_g \tan \alpha$$

式中 α——上坡坡度角;
h_g——坦克重心高度。

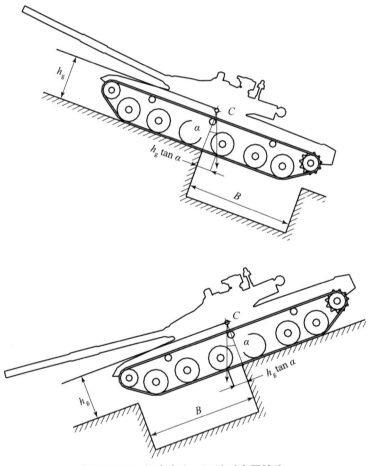

图8.5.12 坦克在上、下坡时克服壕沟

可是在第二阶段,坦克尾端跨过壕沟时,坦克可以克服的壕宽将减为

$$B = b - h_g \tan \alpha$$

所以,坦克在上坡时克服壕宽较在水平地段上要小。同理,坦克在下坡时第一阶段能克

服的壕宽较平地时要减小，所以下坡克服壕宽较在水平地段上也要小。

例如，坦克重心高度 $h_g = 0.9 \sim 1.2$ m，坡度角 $\alpha = 30°$时，则在上、下坡时所能克服的壕宽，将比水平地段时减少 $h_g \tan \alpha = (0.9 \sim 1.2) \times 0.578$ m。

如果坦克的几何形状和障碍物的几何形状能够保证坦克和地面间必要的间隙，加上足够的牵引力和附着力，地面的几何障碍是可以越过的。但是，对于不可越过的障碍，如水、树木和山，坦克的几何形状能起的作用很小，而前进到目的地的唯一办法是绕过障碍，这就使得行程增加，坦克的运行速度降低。

8.5.3 车辆越障性能模型

对复杂结构的车辆和复杂路障进行越障性能分析时，必须建立越障的静力学和几何学具体性能模型，依据静态和动态行驶过程进行动力学分析，以确定是否具备通过性及其条件。

由于该模型依托于车辆结构和外形参数，以及地表几何土壤特性，复杂多变，因此不便于统一分析。

第 9 章
结构体、温度场和两栖车流场性能仿真

结构体应力应变场、温度场和两栖车水上流场分析是车辆性能分析涉及的 3 个主要场的问题，其模型均为分步参数系统的偏微分方程，建模和分析方法相似，结构体强度分析采用有限元软件，温度场和流场分析常采用流场 Fluent 分析软件。

9.1 车体结构强度仿真分析

本节对某坦克架桥车的拓扑结构、运动关系进行分析，结合多体动力学和有限元分析技术，建立架桥车整车刚柔耦合动力学仿真分析模型。在动力学仿真环境下，得到车辆实际运行过程中的真实载荷边界条件，分析真实载荷条件下车体结构的变形，在动、静态情况下的刚强度以及在动态载荷下车体的应力和应变的分布情况，对车体进行静载荷条件下的强度分析以及车体动载荷强度虚拟试验考核。

9.1.1 模型建立

1. 建立整车推进系统多刚体动力学模型

在建立车辆的多体动力学模型之前，需要分析车辆的结构组成，确定各构件之间的拓扑结构及相互运动关系。在建立车辆行动部分多体动力学模型时，假设模型是以行动系统为主，其他系统以简单模型计入。通过给主动轮施加一个主动力矩或者运动函数，作为车辆行驶的动力输入，以替代从发动机传来的动力输入。

履带车辆的行动系统主要由推进装置和悬挂装置两部分组成，为其在复杂多变的地面上高速行驶提供基本条件。履带车辆行动系统结构拓扑图如图 9.1.1 所示。

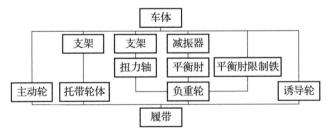

图 9.1.1 车辆行动系统结构拓扑图

2. 建立车体有限元模型

根据车辆车体实体模型,建立原理样车车体有限元模型。基于 ANSYS 和 Pro/E 分析软件系统地进行装甲车辆车体结构刚强度有限元分析,其计算精度及计算成本直接受有限元模型、载荷及约束条件的处理等前后处理过程的影响。

合理的网格精度关系到有限元模型计算的精度,采用四节点四面体单元进行网格划分,网格最大边长取 0.2 m,车体实体模型及原理样车车体有限元模型分别如图 9.1.2、图 9.1.3 所示,两个模型均各有 14 300 个节点和 43 852 个单元。车体材料属性如表 9.1.1 所示。

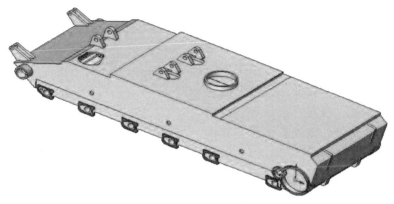

图 9.1.2 车体实体模型

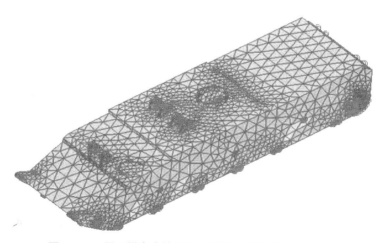

图 9.1.3 原理样车车体有限元模型(侧甲板厚 45 mm)

表 9.1.1 车体材料属性

材料名称	杨氏模量 E/MPa	泊松比 μ	密度 ρ/(kg·m^{-3})
167 钢	2.07E5	0.29	7 801

在多体动力学软件中是采用模态柔性来表示物体弹性的,其基本思想是赋予柔性体一个模态集,采用模态展开法,用模态向量和模态坐标的线性组合来表示弹性位移,通过计算每一时刻物体的弹性位移来描述其变形运动。

而柔性体在多体动力学软件中采用模态中性文件(MNF)来描述,该文件是一个独立于操作平台的二进制文件。模态中性文件中包含了柔性体的几何信息（节点位置及其连接）、节点质量和惯量、频率、振型以及对载荷的参与因子等信息。

在有限元网格模型的基础上，应用有限元分析软件建立柔性体模态中性文件的步骤如图 9.1.4 所示。

（1）定义外部节点。在柔性体与相邻刚体的连接点处定义节点，这些节点将作为超单元的边界节点，用于传递柔性体与刚体之间的相互作用力。

（2）定义多点约束单元。所谓多点约束是将某节点的依赖自由度定义为其他若干节点独立自由度的函数。多点约束可以用于不相容单元间的载荷传递，表征一些特定的物理现象，如刚性连接、铰接、滑动等。刚性单元（MPC）主要用于处理外部节点与其周围节点的连接关系。

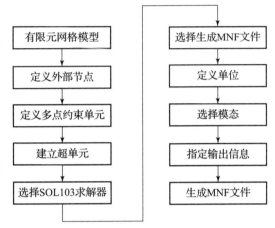

图 9.1.4　柔性体 MNF 文件生成步骤

（3）建立超单元。在有限元分析软件中建立超单元，将多体动力学模型中柔性体与刚性体的连接点定义为超单元的外部节点，其他节点作为超单元的内部节点。

（4）选择求解器。目前有 SOL103（正则模态分析）、SOL111（频率响应分析）、SOL112（瞬态响应分析）3 个求解器支持 MNF 文件的生成，可以根据不同需要进行选择。

（5）定义单位。在生成模态中性文件时，必须为有限元分析指定单位，这些单位将保存在模态中性文件中。有限元分析使用的单位不必与多体动力学仿真时使用的单位一致，只要在模态中性文件中设置好了单位，多体动力学分析软件就会正确地进行转换。

（6）选择模态。在多体动力学软件中，柔性体的模态是修正的 Craig – Bampton 模态，分为固定界面主模态和界面约束模态两类。可以根据分析问题的需要选择合适的频率范围（模态阶数），任何模态都可以根据它们在动力响应中的贡献进行取舍。

（7）指定输出信息。针对不同问题，在生成模态中性文件时可以选择包含不同的输出信息，因为在本课题中要分析柔性车体在动态运行环境下车体的应力分布，所以在模态中性文件中必须要包含节点和单元应力信息。

在车体有限元建模中，用 MPC 单元来模拟车体与外界之间的连接，并传递车体和连接物体之间的相互作用力。将整个车体作为超单元模型，车体超单元的外部节点就是合并到多体模型中时车体与底盘及上装部分的连接点。在车体有限元模型上找出连接点所对应的节点并将它们设置为超单元的外点。在多体动力学软件中可以在这些连接点处建立各种边界条件（如各种约束关系或力单元）。通过在有限元分析软件中的正则模态分析得到包含柔性车体信息的模态中性文件，转换到多体动力学软件中后的柔性车体模型如图 9.1.5 所示，其中所示节点为车体与外部之间的连接点。

依据上述有限元模型，可进行车体模态分析，得到车体的各阶固有频率及相对应的振型。

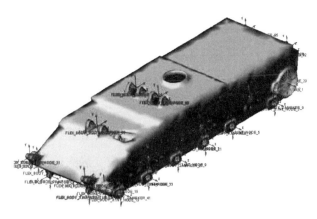

图 9.1.5　车体柔性模型

3. 车辆刚柔耦合模型的建立

在多体动力学中建立柔性体的运动方程是将柔性体看作有限元模型节点的集合，相对于局部坐标系有小的线性变形，而此局部坐标系做大的非线性整体平动和转动，每个节点的线性局部运动近似认为是模态振型或模态振型向量的线性叠加。

将利用有限元模型计算得出的车辆车体的模态中性文件导入多体动力学软件当中，与之前建立好的该型车辆的多刚体动力学模型和桥体刚体模型通过添加或修改一定的约束条件，建立起车辆的刚柔耦合体模型。

9.1.2　仿真分析

1. 静强度分析

静强度主要考虑在车体及桥体自重作用下，虚拟测试车体各个部位的应力、应变状况，找出应力最大值分布区域，图9.1.6和表9.1.2所示是实例分析结果数据。

图 9.1.6　原理样车静平衡下车体应力分布

表 9.1.2　静平衡时最大应力/应变点及分布位置对比

项目	原理样车车体数值
应力最大节点号	3 192
最大应力值/MPa	19.78

续表

项目	原理样车车体数值
应变最大节点号	3 192
最大应变值	1.76×10^{-6}
应力、应变最大值分布位置	发动机支架与车体连接处

通过分析结果数据可以看出车辆静平衡时应力、应变最大值分布在发动机支架与车体连接处，分别为 19.78 MPa 和 1.76×10^{-6}。使用 Von Mises 应力进行强度校核，满足静强度设计要求。

2. 车体在动载荷下强度校核

动载荷下强度校核主要考核车辆在不同路面上以不同车速、不同工况行驶时车体的动态应力、应变变化以及应力、应变分布区域变化情况。履带车辆在行驶过程中总是受到随时间变化的载荷作用，因此车体上每个部位的应力、应变状况也是随时间变化的。为了测试车体在外界激励下的动态响应，考核车体在动态载荷下的应力分布情况，可以进行不同工况动载荷下的车体强度分析。下面分别进行随机路面行驶工况、正弦路面行驶工况、高速行驶工况和爬坡工况下的虚拟测试。

在随机路面行驶工况下，架桥车虚拟行驶的路面纵剖面形状如图 9.1.7 所示，采用该路面模拟架桥车行驶的典型越野路面，车辆在该路面上直线行驶，行驶速度 $v = 16$ km/h。在该种路面条件下行驶时，车体最大应力分布及最大应力点的应力时间历程曲线如图 9.1.8 所示。从结果可以看出，最大应力主要位于车体与悬架部件、桥体及车内各种支座的连接部位。

图 9.1.7 随机路面纵剖面

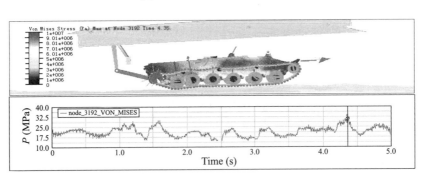

图 9.1.8 随机路面原理样车车体应力分布

在正弦路面行驶工况下（正弦路面的波长 $a = 12$ m，幅值 $b = 0.2$ m），车辆行驶速度 $v = 16$ km/h。虚拟测试车体最大应力及应变分布如图 9.1.9、图 9.1.10 所示。

在水平路面上高速行驶工况下，车辆的行驶速度约为 43 km/h，通过虚拟试验测试，车体最大应力分布及最大应力点的应力时间历程曲线如图 9.1.11 所示。

在爬坡工况下（主要测试车辆在爬坡过程中的受力状况），车辆行驶速度约为 7.4 km/h，测试车体应力分布及最大应力点的应力时间历程曲线如图 9.1.12 所示。

图 9.1.9 正弦路面原理样车车体应力分布

图 9.1.10 正弦路面原理样车车体应变分布

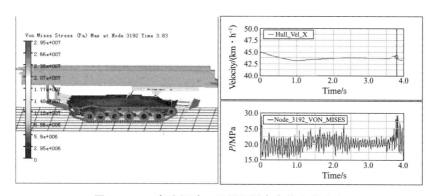

图 9.1.11 高速行驶工况原理样车车体应力分布

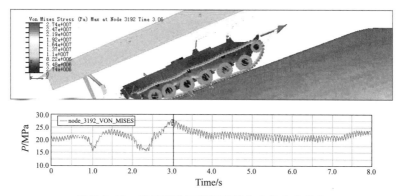

图 9.1.12 爬坡行驶工况原理样车车体应力分布

对比以上各种工况，原理样车车体最大应力、应变幅值及分布区域对比结果如表 9.1.3 所示。可见，原理样车车体最大应力幅值为 34.1 MPa，该幅值远远小于装甲板的材料屈服极限，因此该车体可以进行减重优化设计。

表 9.1.3　原理样车车体最大应力和应变值及分布区域对比（侧甲板厚度 45 mm）

工况	最大应力 /MPa	节点号	应力最大位置	最大应变（$\times 10^{-5}$）	节点号	应变最大位置
随机路面	34.10	3 192	发动机支架与车体连接处	30.3	3 192	发动机支架与车体连接处
正弦路面	33.90	3 192	发动机支架与车体连接处	30.2	3 192	发动机支架与车体连接处
高速行驶（45 km/h）	29.52	3 192	发动机支架与车体连接处	26.2	3 192	发动机支架与车体连接处
爬 20 度纵坡	27.41	3 192	发动机支架与车体连接处	24.4	3 192	发动机支架与车体连接处

9.2　动力舱的温度场仿真

高效的冷却散热是提高装甲车辆性能的前提和发挥其作战效能的保证。装甲车辆的冷却散热，与动力舱空气的流动与传热密切相关。基于计算流体动力学（CFD，Computational Fluid Dynamics）方法分析研究动力舱空气的流动与传热，得到动力舱温度场，可以为改进动力舱风道设计，提高车辆冷却散热性能提供方法和依据。

9.2.1　CFD 分析模型

建立动力舱温度场 CFD 分析模型，需要综合考虑湍流模型和离散格式的选择，网格划分方法及其质量检查，数值求解的合理性、稳定性以及数值计算方法的快速收敛性等相关问题，以获得较高的计算效率与计算精度。

1. 湍流模型的选择

选择湍流模型的原则是在保证计算精度的前提下具有较好的计算效率。分别选择应用标准 $k-\varepsilon$ 模型、RNG $k-\varepsilon$ 模型和 Realizable $k-\varepsilon$ 模型，在保持其他参数设置完全相同的情况下，对某型坦克动力舱温度场进行 CFD 分析，计算过程的残差曲线对比如图 9.2.1 所示，结果对比如表 9.2.1 所示。

表 9.2.1　3 种湍流模型的 CFD 分析结果

湍流模型	标准 $k-\varepsilon$ 模型	RNG $k-\varepsilon$ 模型	Realizable $k-\varepsilon$ 模型
收敛迭代步数	213	330	510
收敛时间/min	55	120	140

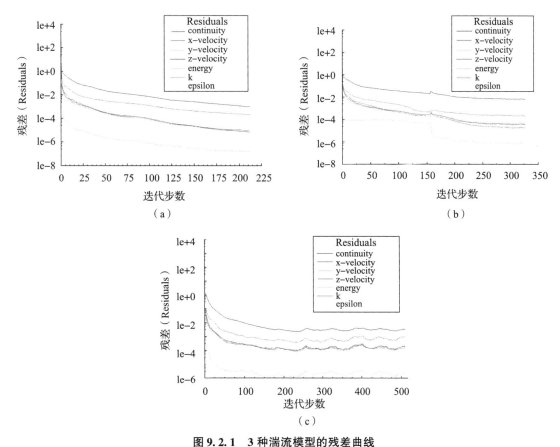

图 9.2.1　3 种湍流模型的残差曲线

（a）标准 $k-\varepsilon$ 模型；（b）RNG $k-\varepsilon$ 模型；（c）Realizable $k-\varepsilon$ 模型

从收敛情况来比较，标准 $k-\varepsilon$ 湍流模型收敛最快，残差曲线下降稳定；从选取的主要部位 CFD 分析结果来比较，3 种模型的 CFD 分析结果差别不大。因此认为，在动力舱流场与温度场 CFD 分析中采用标准 $k-\varepsilon$ 湍流模型可以获得较好的计算效率。

选定湍流模型后，动力舱流场与温度场 CFD 分析的控制方程组可表示为三维、黏性、可压缩、湍流、定常流动偏微分控制方程组。

连续性方程

$$\frac{\partial}{\partial x_i}(\rho u_i) = S_m \tag{9.2.1}$$

动量守恒方程

$$\frac{\partial}{\partial x_j}(\rho u_i u_j) = -\frac{\partial p}{\partial x_i} + \frac{\partial}{\partial x_j}\left[(\mu+\mu_t)\left(\frac{\partial u_i}{\partial x_j}+\frac{\partial u_j}{\partial x_i}-\frac{2}{3}\frac{\partial u_i}{\partial x_i}\delta_{ij}\right)-\frac{2}{3}\rho k\delta_{ij}\right] + S_{Fi} \tag{9.2.2}$$

能量守恒方程

$$\frac{\partial}{\partial x_i}(\rho H u_i) = \frac{\partial}{\partial x_j}\left\{\left(\lambda+\frac{c_p\mu_t}{\sigma_t}\right)\frac{\partial T}{\partial x_j} + u_i\left(\frac{\mu}{\Pr}+\frac{\mu_t}{\sigma_t}\right)\left[\left(\frac{\partial u_i}{\partial x_j}+\frac{\partial u_j}{\partial x_i}\right)-\frac{2}{3}\frac{\partial u_i}{\partial x_i}\delta_{ij}\right]\right\} + S_h \tag{9.2.3}$$

标准 $k-\varepsilon$ 湍流模型

$$\frac{\partial}{\partial x_i}(\rho k u_i) = \frac{\partial}{\partial x_j}\left[\left(\mu+\frac{\mu_t}{\sigma_k}\right)\frac{\partial k}{\partial x_j}\right] + G_k - Y_M - \rho\varepsilon \tag{9.2.4}$$

$$\frac{\partial}{\partial x_i}(\rho \varepsilon u_i) = \frac{\partial}{\partial x_j}\left[\left(\mu + \frac{\mu_t}{\sigma_\varepsilon}\right)\frac{\partial \varepsilon}{\partial x_j}\right] + c_{1\varepsilon}\frac{\varepsilon}{k}G_k - c_{2\varepsilon}\rho\frac{\varepsilon^2}{k} \qquad (9.2.5)$$

2. 三维实体模型和网格划分

可以应用 Fluent 软件的前处理软件 Gambit，建立动力舱的舱体实体模型和各部件实体模型。所建立的某型坦克动力舱整体及部件实体模型如图 9.2.2 和图 9.2.3 所示。为了考虑外界环境对动力舱内空气流动的影响，可在动力舱外设置一个适当大小的空间，将其作为动力舱外流场计算区域，通过多次 CFD 分析，研究动力舱外计算区域尺寸对分析结果的影响，最终确定 CFD 计算区域尺寸。

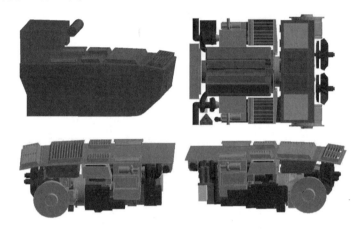

图 9.2.2　动力舱的整体实体模型

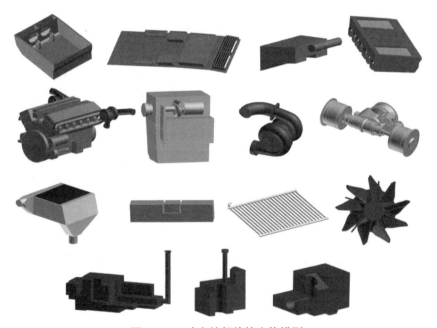

图 9.2.3　动力舱部件的实体模型

整个 CFD 分析区域包括舱内空气流动区域、舱体壁面区域以及舱外空气流动区域。某型坦克动力舱 CFD 分析区域如图 9.2.4 所示。

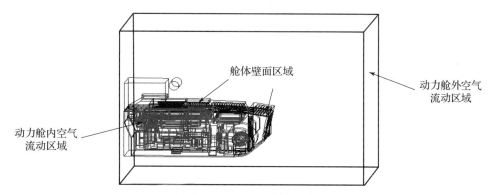

图 9.2.4　CFD 分析区域

CFD 分析区域结构复杂，可将整个计算区域分为若干子区域，对结构简单的区域用结构化网格离散每个子区域，对结构复杂的区域用非结构化网格离散每个子区域，在空气流动变化较为剧烈或部件外形较为复杂的区域加密网格。某型坦克动力舱 CFD 分析区域的网格划分结果如图 9.2.5 所示，动力舱不同区域内采用不同的网格单元尺寸如表 9.2.2 所示。

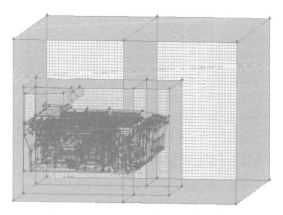

图 9.2.5　CFD 分析区域的网格划分

表 9.2.2　动力舱各子区域网格尺寸和节点数

区域类型	网格类型	区　　域	网格尺寸/mm	网格数	节点数
流体	结构化网格	水散热器	30	20 926	4 622
		机油散热器	30	11 855	2 567
		传动油散热器	30	8 291	1 861
		中冷器	30	6 608	4 256
	非结构化网格	中冷器百叶窗	25	281 596	65 102
		空滤百叶窗	25	181 671	41 039
		进气百叶窗	25	671 861	153 396

续表

区域类型	网格类型	区 域	网格尺寸/mm	网格数	节点数
流体	非结构化网格	排气百叶窗	25	336 537	80 651
		风扇舱	30	226 613	50 190
		动力舱内部	24	851 069	195 257
		百叶窗上部	25	238 174	51 878
		舱体外部	60	1 523 989	314 469
固体	结构化网格	顶装甲板	10	45 299	15 747
	非结构化网格	中冷器、空滤百叶窗	10	202 602	70 639
		进气百叶窗	10	210 150	73 195
		排气百叶窗	10	124 670	43 228
		装甲板	20	498 858	137 737
		排尘管	5	114	234
总 数			18	5 440 883	1 306 068

网格质量直接影响着 CFD 分析的收敛性及分析结果的精度。在对固体壁面附近流动区域进行网格划分时，通常用无量纲的壁面单位 y^+ 来度量近壁面流体单元到壁面之间的距离。y^+ 值在接近下边界时较好，如果 y^+ 值过大，则采用自适应方法对网格进行细化处理。某型坦克动力舱内沿气缸盖壁面边界网格细化前后的对比如图 9.2.6 所示。

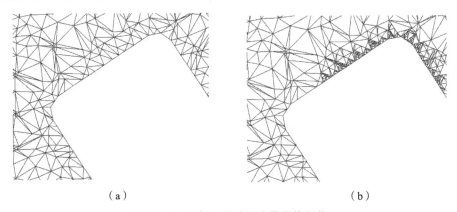

图 9.2.6 沿气缸盖壁面边界网格细化
(a) 细化前；(b) 细化后

针对动力舱采用的网格类型，可以选用长宽比、边比率、等角失真和等尺寸失真 4 个指标检查网格质量。对某型坦克动力舱网格质量进行检查，长宽比和边比率的检查结果如图 9.2.7 所示，数值越小，网格质量越高；等角失真和等尺寸失真的检查结果如图 9.2.8 所示，两项指标中小于 0.5 的可认为是高质量网格，小于 0.75 的可认为是良好质量网格。

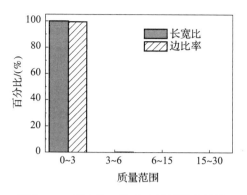

图9.2.7 长宽比、边比率质量检查结果

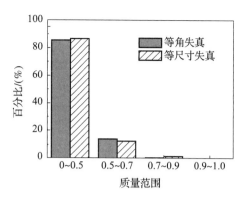

图9.2.8 等角失真、等尺寸失真检查结果

3. 对流项离散格式的确定

在使用有限体积法建立离散方程时,需要应用离散格式将控制体界面上的物理量及其导数由节点物理量插值求出。Fluent商业软件中提供了多种对流项的离散格式,每种离散格式对不同的问题具有不同的适应性。

可以分别应用一阶迎风、二阶迎风、幂定律、QUICK 4种对流项离散格式,通过动力舱CFD对比分析来选择。某型坦克动力舱温度场CFD分析时,4种对流项离散格式所需迭代步数和收敛时间如表9.2.3所示。可见,在保证机油散热器和水散热器出口平均空气流速、平均空气温度计算结果基本相同的情况下,不同对流项离散格式的收敛情况相差很大;一阶迎风格式收敛最快。因此,选择对流项一阶迎风离散格式较适合动力舱CFD分析,可以大大节约资源。

表9.2.3 不同对流项离散格式的CFD分析结果

对流项离散格式	一阶迎风格式	二阶迎风格式	幂定律格式	QUICK格式
迭代步数	213	650	728	900
收敛时间/min	55	320	338	235

4. 求解算法的确定

为了确定求解算法,可以分别应用基于压力求解算法中的SIMPLE分离式算法和耦合式算法,通过对坦克动力舱进行CFD对比分析来选择。某型坦克动力舱进行CFD分析时,不同算法的计算结果如表9.2.4所示。可见,基于压力求解器中的分离式求解器与耦合式求解器所获得的结果与精度基本相同,但后者迭代步数和收敛时间明显较低。因此,可在计算中采用基于压力的耦合式求解算法。

表9.2.4 不同求解算法的CFD分析结果

基于压力的求解算法	SIMPLE分离式求解	耦合式求解
收敛迭代步数	561	213
收敛时间/min	89	55
风扇质量流量/(kg·s^{-1})	6.871	6.870

续表

基于压力的求解算法	SIMPLE 分离式求解	耦合式求解
机油散热器出口处平均空气流速/(m·s^{-1})	9.004	8.996
水散热器出口处平均空气流速/(m·s^{-1})	11.509	11.493
机油散热器出口处平均空气温度/℃	57.823	57.823
水散热器出口处平均空气温度/℃	74.414	74.517

5. 采用并行求解技术

为了提高计算效率,实现计算的工程化,可采用并行计算求解技术,以大幅缩短求解时间。某型坦克动力舱温度场进行 CFD 分析时,在求解结果基本相同的情况下,并行求解和串行求解所需的时间对比如表 9.2.5 所示(采用 HP xw8400 工作站,配置为 4 核双 CPU)。

表 9.2.5　并行与串行求解结果对比

求解技术	基于压力的耦合式算法	
	串行	并行
收敛迭代步数	244	213
收敛时间/min	263	55
风扇质量流量/(kg·m^{-3})	6.869	6.870
机油散热器出口处平均空气流速/(m·s^{-1})	8.997	8.996
水散热器出口处平均空气流速/(m·s^{-1})	11.494	11.493
机油散热器出口处平均空气温度/℃	57.827	57.823
水散热器出口处平均空气温度/℃	74.514	74.517

6. 数值解的收敛控制

为了保证数值解的收敛性,应用 3 个收敛的判断标准,具体如下。

(1) 各参数变量残差值的收敛。各参数变量残差值随迭代步数的增加而降低,最后低于设定的标准值。在所有的控制体积单元 P 上,变量 φ 的残差定义为

$$R^{\phi} = \frac{\sum_{\text{所有单元}P} \left| \sum_{\text{nb}} a_{\text{nb}} \varphi_{\text{nb}} + b - a_P \varphi_P \right|}{\sum_{\text{所有单元}P} \left| a_P \varphi_P \right|} \tag{9.2.6}$$

要求能量方程的残差小于或等于 10^{-6},其他方程的残差小于或等于 10^{-3}。

(2) 质量守恒的判断。检验流入 CFD 分析区域的空气质量流量与流出 CFD 分析区域的空气质量流量是否平衡,以判断 CFD 分析是否收敛。质量流量的相对误差定义为

$$R^m = \left| \frac{\dot{m}_{\text{out}} - \dot{m}_{\text{in}}}{\dot{m}_{\text{in}}} \right| \tag{9.2.7}$$

在数值计算结束后,要求 $R^m \leq 5 \times 10^{-3}$。

（3）重要特征量的收敛判断。对研究中重点关注点处的分析值进行监测，要求其在 5 次连续的迭代中分析值的相对误差小于或等于 10^{-2}，即对于任何一个特征量 C 有

$$\left| \frac{C^{(N)} - C^{(N-5)}}{C^{(N)}} \right| \leqslant 1.0 \times 10^{-2} \tag{9.2.8}$$

式中　N——迭代步数。

当数值计算的迭代达到以上 3 条标准时，即认为迭代收敛，结束计算。

9.2.2　CFD 分析边界条件

动力舱 CFD 分析区域受到外部环境的作用；内部的发动机、散热器、传动装置、油箱等的外表面都具有较高的温度，这些部件约束了舱内空气的流动空间，又是动力舱内主要的热源；风扇的高速运转，造成空气在动力舱内的循环流动，对各热源部表面进行冷却。坦克动力舱 CFD 分析需要设置的边界条件有以下几类，如图 9.2.9 所示。

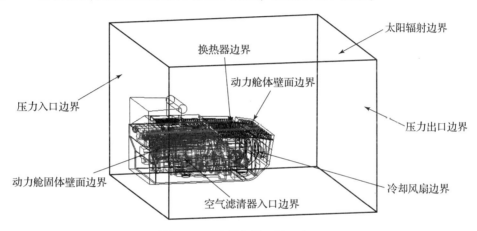

图 9.2.9　边界条件设置示意图

1）压力入口边界

给出入口边界上的总压、总温、静压和湍流参数值。总压、总温中需要考虑坦克行驶速度和外界环境风速的影响。采用经验公式计算湍流参数初值为

$$k = \frac{3}{2}(uI)^2 \tag{9.2.9}$$

$$\varepsilon = C_\mu^{\frac{3}{4}} \frac{k^{\frac{3}{2}}}{L} \tag{9.2.10}$$

式中　k——湍流动能；
　　　ε——湍流耗散率；
　　　I——湍流强度；
　　　C_μ——常数；
　　　L——湍流长度。

应用初值进行迭代计算，直到 k、ε 的两次计算结果满足精度要求，即得到入口的湍流参数。某型坦克动力舱 CFD 分析时，取精度误差小于 5% 的情况下，压力入口边界上湍流参数平均值的迭代情况如图 9.2.10 所示。

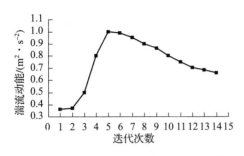 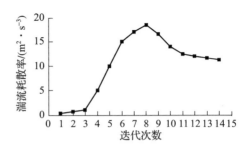

图 9.2.10　压力入口湍流参数迭代结果

2) 压力出口边界

假设出口边界上的流动是充分发展的,给定出口边界上的静压值和湍流参数值,还要给出空气回流时的总温、湍流动能和湍流动能耗散率。k、ε 的确定方法与入口相同。

3) 空气滤清器入口边界

根据动力舱的结构,空气滤清器布置在动力舱内,因此空气滤清器入口设为质量入口边界条件,并给出空气的质量流量和流动方向。空气滤清器入口的空气质量流量通过发动机工作过程模型获得。

4) 换热器边界

动力舱内的换热器主要包括水散热器、机油散热器、传动油散热器和中冷器等。在动力舱 CFD 模型中,各换热器被假定为无限薄的面,通过输入各换热器的芯体热流密度和流动阻力与流速的关系式来模拟其传热与流动过程。芯体热流密度由换热器芯体温度模型和冷却液、润滑油流动与传热模型计算求出。流动阻力与流速的关系式通过对换热器空气侧的流场进行 CFD 分析得到。

5) 动力舱固体壁面边界

动力舱固体壁面是指动力舱内构成冷却风道并约束空气流动的固体外壁面,包括动力舱舱体内壁面、动力装置部件外壁面、传动装置外壁面及其他各辅助装置(不包括换热器)的外壁面;动力舱外影响空气流动的固体壁面,包括动力舱舱体外壁面、炮塔外壁面、装甲板及百叶窗体的外壁面等。将固体壁面处理为静止壁面,采用壁面无滑移条件,并设定壁面的材料属性、粗糙度及热边界条件等参数。应用壁面函数法把壁面上的物理量与湍流核心区的相应物理量联系起来。采用第一类热边界条件,即设置固体壁面温度值。动力舱内部件壁面温度通过动力装置与传动装置产热模型、动力装置与传动装置温度模型计算得到。

6) 冷却风扇边界

动力舱本身的空气流道已经很复杂,如果同时再对风扇的高速旋转区域进行 CFD 分析,若网格划分过粗,则风扇的模拟误差过大;网格划分过细,则会使动力舱的整体网格数目大大上升,既增加了计算量又影响了收敛速度。可以应用集总参数风扇模型,不精确描述通过叶片流道内部流动,将风扇简化为一个无限薄的平面,输入压力差值与风扇法向速度的函数关系式,可由风扇试验数据得到。

7) 太阳辐射边界

考虑太阳辐射加热对车外空气状态的影响,包括受太阳常数、大气透明度、太阳高度角影响的太阳直接辐照度,受水平面上散射辐照度影响的太阳散射辐照度,受水平面上直接辐照度和散射辐照度、地面反射比影响的地面反射太阳对辐照度等。

9.2.3 CFD 分析求解流程

在动力舱 CFD 分析中输入的部分边界条件，需要通过动力装置与传动装置热分析模型的求解得到，要解决流动与传热耦合数值求解边界条件的耦合准确设置问题。

某型坦克动力舱 CFD 边界条件与动力传动装置热分析模型的耦合关系如图 9.2.11 所示。通过耦合迭代计算，实现动力舱温度场的仿真计算，流程如图 9.2.12 所示。计算得到动力舱温度场如图 9.2.13 ~ 图 9.2.16 所示，图中温度单位为℃。

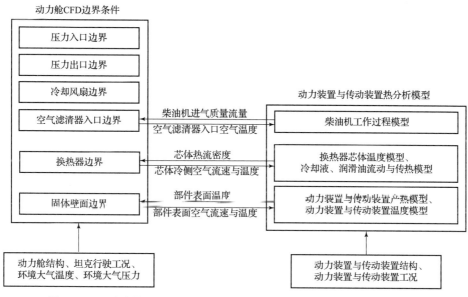

图 9.2.11　动力舱 CFD 边界条件与动力传动装置热分析模型的耦合关系

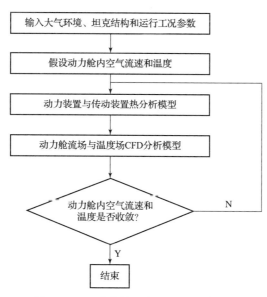

图 9.2.12　动力舱温度场耦合计算流程

图 9.2.13 动力舱进出口空气温度迹线图

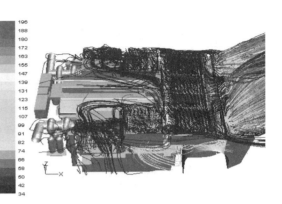
图 9.2.14 动力舱内空气温度迹线图

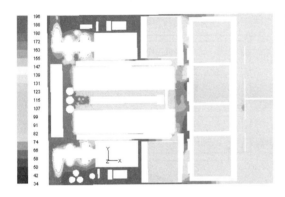
图 9.2.15 动力舱水平截面空气温度云图

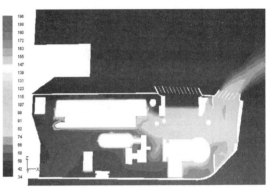
图 9.2.16 动力舱纵截面空气温度云图

9.3 两栖车的水上流场仿真

基于 CFD 技术的数值模拟是解决两栖车水上航态和运动学仿真的有效方法和手段，本节以两栖车的水上阻力和航态为分析目标进行建模和仿真分析。

两栖车水上阻力的数值计算本质是对车辆周边两相绕流场的求解，通过对车体表面压力与剪切力的积分得到阻力，因此它的计算过程与一般的流场求解过程基本一致，仅有几个方面的特殊之处。

9.3.1 流场网格划分

不考虑车辆横倾的影响，沿中纵剖面只对一半流场进行建模。由于是外流场模拟，因此为避免远场边界的影响，流场区域尺度通常比车体尺寸大很多。本书所建两栖车模型按拖模试验模型尺寸建立，缩尺比为 8，建立约 6 倍车长、10 倍车宽以及 10 倍车高的流场区域，较大的流场尺寸可以使流场充分发展，出口不产生回流，如图 9.3.1 所示。

两栖车结构极不规则，所以其附近流场的几何形状也不规则，对整个流场采用混合网格划分。流场在车体附近变化较剧烈，而在远离车体区域变化较平稳，如果对整个流场采用同一种网格划分，会造成不必要的资源浪费。所以，把整个流场划分成几个区域，对每个区域采用不同尺寸的网格划分，既可以合理地描述整个流场的变化趋势，又可以突出变化较剧烈区域的影响。流场区域划分如图 9.3.2 所示。区域 1 为近车体区域，该区域流场变化较复杂，尤其是行动部分的存在，更加大了网格划分的难度。车体附近（尤其是行动部分附近）的网格由密到疏扩散，这样可以较为精确地描述复杂区域的物理量变化情况，也能在一定程度上控制网格数量。

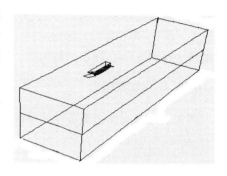

图 9.3.1　流场计算区域

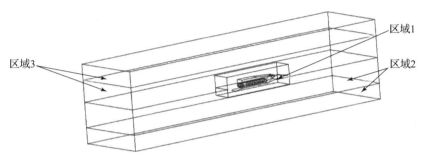

图 9.3.2　流场区域划分

由图 9.3.3 可见，车体行动部分网格较密，车体网格尺寸从行动部分逐渐增大。

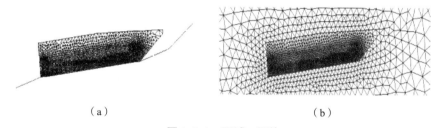

（a）　　　　　　　　　　　　　　（b）

图 9.3.3　区域 1 网格

（a）车体表面网格；（b）近车体网格

两栖车流场具有其特殊性，一部分在水中，另一部分则暴露在空气中。本书用自由面模拟水线面，初始的水中部分定义为区域 2，空气部分定义为区域 3。其中，离车体较近的部分由于车辆航行兴波变化较大，因此使用较小的网格划分，而远离车体的区域由于流场变化较小，采用结构网格进行划分。

9.3.2　重点区域网格处理

1）行动部分

建模时对履带与主动轮、诱导轮和负重轮相切处做了处理，使该部分生成一些小的平面，如图 9.3.4 所示。

2）自由面

采用 VOF 模型模拟两相流，自由面是区分水相和空气相的界面，自由面的网格划分对研究车体兴波有重要影响。采用小尺寸四面体网格构建区域2（水）和区域3（空气）的近车体网格，可以更加精确地反映车体在静水中航行的兴波状态。

9.3.3 边界条件

图9.3.5为流场边界条件的整体布置图。

图9.3.4 车轮履带相切处网格

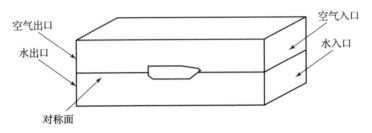

图9.3.5 边界条件

1）入口边界条件

满足一类边界条件（Dirchlet 条件），要给定 u_x、p、k、ε。k，ε 一般通过试验测定，或是根据下式估算：

$$k = 1.5(u_x I)^2, \varepsilon = C_\mu^{0.75} \cdot \frac{k^{1.5}}{l} \qquad (9.3.1)$$

式中　I——湍流强度，$I = 0.16(Re)^{-1/8}$；

　　　u_x——平均来流速度；

　　　l——混合长度，$l = 0.07L$，L 为特征长度，这里取为水线长；

　　　C_μ——常数，取 0.09。

2）出口边界条件

满足二类边界条件（Neumann 条件），边界上变量的法向梯度为零，即

$$\frac{\partial \varphi}{\partial n} = 0, \varphi = \{u, p, k, \varepsilon\} \qquad (9.3.2)$$

这是因为如果没有试验值，则通常没有办法把出口边界给准，而且出口的值会对流场造成影响，所以采用此类边界是最理想的处理方式。

3）固壁边界条件

车体的物面边界就是固壁边界，在该边界上满足无滑移边界条件即 $u = 0$，$k = 0$。但是，ε 并不为零，因为在这里湍流动能被完全耗散掉，所以 ε 应该在这里取最大值。而这时 $k-\varepsilon$ 湍流模型也将失效，就是说 $k-\varepsilon$ 湍流模型只适用于离开壁面一定距离的湍流区域，为了求解近壁区域，必须借助其他方法，这里使用壁面函数法。

4）对称边界条件

由于车体关于中纵剖面对称，对于均匀来流，车体的绕流场也关于中纵剖面对称，因此可以只计算半个车体的绕流场，将中纵剖面的所在平面设为对称边界条件。

对称边界条件可视为混合边界条件，既要满足在该边界上法向速度为零，又要满足 k、ε 的法向梯度为零。

5）自由表面边界条件

自由表面边界与其他边界不同，对于此类边界根据研究内容的需要有两种处理方法：叠模法和自由面追踪法。

9.3.4 初值

在初始化时只能采用估算和近似的方法，尽管这样做会增加计算量，但由于问题具有相容性，因此只要估算值适当，松弛因子合适，便能够得到相符的结果。全场初始化时，速度与入口边界相同；压力不显式地给出，由伯努利公式推导；k、ε 按经验公式，即式（9.3.1）求得；两相参数，水线面以上为空气相，水线面以下为水相。

9.3.5 数值计算

选取首尾滑板角度为 $\alpha_1 = 16°$、$\alpha_4 = 10°$，并建立相应的数值计算模型，如图 9.3.6 所示。数值计算中采用有限体积法离散控制方程，控制方程中的对流项使用二阶迎风格式，扩散项采用中心差分格式。湍流模型使用 RNG $k-\varepsilon$ 模型，$k-\varepsilon$ 方程中湍流动能和湍流扩散率均采用二阶迎风格式离散。离散方程采用分离式求解器求解，使用 PISO 法处理压力速度耦合，时间离散格式采用一阶全隐式。

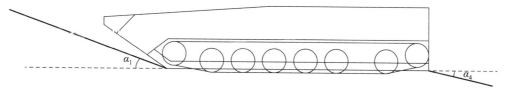

图 9.3.6　首尾滑板角度

1）阻力

数值模拟得到各速度节点下阻力曲线并与拖模试验结果进行对比，如图 9.3.7 所示。

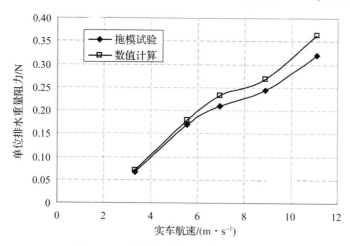

图 9.3.7　拖模试验结果和数值计算结果

选取的 4 个节点的阻力值中，数值计算值与试验值平均相对误差约为 9%。误差主要源于两个方面：一是数值计算中存在固有的误差，如离散格式、网格尺度等引起的误差；二是履带等接近自由面时，会引起表面水流的剧烈运动，形成飞溅等现象，这种能量消耗形式是 VOF 方法难以表达的。

2）航态

图 9.3.8、图 9.3.9 分别为数值模拟得到车辆在不同航速下的升沉变化、纵倾变化与拖模试验结果对比。可以看出，车速在 6 m/s 以下时处于排水航态；车速在 6 m/s 附近时航态发生变化，车首上抬处于过渡航态；车速在 9 m/s 附近时已进入滑行航态，动升力作为主要支撑力。

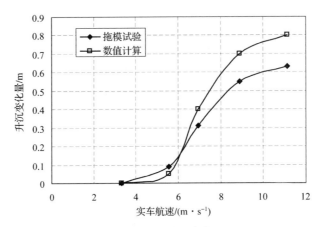

图 9.3.8　升沉变化

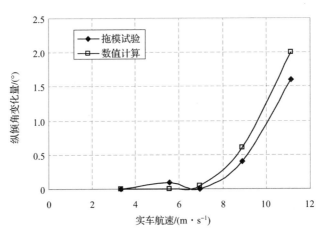

图 9.3.9　纵倾变化

3）波形、自由面迹线、尾部涡量

流场波形及其他数据的图形化结果如图 9.3.10~图 9.3.12 所示。

从高航速时波形、自由面迹线、尾部涡量数值的模拟结果可以看出，加装首滑板的两栖突击车，下压的首滑板抑制了车首波的形成，减小了车辆航行阻力。车尾有大量漩涡生成，漩涡产生的区域大都是车体几何形状变化较剧烈的地方。加装了尾滑板，车辆以较高速度航行时，尾滑板下压水流，车辆尾部形成一个比较大的凹陷区，同时在尾滑板末端形成剧烈的波浪。

图 9.3.10　航速 8.88 m/s 时自由面波形

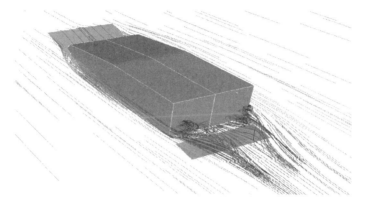

图 9.3.11　航速 8.88 m/s 时水面迹线

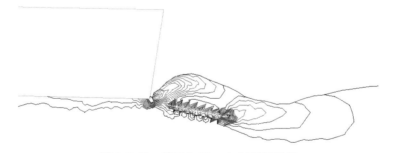

图 9.3.12　航速 8.88 m/s 时尾部涡量

第 10 章
联合仿真及其耦合分析

10.1 复杂模型计算方法及要点

10.1.1 仿真软件及用法

1. 常用仿真软件

车辆系统部件多，结构复杂，型式多样，建立车辆系统的仿真模型是仿真计算的核心内容，针对不同的仿真目的和系统组成及结构特点，有多种建模方法和体系，根据建模手段及原理的不同主要分为 5 类。

（1）采用高级通用语言（如 FORTRAN、C/C++和 Basic 等）编制专门的仿真程序。这些高级语言功能较强，应用范围较为广泛，具有很强的规范与逻辑性，建模、求解均需人工编程，对于建立履带车辆这样较为复杂的动力传动系统模型，就显得比较困难，研究和开发的周期也相对较长，而且模型的修改和扩展很难，通用性较差。不过作为其他语言与方法的基础，在处理一些特定问题时仍不可替代。

（2）面向科学与工程计算的图形化编程语言（如 Matlab/Simulink、MatrixX）提供了一种用来对动态系统进行建模与仿真的手段，能够支持连续、离散或混合的线性或非线性系统的动态仿真，而且具有较高的仿真精度。

（3）面向对象的物理建模语言（如 ObjectMath、Dymola/Modelica）利用面向对象的系统分析方法和编程思想（如类结构、继承性、封装模板等）进行建模。

（4）专业工程软件（如 EASY5、AMESim、SystemBuild）适合对大型复杂多学科动态物理系统进行建模和仿真分析，对于涉及多工程领域的履带车辆动力传动系统可进行高效、精确、快捷的建模与分析。

（5）多体动力学软件（如 ADAMS、DADS、RecurDyn）将复杂的机械系统看作是由有限个刚性体或柔性体通过各种形式的铰连接而成，在履带车辆行动部分的建模中应用广泛。

2. 模块化建模方法

车辆系统部件多、形式复杂，涉及多种学科领域的理论，建模比较困难。为便于建立系统的模型，将整个车辆系统分解为若干个子系统，每个子系统又可划分为若干个基本模块。这样，整个系统的建模过程就变成了定义组成某一类子系统的基本模块，这个基本模块定义为一个元件。分别建立这些基本模块的模型，然后将这些模型连接起来，就得到整个系统的仿真模型。模块化建模方法主要有以下 5 个特点。

(1) 按分层结构来组织模型，整个系统的模型由子系统组成，各子系统还包含下一级子系统，有助于理解模型如何组成及各部分之间的相互关系，降低了建模的复杂性。

(2) 模块参数化，模块的状态变量、参数等信息均封装在模块内部，仅由预设的接口与外界连接，可重用性好，降低了建模成本，减少了建模工作量，缩短了模型研制周期和费用。

(3) 模块的并行开发，可以加快建模速度，使建模人员能够致力于各个模块的优化工作。

(4) 每个模块都预先经过校验，模型的可靠性得到了提高，根据仿真结果更容易实现整个模型的维护与优化。

(5) 仿真分析和数据处理更加方便快捷。

在系统中，相互作用的元件之间必然存在功率的传递与信号传输，功率与信号流动的地方就是通口。各元件模型根据其物理特性设置功率通口，根据状态反馈和控制信号的需要设置信号通口，元件内其他量各自封装。

元件间在功率通口处用功率键连接，表示功率在元件间的传递。功率键包含成对出现的功率变量。研究对象不同，功率变量的含义也不同。例如，描述机械平移运动的功率变量是力和速度，描述机械转动运动的功率变量是转矩和角速度，描述液压系统的是压力和质量流量。把各类功率变量中的力、转矩、压力等表示为势变量，把速度、角速度、质量流量等表示为流变量。表 10.1.1 为各种能量范畴系统的功率变量。功率键上传递广义势变量和广义流变量，只有符合因果关系的元件才能连接。如果功率通口处输入是势变量，而输出是流变量，则对于机械系统，该功率通口称为惯性通口；对于液压系统，该功率通口称为阻性通口。若功率通口处输入是流变量，而输出是势变量，则对于机械系统，该功率通口称为弹性通口；对于液压系统，该功率通口称为容性通口。

表 10.1.1 各种能量范畴系统的功率变量

能量系统	机械平移	机械转动	液压与气体
势变量	力 F	转矩 T	压力 p
流变量	速度 v	角速度 ω	质量流量 W

功率键是双向箭头，表示功率双向传递，实箭头表示功率传递的正方向，如果广义势变量和广义流变量的积为负，则功率与规定方向相反。

信号键用来连接元件的信号通口，信号键是单向箭头，表示信号的流向。元件模型按系统各组成环节的物理连接关系和因果关系用功率键连接形成子模型，各子模型规定了严格的功率通口，以便于连接形成整个系统的模型。

因果关系在这里指的是模块输入和输出之间的因果性。因果关系的提出是以数字积分为基础的仿真算法的必然要求，在实际物理系统中是自然满足的。图 10.1.1（a）为理想的惯量模块和无惯量轴的模块。对于理想转动惯量模型，其角加速度与作用转矩的代数和成正比，由角加速度积分可以得到角速度和角位移。功率通口处的输入是转矩，而输出是角速度，该功率通口为惯性通口；理想弹性轴模型传递的转矩由角位移和角速度计算得到，功率通口处的输入是角速度，输出是转矩，该功率通口为弹性通口。由图 10.1.1（b）、（c）可以看出，无惯量轴和惯量模块之间可以正确地连接，而两个惯量模块却不能彼此相连，因为因果关系不能满足。

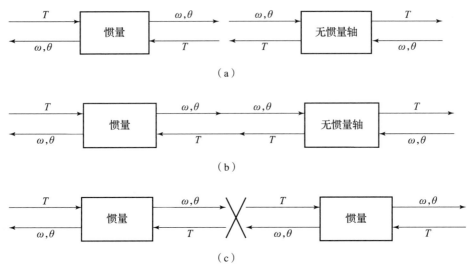

图 10.1.1 惯量和无惯量轴仿真模块之间的因果关系
(a) 理想模块；(b) 可连模块；(c) 不可连模块

3. 多软件联合仿真

以履带车辆推进系统为例，它是由动力、传动、操纵装置及行动部分等不同工程领域部件组成的复杂系统，其动力学特性涉及机械、液压、控制、流体、多体动力学等多个不同学科、不同领域，更涉及多学科、多领域的交叉、耦合问题。要对这些复杂系统进行完整、准确的分析，单靠机械、液压或控制等单个领域的仿真是远远不够的。所以，当前履带车辆系统动力学发展的又一重要特征是多元化、层次化和模块化，即按照将车辆系统分为不同层次和若干个子系统的原则，根据每一子系统的动力学特征采用不同学科理论建立动力学模型，形成相对独立并具有输入、输出和反馈特征的模块，从而实现对车辆系统综合性能仿真的目的。

目前，多学科领域的联合仿真已应用于汽车、航空航天飞行器、作战系统等复杂系统的仿真中。福特公司开发的汽车姿态控制器（VAC）实现了两个领域之间的联合仿真。整个系统的模型构成如图 10.1.2 所示，其整车模型采用多体动力学软件 ADAMS/Car 模块建模，控制系统和前、后液压作动器模型采用 MATRIXx\Xmath 软件建模，实现了机械、液压、控制等多学科领域的建模和单台计算机多软件的联合仿真。

集成联合仿真软件平台的研究已经形成了初步的产品，具有代表性的有 Wind River 公司的 Plug&Sim 和 MSC 公司的 SimOffice。

Plug&Sim 将控制系统的建模与仿真软件 MATRIXx、以机械 CAD 三维实体模型为基础的多体动力学仿真软件 DADS、面向混合信号和混合技术的仿真软件 Saber 等软件集成在一个平台，实现了机械、电子和控制多学科领域复杂系统的联合仿真分析，并支持这些模型在各自的仿真环境下的联合仿真。

SimOffice 以 MSC 公司的核心软件如 EASY5、ADAMS、NASTRAN、PATRAN 等为基础，集成了机械、液压、控制等众多学科领域的联合仿真平台，该平台可以实现各仿真工具之间

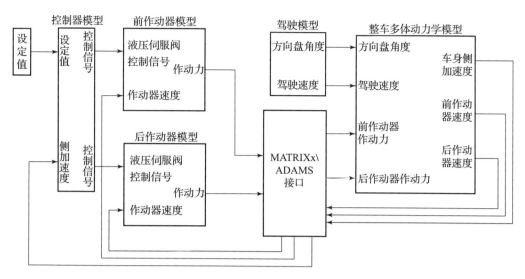

图 10.1.2　汽车姿态控制系统模型图

的无缝连接、数据交换与模型整合,以及复杂系统的建模、测评、检查和改进。SimOffice 各软件之间可以方便地通过不同方式实现模型数据交互、求解器整合和计算过程协同。

目前较为通用和流行的实现多学科联合仿真的方法主要包括以下 3 种。

1) 联合仿真式

联合仿真式(Co-Simulation)是目前较为通用,也是使用最多的一种数据交换方式,其数据交换原理如图 10.1.3 所示,两个不同仿真工具之间通过 TCP/IP 等方式实现数据交换和调用。

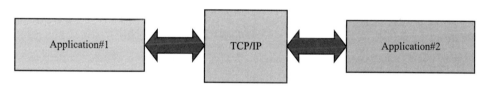

图 10.1.3　联合仿真式的基本原理

当两个不同仿真工具之间通过联合仿真方式建立连接后,其中一个仿真工具所包含的模型可以将自己计算的结果作为系统输入指令传递给另一个仿真工具所建立的模型,这种指令包括力、转矩、驱动等典型信号,后者的模型在该指令的作用下所产生的响应量,如位移、速度、加速度等,又可以反馈给前者的模型。这样,模型信息和仿真数据就可以在两者之间双向传递。此方式的局限在于对系统资源占用较多,某些情况可能速度较慢。

2) 模型转换式

模型转换式(Model Transfer)的原理如图 10.1.4 所示,其主要原理是将其中一个仿真工具的模型转化为特定格式的包含模型信息的数据文件,供另一个仿真工具中的模型调用,从而实现信息交互。典型的数据格式如用于刚弹耦合分析的模态中性文件(.mnf),在该文件中包含采用[M]、[K]、[x]和振型矩阵表示的弹性体信息;用于控制机构一体化仿真以及其他仿真的动态链接库文件(.dll),该文件中包含采用变量表示的函数信息。

模型转换式的典型应用有控制、电液与机构一体化仿真(如飞机操纵面),有限元与多

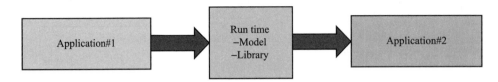

图 10.1.4　模型转换式基本原理

体机构（如刚弹耦合机械系统），等等。这种方式的特点在于求解速度快，对系统资源占用较少，稳定性好，并且模型建立后便于重复使用，而局限则在于需要定义特定数据格式的文件，通用性稍差。

3）求解器集成式

求解器集成式（Solver Convergence）的基本原理是实现两个不同工具之间的求解器代码集成，从而实现在其中一个仿真环境中对另一个仿真工具的求解器调用，如图 10.1.5 所示。

图 10.1.5　求解器集成式的基本原理

求解器集成式的典型应用有，带有屈曲等材料非线性问题的大型结构模型，带有流固耦合、冲击等几何非线性问题的大型结构问题，等等。这种方式的优势在于可以方便有效地运用多种学科领域的求解技术，便于用户直接使用现有模型，而局限在于模型中的某些因素如单元类型、函数形式等在某些情况下需要重新定义，同时软件的开发和升级周期较长。

10.1.2　计算要点

车辆是一个复杂的机械系统，在保证模型准确度和精度的前提下，复杂系统建模与仿真要考虑到分析目标、模型简化度、建模方法、仿真算法、模型耦合程度、模型试验校核等因素，既要保证分析结果的准确度，又要考虑到计算速度和算法稳定性，还要考虑到不同频域范围内参数值的兼容并重，通常需把握的要点如下。

（1）分析目标要明确。建模要围绕与目标相关因素展开，与目标无关的结构可忽略，与目标关系小的结构要简化或忽略，抓住主要因素和矛盾，分清主次，区别对待。

（2）模型要依分析目标而简化，不是越全越大就越好。系统结构往往很复杂，为了找到最关键的要素，必须进行模型简化，突出主要结构和因素，淡化次要结构和因素，基于实际系统运行规律和结构关系建立简化模型，这样才能满足分析目标。

（3）复杂系统涉及多种对象与结构，需要依据系统特性选择合适的仿真软件和算法。例如，车辆多体动力学模型，结构多，自由度数大，属于刚柔耦合模型，需要选择多体动力学软件和有限元元件联合建模仿真；ADAMS 和 ANSYS 软件，既要考虑软件间有无兼容接口，又要考虑刚柔动力学模型仿真计算算法和步长选择的合理性，只有两个条件均满足，才能顺利完成建模和实现仿真目的。这里包括相关软件的兼容性和版本考虑，如 Matlab、EASY5、ADAMS、ANSYS、Fluent 等软件。

（4）不同频域结构组成的复杂系统，需要采用变步长求解算法。例如，如果要分析坦克火炮射击后座响应的问题，所建模型必须要建立火炮和底盘系统。火炮射击是一个瞬态过程，炮弹在炮管内飞行时间为 0.008 s 左右。而底盘系统是一个低频装置，悬挂系统频率在 1 Hz 左右。这样，仿真计算中，炮弹在炮管内飞行时步长选择必须要小于 0.001 s，炮弹飞出炮管，坦克获得了后坐力之后，底盘系统仿真就不能采用如此小的步长了，而是变为 0.1 s 左右比较合理。所以，这类高低频耦合系统，要考虑变步长算法。

（5）模型试验前必须要经过试验校核，才能确保模型试验的准确度。仿真模型涉及很多因素与环节，在利用模型试验前，必须要对模型进行校核、试验验证，确认在可行的误差范围后，才能进行进一步的仿真分析与试验。

10.2 8×8 轮式装甲车操纵稳定性建模与仿真

本节通过查阅和试验等方法获取建模所需参数，基于动力学仿真软件 ADAMS/Car 建立包括车体、悬架、转向、动力传动、制动和轮胎等系统的某多轴轮式装甲车辆多刚体模型和路面模型，通过实车试验分析来验证模型，并基于模型对该车进行操纵稳定性仿真试验和分析，为结构及性能优化提供依据。

10.2.1 建立整车多体动力学模型

车辆是一个复杂的机械系统，在保证模型准确度和精度的前提下，有必要简化车辆结构，简化方法如下：

（1）簧载质量看作 6 自由度刚体；
（2）用特性文件描述轮胎、弹簧、阻尼、橡胶等元件的动力学特性，不考虑其余部件的变形；
（3）忽略各运动副的内部间隙和摩擦。

为了获取真实有效的仿真数据，虚拟样机模型通常依托于实车建立。通过查阅和试验等手段可以获取车辆的主要技术参数。本文模型依托于某多轴轮式装甲车辆建立，表 10.2.1 为该车主要技术参数。

表 10.2.1 整车主要技术参数

项目	参数	项目	参数
车长/mm	7 880	最大扭矩转速/(r·min^{-1})	1 300
车宽/mm	2 936	最高空转转速/(r·min^{-1})	2 300
车高/mm	2 179	最低空转转速/(r·min^{-1})	600
轮距/mm	2 550	驱动形式	8×8
整车质量/kg	20 000	车底距地高/mm	450
第一、二轴轴距/mm	1 420	最大速度/(km·h^{-1})	100
第二、三轴轴距/mm	2 000	公路平均速度/(km·h^{-1})	70
第三、四轴轴距/mm	1 420	最小转弯直径/m	20

续表

项目	参数	项目	参数
发动机额定功率/kW	330	30 km/h 制动距离/m	≤10
额定功率转速/(r·min^{-1})	2 100	最大爬坡度/(°)	30
发动机最大扭矩/(N·m)	1 950	侧倾行驶坡度/(°)	17

1. 车身子系统

车身子系统建模包括确定车辆坐标系、定义硬点、建立三维实体、定义参变量和确定通信器。车辆坐标系原点位于第二、三桥中心线与车体纵向中心线在地面上投影的交点处，X 轴负向沿车辆前进方向，Y 轴正向沿车宽右侧方向，Z 轴正向沿车高方向。经过实车试验得整车质心坐标为(-100.0, 4.0, 1 198.0)，单位为 mm。车身正面迎风面积为 5.5×10^6 mm^2，空气密度为 1.2×10^{-9} kg/mm^3，空气阻力系数为 0.36。车身简化为一刚体，通过 SolidWorks 建立车身三维实体模型，导入 ADAMS/Car 中，修改其质量为簧载质量，转动惯量由实车试验给出，其中 $I_{xx} = 2.163 \times 10^{10}$ kg/mm^2，$I_{yy} = 1.121 \times 10^{11}$ kg/mm^2，$I_{zz} = 1.120 \times 10^{11}$ kg/mm^2。建模时，将车身质量集中在质心位置作近似处理，但必须在仿真前对质心位置和整车质量参数重新定义。建立的车身模型如图 10.2.1 所示。

图 10.2.1 ADAMS/Car 中建立的车身模型

2. 悬架子系统

悬架是车体与轮胎之间的传力和减振装置，保证行驶平顺性和操纵稳定性。

该轮式装甲车底盘各桥全部采用独立悬架。第一、二桥采用滑柱摆臂式独立悬架，弹性元件和阻尼元件分别为螺旋弹簧和筒式减振器；第三、四桥采用单纵臂式独立悬架，悬挂油缸起弹性元件和阻尼元件的作用。

1) 滑柱摆臂式独立悬架建模

滑柱摆臂式独立悬架弹性元件采用螺旋弹簧，其左右两侧螺旋弹簧结构及特性参数如表 10.2.2 所示。建模时，螺旋弹簧刚度特性由特性文件定义。

表 10.2.2 滑柱摆臂式独立悬架弹簧结构及特性参数

项目	参数	项目	参数
有效圈数	9.5	弹簧中径/mm	170
自由长度/mm	634	弹簧外径/mm	198
弹簧节距/mm	63.79	弹簧直径/mm	28
剪切弹性模量/GPa	78.5	弹簧刚度/(N·mm^{-1})	129

减振器作为悬架系统的主要阻尼元件,通过与悬架系统的良好匹配,能够有效地隔离来自地面的振动并吸收激振能量,从而迅速地衰减车体振动。减振器具有很强的非线性特性,其阻尼力 – 速度特性曲线呈现非线性不对称性。滑柱摆臂式独立悬架阻尼元件为双向作用筒式减振器,行程 190 mm,最大拉伸长度 530 mm,压缩到底 340 mm,复原阻力 7.84 ± 1.14 N,压缩阻力 1.96 ± 0.38 N。由台架试验得减振器阻尼力 – 速度特性曲线如图 10.2.2 所示,建模时速度特性由阻尼特性文件定义。

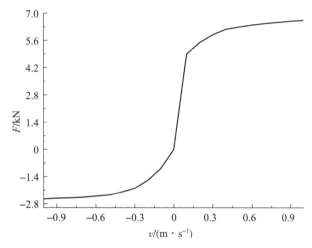

图 10.2.2　减振器阻尼力 – 速度特性曲线

ADAMS/Car 中车轮定位参数由悬架子系统定义,第一、二桥车轮定位参数如表 10.2.3 所示,根据各零部件结构建立如图 10.2.3 所示的滑柱摆臂式独立悬架模型。

表 10.2.3　第一、二桥车轮定位参数

名称	数值
车轮外倾角/(°)	2
主销内倾角/(°)	6
主销后倾角/(°)	3
Ⅰ桥车轮前束/mm	10 ~ 12（0.279 0°）
Ⅱ桥车轮前束/mm	8 ~ 10（0.232 5°）

2) 单纵臂式独立悬架建模

单纵臂式独立悬架作为连接车轮与车体之间的导向机构,同时承担着弹性元件和阻尼元件的功能,用来减轻车轮对车体产生的冲击,衰减车体振动,保障车辆行驶平稳性。单纵臂式独立悬架主要由单纵臂和悬挂油缸组成,常用于车辆的后悬架。

悬挂油缸是传统悬架中弹性元件和阻尼元件的组合体,一般以油液传递压力、用高压惰性气体(通常为氮气)作为弹性介质,起到缓和路面冲击和衰减振动的作用,是决定油气悬架性能的重要部件。悬挂油缸与车辆上常用的螺旋弹簧、扭杆弹簧相比,具有结构紧凑、高度可调、变刚度特性以及动行程大等优点,已经越来越广泛地应用于车辆的悬架系统中。

1—螺旋弹簧；2—转向节；3—减振器；4—转向拉杆；5—驱动轴；6—下横臂总成。

图 10.2.3　滑柱摆臂式独立悬架模型

该车单纵臂式独立悬架的悬挂油缸在车辆静平衡状态时的长度为 746 mm，最大工作长度为 833.5 mm，最小工作长度为 643.3 mm，安装倾斜角度为 $\theta = 64.8°$。第三、四桥悬挂油缸预充气压强（最大拉伸状态下）分别为 1.48 MPa 和 1.51 MPa。

刚度特性是指悬挂油缸活塞杆上所受的弹性力（不包含阻尼力）与主活塞相对于液压缸行程的关系。由台架试验可得第三、四桥悬挂油缸的刚度特性曲线如图 10.2.4 所示，横坐标为主活塞位移，$x > 0$ 时为压缩行程，$x < 0$ 时为复原行程。可以看出，载荷小时，悬挂油缸的刚度较小，随着载荷的增加，悬挂油缸的刚度变大，故它有变刚度特性。当车体相对于静平衡位置向下运动时，即主活塞与液压缸相对压缩，在 110 mm 行程内，弹性力从 25.36 kN 变化到 81.37 kN；

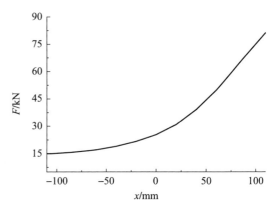

图 10.2.4　悬挂油缸非线性刚度特性曲线

而当车体相对于静平衡位置向上运动时，即主活塞与液压缸相对拉伸，在 110 mm 行程内，弹性力从 25.36 kN 变化到 14.89 kN。可见，悬挂油缸压缩行程刚度大，复原行程刚度小。

该多轴轮式装甲车辆第三、四桥悬挂油缸的非线性阻尼特性曲线分别如图 10.2.5、图 10.2.6 所示。从图中可以看出，当车体相对于静平衡位置向下运动时，即主活塞与液压缸相对压缩，在 1.0 m/s 速度范围内，第三桥悬挂油缸阻尼力从 0 变化到 −4.70 kN，第四桥悬挂油缸阻尼力从 0 变化到 −17.10 kN；而当车体相对于平衡位置向上运动时，即主活塞与液压缸相对拉伸，在 1.0 m/s 速度范围内，第三桥悬挂油缸阻尼力从 0 变化到 43.99 kN，第四桥悬挂油缸阻尼力从 0 变化到 63.99 kN。悬挂油缸阻尼力在压缩行程比较小且变化缓慢，而在复原行程比较大且变化快，说明悬挂油缸复原行程阻尼力大，压缩行程阻尼力小。

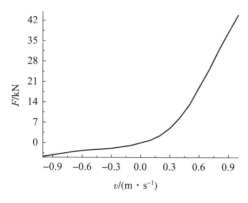

图 10.2.5　第三桥悬挂油缸阻尼特性

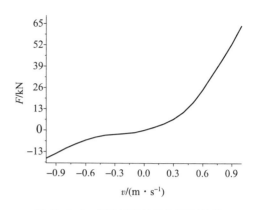

图 10.2.6　第四桥悬挂油缸阻尼特性

第三、四桥车轮定位参数如表 10.2.4 所示，根据各零部件结构建立如图 10.2.7 所示的单纵臂式独立悬架模型。

表 10.2.4　第三、四桥车轮定位参数

名称	数值
车轮外倾角/(°)	2
主销内倾角/(°)	6
主销后倾角/(°)	3

3. 转向子系统

车辆转向子系统用来操控行驶方向，保证各转向轮之间的协调转角关系，由传动机构、操纵机构和转向器组成。

作用在各转向轮轮胎接地中心的合力与转向盘上的手力之比为转向子系统力传动比 i_p。转向盘转角与驾驶者同侧的前轮转角之比为转向子系统角传动比 $i_{\omega 0}$。转向器角传动比为 i_ω。对于机械转向的车辆，i_ω 可选大值，以达到转向轻便的目的；对于动力转向的车辆，轻便性不成问题，所以 i_ω 取小值。一般情况下，对于机械转向的车辆，乘用车转向器角传动比 i_ω 为 17~25，商用车 i_ω 为 23~32。

本车转向系统采用液压助力转向器及前置梯形

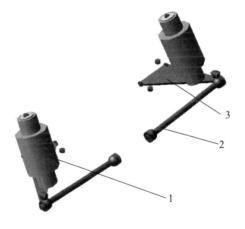

1—悬挂油缸；2—驱动轴；3—单纵臂总成。
图 10.2.7　单纵臂式独立悬架模型

四连杆机构，实现前四轮转向。转向助力泵通过液压助力增大转向盘传给转向节的力，从而减轻驾驶员的操纵力。转向系统由转向器、万向节、转向柱、转向盘、纵拉杆、转向节臂、转向垂臂、一桥拉杆、二桥拉杆、转向拉臂、上拉臂、横拉杆、左转向立轴和右转向立轴等组成。转向盘直径为 425 mm，极限圈数为 5.5。转向器为具有液压助力功能的循环球-齿条齿扇式动力转向器，角传动比为 20.94。ADAMS/Car 模型中角传动比通过螺旋传动与齿条

齿轮传动两个减速器来定义实现,其中 $i_1=22.04$,$i_2=0.95$。各转向轮最大转角分别为,一桥内轮 37°,一桥外轮 30°,二桥内轮 25°,二桥外轮 23°。ADAMS/Car 建模时,在前桥转向的基础上进行二次开发,使其符合实车转向所能实现的动力学关系,如图 10.2.8 所示。

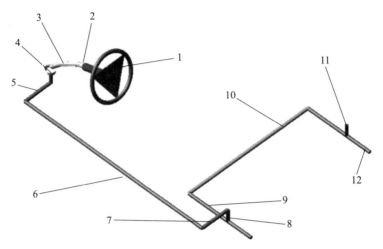

1—转向盘;2—转向柱;3—万向节;4—转向器;5—摇臂;6—纵拉杆;7—上拉臂;
8—左转向立轴;9—左拉臂;10—横拉杆;11—右转向立轴;12—右拉臂。

图 10.2.8 转向系模型

4. 动力传动系统

动力传动系统由发动机、变速箱、离合器、分动箱、侧传动箱、传动轴等组成,是车辆动力传动与分配的核心。采用"H"型布置,简称"H"型传动。系统中有 3 个差速器,即一个轮间差速器和两个轴间差速器。

在保证功能和满足高速稳定性仿真的前提下,简化动力传动系结构。用数学模型将发动机、离合器和变速器集成在一起。脚油门踏板踏到底时,发动机转速约为 2 300 r/min,手油门软轴推到最前位时,发动机转速约为 600 r/min。发动机额定功率为 330 kW,最大扭矩为 1 950 N·m,图 10.2.9 为其外特性曲线,通过发动机特性文件定义。变速器挡位采用 9 前 1 倒,表 10.2.5 为变速器各挡传动比。分动器传动比 $i_f=1.174$,轮边减速器传动比 $i_l=3.947$,建立的动力传动系统模型如图 10.2.10 所示。

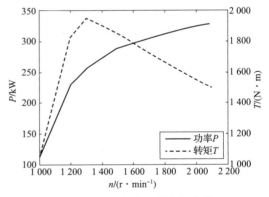

图 10.2.9 发动机外特性曲线

表 10.2.5 变速器各挡传动比

挡位	爬	1	2	3	4	5	6	7	8	倒
传动比	13.14	7.93	6.00	4.43	3.43	2.31	1.75	1.29	1.00	11.85

5. 制动子系统

制动子系统采用双回路气制动系统，其中第一桥为膜片缸，第二、三、四桥为复合制动气室（弹簧膜片复合缸），制动器采用蹄鼓式制动器。当车辆在平直硬路面上速度从 30 km/h 降为 0 时，制动距离应小于 10 m，制动跑偏量应小于 200 mm，车辆驻车坡度应大于 30°。

制动力通过一个单作用力矩制动器定义，其方向由轮外倾角和前束角定义。建立的八轮制动系统模型如图 10.2.11 所示。

图 10.2.10　动力传动系统模型　　　　图 10.2.11　制动系统模型

6. 轮胎子系统

轮胎具有支撑、减振和传力的功能。该轮式装甲车采用全钢丝子午线安全防护轮胎，轮胎特性参数如表 10.2.6 所示。

表 10.2.6　轮胎特性参数

项目	参数
高宽比	0.725
质量/kg	252.25
静摩擦系数	0.95
动摩擦系数	0.75
自由半径/mm	616
断面宽度/mm	376
径向刚度/(N·m^{-1})	900 000
纵向滑移刚度/(N·m^{-1})	60 000
侧偏刚度/(N·rad^{-1})	200 000
外倾刚度/(N·rad^{-1})	15 000
径向相对阻尼系数	0.04

ADAMS/Car 中的轮胎是一组数学函数，通过特性文件定义。进行车辆操纵稳定性分析时使用操纵稳定分析轮胎模型组中的 UA 轮胎模型。ADAMS/Car 通过定义轮胎的特性文件、质量、转动惯量、安装位置和方向来建立轮胎模型，如图 10.2.12 所示。

7. 路面

ADAMS/Car 软件中道路模型通过属性文件来定义，而属性文件的创建是使用独立插件 RoadBuilder 路面建模器完成的。ADAMS/Car 软件支持 2D 和 3D 路面模型，2D 路面

图 10.2.12 轮胎模型

是指路面参数只用 XZ 平面（车辆纵向和垂向构成的平面）内的点定义而形成的一条二维曲线，3D 路面指三维平滑路面。ADAMS/Car 软件模型库中自带了丰富的路面模型供使用者选择，使用者也可以通过调用和修改属性文件来获得需要的路面模型。2D 路面模型具有规模小、计算速度快且修改方便等优点，特别适用于车辆的侧向动力学仿真。高速稳定性主要涉及车辆侧向特性，这里选择 2D 平整路面 Flat 作为高速稳定性的仿真路面。

定义 2D 路面属性文件时需要指定路面的类型、几何图形、附着系数和几何形态等参数。图 10.2.13 为 2D 水平路面属性文件参数数据块和路面模型图。

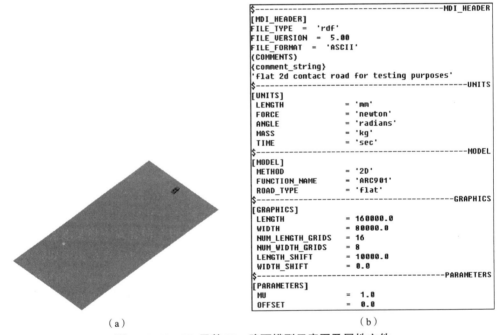

（a）　　　　　　　　　　　　　　　　（b）

图 10.2.13 2D 平整 Flat 路面模型示意图及属性文件

(a) 路面模型图；(b) Flat 路面属性文件

8. 整车装配

将车身、悬架、转向、动力传动、制动和轮胎子系统组装成整车模型，如图 10.2.14 所示。

进行仿真时，可根据需要调节质量参数、转向系角传动比、制动力分配比、硬点坐标和各参变量数值，进而可对整车性能做仿真研究。

10.2.2 模型实车试验验证

为了验证和进一步校正仿真模型,对定半径稳态回转试验、蛇行试验和角脉冲输入试验的数据与仿真结果进行对比。在仿真之前,需对车辆行驶轨迹、车速和外部环境等仿真条件按实车试验进行设置,使仿真与实车试验条件保持一致。

1. 定半径稳态回转试验

根据实车试验轨迹,在事件构造器中使用行驶轨迹编辑器对车辆仿真行驶轨迹进行设置,如图 10.2.15 所示。车辆由切线方向进入半径为 30 m 的圆弧跑道稳定行驶半圈后再沿切线方向驶出,整个过程保持车速不变。

图 10.2.14 整车虚拟样机模型

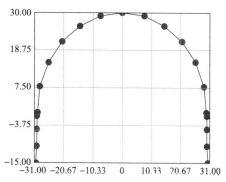

图 10.2.15 30 m 定半径稳态回转仿真轨迹

按照图 10.2.15 所示仿真轨迹,根据实车试验车速完成不同车速下的定半径稳态回转试验仿真,将仿真结果与实车试验进行比较,图 10.2.16 为车速 45 km/h 左转对比结果。

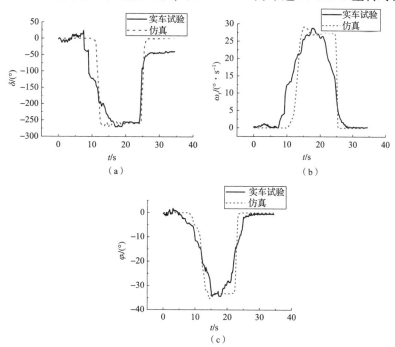

图 10.2.16 定半径稳态回转对比结果

(a) 方向盘转角; (b) 横摆角速度; (c) 车身侧倾角

通过对比可以看出：车辆沿半圆弧路径行驶过程中，仿真与实车试验的转向盘转角在260°附近变化，横摆角速度在27°/s附近变化，车身侧倾角在33°附近变化，变化趋势基本一致。

2. 蛇形试验

蛇行试验反映车辆的随动性、轻便性及收敛性。由于场地条件限制，此蛇行试验所设标桩较少，为8根。根据实车试验场地及标桩设置，编制蛇行试验的仿真轨迹，如图10.2.17所示。仿真时车辆沿规定轨迹运行，整个过程保持车速不变。

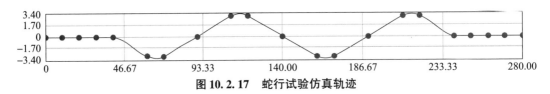

图 10.2.17 蛇行试验仿真轨迹

按照图10.2.17所示仿真轨迹，根据实车试验车速完成不同车速下的蛇形试验仿真，将仿真结果与实车试验进行比较。图10.2.18为车速70 km/h蛇形试验对比结果。

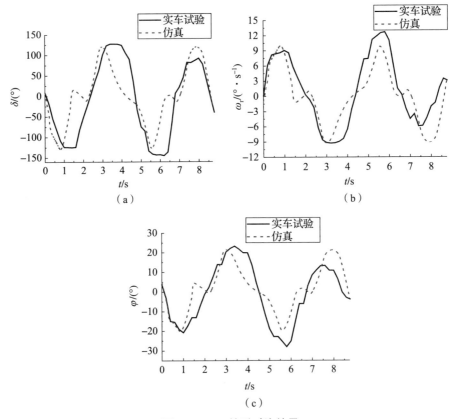

图 10.2.18 蛇形对比结果

(a) 方向盘转角；(b) 横摆角速度；(c) 车身侧倾角

由图10.2.18对比结果可以看出：由于驾驶员操作误差，在实车试验通过中间标杆时，转向盘转角、横摆角速度和车身侧倾角峰值不够均匀，而仿真结果相对均匀。总体来看，仿真与试验曲线变化趋势能够保持一致。

3. 转向盘角脉冲输入试验

依照实车试验车速完成转向盘角脉冲输入试验仿真，将仿真结果与实车试验进行比较。图 10.2.19 为脉宽 0.6 s、车速 70 km/h 的角脉冲输入试验对比结果。

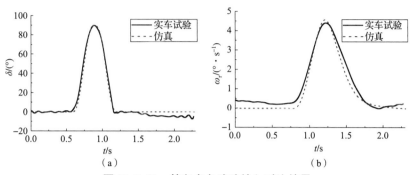

图 10.2.19　转向盘角脉冲输入对比结果
（a）转向盘转角；（b）横摆角速度

由图 10.2.19 对比结果可以看出：激励（转向盘转角）和响应（横摆角速度）曲线吻合较好，转向盘转角的试验和仿真最大值均在 90°附近，横摆角速度的试验最大值为 4.46°/s、仿真最大值为 4.53°/s，仿真模型能够反映实车角脉冲输入试验的真实特性。

通过实车试验与仿真结果对比，验证了所建仿真模型的正确性。

10.2.3　操稳性变化规律仿真分析

车辆动力学仿真是在虚拟工况下对基于软件建立的虚拟样机模型进行试验。仿真是一种快速有效的研究手段，当建立了精确的仿真模型时，可以方便地进行车辆的各种工况分析。仿真试验可以完成实车试验比较危险和难以实现的工况。

1. 高速直驶稳定性仿真及评价

转向盘中间位置操纵稳定性试验在平直道路上进行，初始状态为匀速直线行驶，试验标准车速为 100 km/h。试验要求转向盘输入为振荡型转角输入，首选输入形式为正弦波，也可以采用其他输入（如三角形波输入）。转向盘输入频率的基准值为 0.2 Hz，频率偏差不应超过±10%。输入转角的幅值应足以使车辆的侧向加速度峰值达到基准值，允许的峰值偏差为±10%。为了获取侧向加速度为 1 m/s² 时良好的试验数据，并保证车辆及其子系统运行范围超出迟滞区，侧向加速度峰值的基准值应为 2 m/s²，当然也可以采用较小的值或不超过 4 m/s² 的其他值。

设置仿真车速为该车最高车速 100 km/h，转向盘输入为正弦波，输入频率为 0.2 Hz，峰值为 30°（对应前轮转角 1.43°），路面附着系数设为 0.8，仿真结果如图 10.2.20 所示。

转向盘中间位置操纵稳定性主要用零转向盘力矩时的侧向加速度来评价。

0 N·m 时的侧向加速度根据转向盘力矩与侧向加速度的关系曲线得到，其典型值在 0.03g~0.1g 左右。根据图 10.2.20(d) 所示转向盘力矩与侧向加速度的关系曲线，可计算得到 0 N·m 时的侧向加速度为 0.039 6g。

另外，图 10.2.20(a) 所示最大发飘侧向加速度达 3.43 m/s²，图 10.2.20(b) 所示行驶轨迹偏离直线行驶方向平均角度为 7.10°，这表明该车以 100 km/h 车速行驶，转向盘转角在 30°范围内振荡时，车辆会高速发飘而不易被驾驶员控制。

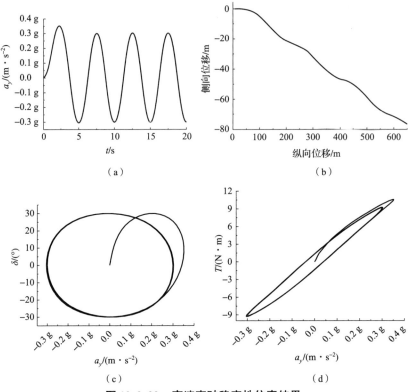

图 10.2.20 高速直驶稳定性仿真结果

(a) 侧向加速度与时间关系曲线; (b) 车辆高速发飘轨迹曲线;
(c) 转向盘转角与侧向加速度关系曲线; (d) 转向盘力矩与侧向加速度关系曲线

2. 稳态回转仿真及评价

根据 GB/T 6323—2014，稳态回转仿真方法用固定转向盘转角连续加速。编制 DCF 文件，控制车辆以 10 km/h 的稳定车速沿半径为 20 m 的圆周行驶，然后固定转向盘转角不动，以 0.2 m/s² 的加速度均匀加速，直至车辆出现不稳定状态，路面附着系数设为 0.8。稳态回转仿真结果如图 10.2.21 所示。

根据仿真结果，计算车辆稳态回转过程中各点的转弯半径比 R_i/R_0、侧向加速度 a_{yi} 和前后轴侧偏角差 $\alpha_1 - \alpha_2$，即

$$R_i = \frac{v_i}{r_i} \tag{10.2.1}$$

$$a_{yi} = v_r r_i \tag{10.2.2}$$

$$\alpha_1 - \alpha_2 = \frac{360}{2\pi} \cdot L\left(\frac{1}{R_0} - \frac{1}{R_i}\right) \tag{10.2.3}$$

$$i = 1, 2, 3\cdots$$

式中 v_i——第 i 点前进车速 (m/s);

r_i——第 i 点横摆角速度 (rad/s);

R_i——第 i 点转弯半径 (m);

a_{vi}——第 i 点侧向加速度 (m/s²);

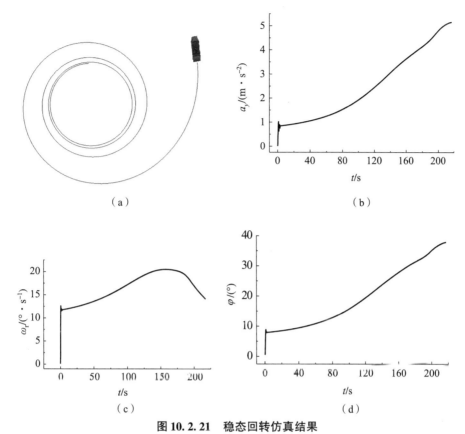

图 10.2.21 稳态回转仿真结果

(a) 稳态回转轨迹;(b) 侧向加速度;(c) 横摆角速度;(d) 车身侧倾角

R_0——初始回转半径(m);

$\alpha_1 - \alpha_2$——前后轴侧偏角差(°);

L——车辆轴距(m)。

根据计算结果绘出 $R_i/R_0 - a_y$、$(\alpha_1 - \alpha_2) - a_y$ 和 $\varphi - a_y$ 关系曲线如图 10.2.22~图 10.2.24 所示。

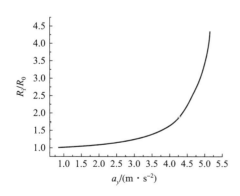

图 10.2.22 转弯半径比与侧向加速度关系

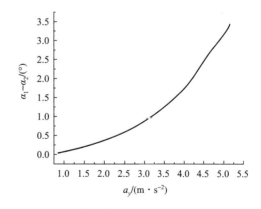

图 10.2.23 前后轴侧偏角差与侧向加速度关系

前轮转角一定时，稳态响应可用侧向加速度接近于零时的转向半径 R_0 与一定侧向加速度时的转向半径 R_i 之比 R_i/R_0 表征。$R_i/R_0 = 1$ 为中性转向；$R_i/R_0 > 1$ 为不足转向；$R_i/R_0 < 1$ 为过度转向。高速稳定性良好的车辆应具有适度的不足转向特性。由图 10.2.22 中曲线可以看出，转向半径比 $R_i/R_0 > 1$，且随侧向加速度呈正增大趋势，表明该车具有一定的不足转向特性。

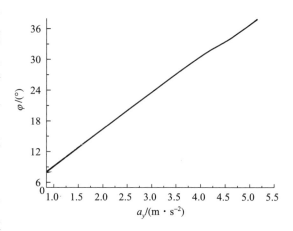

图 10.2.24　车身侧倾角与侧向加速度关系

车辆的转向特性用前后轴侧偏角差与侧向加速度关系曲线斜率来表示。斜率大于零，回转半径增大，车辆具有不足转向特性；斜率小于零，回转半径减小，车辆具有过度转向特性；斜率等于零时，车辆为中性转向。由图 10.2.23 可以看出，侧向加速度增加时，前后轴侧偏角差均为正数，且曲线斜率大于零，车辆具有不足转向特性。

3. 转向盘角阶跃输入仿真及评价

依据 GB/T 6323—2014，试验车速取 10 的整数倍，由 70% 最高车速并四舍五入求得。转向盘转角应使稳态侧向加速度达到 $1 \sim 3 \text{ m/s}^2$。仿真时让车辆直线行驶，消除转向盘自由行程后记录下各测量变量的零位置，然后以起跃时间不大于 0.2 s 的速度转动转向盘到预先位置并记录数据，直至车辆过渡到新稳态为止。

由于最高车速为 100 km/h，因而设置仿真车速为 70 km/h，起跃时间设为 0.1 s，设置转向盘转角分别为 30°、50°、60° 和 90°，路面附着系数设为 0.8，仿真所得的侧向加速度、横摆角速度、车身侧倾角响应如图 10.2.25 所示。

转向盘角阶跃输入试验主要用响应时间和超调量来评价。由图 10.2.25 可知，当转向盘转角为 50° 时的侧向加速度稳态值是 2.85 m/s^2，此侧向加速度稳态值处于 $1 \sim 3 \text{ m/s}^2$ 之间，相应横摆角速度响应的仿真数据如表 10.2.7 所示。

表 10.2.7　横摆角速度响应数据

稳态值/(°·s^{-1})	最大值/(°·s^{-1})	响应时间/s	超调量/(%)
8.50	8.92	1.05	4.9

由于国标中转向盘角阶跃输入试验和评价体系只对总质量小于 6 t 的车辆有效，该车总重超过 6 t，目前还没有匹配的评价体系，故未做计分评价。

质量在 $2.5 \sim 6$ t 的客货车横摆角速度响应时间上、下限值分别为 0.15 s 和 0.4 s，该车质量较普通客货车大许多，1.05 s 的横摆角速度响应时间能够被驾驶员接受。

4. 极限安全性仿真及评价

极限安全性仿真主要是判断车辆是否失稳，以及在临界侧滑和侧翻时的各响应状态。通过定半径过弯和单移线仿真车辆的极限安全性。

定半径过弯仿真在 30 m 半径的弯道上进行，路面附着系数设为 0.8，以车速逐渐增加

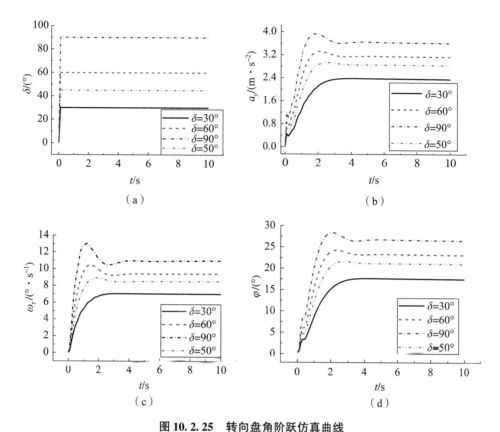

图 10.2.25　转向盘角阶跃仿真曲线
(a) 转向盘转角；(b) 侧向加速度 (c) 横摆角速度；(d) 车身侧倾角

的方式仿真，初始车速设置为 37 km/h，每次车速以 3 km/h 增加，直到车辆出现失稳信号为止，如车辆侧滑不能保持预定轨迹、横摆角速度不能收敛到稳定值等。仿真结果如图 10.2.26 所示。

车辆极限安全性主要通过考察车辆轨迹和内侧车轮垂向载荷来判定是否侧滑或侧翻。评价指标主要有极限侧向加速度和极限车速。极限侧向加速度越大，在规定半径道路上达到的极限车速越高，安全车速范围越宽，车辆极限安全性越好。

图 10.2.26 所示过 30 m 半径弯道仿真结果中，当过弯车速由 37 km/h、40 km/h 增大到 43 km/h 时，横摆角速度和车身侧倾角随着车速的增大波动程度逐渐加大，但能够收敛到稳定值，车辆能够按预定轨迹行驶而顺利过弯。当车速增大到 46 km/h 时，车辆响应发生很大的波动后不能收敛到稳定值，行驶轨迹偏离预定车道而发生侧滑。

表 10.2.8 为该车在半径为 30 m 的弯道上极限行驶时的各响应仿真与实车试验数值对比结果。车辆通过 30 m 半径弯道的仿真极限侧滑车速在 46 km/h 附近，该车速值与实车试验车速 45 km/h 基本吻合。该车侧滑侧向加速度的仿真值与试验值基本一致，动态车身侧倾角达到 38.12°，侧倾严重。

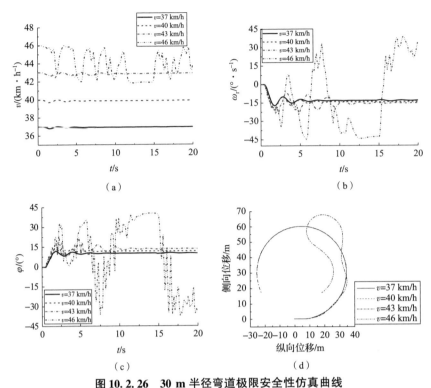

图 10.2.26 30 m 半径弯道极限安全性仿真曲线
(a) 车速；(b) 横摆角速度；(c) 车身侧倾角；(d) 行驶轨迹

表 10.2.8 30 m 半径弯道处车辆极限响应仿真与试验对比

项目	侧滑车速/(km·h^{-1})	侧滑侧向加速度/(m·s^{-2})	动态车身侧倾角/(°)
实车试验	45	5.60	35.87
虚拟仿真	46	5.97	38.12

图 10.2.27 为车辆以 100 km/h 速度变换车道或超车时的车轮垂向载荷，左、右车轮垂向载荷发生了显著转移。当转向盘转角峰值为 80°时，内侧车轮载荷未出现为零的情况，车辆能够安全行驶；当转向盘转角为 120°和 160°时，内侧车轮载荷出现为零的情况，但移线结束后两侧车轮载荷恢复相等，继续保持直线行驶；当转向盘转角为 200°时，车辆内侧车轮载荷出现为零的情况，不能恢复直线行驶，侧向加速度达 6.96 m/s²，车辆侧翻。侧翻过程如图 10.2.28 所示。

10.2.4 车辆质心位置对高速稳定性影响分析

1. 质心前后位置

1) 直驶稳定性

分别将质心位置前移和后移 120 mm，仿真分析质心前后位置对车辆高速直驶稳定性的影响。设置仿真车速为 100 km/h，转向盘转角正弦波输入峰值为 30°，输入频率为 0.2 Hz，路面附着系数为 0.8，结果如表 10.2.9 所示。图 10.2.29 为不同质心前后位置时的车辆轨迹。

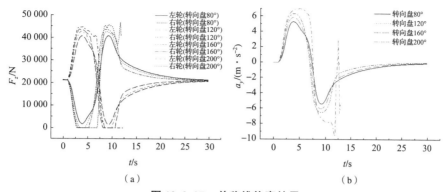

图 10.2.27 单移线仿真结果
(a) 前轮载荷;(b) 侧向加速度

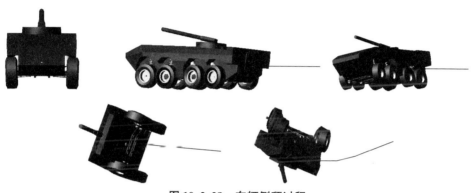

图 10.2.28 车辆侧翻过程

表 10.2.9 不同质心前后位置的车辆响应

质心位置/mm	侧向加速度/(m·s^{-1})	横摆角速度/(°·s^{-1})	车身侧倾角/(°)
不改动	2.72	6.37	18.48
前移 120	1.93	4.70	15.27
后移 120	4.18	9.92	27.48

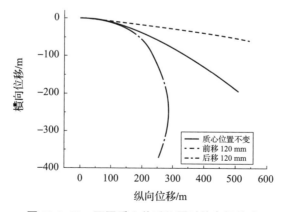

图 10.2.29 不同质心前后位置时的车辆轨迹

由表 10.2.9 和图 10.2.29 可以看出：质心位置前移，侧向加速度、横摆角速度和车身侧倾角均减小，行驶轨迹偏离直线程度降低；质心位置后移，侧向加速度、横摆角速度和车身侧倾角均增大，行驶轨迹偏离直线程度增大。因此，适当前移整车质心位置，有利于降低车辆高速直驶发飘程度。

2）转向稳定性

分别将质心位置前移和后移 120 mm，分析质心前后位置对车辆转向稳定性的影响。仿真时转向盘转角为角阶跃输入，车速为 100 km/h，转向盘转角输入为 90°，起跃时间为 0.1 s，结果如图 10.2.30 所示。

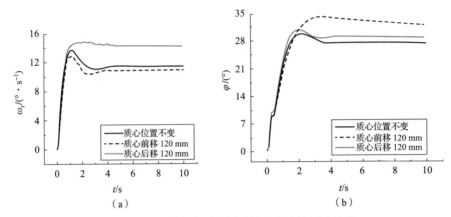

图 10.2.30　质心前后位置对转向稳定性影响曲线

(a) 横摆角速度；(b) 车身侧倾角

由图 10.2.30 可以看出：质心位置前移，横摆角速度稳态值减小、响应时间缩短、车身侧倾角稳态值稍有增大；质心位置后移，横摆角速度和车身侧倾角的稳态值均明显增大、响应时间延长。因此，适当地将质心位置前移可以增强车辆转向稳定性。

3）极限安全性

分别将质心位置前移和后移 120 mm，分析质心前后位置对车辆极限安全性的影响。仿真车速设为 100 km/h，转向盘转角峰值设为 80°，结果如图 10.2.31 所示。

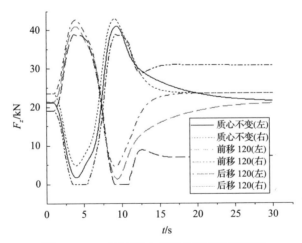

图 10.2.31　不同质心前后位置下前轮载荷

由图 10.2.31 可以看出：随着质心位置后移，内侧轮胎垂向载荷趋近于零，极限安全性变差。

综上所述，质心前后位置对车辆高速直驶、转向稳定性和极限安全性的影响规律是一致的。随着质心前移，车辆高速稳定性增强。

2. 质心高度

1）直驶稳定性

分别将质心位置增高和降低 150 mm，仿真分析质心高度对高速直驶稳定性的影响。设置仿真车速为 100 km/h，转向盘转角正弦波输入峰值为 30°，输入频率为 0.2 Hz，路面附着系数为 0.8，结果如表 10.2.10 所示。图 10.2.32 为不同质心高度下车辆轨迹。

表 10.2.10　不同质心高度的车辆响应

质心高度/mm	侧向加速度/(m·s^{-1})	横摆角速度/(°·s^{-1})	车身侧倾角/(°)
不改动	2.72	6.37	18.48
增高 150	2.78	6.47	21.26
降低 150	2.47	5.94	15.25

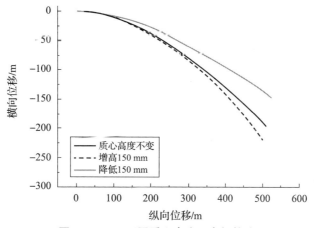

图 10.2.32　不同质心高度下车辆轨迹

由表 10.2.10 和图 10.2.32 可以看出：质心高度增加，侧向加速度、横摆角速度和车身侧倾角均增大，行驶轨迹偏离直线程度增大；质心高度降低，侧向加速度、横摆角速度和车身侧倾角均减小，行驶轨迹偏离直线程度降低。因此，降低整车质心高度有利于改善车辆高速直驶稳定性。

2）转向稳定性

分别将质心位置增高和降低 150 mm，分析质心高度对车辆转向稳定性的影响。仿真时转向盘转角为角阶跃输入，车速为 100 km/h，转向盘转角输入为 90°，起跃时间为 0.1 s，结果如图 10.2.33 所示。

从图 10.2.33 可以看出：质心高度对车身侧倾角的影响较明显。质心升高，侧倾角增大，质心降低，侧倾角减小。因此，适当降低质心高度可以增强车辆转向稳定性。

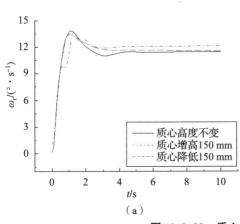 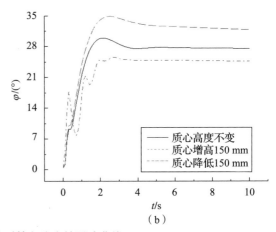

图 10.2.33 质心高度对转向稳定性影响曲线

(a) 横摆角速度；(b) 车身侧倾角

3) 极限安全性

分别将质心位置增高和降低 150 mm，分析质心高度对车辆极限安全性的影响。仿真车速设为 100 km/h，转向盘转角峰值设为 80°，结果如图 10.2.34 所示。

由图 10.2.34 可以看出：随着质心高度增加，内侧轮胎载荷趋近于零，极限安全性变差。

综上所述，车辆高速直驶、转向稳定性和极限安全性受质心高度影响一致。随着质心降低，高速稳定性提高。

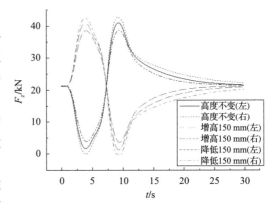

图 10.2.34 不同质心高度下前轮载荷

10.3 履带车辆推进系统一体化建模与仿真

以某型履带车辆为例，其推进系统包括柴油机、传动、操控和行动等子系统，影响车辆的动力性、快速性、转向性、通过性和平顺性等，涉及机械、液压、控制、热力等多个学科，属于一个复杂系统的一体化建模和联合仿真。

10.3.1 柴油机模型

整个柴油机的系统结构简图如图 10.3.1 所示。涡轮增压带中冷的四冲程柴油机模型主要由进气模块、排气模块、压气机模块、中冷器模块、气缸摩擦损失模块、近似燃烧过程模块、涡轮增压器模块等组成，有的模块又可分为若干个基本模块。该柴油机主要性能结构参数如表 10.3.1 所示。

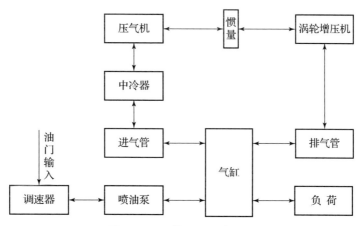

图 10.3.1 柴油机系统结构

表 10.3.1 柴油机主要性能结构参数

参数	数值
型式	四冲程、废气涡轮增压、空–空中冷器
气缸数	12
气缸直径/mm	150
活塞行程/mm	160
总排量/L	33.93
压缩比	13
标定转速/$(r \cdot min^{-1})$	2 200
使用转速/$(r \cdot min^{-1})$	1 700 ~ 2 000
标定功率/kW	883
最高空载转速/$(r \cdot min^{-1})$	≤2 500
最低空载转速/$(r \cdot min^{-1})$	≤800
最大转矩/$(N \cdot m)$	≥4 210
最大转矩转速/$(r \cdot min^{-1})$	1 500 ~ 1 600
燃油消耗率/$(g \cdot kW^{-1} \cdot h^{-1})$	≤238
升功率/$(kW \cdot L^{-1})$	26
平均有效压力/MPa	1.42
增压比	2.9 ~ 3

1. 各结构单元模型

1) 节流孔

(1) 不可压缩节流孔（IF）。

不可压缩节流孔通常表示气体通过空气滤清器或旁通阀时的节流状况。该模块为阻性元件，共有两个阻性通口，其方程为

$$P_1 - P_2 = K \frac{W^2}{\rho} \tag{10.3.1}$$

式中　P_1，P_2——节流孔端口处压力（Pa）；

　　　W——通过节流孔的质量流量（kg/s）；

　　　ρ——气体密度；

　　　K——通流面积 A 的函数，$K = \dfrac{k_0}{2A^2}$，k_0 为比例系数。

(2) 可压缩节流孔（CF）。

可压缩节流孔用来描述废气通过节气门、排气泄压阀或废气再循环系统时的节流状态。该模块为阻性元件，共有两个阻性通口，假设气体通过节流孔的临界压力比为

$$PR_{\text{crit}} = \left(\frac{2}{\gamma+1}\right)^{\gamma/(\gamma-1)} \tag{10.3.2}$$

如果 $\dfrac{P_2}{P_1} < PR_{\text{crit}}$，则通过节流孔的质量流量为

$$W = C_d A \frac{P_1}{\sqrt{RT_1}} \sqrt{\gamma \left(\frac{2}{\gamma+1}\right)^{\left(\frac{\gamma+1}{\gamma-1}\right)}} \tag{10.3.3}$$

如果 $\dfrac{P_2}{P_1} > PR_{\text{crit}}$，则通过节流孔的质量流量为

$$W = C_d A \frac{P_1}{\sqrt{RT_1}} \sqrt{\gamma \left(\frac{2}{\gamma-1}\right) \left[\left(\frac{P_2}{P_1}\right)^{\frac{2}{\gamma}} - \left(\frac{P_2}{P_1}\right)^{\left(\frac{\gamma+1}{\gamma}\right)}\right]} \tag{10.3.4}$$

出口的温度为

$$T_2 = T_1 \left(\frac{P_1}{P_2}\right)^{\left(\frac{1-\gamma}{\gamma}\right)} \tag{10.3.5}$$

式中　PR_{crit}——临界压力比；

　　　γ——绝热指数；

　　　C_d——流量系数；

　　　A——通流面积（m²）；

　　　P_1，P_2——节流孔端口处压力（Pa）；

　　　T_1，T_2——节流孔端口处温度（K）；

　　　K，R——气体常数（J·kg⁻¹·K⁻¹）。

2) 容积模型（VO）

容积表示多种成分的气体在固定容积中的质量聚集，用来描述模型中的管道部分，如进气管、排气管等。容积中的气体满足连续性方程和能量守恒定律，模块考虑了管道的散热损失。假定容积中气体的压力、温度和浓度为均匀的，并且符合理想气体状态方程。该模块为

容性元件，包含 5 个容性通口。容积中气体的状态方程为

$$PV = M_T R_m T \tag{10.3.6}$$

$$M_T = M(i) = \int \left[\sum_{in} W(i) - \sum_{out} W(i) \right] dt$$

式中　P——容积压力（Pa）；

　　　V——容积（m^3）；

　　　T——容积端口温度（K）；

　　　M_T——混合气体总质量（kg）；

　　　R_m——混合气体的平均气体常数（$J \cdot kg^{-1} \cdot K^{-1}$）；

　　　$W(i)$——不同气体的质量流量，i 代表不同的气体组成（kg/s）；

根据能量守恒定律，容积气体的能量方程及能量变化率为

$$E = M_T C_{Vm} T$$

$$\frac{dE}{dt} = C_{Vm} \left[\frac{dM_T}{dt} T + M_T \frac{dT}{dt} \right] + M_T T \frac{dC_{Vm}}{dt}$$

$$= \frac{dH_i}{dt} - \frac{dH_o}{dt} - Q = \sum_{in} W(i) C_p(i) T(i) - \sum_{out} W(i) C_p(i) T(i) - Q \tag{10.3.7}$$

容积的压力变化率及容积壁温度变化率为

$$\frac{dP}{dt} = \frac{R_m}{V C_{Vm}} \left[\sum_{in} W(i) C_p(i) T(i) - \sum_{out} W(i) C_p(i) T(i) - K_{GW}(T - T_W) \right] \tag{10.3.8}$$

$$\frac{dT_W}{dt} = \frac{1}{C_{PW} M_W} \left[K_{GW}(T - T_W) - K_{WA}(T_W - T_A) \right]$$

式中　C_{Vm}——混合气体定容比热（$J \cdot kg^{-1} \cdot K^{-1}$）；

　　　H_i，H_o——分别为容积进、出口气体焓的变化率（J/s）；

　　　Q——散失于容积外的热量（J/s）；

　　　$C_p(i)$——不同类气体的定压比热（$J \cdot kg^{-1} \cdot K^{-1}$）；

　　　$T(i)$——不同气体的温度（K）；

　　　T_W，T_A——分别为容积壁温度及其周围环境温度（K）；

　　　K_{GW}——气体与容积壁的热传递系数（$W \cdot m^{-2} \cdot K^{-1}$）；

　　　K_{WA}——容积壁及其周围环境的热传递系数（$W \cdot m^{-2} \cdot K^{-1}$）；

　　　K_{WA}——容积壁的定压比热（$J \cdot kg^{-1} \cdot K^{-1}$）；

　　　M_W——容积壁质量（kg）。

3）压气机模型（CR）

参照 7.5.2 的压气机计算公式进行建模。

4）中冷器（CO）

参照 7.5.2 的中冷器计算公式进行建模。

5）气缸模型（DE）

参照 7.5.2 的缸内气体流动和燃烧计算公式进行建模。

6) 近似燃烧模型（EC）

近似燃烧模型描述发动机曲轴转矩因气缸内燃料燃烧而随曲轴转角发生变化的近似动态过程，该模型有2个惯性功率通口。

气缸内由于燃烧而增长的压力为

$$P_{\text{comb}} = K_{\text{me}} P_{\text{me}} \tag{10.3.9}$$

$$K_{\text{me}} = \frac{2L_{\text{throw}} A_{\text{p}} (C_{\text{r}} - 1)}{V_{\text{clear}} [1 - \pi_c^{(1-C_{\text{r}})}]}$$

活塞位移可用曲轴转角表示为

$$x_{\text{pist}} = L_{\text{throw}} (1 - \cos\varphi) + L_{\text{cr}} - \sqrt{L_{\text{cr}}^2 - L_{\text{throw}}^2 \sin^2\varphi} \tag{10.3.10}$$

则气缸容积为

$$V_{\text{cy}} = V_{\text{clear}} + A_{\text{p}} x_{\text{pist}} \tag{10.3.11}$$

式中　P_{comb}——因燃烧而增长的压力（Pa）；

K_{ms}——比例系数；

L_{throw}——曲柄行程（活塞行程的一半）（m）；

A_{p}——气缸活塞面积（m^2）；

C_{r}——比热比；

V_{clear}——余隙容积（m^3）；

V_{cy}——气缸容积（m^3）；

x_{pist}——活塞位移（m）；

φ——曲轴转角（rad）；

L_{cr}——连杆长度（m）。

发动机理想循环是建立在一系列假设基础上的。假设气缸内的工质是理想气体，比热视为定值，认为系统是一个闭环系统；把燃烧和排气简化为可逆加热过程和可逆放热过程，压缩和膨胀过程视为可逆绝热压缩和膨胀过程。

气缸内瞬态压力为

$$P_{\text{cy}} = \begin{cases} P_0, & 0 \leqslant \varphi \leqslant \pi \\ P_0 \left(\dfrac{V_{\text{clear}} + 2L_{\text{throw}} A_{\text{p}}}{V_{\text{cy}}} \right)^{C_{\text{r}}}, & \pi < \varphi \leqslant 2\pi \\ (P_0 \pi_c^{C_{\text{r}}} + P_{\text{comb}}) \left(\dfrac{V_{\text{clear}}}{V_{\text{cy}}} \right)^{C_{\text{r}}}, & 2\pi < \varphi \leqslant 3\pi \\ P_0, & 3\pi < \varphi \leqslant 4\pi \end{cases} \tag{10.3.12}$$

由于每个气缸内点火顺序的不同，因此每个活塞到达上死点的时机存在偏差，则第 i 个气缸产生的瞬态转矩为

$$T_{\text{e}}^{(i)} = G_1^{(i)} A_{\text{p}} P_{\text{cy}}^{(i)} + G_1^{(i)} G_2^{(i)} m_{\text{p}} \omega_{\text{e}}^2 \tag{10.3.13}$$

发动机的角加速度微分方程为

$$\dot{\omega}_{\text{e}} = \frac{\sum\limits_{i}^{N_{\text{cy}}} T_{\text{e}}^{(i)}}{J_{\text{e}} + \sum\limits_{i}^{N_{\text{cy}}} J_{\text{cy}}^{(i)}} \tag{10.3.14}$$

$$J_{cy}^{(i)} = [G_1^{(i)}]^2 m_p \tag{10.3.15}$$

式中　i——不同气缸；

　　　P_{cy}——气缸内瞬态压力（Pa）；

　　　m_p——活塞质量（kg）；

　　　$T^{(i)}$——第 i 个气缸所产生的瞬态转矩（N·m）；

　　　$G_1^{(i)}$，$G_2^{(i)}$——气缸的几何学函数，与气缸的位置有关（m）；

　　　$J_{cy}^{(i)}$——每一活塞不同位置时的转动惯量（kg·m²）；

　　　N_{cy}——气缸数；

　　　J_e——发动机惯量（kg·m²）。

7）传感器模型

（1）线性传感器（LS）。

线性传感器主要用来表征进气管的温度、排气管的温度、中冷器的温度或气体的质量流量等参数。线性传感器模型用一阶惯性环节表示，它的响应速度用时间常数来表征，其微分方程为

$$k_p \cdot \frac{dS_2}{dt} + S_2 = S_1 \tag{10.3.16}$$

式中　k_p——时间常数（s）；

　　　S_1，S_2——分别为输入、输出信号。

（2）非线性传感器（NS）。

非线性传感器主要用来表征发动机转速，它通过曲轴每转的采样数和采样时间来计算发动机转速，其方程式为

$$\omega_e' = \frac{2\pi}{N_s} \frac{1}{\Delta T} \tag{10.3.17}$$

式中　ω_e'——传感器实测发动机角速度（rad/s）；

　　　N_s——每转采样数；

　　　ΔT——采样时间（s）。

8）涡轮模型（TV）

涡轮模型表示柴油机的涡轮增压器，该模块有 3 个功率通口，包括两个阻性通口，一个弹性通口。涡轮的质量流量表征为压比的函数，涡轮效率表征为压比和涡轮角速度的函数，它们代表了涡轮的流量特性和效率特性。可参照 7.5.2 的废气涡轮计算公式进行建模。

9）调速器及模糊 PID 控制模型

调速器建模可参照 7.5.2 进行，对于电控调速器，PID 控制是应用最广泛的控制方法，而采用模糊控制，可实现 PID 参数的在线实时调节，能够解决系统非线性变化与 PID 控制参数适应性差的矛盾，提高调速系统的动态性能。图 10.3.2 为模糊自整定 PID 控制原理图。

2. 柴油机动态模型

1）建模方法

柴油机动态模型依托 EASY5 和 MATLAB/SIMULINK 建立联合仿真模型。在 EASY5 的 Ricardo Engine Library 支持下，建立柴油发动机实际工作过程详细计算的非线性仿真模型，在 SIMULINK 环境下进行模糊控制器的设计，EASY5 提供了 MATLAB/SIMULINK 软件的接

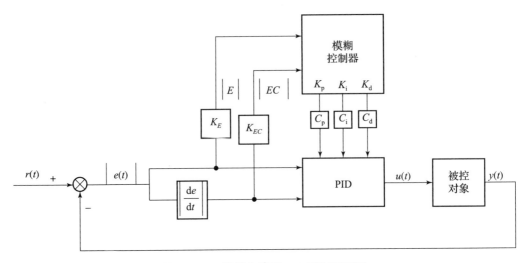

图 10.3.2　模糊自整定 PID 控制原理图

口，通过接口模型可以实现在两种软件环境下的联合仿真。MATLAB/SIMULINK 中的控制模型和 EASY5 中的发动机模型按各自设定的算法进行仿真计算，软件之间的同步通过 SIMULINK 中的离散模块 Matlab_Easy5（通过 S-Function 模块调用 Matlab_Easy5.m 文件）及 EASY5 中的接口模块 EZ 实现，两个模块的输入输出变量个数相同，采样周期也相同，并且是两仿真模型仿真步长的整数倍。主仿真程序是 MATLAB/SIMULINK 模型。图 10.3.3 为联合仿真工作原理图。

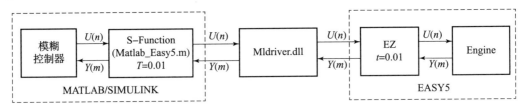

图 10.3.3　SIMULINK 与 EASY5 联合仿真工作原理图

实现联合仿真的步骤如下。

（1）在 EASY5 环境下设置接口模型 EZ 的输入与输出变量，并编译模型，生成 Matlab_Easy5.m 文件与动态连接文件 Mldriver.dll。Matlab_Easy5.m 文件包含输入输出的变量参数。

（2）在 SIMULINK 中，通过 S-Function 模块调用 Matlab_Easy5.m 文件，并设置输入输出变量个数及采样周期，实现 EASY5 与 SIMULINK 的参数传递。

2）模型建立与仿真验证

依据某型四冲程废气涡轮增压柴油机的结构参数（见表 10.3.1）和工作过程，建立其动态仿真模型。

图 10.3.4 为模糊自整定 PID 控制的 SIMULINK 仿真模型，图 10.3.5 为涡轮增压柴油机模型。图中，GV 模块为 PID，IF 为不可压缩节流孔，CF 为可压缩节流孔，AM 为环境条件（该元件代表柴油机工作的周围环境的大气压力、温度及大气所包含气体的种类数，一般大气压力为标准大气压力），Intake Volume 为进气管，Exhaust Volume 为排气管，CR 为压气机，CO 为中冷器，DE 为气缸，EF 为摩擦损失模块，DL 为延迟模块，EC 为近似燃烧模型，

TV 为涡轮，LS 为线性传感器，NS 为非线性传感器，EZ 为接口模块。涡轮增压柴油机模型有一个弹性功率通口，与传动系统连接输出功率；一个输入信号通口，用于输入油门信号；两个输出信号通口，输出发动机的转矩和转速。

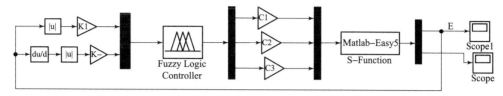

图 10.3.4　模糊自整定 PID 控制的 SIMULINK 仿真模型

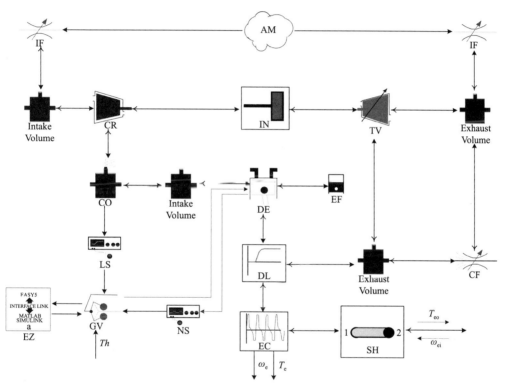

图 10.3.5　涡轮增压柴油机模型

图 10.3.6 为柴油机外特性仿真与实验值的比较。图中显示，仿真计算柴油机转矩与实验值相对误差不超过 6%，两者表现出良好的一致性，说明运用该模型能够进行柴油发动机的性能预测。

10.3.2　动力传动系统模型

1. 模型库结构

履带车辆推进系统的模块化仿真模型主要包括发动机模型、传动系统模型及车辆行动部分模型。其模型结构如图 10.3.7 所示，发动机模型有一个弹性功率通口，与传动系统连接输出功率；一个输入信号通口，用于输入油门信号；一个输出信号通口，输出转速；传动系统有 3 个惯性功率通口，分别与发动机和行动系统相连接。

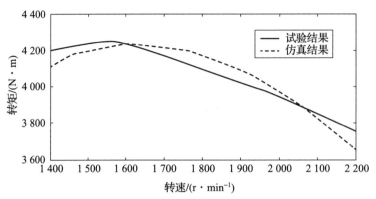

图 10.3.6　柴油机外特性仿真与实验值比较

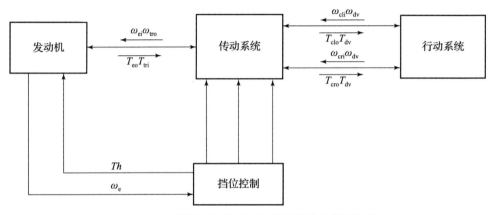

图 10.3.7　履带车辆推进系统模块化仿真模型结构

该履带车辆为双侧变速箱结构型式的液力机械传动系统,如图 10.3.8 所示,主要包括可闭锁式液力变矩器、传动箱、三自由度行星变速箱、液压控制系统、侧传动等 5 个子系统。

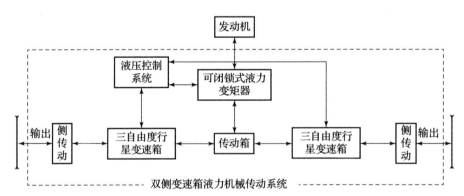

图 10.3.8　传动系统模型结构图

根据模块化建模的方法,图 10.3.8 所示即为动力传动系统的一级子系统,每个子系统又由若干个下一级子系统或基本元件组成。为了使用方便,将模型库的结构分为两种:元件库和系统库。元件库分层结构按照所属工程领域建立,即机械元件库、液压元件库、发动机元件库等。基于元件库，可按从下到上的方法建立各种不同类型车辆动力传动系统模型。系统库按典型履带车辆动力传动系统实际组成建立。系统库适用于相同结构形式动力传动系统的快速建模，可进行子系统更换、参数的修改等操作，提高建模的效率，也可方便地增加子系统模型。履带车辆典型动力传动系统模型库如图10.3.9和10.3.10所示。

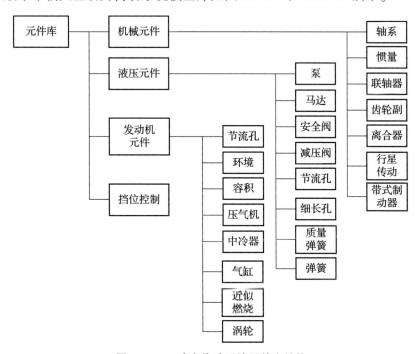

图 10.3.9 动力传动系统元件库结构

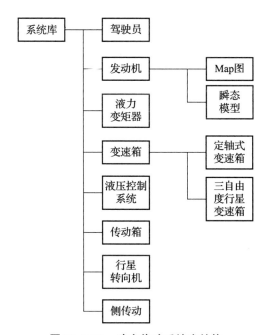

图 10.3.10 动力传动系统库结构

2. 元部件数学模型

1) 基本机械元件

动力传动系统中各部件模型主要由基本的机械元件构成，主要包括轴、惯量、联轴器、齿轮副、行星齿轮机构、离合器等。

(1) 无惯量轴 (SH) 与惯量轴 (RS)。

无惯量轴的转动惯量被等效到与其相连接的元件上，不考虑其非线性，这样无惯量轴就被简化为一个弹簧阻尼单元。该模型有两个弹性通口，如图 10.3.11 (a)、(b) 所示。轴的转矩根据轴两端角位移与角速度差计算所得，其动力学方程描述为

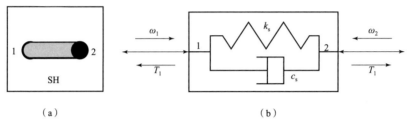

(a)　　　　　　　　　　　　(b)

图 10.3.11　无惯量轴的动力学模型

(a) 模型图标；(b) 模型描述

$$\begin{cases} \Delta\dot{\theta} = \Delta\omega = \omega_2 - \omega_1 \\ T_1 = -T_2 = k_s\Delta\theta + c_s\Delta\omega \end{cases} \tag{10.3.18}$$

式中　$\Delta\theta$——轴两端角位移差 (rad)；

$\Delta\omega$——轴两端角速度差 (rad/s)；

ω_1, ω_2——分别为轴两通口处角速度 (rad/s)；

T_1, T_2——分别为轴两通口处转矩 (N·m)；

k_s——轴的扭转刚度 (N·m/rad)；

c_s——轴的阻尼 (N·m·s/rad)。

惯量轴代表一个具有转动惯量的旋转元件，该元件有 8 个弹性通口，2 个惯性通口。图 10.3.12 为模型图标，其动力学方程描述为

$$\dot{\omega} = \frac{T_t}{J_s} \tag{10.3.19}$$

式中　T_t——作用于轴上的总转矩 (N·m)；

J_s——刚性轴转动惯量 (kg·m^2)。

(2) 惯量 (IN)。

惯量模型共有两个惯性通口，如图 10.3.13 所示，惯量单元动力学方程为

$$J_{in}\dot{\omega}_{in} = T_1 + T_2 \tag{10.3.20}$$

式中　J_{in}——转动惯量 (kg·m^2)；

ω_{in}——惯量角速度 (rad/s)；

T_1, T_2——分别为惯量单元两通口处的转矩 (N·m)。

(3) 联轴器 (SD)。

联轴器模型可用具有旋转刚度与阻尼的虚拟轴单元描述，该模型共有两个惯性通口，如图 10.3.14 所示，其动力学方程为

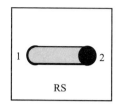

图 10.3.12 惯量轴的模型图标

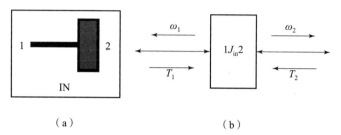

(a) (b)

图 10.3.13 惯量的动力学模型

(a) 模型图标；(b) 模型描述

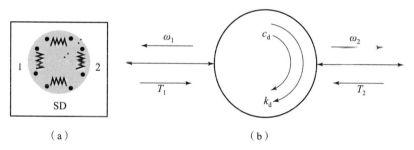

(a) (b)

图 10.3.14 联轴器的动力学模型

(a) 模型图标；(b) 模型描述

$$\begin{cases} \Delta\dot{\theta} = \Delta\omega = \omega_2 - \omega_1 \\ J_1\dot{\omega}_1 = T_1 + k_d\Delta\theta + c_d(\omega_2 - \omega_1) \\ J_2\dot{\omega}_2 = T_2 + k_d\Delta\theta - c_d(\omega_2 - \omega_1) \end{cases} \quad (10.3.21)$$

式中 J_1，J_2——两通口处等效转动惯量（kg·m²）；

T_1，T_2——两通口处转矩（N·m）；

ω_1，ω_1——两通口处角速度（rad/s）；

k_d——扭转刚度（N·m/rad）；

c_d——扭转阻尼（N·m·s/rad）；

$\Delta\theta$——相对扭转角（rad）。

(4) 直齿轮副（SG）。

直齿轮传动的动力学模型可被简化为两个惯量系统，齿轮的啮合过程可描述为比例环节及具有旋转刚度与阻尼的虚拟轴单元。直齿轮副共有 8 个惯性通口，8 个通口均可与轴相连接，如图 10.3.15 所示，其数学模型描述为

$$i_g = \frac{z_b}{z_a} \quad (10.3.22)$$

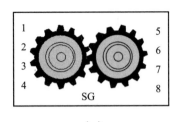

(a)

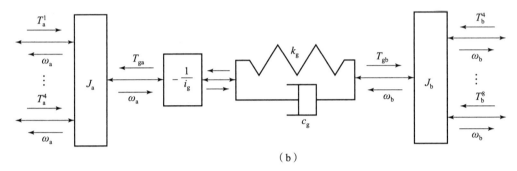

(b)

图 10.3.15 齿轮副的动力学模型
(a) 模型图标；(b) 模型描述

$$\Delta \dot{\theta} = \Delta \omega = \omega_b + \frac{\omega_a}{i_g} \tag{10.3.23}$$

$$T_{gb} = -k_g \Delta \theta - c_g \Delta \omega \tag{10.3.24}$$

$$T_{ga} = -\frac{\eta_g T_{gb}}{i_g} \tag{10.3.25}$$

$$\dot{\omega}_a = \frac{\sum_{i=1}^{4} T_a^{(i)} + T_{ga}}{J_a} \tag{10.3.26}$$

$$\dot{\omega}_b = \frac{\sum_{i=1}^{4} T_b^{(i)} + T_{gb}}{J_b} \tag{10.3.27}$$

式中　i_g——传动比；

z_a，z_b——主、从动齿轮齿数；

$\Delta \theta$，$\Delta \omega$——虚拟轴角位移差（rad）及角速度差（rad/s）；

ω_a，ω_b——主、从动齿轮角速度（rad/s）；

k_g，c_g——齿轮啮合刚度（N·m/rad），啮合阻尼（N·m·s/rad）；

T_{ga}，T_{gb}——主、从动齿轮啮合转矩（N·m）；

$T_a^{(i)}$，$T_b^{(i)}$——主、从动齿轮输入转矩（N·m），上标 i 表示通口数；

J_a，J_b——主、从动齿轮转动惯量（kg·m²）。

(5) 斜齿轮副（HG）。

斜齿轮传动动力学模型可被简化为两个惯量系统，斜齿轮的啮合过程可描述为比例环节及具有线性刚度阻尼系统的弹簧阻尼单元。斜齿轮副共有 4 个惯性通口，4 个通口均可与轴相连接，如图 10.3.16 所示，其数学模型描述为

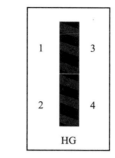

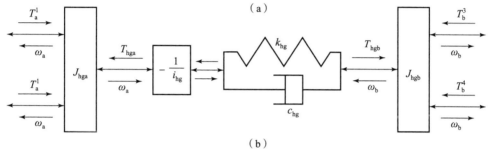

图 10.3.16 斜齿轮副的动力学模型

(a) 模型图标；(b) 模型描述

$$i_{hg} = \frac{r_b}{r_a} \tag{10.3.28}$$

$$\Delta \dot{l} = \Delta v = r_b \omega_b + r_a \omega_a \tag{10.3.29}$$

$$F_{ct} = -c_{hg} \Delta v - k_{hg} \Delta l \tag{10.3.30}$$

$$F_T = F_{ct} \cos \gamma \sin \varphi \tag{10.3.31}$$

$$T_{hga} = F_T r_a \tag{10.3.32}$$

$$T_{hgb} = \frac{-F_T r_b}{\eta_{hg}} = \frac{-i_{hg}}{\eta_{hg}} \cdot T_{hga} \tag{10.3.33}$$

$$\dot{\omega}_a = \frac{\sum_{i=1}^{2} T_a^{(i)} + T_{hga}}{J_{hga}} \tag{10.3.34}$$

$$\dot{\omega}_b = \frac{\sum_{i=1}^{2} T_b^{(i)} + T_{hgb}}{J_{hgb}} \tag{10.3.35}$$

式中 i_{hg}——传动比；

r_a，r_b——主、从动斜齿轮节圆半径（m）；

Δl，Δv——弹簧阻尼单元位移差（m）及速度差（m/s）；

ω_a，ω_b——主、从动斜齿轮角速度（rad/s）；

F_{ct}，F_T——斜齿轮传动接触力及其切向分力（N）；

k_{bg}，c_{bg}——齿轮的线性刚度（N/m）、线性阻尼（N·s/m）；

γ，φ——斜齿轮压力角和螺旋角（rad）；

T_{hga}，T_{hgb}——主、从动斜齿轮啮合转矩（N·m）；

$T_{\text{a}}^{(i)}$，$T_{\text{b}}^{(i)}$——主、从动斜齿轮输入转矩（N·m），上标 i 表示通口数；

J_{hga}，J_{hgb}——主、从动斜齿轮转动惯量（kg·m^2）。

(6) 锥齿轮副（BG）。

与斜齿轮传动同理，锥齿轮传动动力学模型可被简化为两个惯量系统，锥齿轮的啮合过程可描述为比例环节及具有线性刚度阻尼系统的弹簧阻尼单元。锥齿轮副共有 4 个通口，4 个通口均可与轴相连接，如图 10.3.17 所示，其数学模型可参照斜齿轮副来描述。

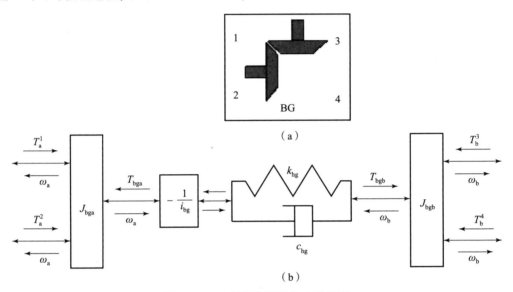

图 10.3.17　锥齿轮副的动力学模型
(a) 模型图标；(b) 模型描述

(7) 行星传动（PG）。

行星传动是现代机械传动装置中性能最佳、经济性较好、应用范围最广的一种传动机构。它的种类繁多、形式多样，如行星齿轮传动、摆线针轮行星传动，以及谐波齿轮传动等，都属于行星传动机构。行星传动具有结构紧凑、传动效率高、便于综合分解动力等特点。普通的单行星排由太阳轮 s、齿圈 q、行星架 c、行星轮 p 等组成，齿轮被简化为两个惯量单元，齿轮之间的啮合过程可描述为具有线性刚度阻尼系统的弹簧阻尼单元，其动力学模型如图 10.3.18 所示。该模型有 s、r、c 3 个惯性通口，可以与弹性通口连接。模型中 0 表示该节点的力相等，输入输出该节点速度为 0。

对于太阳轮，其动态方程为

$$\begin{cases} \dot{\omega}_{\text{s}} = \dfrac{T_{\text{s}} + r_{\text{s}} F_{\text{spt}}}{J_{\text{s}}} \\ F_{\text{spt}} = -F_{\text{pst}} = F_{\text{sp}} \cos \theta_{\text{s}} \\ F_{\text{sp}} = -F_{\text{ps}} = -k_{\text{sp}} \Delta l_{\text{sp}} - c_{\text{sp}} \Delta v_{\text{sp}} \\ \Delta i_{\text{sp}} = \Delta v_{\text{sp}} = r_{\text{s}} \omega_{\text{s}} + r_{\text{p}} \omega_{\text{p}} - r_{\text{c}} \omega_{\text{c}} \end{cases} \quad (10.3.36)$$

对于齿圈，其动态方程为

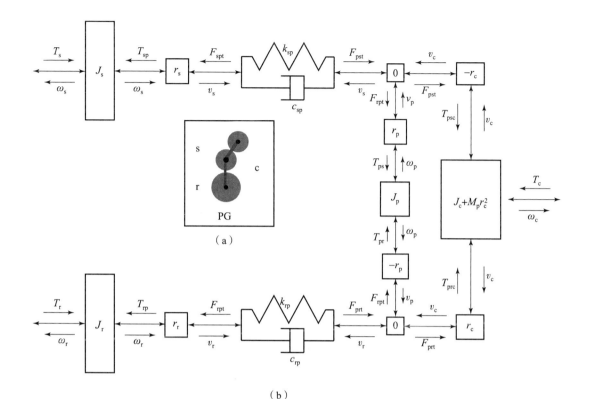

图 10.3.18　行星传动的动力学模型
（a）模型图标；（b）模型描述

$$\begin{cases} \dot{\omega}_r = \dfrac{T_r + r_r F_{rpt}}{J_r} \\ F_{rpt} = -F_{prt} = F_{rp}\cos\theta_r \\ F_{rp} = -F_{pr} = -k_{rp}\Delta l_{rp} - c_{rp}\Delta v_{rp} \\ \Delta \dot{l}_{rp} = \Delta v_{rp} = r_r\omega_r - r_p\omega_p + r_c\omega_c \end{cases} \quad (10.3.37)$$

对于行星架及行星轮，其动态方程为

$$\begin{cases} \dot{\omega}_c = \dfrac{T_c + T_L - r_c(F_{spt} - F_{rpt})}{J_c + M_p r_c^2} \\ \dot{\omega}_p = \dfrac{r_p(F_{spt} - F_{rpt}) - T_L}{J_p} \\ T_L = [r_p|F_{spt}|(1-\eta_{sp}) + r_p|F_{rpt}|(1-\eta_{rp})]\mathrm{sign}(\omega_p - \omega_c) \end{cases} \quad (10.3.38)$$

式中　$\omega_s,\omega_r,\omega_c,\omega_p$——太阳轮，齿圈，行星架，行星轮角速度（rad/s）；

r_s,r_r,r_c,r_p——太阳轮，齿圈，行星架，行星轮节圆半径（m）；

J_s,J_r,J_c,J_p——太阳轮，齿圈，行星架，行星轮转动惯量（kg·m^2）；

θ_s,θ_r——太阳轮与齿圈轮齿压力角（rad）；

F_{sp}——太阳轮与行星轮的接触力（N）；

F_{rp}——齿圈与行星轮的接触力（N）；

F_{spt},F_{pst}——太阳轮与行星轮接触力的切向分量（N）；

F_{spt}, F_{prt}——齿圈与行星轮接触力的切向分量(N);

Δl_{sp}, Δv_{sp}——太阳轮与行星轮弹簧阻尼单元位移差(m)及速度差(m/s);

Δl_{rp}, Δv_{rp}——齿圈与行星轮弹簧阻尼单元位移差(m)及速度差(m/s);

k_{sp}, c_{sp}——太阳轮与行星轮啮合线性刚度(N/m),线性阻尼(N·s/m);

k_{rp}, c_{rp}——齿圈与行星轮啮合线性刚度(N/m),线性阻尼(N·s/m);

M_p——行星轮质量(kg);

η_{sp}, η_{rp}——太阳轮与行星轮,齿圈与行星轮啮合效率;

T_s, T_r, T_c, T_L——太阳轮,齿圈,行星架输入转矩及行星齿轮传动的损失转矩(N·m)。

(8) 湿式离合器、制动器(CP)。

变速箱换挡执行元件包括离合器和制动器两种,二者的工作原理相同,即都是通过摩擦片传递力矩或产生足够的制动力矩,达到换挡要求。如图 10.3.19 所示,离合器模型有1、2 两个惯性通口,与轴相连接;一个容性通口3,与液压控制阀等阻性元件连接。制动器模型与离合器模型基本相同,只是与其连接的轴的另一端输入角速度为零。

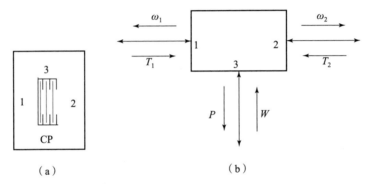

图 10.3.19 湿式离合器的动力学模型

(a) 模型图标;(b) 模型描述

离合器活塞有 3 种运动状态,用 S_{TZS} 表示:

① $S_{TZS} = -1$,$x_c = 0$,活塞受回位弹簧预张力的作用,位于初始位置,离合器处于分离状态;

② $S_{TZS} = 0$,$0 < x_c < x_{cmax}$,活塞在其运动区间内运动,离合器处于分离状态;

③ $S_{TZS} = 1$,$x_c = x_{cmax}$,活塞运动到终止位置,离合器开始摩滑,当主被动边转速相当时,离合器完全结合。

离合器活塞 3 种运动状态及转换条件如图 10.3.20 所示。图中,$\sum F = p_{cL} A_c + F_{cent} - F_{seal} \text{sign}(\dot{x}_c)$。

图 10.3.20 离合器活塞运动状态及转换条件

在各状态下,离合器活塞的动力学方程为

$$\begin{cases} x_c = \dot{x}_c = 0 \\ F_{plate} = 0 \end{cases} \quad (S_{TZS} = -1) \qquad (10.3.39)$$

$$\begin{cases} m_c \ddot{x}_c = p_{cL} A_c + F_{cent} - F_{seal} \cdot \text{sign}(\dot{x}_c) - F_{spring} - F_B \\ F_{plate} = 0 \end{cases} \quad (S_{TZS} = 0) \qquad (10.3.40)$$

$$\begin{cases} x_c = \dot{x}_c = 0 \\ F_{plate} = p_{cL} A_c + F_{cent} - F_{seal} \cdot \text{sign}(\dot{x}_c) - F_{spring} \end{cases} \quad (S_{TZS} = 1) \qquad (10.3.41)$$

$$F_{cent} = \frac{\pi \rho \omega_c^2}{4} [R_2^4 - 2R_3^2(R_2^2 - R_1^2) - R_1^4]$$

式中 $\ddot{x}_c$，$\dot{x}_c$，x_c——活塞运动的加速度（m/s²），速度（m/s），位移（m）；

x_{cmax}——活塞最大行程（m）；

m_c——活塞及其随动部分的质量（kg）；

F_{plate}——活塞对离合器的作用力（N）；

p_{cL}——液压油作用到活塞上的压力（Pa）；

A_c——活塞面积（m²）；

r_1，r_2——活塞内、外半径（m）；

F_{cent}——离心油压作用到活塞上产生的离心力（N）；

F_{seal}——活塞密封圈摩擦力（N）；

F_{spring}——回位弹簧力（N）；

F_B——油液对活塞的粘性阻力（N）；

$F_{constant}$——活塞密封圈摩擦力常数量（N）；

R_1、R_2——活塞内、外半径（m）；

R_3——油液进入油缸入口处半径（m）；

ρ——油液密度（kg/m³）；

A_s——密封圈面积（m²）；

K_c——回位弹簧刚度；

x_{co}——回位弹簧在分离状态下的初始压缩量（m）；

B_c——活塞与缸体的黏性阻尼系数（N·s/m）；

ω_c——油缸旋转角速度（rad/s）；

μ_{seal}——密封圈摩擦系数。

由于油液的压缩，离合器油缸内压力的变化率为

$$\frac{dp_{cL}}{dt} = \frac{K(W_{in} - \rho A_{ch} \dot{x}_c)}{\rho V_p} \qquad (10.3.42)$$

$$V_p = V_0 + A_{ch} x_c \qquad (10.3.43)$$

式中 A_{ch}——离合器油缸的横截面积（m²）；

W_{in}——进入离合器油缸的质量流量（kg/s）；

V_0——活塞在初始位置时的离合器油缸初始体积，包括离合器供油管路的体积（m³）；

V_p——离合器油缸体积（m³）；

K——油液体积弹性模量；

ρ——油液平均密度（kg/m³）。

2) 液压元件

液压元件可分为容性元件(Storage)、阻性元件(Resistive)、容/阻性元件(Storage/Resistive)3种。容性元件输入输出通口均为容性，输入质量流量 W、输出压力 p，用 S 表示；阻性元件输入输出通口均为阻性，输入压力 p、输出质量流量 W，用 R 表示；容/阻性元件输入通口为容性，输出通口为阻性，用 S/R 表示。

各元件之间的连接规范如下：

$$S \to R$$
$$R \to S$$
$$S/R \to S/R$$
$$S/R \to S$$
$$R \to S/R$$

根据流体能量守恒原理，对于一容腔，有

$$\frac{\mathrm{d}(\rho V)}{\mathrm{d}t} = W_{\text{in}} - W_{\text{out}} \tag{10.3.44}$$

式中 ρ——容腔液压油平均密度（kg/m³）；

V——容腔体积（m³）；

$W_{\text{in}}, W_{\text{out}}$——容腔输入输出质量流量（kg/s）。

流体的密度为 $\rho = \rho(P, T)$，其变化率为

$$\frac{\mathrm{d}\rho}{\mathrm{d}t} = \frac{\partial \rho}{\partial p} \cdot \frac{\mathrm{d}p}{\mathrm{d}t} + \frac{\partial \rho}{\partial T} \cdot \frac{\mathrm{d}T}{\mathrm{d}t}$$

容腔内压力的变化率可描述为

$$\frac{\mathrm{d}p}{\mathrm{d}t} = \frac{1}{V} \cdot \frac{\partial p}{\partial \rho}(W_{\text{in}} - W_{\text{out}} - \rho \dot{V}) - \frac{\partial p}{\partial \rho} \cdot \frac{\partial \rho}{\partial T} \cdot \frac{\mathrm{d}T}{\mathrm{d}t}$$

忽略容腔内温度的变化，假设液压油密度为一常数，即 $\frac{\partial p}{\partial \rho}$ 为常数，则

$$\frac{\mathrm{d}p}{\mathrm{d}t} = \frac{1}{\rho V} K(W_{\text{in}} - W_{\text{out}} - \rho \dot{V})$$

式中 p, T——容腔内压力(Pa)，温度(K)；

K——体积弹性模量。

(1) 变排量液压元件(PD)。

变排量液压单元工作容腔模型能量转换相当复杂，对其进行数学模型的描述比较困难。本文所建立的变排量液压单元模型中的容积效率、总效率采用试验数据输入，根据系统压力、排量插值获取参数。如图10.3.21所示，该模型有一个输入阻性通口1，两个输出阻性通口2、3，一个弹性通口4。

出口处的质量流量为

$$W_2 = \rho q_{\max} n \eta_v / 60 \tag{10.3.45}$$

泄漏的质量流量为

$$W_3 = \rho q_{\max} |\varepsilon| n (1 - \eta_v) / 60 \tag{10.3.46}$$

入口处的质量流量为

图10.3.21 变排量液压元件模型图标

$$W_1 = (|W_2| + W_3)\text{sign}(W_2) \qquad (10.3.47)$$

式中 W_1，W_2，W_3——液压元件入口处、出口处及泄漏的质量流量（kg/s）；

q_{max}——液压元件最大排量（m³/r）；

n——液压元件转速（r/min）；

η_v——容积效率；

ε——相对变排量率。

液压元件有两种工作状态，用 S_{wp} 表示。当 $(p_2 - p_1)W_2 \geq 0$ 时，$S_{wp} = 1$；当 $(p_2 - p_1)W_1 < 0$ 时，$S_{wp} = -1$。

当液压元件作为泵工作时（$S_{wp} = 1$），需要的功率和驱动转矩分别为

$$N = \frac{2\pi T n}{60} \qquad (10.3.48)$$

$$T = \frac{q_{max}\eta_v(p_2 - p_1)}{2\pi\eta_0} \qquad (10.3.49)$$

当液压元件作为马达工作时（$S_{wp} = -1$），输出的功率和转矩分别为

$$P = \frac{2\pi T n}{60} \qquad (10.3.50)$$

$$T = \frac{q_{max}\eta_0(p_2 - p_1)}{2\pi\eta_v} \qquad (10.3.51)$$

式中 p_1，p_2——液压元件入口和出口处的压力（Pa）；

η_0——总效率。

（2）安全阀（VR）。

安全阀模型通过阀口的节流作用，使进口压力等于出口压力，对系统起稳压、安全作用。如图 10.3.22 所示，该模型为容/阻性元件，有一个输入容性通口 1，两个输出阻性通口 2、3。安全阀有 3 种工作状态，用 S_W 表示。

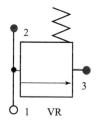

图 10.3.22 安全阀模型图标

① $S_W = 0$，节流口完全关闭（$A_f = 0$）。

② $S_W = 1$，节流口正在打开或正在关闭（$0 < A_f < A_{max}$）。

③ $S_W = 2$，节流口完全开启（$A_f = A_{max}$）。

安全阀 3 种工作状态及转换条件如图 10.3.23 所示。

图 10.3.23 安全阀工作状态及转换条件

稳定状态下节流口过流面积为

$$A_{fss} = \begin{cases} 0 & (S_W = 0) \\ \dfrac{A_{max}(p_1 - p_k)}{p_{fo} - p_k} & (S_W = 1) \\ A_{max} & (S_W = 2) \end{cases} \qquad (10.3.52)$$

式中 A_f，A_{max}——节流口过流面积和节流口最大过流面积（m²）；

p_1, p_k, p_{fo} ——阀的进口压力,节流口的临界开启压力和完全开启压力(Pa);
节流口过流面积的动态过程用一阶滞后环节考虑,即

$$\dot{A}_f = \frac{A_{fss} - A_f}{t_c} \tag{10.3.53}$$

式中 t_c ——动态过程时间常数(s)。
流过节流口的质量流量为

$$W_0 = C_d A_f \sqrt{2\rho |p_1 - p_0|} \mathrm{sign}(p_1 - p_0) \tag{10.3.54}$$

流经阀的出口质量流量为

$$W_2 = W_1 - W_0 \tag{10.3.55}$$
$$p_2 = p_0 \tag{10.3.56}$$

式中 C_d ——流量系数;
p_0,p_2 ——阀的节流口出口压力和阀的额定压力(Pa);
W_1 ——阀的进口质量流量(kg/s)。

(3) 节流孔(OV)。
节流孔用来描述液压系统中的节流环节,如压力控制阀通过改变阀口的过流面积来控制出口即可用节流孔描述。节流孔为阻性元件,有两个阻性通口,如图10.3.24所示。压力节流孔有3种工作状态,用S_{WQ}表示。当$S_{WQ}=1$时,液体的流动为层流状态;当$S_{WQ}=\pm 2$时,液体的流动为紊流状态(±表示方向)。图10.3.25为节流孔工作状态及转换条件。

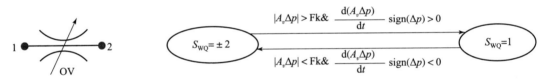

图10.3.24 节流孔模型图标   图10.3.25 节流孔工作状态及转换条件

节流孔的质量流量特性为

$$W_2 = W_1 = \begin{cases} \dfrac{4\rho C_d^2 A_v}{\mu Re}\sqrt{\dfrac{A_v}{\pi}}(p_1 - p_2) & (S_{WQ} = 1) \\ C_d A_v \sqrt{2\rho |p_1 - p_2|}\mathrm{sign}(p_1 - p_2) & (S_{WQ} = \pm 2) \end{cases} \tag{10.3.57}$$

式中 A_v ——节流孔过流面积(m^2),对于圆柱滑阀阀口,$A_v = \pi d_v x_v$;
d_v ——滑阀直径(m);
x_v ——节流孔开度(m);
μ ——动力黏度(Pa·s);
Re ——雷诺数;
p_1、p_2 ——节流孔进出口压力(Pa)。

(4) 细长孔(LL)。
$\dfrac{l}{d} > 4$ 的小孔称为细长孔,细长孔模型为阻性元件,有两个阻性通口,如图10.3.26所示,其质量流量方程为

$$W_2 = W_1 = \frac{\pi d^4 \rho (p_1 - p_2)}{128\mu l} \tag{10.3.58}$$

式中　W_1，W_2——进出口处的质量流量（kg/s）；
　　　p_1，p_2——进出口处的压力（Pa）；
　　　d，l——细长孔的直径和长度（m）。

（5）质量弹簧（PM）。

压力控制阀、油缸等液压元件的阀芯、活塞等的动态运动过程可用质量弹簧单元描述，该单元受外力、黏性阻力、库仑摩擦力、弹簧力等的作用，是典型的二阶系统。质量块的运动是一非线性过程，需要用基于开－关状态的方程来描述，图10.3.27为模型图标。

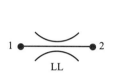
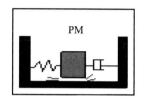

图10.3.26　细长孔模型图标　　图10.3.27　质量弹簧模型图标

质量块有5种运动状态，用S_{WP}表示，图10.3.28为质量弹簧5种运动状态及转换条件。

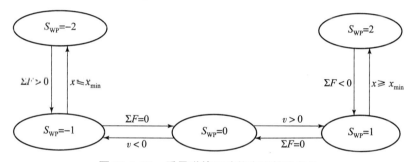

图10.3.28　质量弹簧运动状态及转换条件

① $S_{WP} = -2$：$x = x_{\min} \& \dot{x} = 0$，质量弹簧在最小位移处静止。
② $S_{WP} = -1$：$\sum F \mathrm{sign}(S_{WP}) < 0 \& \dot{x} < 0 \& x_{\min} < x < x_{\max}$，质量弹簧在负的方向运动。
③ $S_{WP} = 0$：$\sum F = 0 \& \dot{x} = 0$，质量弹簧在受限处静止。
④ $S_{WP} = 1$：$\sum F \mathrm{sign}(S_{WP}) < 0 \& \dot{x} > 0 \& x_{\min} < x < x_{\max}$，质量弹簧在正的方向运动。
⑤ $S_{WP} = 2$：$x = x_{\max} \& \dot{x} = 0$，质量弹簧在最大位移处静止。

质量块不同的状态动力学方程描述为

$$\ddot{x} = \begin{cases} \sum F/m & (S_{WP} = \pm 1) \\ 0 & (|S_{WP}| \neq 1) \end{cases} \quad (10.3.59)$$

$$\sum F = F_e - B\dot{x} - k(x - x_0) - F_c \mathrm{sign}(\dot{x})$$

$$\dot{x}_p = \int \ddot{x} \mathrm{d}t$$

$$\dot{x} = \begin{cases} \dot{x}_p + \mathrm{d}\dot{x}_p & (S_{WP} = \pm 1) \\ 0 & (|S_{WP}| \neq 1) \end{cases}$$

$$x = \int v \mathrm{d}t$$

式中　m——质量（kg）；

　　　$\ddot{x}, \dot{x}, x$——质量块加速度（m/s²），速度（m/s）与位移（m）；

　　　$x_{\min}, x_{\max}$——质量块的最小位移与最大位移（m）；

　　　B——黏性阻尼系数；

　　　k——弹簧刚度（N·m）；

　　　x_0——弹簧预压缩量；

　　　F_e——质量块所受外力（N）；

　　　F_c——库仑摩擦力（N）；

　　　$\dot{x}_p$——质量块持续的速度状态（m/s）；

　　　$d\dot{x}_p$——记录质量块受限时瞬态的速度状态。

（6）力计算单元（CV）。

力计算单元表示液压系统中液压阀、液压缸容腔内压力对质量块如阀芯、活塞等产生的作用力，图10.3.29为模型图标。

合力单元方程描述为

$$V_c = A_c x + V_{c0} \tag{10.3.60}$$

$$dV_c = \dot{x} A_c \tag{10.3.61}$$

$$F_c = (p_c A_c - p_1 A_1)\,\text{sign}(x) \tag{10.3.62}$$

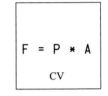

图10.3.29　力计算单元模型图标

式中　V_c——容腔容积（m³）；

　　　V_{c0}——容腔初始容积（m³）；

　　　dV_c——容腔容积变化率（m³/s）；

　　　A_c, A_1——阀芯或活塞容腔内横截面积与外侧横截面积（m²）；

　　　$\dot{x}, x$——阀芯或活塞运动速度(m/s)与位移(m)；

　　　p_c、p_1——阀芯或活塞所受容腔内压力与容腔外压力（Pa）；

　　　F_c——阀芯或活塞所受合力（N）。

3）液压控制单元模型

该履带车辆液压控制单元是左、右分配机构，其功用是通过输入信号改变出口压力和进入变速箱相应的液压油缸中油的流动方向，图10.3.30为液压控制系统原理简图，图10.3.31为左、右分配机构压力控制阀模型图标，图10.3.32为内部模型描述。图10.3.32中，TN为回油箱模型；FI为精过滤器模型，是一个容/阻性元件，有一个输入容性通口，一个输出阻性通口；SSS为工作管路模型，是一个容性元件，有一个输入容性通口，两个输出容性通口；OA为过流截面积计算单元；FS为力合成单元；VX为变体积容积单元，是一个容性元件，有两个输入容性通口，两个输出容性通口；LL1为阀芯轴向孔；LL2为压力控制阀出口到离合器液压油缸的管路；SP是一个容/阻性元件，有一个输入容性通口，两个输出阻性通口，分别通向侧变速箱换挡离合器油缸。衬套下腔油压通过作用面积计算单元CV换算成对阀芯底部的作用力、弹簧作用力通过力合成单元FS反馈作用到阀芯PM上，PM的位移通过过流截面积计算单元OA计算出阀口开度，从而控制离合器油缸作用于活塞上的压力。CO为换挡及转向控制器模型。压力控制阀模型有两个信号输入通口1、2（接收换挡信号S_{R1}及转向增压信号S_{R2}），两个阻性输出通口3、4（与离合器液压油缸连接）。

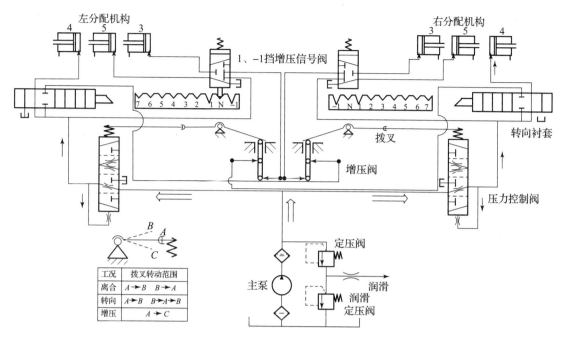

图 10.3.30 液压控制系统原理简图

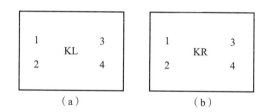

（a） （b）

图 10.3.31 左、右分配机构压力控制阀模型图标

（a）左分配机构；（b）右分配机构

3. 可闭锁式液力变矩器模型（Y）

可闭锁式液力变矩器模型包括闭锁离合器模型（CL）和液力变矩器模型（TC）。闭锁离合器动力学模型参考湿式离合器模型描述，该模型有一个油压信号通口 1，与液压控制阀等阻性元件连接，一个输出弹性通口 2，给液力变矩器模型提供闭锁力矩。液力变矩器模型有 5 个惯性通口，其中通口 1、2、3、4 与轴相连接，通口 5 与闭锁离合器连接，如图 10.3.33 所示。

液力变矩器模型中泵轮、涡轮分别被简化成具有惯量的旋转件，其变矩特性由实验测得的原始特性来描述。

为了提高传动效率，对液力变矩器进行闭锁控制。理论上讲，闭锁点应选在偶合器工况点附近，以保证得到较高的传动效率和牵引力。当换挡离合器结合完毕后，变矩器在其传动比满足以下条件时开始闭锁：$i \geqslant i_s$。i_s 为变矩器设计闭锁传动比。

闭锁离合器模型始终有 $n_{c1} = n_B$，$n_{c2} = n_T$。

纯液力工况时有 $T_c = 0$；纯机械工况时有 $T_c = T_{Be}$，$n_{c1} = n_{c2}$。

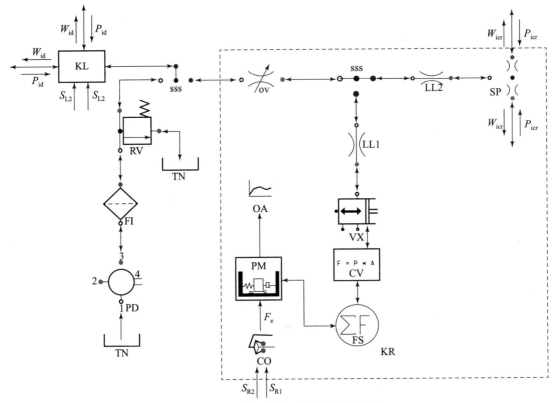

图 10.3.32　液压控制系统内部模型描述

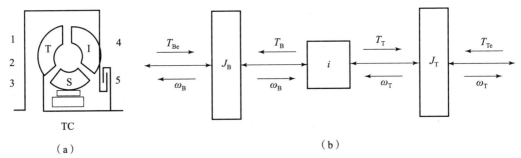

(a)　　　　　　　　　　　　　　(b)

图 10.3.33　液力变矩器的动力学模型

(a) 模型图标；(b) 模型描述

式中　n_{c1}、n_{c2}——闭锁离合器主、被动部分的转速；

　　　T_c——闭锁离合器传递的作用转矩。

图 10.3.34 为可闭锁式液力变矩器模型，该模型有一个惯性通口 1，与发动机相连接；一个弹性通口 2，与传动箱输出相连接；一个信号通口 3，与闭锁离合器闭锁信号相连接，输入闭锁信号 S_Y。液力变矩器模型的闭锁油压信号是将试验数据以数表的形式输入的。

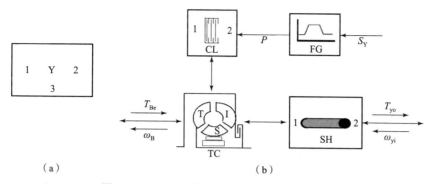

图 10.3.34　可闭锁式液力变矩器的模型描述

（a）模型图标；（b）模型描述

所研究的液力机械传动车辆采用的液力变矩器为三工作轮可闭锁式液力变矩器，正透穿型，循环圆直径为 $D=0.375\text{ m}$，设计计算性能为 $K_0=2.30$，$\lambda_{B0}=3.6\times10^{-6}$。实验原始特性曲线如图 10.3.35 所示。

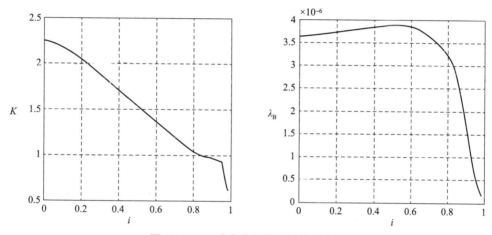

图 10.3.35　液力变矩器原始特性曲线

4. 传动箱模型

该履带车辆的传动箱模型主要由一级斜齿轮副和一级锥齿轮副组成。如图 10.3.36 和图 10.3.37 所示，该模型有 3 个功率通口，一个惯性输入通口 1，与液力变矩器输出相连接；两个弹性输出通口 2、3，与左、右两侧变速箱输入相连接。

图 10.3.36　传动箱模型图标

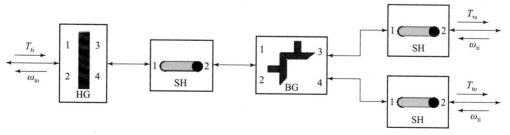

图 10.3.37　传动箱内部模型描述

5. 行星变速箱模型

该履带车辆的双侧变速箱为三自由度行星变速箱。图 10.3.38 为侧变速箱传动简图。变速箱由 4 个行星排和 6 个操纵件（4 个制动器 C1、C4、C5、C6 和 2 个离合器 C2、C3）组成，有 4 个运动关系各不相同的行星轮。

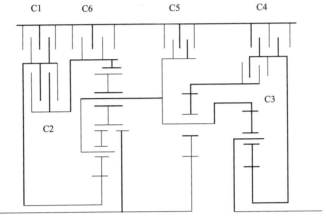

图 10.3.38　侧变速箱传动简图

侧变速箱各挡传动比及换挡离合器结合状况如表 10.3.2 所示。图 10.3.39 为左、右两侧变速箱模型图标。图 10.3.40 为侧变速箱内部模型描述。模型中，PG123 为 1、2、3 行星排模型，s1、s2、s3、r1、r2、c1 6 个惯性通口，内部模型如图 10.3.41 所示；CN 为轴连接器模型，有 8 个惯性通口，一个弹性通口。如图 10.3.40 所示，侧变速箱模型有一个惯性输入通口 1，与传动箱输出相连；一个弹性输出通口 4，与侧传动输入相连；两个容性输入通口 2、3（每一个工况有两个操纵元件结合，因此有两个容性通口），与压力控制阀输出相连。

表 10.3.2　侧变速箱各挡传动比及换挡离合器结合状况

挡位	1	2	3	4	5	6	7	−1
传动比	8.22	4.292	3.361	2.684	1.930	1.476	1	14.183
C1				结合	结合			
C2						结合	结合	
C3	结合		结合		结合		结合	结合
C4	结合	结合		结合		结合		
C5								结合
C6		结合	结合					

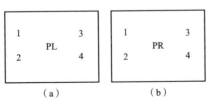

（a）　　　　　　（b）

图 10.3.39　左、右两侧变速箱模型图标

（a）左侧变速箱；（b）右侧变速箱

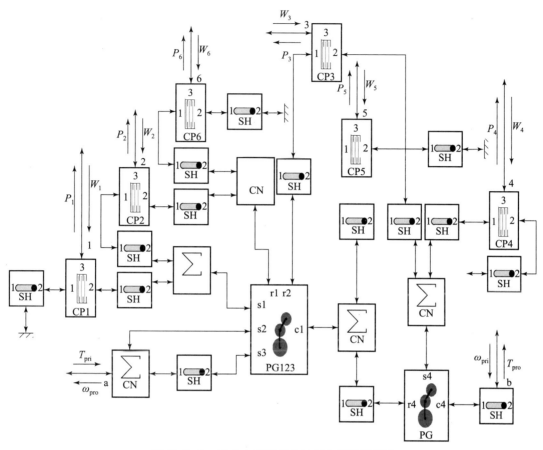

图 10.3.40　三自由度行星变速箱内部模型描述

6. 侧传动模型

履带车辆动力传动系统的最后一级传动装置为侧减速器，安装于车体两侧的变速箱和主动轮之间。侧减速器主要用来降低前传动传来的转速，增大主动轮上的转矩。它有固定的传动比，可以大大降低前传动转速，提高车辆的通行能力。

该履带车辆侧传动机构为一简单的行星排，太阳轮输入，行星架输出，齿圈固定。如图 10.3.42 所示，CL、CR 分别为左、右侧传动模型。该模型有两个功率通口，一个惯性输入通口 1，与左、右侧变速箱输出相连接；一个弹性输出通口 2，输出转矩是行动系统主动轮的输入量。

7. 传动系统总模型

应用上述可闭锁式液力变矩器模型、传动箱模型、三自由度行星变速箱模型、侧传动模型及液压控制系统模型，可建立如图 10.3.43 所示的液力机械传动系统模型。由图可知，该模型有 8 个通口，一个惯性输入通口 1，与发动机相连；两个弹性输出通口 2、3，与行动部分相连；5 个信号输入通口 4、5、6、7、8，输入换挡或转向信号。

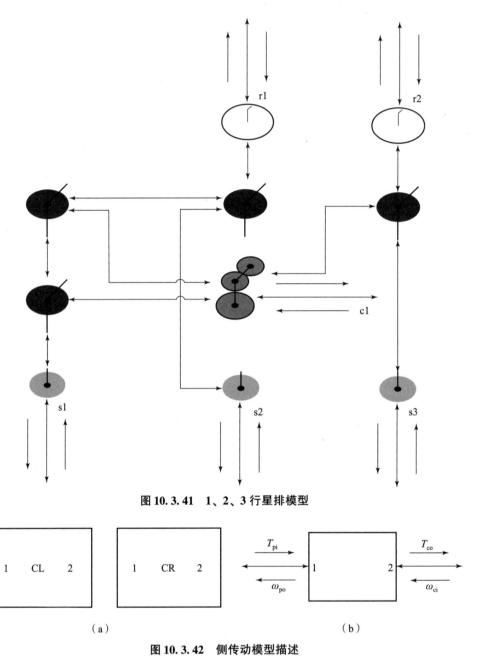

图 10.3.41　1、2、3 行星排模型

图 10.3.42　侧传动模型描述
（a）模型图标；（b）侧传动内部模型描述

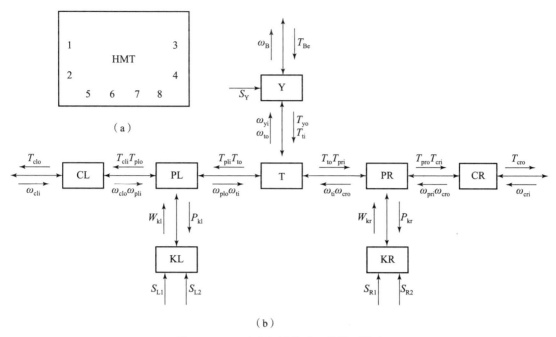

图 10.3.43　液力机械传动系统模型描述
(a) 模型图标；(b) 模型描述

10.3.3　行动部分模型

如图 10.3.44 所示，履带车辆的行动部分主要由履带、诱导轮、主动轮、托带轮、负重轮和悬挂装置等组成。主动轮通过齿圈和履带上的齿槽啮合，将传动系统的动力传递给履带，使履带绕着诱导轮、托带轮、负重轮和主动轮的外缘相对车体运动。悬挂装置主要包括弹性元件（扭杆）和阻尼元件（减振器），其功用是联结车体和负重轮，缓和车辆行驶时负重轮传到车体的冲击力并衰减车体的振动，保证车辆平稳高速行驶。

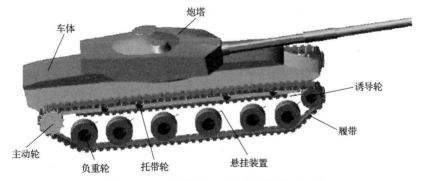

图 10.3.44　履带车辆系统动力学模型组成

履带车辆系统属于复杂的多刚体系统，其行动部分各部件的运动约束和相互作用，以及履带和地面的相互作用是履带车辆系统动力学模型中的核心内容。履带车辆行动部分结构复杂，自由度多，作用关系复杂，通常依托专用仿真软件来完成，如用 ADAMS/ATV 或 RecurDyn 来完成。下面以 ATV 模型为例来介绍建模方法。

1. 路面的生成

路面特性是履带车辆动态系统的输入之一。路面数据文件的内容包括：路面谱在 X、Y、Z 方向的比例；路面谱的位置原点；路面谱向上的方向；路面坐标系相对大地坐标系的转换矩阵；路面谱的节点中需要输入节点的数量和每个节点的坐标；路面谱的元素中需要构成路面的元素的数量、构成每个三角形单元的三节点以及每个单元与车辆接地部分的静摩擦系数和动摩擦系数。如图 10.3.45 所示，路面不平度的几何数据点可由频域的功率谱密度函数来生成，或者依据路面几何形状来定义规则路面。

对于装甲车辆的仿真计算一般采用两类路面，一类是国家标准规定的等级不平路面；一类是试验场中的试验路面或越野特殊路面。与此对应，可以采用两种方法获取路面节点坐标以构造仿真路面模型，一种是由路面功率谱密度 $G_q(n)$ 反推求得路面不平度数据，并以此数据作为路面节点生成符合国家标准的等级路面；另一种是采用直接测量路面不平度的方法，这种方法用于建立与实际路面形状一致的特殊路面。

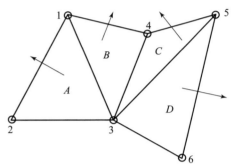

图 10.3.45　ADAMS 软件路面模型示意图

为了能够构造出各种仿真路面，按照上述两种途径，采用 VB 软件开发了相应的路面建模程序。程序流程框图及软件主界面如图 10.3.46 所示，要生成仿真路面，首先，设置路面的基本参数，包括路面长度、路面宽度、路面网格大小等，要根据分析问题的需要选择合适的路面参数，路面网格划分得越细，计算精度越高，但是计算速度会降低。其次，选择路面生成方法，当采用功率谱密度法生成路面时，选取路面等级（A～H 级，确定功率谱密度的大小）和路面类型（确定 W 的大小）等参数；当采用特殊试验路面生成仿真路面时，选择合适的路面几何尺寸和形状参数，如正弦路面要输入波长和幅值等。在定义了相关的参数之

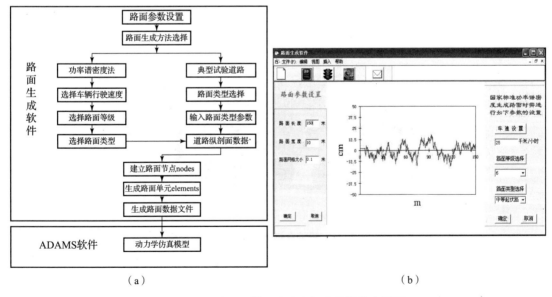

（a）　　　　　　　　　　　　　　　（b）

图 10.3.46　路面建模程序流程框图及软件主界面

（a）程序流程图；（b）软件主界面

后，程序首先计算出路面不平度 $q(l)$ 值，然后根据路面不平度定义节点、构建单元网格，最后按照文件格式生成路面数据文件。在 ADAMS 环境下，系统可以直接调用这些数据文件。应用该程序生成的 E 级随机路面及正弦起伏路面纵向轮廓及三维路面模型分别如图 10.3.47、图 10.3.48 所示。

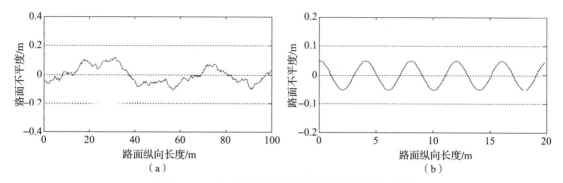

图 10.3.47　E 级随机路面及正弦起伏路面纵向轮廓
(a) 随机路面；(b) 正弦起伏路面

图 10.3.48　E 级随机路面及正弦起伏路面三维模型
(a) 随机路面；(b) 正弦起伏路面

2. 碰撞力和摩擦力

碰撞力用来描述两个相互接触的刚体之间的作用力，如诱导轮与履带、负重轮与履带、平衡肘与限制器之间的作用力等。行动部分各部件有相对运动时，必然有摩擦力，如诱导轮、负重轮、主动轮与履带间的摩擦力，轴承处的摩擦力，履带销与销孔之间的摩擦力等。

1) 碰撞力

碰撞过程如图 10.3.49 所示。碰撞力模型基于 Hertz's 的碰撞理论，由两部分组成，一部分是弹性力分量，类似一个非线性弹簧；另一部分是阻尼力分量，是变形速度的函数。碰撞力用以下数学表达式来描述，即

$$F_{\text{impact}} = \begin{cases} k_i(q_1-q)^e - c_{\max}\dot{q}\,\text{step}(q, q_1-d, 1, q_1, 0) &, q \leqslant q_1 \\ 0 &, q > q_1 \end{cases} \tag{10.3.63}$$

式中　q、q_1——广义变形及产生碰撞力的临界变形 (m)；

　　　$\dot{q}$——变形速度 (m/s)；

　　　k_i——碰撞刚度 (N/m)；

　　　e——碰撞力非线性指数；

　　　$c_{\max}$——碰撞过程中的最大阻尼系数 (N·s/m)；

d——穿透深度（m）。

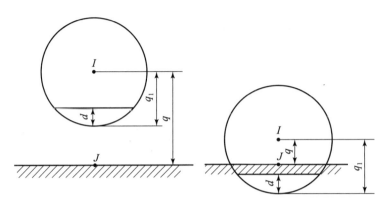

图 10.3.49 碰撞力模型示意图

式（10.3.63）表示当 $q > q_1$ 时，两物体不发生接触，其碰撞力为零；当 $q \leqslant q_1$ 时，表示两物体发生接触，其碰撞力大小与刚度系数、阻尼系数、碰撞力非线性指数，以及穿透深度有关。

碰撞过程中，弹性力分量和阻尼力分量的变化如图 10.3.50 所示，为避免在碰撞的时候阻尼分量突变而使得函数变得不连续，用 STEP 函数来定义阻尼分量与穿透深度的关系。

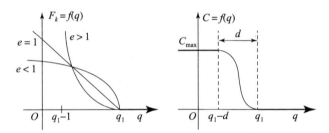

图 10.3.50 碰撞过程中弹性力分量及阻尼力分量的变化

2) 摩擦力

定义摩擦力模型时作如下假设：①摩擦力和接触面积无关；②摩擦力的方向和两物体相对速度方向相反；③摩擦力的大小和两物体之间的法向压力大小成正比。单位压力摩擦力和相对速度之间的关系如图 10.3.51 所示。

3. 履带环模型及其约束

履带是履带车辆的重要组成部分，它用来传递动力及支撑车体。履带与履带之间通过履带销相连接，构成一个闭合的环。对于任意两块履带板通过一个旋转铰接副连接，为此，两块履带板之间通过空间约束方程建立其位置关系，单块履带板以实体建模产生，履带板与驱动轮以链传动方式连接，与其他轮和路面以碰撞关系连接，均以空间约束方程来实现。

驱动轮输入驱动力矩，其特性取决于动力传动装置，诱导轮、负重轮、托带轮均采用实体建模，按仿真软件来定义空间位置及其相互作用。

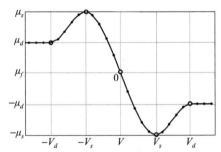

图 10.3.51 单位压力摩擦力和相对速度之间的关系

4. 悬挂系统模型

悬挂系统是连接车身与负重轮的弹性和阻尼元件，用以减缓车辆运动中的面通过履带、负重轮对车体产生的冲击，衰减车体的振动，保障车辆行驶平稳性。模型中用平动弹簧阻尼驱动器和转动弹簧阻尼驱动器等力单元来模拟各种不同结构形式的悬挂系统。

通过配置不同形式的弹簧阻尼器构造出5种悬挂布置形式，如图10.3.52所示。

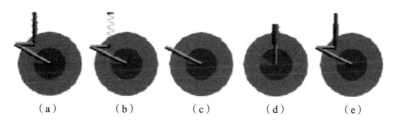

图10.3.52 悬挂系统模型
（a）摆动平衡肘、平动弹簧平动阻尼器悬挂系统；（b）摆动平衡肘、平动弹簧旋转阻尼器悬挂系统；
（c）摆动平衡肘、旋转弹簧旋转阻尼器悬挂系统；（d）平动平衡肘、平动弹簧平动阻尼器悬挂系统；
（e）摆动平衡肘、旋转弹簧平动阻尼器悬挂系统

依据履带车辆悬挂系统的扭杆、减振器、缓冲器及平衡肘结构和特性，定义和选择不同的悬挂部件和连接关系。在建立悬挂系统模型时，需要按照实际连接空间位置将减振器的阻尼等效到弹簧阻尼器上。

5. ADAMS/ATV 履带环整车模型

ADAMS/ATV 履带是以拉格朗日方程法建立起履带车辆系统总体的动力学方程组和约束方程组的，据此，进行多体动力学模型求解和仿真试验。

ATV 工具箱包含车体、主动轮、负重轮、诱导轮、托带轮、履带、履带调整器、悬挂等子模型。每个子模型有多种形式，如负重轮有单缘负重轮和双缘负重轮、履带有单销履带和双销履带、悬挂弹簧有扭杆弹簧和油气弹簧等。建立履带车辆模型时，根据车辆的实际情况，首先选择各个子模型的具体结构，然后根据设计图纸，确定子模型的几何参数、性能参数、安装位置以及联结方式等，组成整车模型。路面谱模型使用 ATV 软件提供的宏命令创建，包括路面的几何形状、摩擦系数等参数。在主动轮上施加转矩或运动学驱动后，就可以实现车辆动力学特性的仿真。仿真时，软件根据模型的参数和相关约束自动建立数学模型，进行求解，并输出模型任意点的位移、速度、加速度，以及零部件之间的相互作用力和转矩等仿真结果。

根据履带车辆系统各部件之间的运动学关系，在 ATV 的仿真环境下，建立了如图10.3.53所示的仿真模型。该模型由车体、两侧履带系统及地面组成。每侧履带系统由一个履带环、一个主动轮、一个诱导轮、4个托带轮、6个负重轮及悬挂装置组成。履带系统各轮与车体的连接简化为铰约束，只能相对于车体做定轴转动；履带环由86块履带板组成，履带与履带连接方式简化为旋转铰约束。地面系统主要描述地面参数，并提供车辆系统的惯性坐标系。该模型由213块刚体组成，包含2个圆柱副（约束4个自由度）、38个旋转副（约束5个自由度）、2个平移副（约束5个自由度）、2个共线副（约束2个自由度）和2个驱动约束（约束2个自由度），模型共有1 064个自由度。

图 10.3.53　基于 ATV 的某型履带车仿真模型

利用 ADAMS/ATV 建立履带车辆多刚体系统动力学模型,精度要求高,参数需求量大。建立模型所需的参数主要可划分为 4 类:几何定位尺寸参数、质量特性参数(质量、质心与转动惯量等)、力学特性参数(刚度、阻尼等)与外界参数(地面谱等)。尺寸参数和大部分的质量特性参数可以通过建立三维数字模型得到,其他参数的获得方法主要有以下几种:图纸查阅法、试验法、计算法、三维实体建模法等,可根据具体实际情况而采用。

10.3.4　整车性能联合仿真模型

EASY5 提供了 ADAMS/ATV 软件的接口,通过接口模型可以实现在两种软件环境下的联合仿真。如图 10.3.54 为 EASY5 与 ADAMS/ATV 联合仿真接口模型图标。EASY5 中的动力传动系统模型和 ADAMS/ATV 中的履带车辆行动部分动力学模型通过各自的求解器按各自设定的算法进行仿真计算,软件之间的同步通过 EASY5 中的模块 ADAMS Interface 及 ADAMS 生成的信息传递文件 .inf 来实现,输入输出变量个数及采样周期需相同。主仿真程序是 EASY5 中的动力传动系统模型。图 10.3.55 为 EASY5 与 ADAMS/ATV 联合仿真工作原理图。

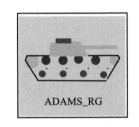

图 10.3.54　接口模型图标

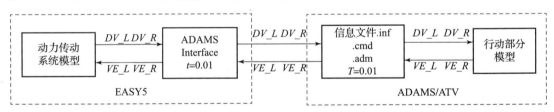

图 10.3.55　EASY5 与 ADAMS/ATV 联合仿真工作原理图

接口模型的设置步骤如下。

(1) 在 ADAMS/ATV 环境下,将主动轮驱动模式设置为 "Torque",创建 4 个状态变量 DV_L、DV_R、VE_L 和 VE_R。DV_L 和 DV_R 为输入状态变量,作为两侧主动轮转矩的输入;VE_L 和 VE_R 为输出状态变量,作为两侧主动轮转速的输出。

(2) 基于 ATV/Control,生成 .inf、.cmd、.adm 文件。.inf 文件包含输入输出的状态变量、静平衡命令等信息;.cmd 文件包含 ADAMS 多体动力学模型各部件的相互拓扑结构信息;.adm 文件包含多体动力学模型各部件参数信息。

（3）在 EASY5 环境下，利用 EASY5 的接口模型，引入信息交换文件.inf，将 EASY5 动力传动系统模型与 ATV 多刚体动力学模型结合起来，实现两者的联合仿真。

应用 EASY5 与 MATLAB/SIMULINK 集成的全程调速柴油机模型、EASY5 环境下的传动系统模型及基于 ATV 的履带车辆行动系统模型，建立了如图 10.3.56 所示的履带车辆推进系统一体化动力学联合仿真模型。主仿真程序是 MATLAB/SIMULINK 模型，EN 为发动机模型，HMT 为液力机械传动系统模型，GS 为换挡操纵模型，ADAMS_RG 为 EASY5 与 ATV 的接口模型。

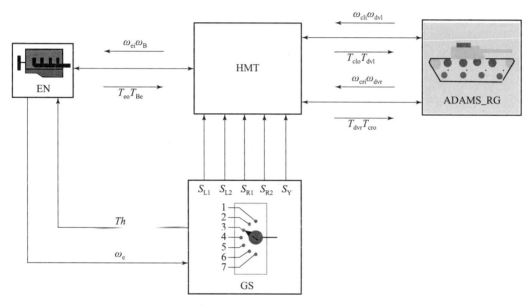

图 10.3.56 液力机械传动系统履带车辆联合仿真模型

10.3.5 联合仿真与试验分析

利用联合仿真模型既可完成车辆动力、传动、行动部件的性能分析，又可对整车机动性、平顺性、通过性等进行仿真试验，由于模型复杂，因此在仿真前还要进行必要的实车试验验证和校核。

1. 车辆起步过程仿真分析

该履带车辆具有 7 个前进挡位，在液力工况下除了可用 1 挡和 2 挡起步外，在一些路面还可能利用 3 挡起步以达到良好的加速性能。

路面特性：硬质路面，路面刚度系数为 $k = 2.0\mathrm{E}+007$ N/m，阻尼系数为 $c = 3.0\mathrm{E}+005$ N·s/m，纵向和横向动摩擦系数为 $\mu = 0.7$，坡度为 0。车辆分别以 1、2、3 挡液力工况起步，换挡离合器油压控制特性相同。

图 10.3.57 ~ 图 10.3.62 分别为 1 挡、2 挡和 3 挡起步时换挡离合器的摩滑功率特性曲线和摩擦转矩特性曲线。对比 1 挡、2 挡和 3 挡起步时的计算结果，在相同的地面条件、发动机油门开度和换挡离合器油压控制特性条件下，随着起步挡位的提高，离合器和制动器的结合时间、摩滑功率及摩擦转矩随之增加，特别在利用 3 挡起步时，离合器 C3 和制动器 C6 在摩滑的初始阶段产生很大的转矩冲击，这种冲击又导致了摩滑的加剧。

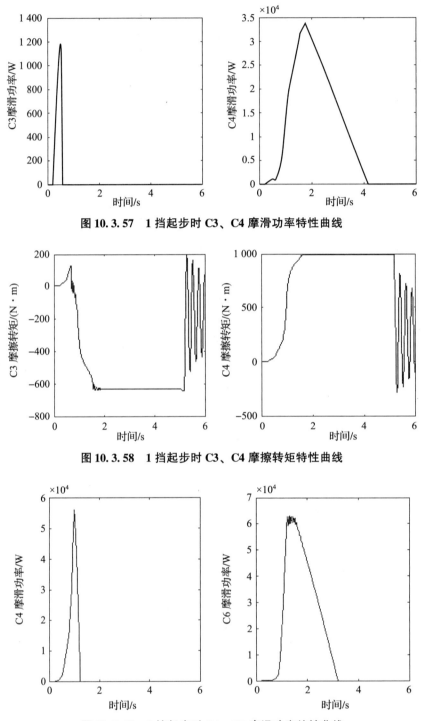

图 10.3.57 1 挡起步时 C3、C4 摩滑功率特性曲线

图 10.3.58 1 挡起步时 C3、C4 摩擦转矩特性曲线

图 10.3.59 2 挡起步时 C4、C6 摩滑功率特性曲线

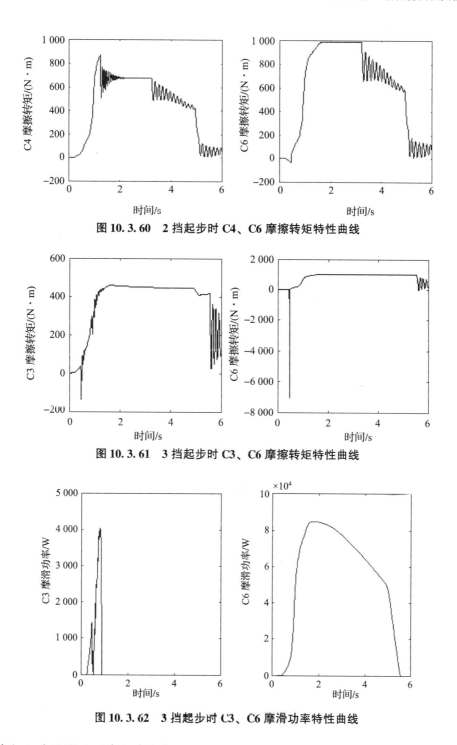

图 10.3.60 2 挡起步时 C4、C6 摩擦转矩特性曲线

图 10.3.61 3 挡起步时 C3、C6 摩擦转矩特性曲线

图 10.3.62 3 挡起步时 C3、C6 摩滑功率特性曲线

2. 车辆加速性影响因素仿真分析

履带车辆的加速能力,通常以其从起步到加速至 32 km/h 所需要的时间来评价。对于加速性能优异的车辆,加速时间仅为 6 s 左右。

1) 路面特性

本书选取 C 级路面和 D 级路面来仿真分析车辆在不同路面特性的加速性。

C 级路面特性：路面刚度系数为 $k = 2.0 \times 10^7$ N/m，阻尼系数为 $c = 3.0 \times 10^5$ N·s/m，纵向和横向动摩擦系数为 $\mu = 0.73$，坡度为 0。

D 级路面特性：路面刚度系数为 $k = 2.0 \times 10^7$ N/m，阻尼系数为 $c = 3.0 \times 10^5$ N·s/m，纵向和横向动摩擦系数为 $\mu = 0.75$，坡度为 0。

图 10.3.63 为不同路面特性时仿真计算的加速性比较。如图，液力工况 2 挡起步时车辆在 C 级路面上的加速时间为 $t_{32} = 16.8$ s，在 D 级路面上加速时间为 $t_{32} = 17.65$ s。地面阻力对车辆加速性的影响主要在第二阶段和第三阶段。地面阻力越大，车辆在加速第二阶段加速度越小，车辆的平均速度降低，加速第三阶段减速度越大，越不易换挡。因此，车辆应选择较为平坦的地段换挡。

2）换挡工况

路面特性：B 级路面，路面刚度系数为 $k = 2.0 \times 10^7$ N/m，阻尼系数为 $c = 3.0 \times 10^5$ N·s/m，纵向和横向动摩擦系数为 $\mu = 0.71$，坡度为 0。

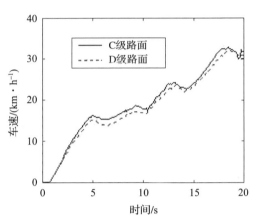

图 10.3.63　不同路面加速性比较

图 10.3.64 ~ 图 10.3.66 为仿真计算 2 挡起步液力工况与机械工况车辆加速特性比较、C4 摩滑功及摩滑功率比较。液力工况时，车辆加速时间为 $t_{32} = 15.02$ s；机械工况时，车辆加速时间为 $t_{32} = 15.49$ s。该车液力工况的加速性能要好于机械工况的加速性能。而且，液力工况时的换挡离合器摩滑功率及摩滑功远远小于机械工况。如图 10.3.65、10.3.66 所示，液力工况制动器 C4 最大摩滑功率为 0.89×10^5 W，最大摩滑功为 8.67×10^3 J，而机械工况制动器 C4 最大摩滑功率为 2.75×10^5 W，最大摩滑功为 3.895×10^4 J。

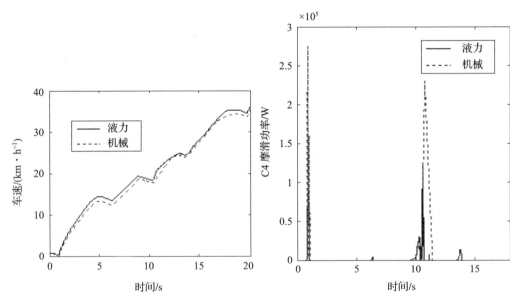

图 10.3.64　不同起步、换挡工况加速性比较　　图 10.3.65　C4 摩滑功率特性

在换挡阶段，液力变矩器解锁，随着车速的降低，涡轮转速 n_T 减小，涡轮转矩 T_T 自动增加，因此减少了换挡阶段换挡离合器的摩滑时间。

机械换挡加速到 32 km/h 的时间大于液力换挡，且其换挡冲击大，摩擦元件摩滑时间长；而液力元件具有吸振、减振作用，能够降低传动装置中的动载负荷，因而换挡过程中冲击小，摩滑时间短，有利于提高换挡离合器的可靠性和使用寿命。

3) 起步工况

路面特性为 B 级路面。图 10.3.67 为仿真计算 2 挡液力工况起步与 3 挡液力工况起步车辆加速特性比较。2 挡液力工况起步车辆加速时间为 $t_{32}=15.02$ s，3 挡液力工况起步车辆加速时间为 $t_{32}=12.3$ s。在车辆加速至 5 s 以前，3 挡起步的车辆速度略低于 2 挡起步的车辆速度；5 s 以后，3 挡起步的车辆速度远高于 2 挡起步的车辆速度。这主要由于在低速阶段，2 挡起步时车辆动力因数较大，加速第二阶段车辆的加速时间小于 3 挡起步的车辆加速时间。但是，2 挡起步车辆加速第二阶段终了车速为 $v_2=15.89$ km/h，而 3 挡起步车辆加速第二阶段终了车速为 $v_3=18.5$ km/h，此时 3 挡起步车辆的初速度要大于 2 挡起步车辆的初速度，因而大大减少了加速时间。因此，在良好路面情况下，只要换挡离合器主、被动摩擦片不致因打滑时间过长而使其过热，应选择高挡起步，总加速时间因提高加速第二阶段终了时车辆初速度和减少换挡次数而减小。

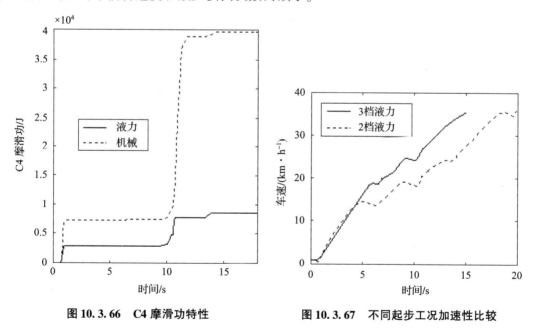

图 10.3.66　C4 摩滑功特性　　　　图 10.3.67　不同起步工况加速性比较

3. 平顺性仿真分析

车辆以 2 挡液力工况起步分别在 C 级路面和 D 级路面加速至 5 挡最大速度。图 10.3.68 和图 10.3.69 分别为车辆加速过程中驾驶员位置和左侧第一负重轮的垂向加速度时域变化特性。由图可知，C 级路面驾驶员位置最大垂向加速度为 1.58 m/s²，最小为 −1.86 m/s²；D 级路面驾驶员位置最大垂向加速度为 3.65 m/s²，最小为 −4.13 m/s²；C 级路面左侧第一负重轮的最大垂向加速度为 24.5 m/s²，最小为 −26 m/s²；D 级路面第一负重轮的最大垂向加速度为 56.5 m/s²，最小为 −39.3 m/s²。由于路面不平度的影响，D 级路面上车辆驾驶员位置和左侧第一负重轮的垂向加速度大于 C8 级路面上车辆垂向加速度，特别是在高挡阶段（4 挡和 5 挡）尤其明显。

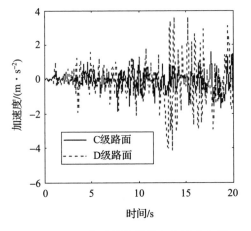
图 10.3.68　驾驶员位置垂向加速度比较

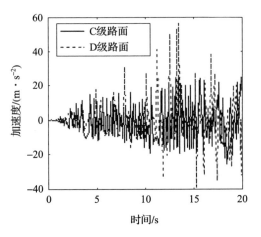
图 10.3.69　左侧第一负重轮垂向加速度比较

参考练习题

第1章

1.1 以汽车或坦克的垂向、纵向或横向动力学的分系统为实例,要求用方框图表示系统的组成,并说明其中的实体、属性和活动。

1.2 说明连续系统和离散事件系统在变量特点、数学描述形式、分析方法及仿真方法等方面的主要区别。

1.3 按仿真系统结构的不同,可将仿真系统分为几种类型?在车辆驾驶模拟器系统中需给驾驶员提供包含哪些内容的仿真环境?

1.4 描述系统的微分方程为

$$\dddot{y}(t) + 5\ddot{y}(t) + 8\dot{y}(t) + 4y(t) = 2\dddot{u}(t) + 10\ddot{u}(t) + 17\dot{u}(t) + 11u(t)$$

已知 y,u 及其各阶导数初始值为0,试将其转换成状态空间表达式。

1.5 已知系统微分方程为

$$\frac{d^3y}{dt^3} + 7\frac{d^2y}{dt^2} + 12\frac{dy}{dt} = \frac{d^2u}{dt^2} + 3\frac{du}{dt} + 2u$$

$$y(0) = \dot{y}(0) = \ddot{y}(0) = 1, u(0) = 2, \dot{u}(0) = 4$$

试将其转换为状态空间表达式,并求出状态变量的初值。

1.6 系统传递函数为

$$G(s) = \frac{s^2 + 3s + 2}{s^3 + 7s^2 + 10s + 12}$$

试求可控标准型和可观标准型实现。

1.7 已知系统状态空间方程为

$$\begin{bmatrix} \dot{x}_1 \\ \dot{x}_2 \\ \dot{x}_3 \end{bmatrix} = \begin{bmatrix} -1 & 0 & 0 \\ 0 & -2 & 0 \\ 0 & 0 & -3 \end{bmatrix} \begin{bmatrix} x_1 \\ x_2 \\ x_3 \end{bmatrix} + \begin{bmatrix} 3 \\ -6 \\ 3 \end{bmatrix} u$$

求其对应的离散系统矩阵 $\boldsymbol{\Phi}(T)$、$\boldsymbol{\Psi}_m(T)$。

1.8 如题1.8图所示,求出 $G(s) = \dfrac{2}{s^2 + 3s + 2}$ 对应的差分方程。

1.9 已知闭环系统 $G(s) = \dfrac{1}{s(s+2)}$。

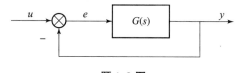

题1.8图

（1）求出 $\Phi(t)$、$\Phi_m(t)$，列出求解 $y(t)$ 的差分方程。

（2）在环节入口 e 处加虚拟采样器及零阶保持器，求出开环的脉冲传递函数 $W(z)$，并列出求解 $y(t)$ 的差分方程。

（3）在系统入口 u 处加虚拟采样器及零阶保持器，求出开环的脉冲传递函数 $G(z)$，并列出求解 $y(t)$ 的差分方程。

1.10 如题 1.10 图所示，求系统的连接矩阵 w_1 及输入矩阵 w_0，其中方框内的数字表示环节的编号。

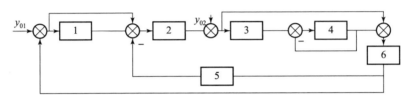

题 1.10 图

1.11 已知一采样控制系统如题 1.11 图所示，其中

$$D_1(z) = \frac{381.52(1 + 0.667z^{-1} - 0.333z^{-2})}{1 - 0.6944z^{-1} + 0.118z^{-2}}$$

$$D_2(z) = \frac{0.006387(1 - 0.75z^{-1} + 0.06z^{-2})}{1 - 0.2z^{-1} + 0.1z^{-2}}$$

上机计算，当 $R = 0.0125 \cdot 1 \cdot (t)$，$T = 0.0125$ s 时，系统的动态响应。

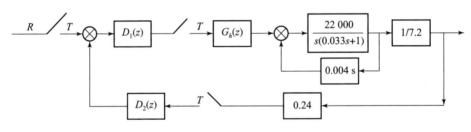

题 1.11 图

1.12 谈一谈你对 VV&A 的定义、过程和原则的理解，说明在你所做的建模与仿真项目中涉及哪些 VV&A 问题，哪些工作属于 VV&A 技术范畴。

第 2 章

2.1 设一微分方程 $\dot{y} + y^2 = 0$，初始条件为 $y(0) = 1$，试编写一程序用欧拉法求其数值解。

2.2 已知 $T\dot{y} + y = ku$，试用欧拉法和改进欧拉法写出解的差分方程，并讨论：步长应选在什么范围？若选得比 $2T$ 大，将会产生什么结果？说明原因。

2.3 已知 $\dfrac{dy}{dx} = x + y$，$x = 0$ 时，$y = 1$，取计算步长 $h = 0.1$，试用欧拉法、梯形法和 4 阶龙格–库塔法求 $x = 2h$ 时的 y 值，并将求得的 y 值与精确解 $y(x) = 2e^x - 1 - x$ 比较，说明差异原因。

2.4 已知一单位反馈系统，其开环传递函数为
$$G(s) = \frac{10}{s(s+1)(0.5s+1)}$$
输入为阶跃信号，$u(t) = 1(t)$，试用 4 阶龙格 – 库塔法编写一个程序，对该系统进行仿真。

2.5 分别用欧拉法、2 阶和 4 阶龙格 – 库塔法计算系统
$$G(s) = \frac{100(5s+1)}{(10s+1)(s+1)(0.15s+1)}$$
在阶跃函数下的过渡过程。

（1）选择相同的步长 $h = 0.05$，试比较计算结果。

（2）选择不同的步长：欧拉法 $h = 0.001$，2 阶龙格 – 库塔法 $h = 0.01$，4 阶龙格 – 库塔法 $h = 0.05$，试比较计算结果。

2.6 已知 $D(s)$ 为 PID 调节器传递函数，$D(s) = \frac{u(s)}{e(s)} = K_p \frac{1 + T_i s + T_d T_i s^2}{T_i s}$，其中 T_i 为积分时间常数，T_d 为微分时间常数，K_p 为比例系数，求该调节器的差分方程。

2.7 试用 C 语言编制一个函数，对题 2.7 图所示的非线性环节进行仿真。

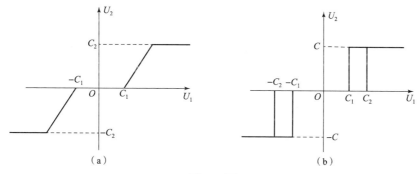

题 2.7 图

2.8 用 2 阶显式吉尔法预报，再用 2 阶吉尔法校正，对如下方程进行仿真。
$$\frac{d\boldsymbol{X}}{dt} = \begin{bmatrix} -21 & 19 & -20 \\ 19 & -21 & 20 \\ 40 & -40 & 40 \end{bmatrix} \begin{bmatrix} x_1 \\ x_2 \\ x_3 \end{bmatrix}, \boldsymbol{X}(t_0 = 0) = \begin{bmatrix} 1 \\ 0 \\ -1 \end{bmatrix}$$

2.9 实验题目：面向方程的数值积分方法仿真。

1）实验目的

用龙格 – 库塔法解微分方程，培养编写仿真程序的能力，学习并了解数值积分法的原理及应用，加深理解 4 阶龙格 – 库塔法的原理及其稳定域。

2）实验内容

编写仿真程序，对如下系统进行仿真。

（1）线性系统：
$$\begin{bmatrix} \dot{x}_1 \\ \dot{x}_2 \\ \dot{x}_3 \end{bmatrix} = \begin{bmatrix} -2 & 1 & 0 \\ 0 & -2 & 1 \\ -6 & 0 & 0 \end{bmatrix} \begin{bmatrix} x_1 \\ x_2 \\ x_3 \end{bmatrix} + \begin{bmatrix} 0 \\ 0 \\ 6 \end{bmatrix} u$$

$$\begin{bmatrix} x_1(0) \\ x_2(0) \\ x_3(0) \end{bmatrix} = \begin{bmatrix} 0 \\ 0 \\ 0 \end{bmatrix}, u = 1 \cdot (t)$$

（2）非线性系统：

$$\begin{cases} \dot{x}_1 = x_1(1-x_2^2) - x_2 \\ \dot{x}_2 = x_1 \end{cases}$$

（3）将仿真模型改为自己所选择的模型，并用不同的状态初值和仿真步长实验。

3）实验要求

（1）根据实验内容，编写仿真程序，计算出系统状态轨迹和输出响应。

（2）写出实验报告，分析实验中出现的问题和现象，得出结论。

（3）写出实验报告，分析仿真结果。

第 3 章

3.1 试用 MATLAB 软件编制生成八级路面和正弦起伏路面（振幅为 0.2 m，波长为 5 m）的时域数学模型和程序。

3.2 设车速 $u = 20$ m/s，路面不平度系数 $G_q(n_0) = 2.56 \times 10^{-8}$ m^3，参考空间频率 $n_0 = 0.1$ m^{-1}。画出路面垂直位移的功率谱 $G_q(f)$、速度功率谱 $G_{\dot{q}}(f)$、加速度功率谱 $G_{\ddot{q}}(f)$ 的谱图。画图时要求用双对数坐标，选好坐标刻度值，并注明单位。

3.3 设车身-车轮二自由度汽车模型，其车身部分固有频率 $f_0 = 2$ Hz，行驶在 $\lambda = 5$ m 的水泥接缝路上，求引起车身部分共振时的车速 u_a(km/h)。该汽车车轮部分的固有频率 $f_t = 10$ Hz，在砂石路上常用车速为 30 km/h。问车轮部分共振时，车轮对路面作用的动载所形成的搓板路的波长 λ 是多少？

3.4 分别画出汽车简化为单自由度、双自由度和 7 自由度的振动模型。

3.5 分析汽车质量（空载和满载）对其固有振动频率和振幅的影响，列出表达式；分析货车在满载和空载时的平顺性有何不同；分析货车悬架变刚度的必要性。

3.6 把汽车简化为单自由度线性模型时，已知：$m_2 = 338$ kg，$K = 41\ 160$ N/m，$c = 1\ 813$ N/(m·s)。试求：

（1）无阻尼振动的固有频率 ω_0 和阻尼比 ξ；

（2）共振时，系统幅频特性值 $\left|\dfrac{z}{q}\right|_{\lambda=1}$；

（3）若路面输入速度谱密度 $G_{\dot{q}}(f) = 2 \times 10^{-7}$ (m/s)^2·Hz^{-1}，求共振时的车身加速度。

3.7 试分析汽车简化为车身-车轮两自由度的振动系统后，阻尼比 ξ、质量比 μ、固有圆频率 ω 和刚度比 γ 的变化对行驶平顺性的影响。

3.8 上机计算作业（报告应包括题目、计算说明、程序清单、结果分析）。

车身-车轮双质量系统参数：$f_0 = 1.5$ Hz，$\xi = 0.25$，$\gamma = 9$，$\mu = 10$。人体-座椅系统参数：$f_s = 3$ Hz，$\xi_s = 0.25$，车速 $u = 20$ m/s，路面不平度系数 $G_q(n_0) = 2.56 \times 10^{-8}$ m^3，参考空间频率 $n_0 = 0.1$ m^{-1}。计算时取步长 $\Delta f = 0.2$ Hz，计算频率点数 $N = 180$。

（1）计算并画出幅频特性曲线 $|z_1/q|$、$|z_2/z_1|$、$|p/z_2|$ 和均方根值谱 $\sqrt{G_{\ddot{z}_1}(f)}$、

$\sqrt{G_{\ddot{z}_2}(f)}$、$\sqrt{G_a(f)}$ 的谱图，进一步计算 $\sigma_{\ddot{q}}$、$\sigma_{\ddot{z}_1}$、$\sigma_{\ddot{z}_2}$、σ_a、α_W、L_{aw} 值随 f_s、ξ_s 的变化。

(2) 改变人体－座椅系统参数，$f_s = 0.25 \sim 3$ Hz，$\xi_s = 0.125 \sim 0.5$，分析 α_W、L_{aw} 值随 f_s、ξ_s 的变化。

(3) 分别改变车身－车轮双质量系统参数，$f_0 = 0.25 \sim 3$ Hz，$\xi = 0.125 \sim 0.5$，$\gamma = 4.5 \sim 18$，$\mu = 5 \sim 20$。绘制 $\sigma_{\ddot{z}_2}$、σ_{fd}、$\sigma_{Fd/G}$ 3 个响应量均方根值随以上 4 个系统参数变化的曲线。

3.9 题 3.9 图为一简化后的汽车双轴振动模型（忽略阻尼效应）。集中质量 m_A、m_B、m_C 按静力定销关系计算获得，即 $m_A + m_B + m_C = m$，$am_A - bm_B = 0$，$a^2 m_A + b^2 m_B = \rho_y^2 m$，$m$ 为汽车总质量。

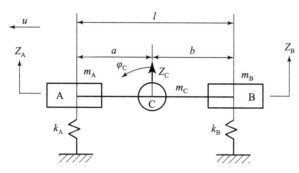

题 3.9 图

(1) 如果取 (z_A, z_B) 为坐标系统，试导出该汽车无阻尼自由振动的运动方程组。

(2) 在 (z_A, z_B) 坐标下，试证明该车双轴振动模型的两个独立固有频率分别为 $\omega_A^2 = \dfrac{k_A l^2}{m(b^2 + \rho_y^2)}$、$\omega_B^2 = \dfrac{k_B l^2}{m(a^2 + \rho_y^2)}$。

(3) 若以质心 C 为坐标系 (z_C, φ_C) 原点，试建立相应的动力学系统的运动方程式。

(4) 若以前部 A 为坐标系 (z_A, φ_A) 原点，试建立相应的动力学系统的运动方程式。

(5) 以质心 C 作为参考点来考察汽车的垂直与俯仰运动，找到惯性解耦的设计参数，已知该汽车悬架质量分配系数 $\varepsilon = 1 - \dfrac{\rho_y^2}{ab} = 0$，以及 $a = 4l/7$，$b = 3l/7$，$k_A = k$ 和 $k_B = 4k/3$，试求该系统的固有频率，并说明其有何特点。

3.10 试分析车辆弹性元件、阻尼元件、轮胎的垂向动力学模型及其影响因素？

3.11 将汽车简化为两自由度振动系统。已知：该车悬挂质量 $m_2 = 1\,028$ kg，非悬挂质量 $m_1 = 124$ kg，悬架刚度 $K = 80.8$ kN/m，轮胎刚度 $K_t = 508$ kN/m。该车以 $U = 36$ km/h 的速度在随机路面上等速行驶。求：(1) 最容易引起车身振动和车轮振动的相应路面波长 λ_1、λ_2 各为多少？(2) 该车悬架对这两种路面是起放大作用还是起衰减作用？为什么？(3) 该车悬架能否保证对人体垂直振动最敏感频率范围内的振动起衰减作用？

第 4 章

4.1 分别写出汽车和坦克直线行驶的运动方程，并比较其不同之处。

4.2 说明车辆直线行驶需要满足的动力和附着条件，以及发动机牵引力、行驶牵引力和附着牵引力之间的关系。

4.3 何为汽车的附着率？试比较前驱、后驱和四驱车辆的驱动附着率，并说明其优劣。

4.4 何为汽车的制动附着率？理想制动力的分配原则是什么？

4.5 试绘制切向力图，并说明其在汽车驱动和制动性能分析时的特点与用途。

4.6 试计算某前轮驱动车辆由于附着条件限制的加速性能，该轿车的参数如题4.6表所示。

题4.6表

参数	数值	参数	数值
总重量/N	13 795	附着系数	0.62
前轴载荷/N	8 678	主减速器传动比	3.70
后轴载荷/N	5 117	轮胎半径/m	0.32
质心高/mm	483	前悬架侧倾刚度/[N·m·(°)$^{-1}$]	130
轴距/mm	2 667	前悬架侧倾刚度/[N·m·(°)$^{-1}$]	84
轮距/mm	1 524		

4.7 统计数据表明，装有0.5~2 L排量发动机的轿车，若是前置发动机前轮驱动（F.F.）轿车，其平均的前轴负荷为汽车总重力的61.5%；若是前置发动机后轮驱动（F.R.）轿车，其平均的前轴负荷为汽车总重力的55.7%。设某轿车的轴距$L = 2.6$ m，质心高度$h = 0.57$ m。试比较采用F.F.和F.R.型式时的附着力利用情况，分析时其前轴负荷率取相应型式的平均值。确定上述F.F.型轿车在$\varphi = 0.2$及0.7路面上的附着力，并求由附着力所决定的极限最高车速与极限最大爬坡度及极限最大加速度（在求最大爬坡度和最大加速度时，可设$F_W = 0$）。其他有关参数为，$m = 1 600$ kg，$C_D = 0.45$，$A = 2.00$ m^2，$f = 0.02$，$\delta = 1.00$。

4.8 如果你想买一部微型旅行车牵引你的船和拖车外出，如题4.8图所示，在湖边度过周末。虽然你很喜欢新式的前驱动旅行车，但你不确定它是否能将你的船通过陡峭的斜坡从水中拖上来。车辆的参数如题4.8表所示。当路面附着系数为0.3时，分别计算出这辆车车轮没有发生滑转的情况下，前轮驱动、后轮驱动和四轮驱动3种情况下的最大爬坡度。

计算中假定纵向加速度为0，忽略滚动阻力，并假设船已经脱离水面，因此没有浮力的作用，$\sin \theta = \theta$，$\cos \theta = 1$，$L = b + c$（旅行车轴距）；$L_t = e + f$（拖钩到拖车车轮的距离），$S = W_b/W$（船和拖车与汽车的重力比）。分别以旅行车和小船/拖车为分离体分析受力。

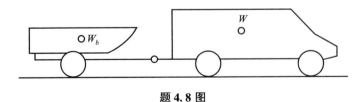

题4.8图

题 4.8 表

旅行车参数	数值	小船/拖车组合参数	数值
前轴重量/N	6 764	总重/N	5 340
后轴重量/N	5 118	拖钩负载/N	1 112
质心高度/mm	622	拖钩到拖车车轮距离/mm	2 794
拖钩高度/mm	356	质心高度/mm	889
拖钩距后轮距离/mm	584		
轴距/mm	3 048		

4.9 某汽车在初始车速 u_0 开始制动,假定其有效制动过程为制动增强和制动持续两个阶段,如题4.9图所示。(1) 该车在水平良好路面上采取制动,试推导出制动距离的计算公式。(2) 该车在附着系数 $\varphi=0.8$ 的路面上直线行驶,从初始车速80 km/h 开始制动,假定 $t_1=0.5$ s,试求制动距离。

4.10 某汽车的轮距 $B=1.7$ m,质心高度 $h_g=1.3$ m,试分析该车在道路侧向附着系数 $\varphi=0.7$ 的横坡上行驶时,若坡度较大,是先侧翻还是先侧滑?

4.11 一辆汽车的质心至前轴的水平距离 $a=2.8$ m,质心至后轴的水平距离 $b=1.2$ m,质心高度 $h_g=1.0$ mm,制动力分配系数 $\beta=0.04$。

(1) 求该车的同步附着系数。

(2) 当该车在附着系数为0.2的路面上制动时,在前轴抱死的一瞬间,汽车的制动强度是多少?

(3) 当该车在附着系数为0.2的路面上制动时,在前轴抱死的一瞬间,后轴的利用附着系数是多少?

(4) 当这辆车在附着系数为0.7的路面上制动时,哪一轴先抱死?为什么?

4.12 汽车制动时后轮抱死拖滑有发生侧滑的危险,请问哪些干扰因素可造成后轴侧滑?

4.13 简述汽车防抱死系统(ABS)的作用及其优点,说明为什么能获得这些优点。

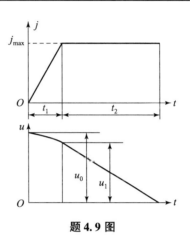

题 4.9 图

第 5 章

5.1 有一汽车的总重为20 100 N,$L=3.2$ m,静态时前轴载荷占55%,后轴载荷占45%,$k_1=-38\,920$ N/rad,$k_2=-38\,300$ N/rad,求该车的稳态转向特性和特征(或临界)车速。

5.2 何谓汽车的操纵稳定性?试分析说明为什么希望汽车的稳态转向特性具有适度的不足转向特性为好?已知某 4×2 小客车前、后轮为单胎,总质量为2 010 kg,轴距 L 为

3.2 m，前轴载荷为53.5%，每个前轮胎的侧偏刚度为 $-38\ 142$ N/rad，每个后轮胎的侧偏刚度为 $-37\ 485$ N/rad，试确定该车的稳态转向特性是哪种性质？如果该车以36 km/h的速度、转向盘转角为330°做定圆周匀速行驶时，求此时汽车的横摆角速度是多少？已知转向系统的总传动比 $i=22$，悬架系统的侧倾影响不予考虑。

5.3 二自由度轿车模型的有关参数如题5.3表所示。

题5.3表

轿车参数	数值
总质量 m/kg	1 818.2
绕 Oz 轴转动惯量 $I_Z/(\text{kg}\cdot\text{m})$	3 885
轴距 L/m	3.048
质心距前轴距离 a/m	1.463
质心距后轴距离 b/m	1.585
前轮总侧偏刚度 $k_1/(\text{N}\cdot\text{rad}^{-1})$	$-62\ 618$
后轮总侧偏刚度 $k_2/(\text{N}\cdot\text{rad}^{-1})$	$-110\ 185$
转向系统总传动比 i	20

试求：

(1) 稳定性因数 K、特征车速 u_{ch}。

(2) 稳态横摆角速度增益曲线 $\left(\dfrac{\omega_r}{\delta}\right)_s - \mu_a$、车速 $u=22.35$ m/s 时的转向灵敏度 $\dfrac{\omega_r}{\delta_{\text{sw}}}$。

(3) 静态储备系数SM，侧向加速度为0.4 g时的前、后轮侧偏角绝对值之差 $\alpha_1-\alpha_2$ 与转弯半径的比值 R/R_0（$R_0=15$ m）。

(4) 车速 $u=30.56$ m/s 时，瞬态响应的横摆角速度波动的固有（圆）频率 ω_0、阻尼比 ξ、反应时间 τ 及峰值反应时间 ε。

5.4 已知汽车的 $B=1.8$ m，$h_g=1.15$ m，横坡度角为10°，$R=22$ m，求汽车在此圆形跑道上行驶，不发生侧翻的最大车速是多少（设附着系数足够大）？

5.5 汽车转向的稳态响应可由横摆角速度增益来表征，即

$$\left(\dfrac{\omega_r}{\delta}\right)_s = \dfrac{u}{L(1+Ku^2)} \quad K=\dfrac{m}{L^2}\left(\dfrac{b}{k_1}-\dfrac{a}{k_2}\right)$$

式中，K 为稳定性因数。试用上式作如下分析：

(1) 装载后汽车重心后移，对汽车转向特性有何影响？
(2) 前轮充气气压高于标准气压，对汽车转向特性有何影响？
(3) 在侧向力作用下，后轴左右车轮载荷变化很大，对汽车转向特性有何影响？
(4) 后轮气压低于标准气压，对汽车转向特性有何影响？

5.6 设汽车质量 $m=1\ 400$ kg，前后轮的侧偏刚度 k_f、k_r 为 $-25\ 000$ N/rad，前、后车轴距质心的距离为1.35 m，转向系统绕主销的等效弹性系数为9 000 N·m/rad，轮胎拖距

$\xi = 50$ mm，并假定汽车横摆转动惯量为 $I = ml_f l_r$。试求：

（1）不考虑转向系统刚度影响时的汽车稳定性因数 K。

（2）考虑转向系统刚度影响时的汽车稳定性因数 K。

（3）不考虑转向系统刚度影响时（$e=1$），若定义静态储备系数为 $SM = \dfrac{l_f k_f - k_r l_r}{l(k_f + k_r)}$，则 SM 的大小与汽车转向有什么关系？$SM = -0.03$ 时的理论稳定极限速度是多少？

（4）试绘出 $SM = 0.03$、0、-0.03 时车辆做匀速圆周运动的车速 u 与 ω_r/δ、$(1/R)\delta$ 的关系曲线。

（5）试求 $SM = 0.03$，$u_a = 60$ km/h 时车辆运动的固有频率 ω_0 和阻尼系数 ξ。

（6）等效换算到转向主销的转向盘转动惯量 I_h 应如何取值，才能保证即便驾驶员撒手，汽车也能始终保持行驶稳定性而不受行驶速度的影响？

5.7 基于2自由度的操纵稳定性模型，推导出用质心侧偏角、横摆角速度、侧向加速度等表示稳态特性评价与瞬态特性评价的动力学方程式。

（1）在时域内给出其响应，分析汽车的使用与结构等因素对汽车操纵稳定性的影响。

（2）在频域内给出其响应，分析汽车的使用与结构等因素对汽车操纵稳定性的影响。

5.8 汽车重 20 kN，轴距 279 cm，质心在前轴后 127 cm，前轴安装子午线轮胎，每个轮胎的侧偏刚度为 45.9 kN/rad，而后轴安装斜交轮胎，每个轮胎的侧偏刚度为 33.1 kN/rad。确定车辆是中性转向、不足转向还是过度转向，并确定相应的特征车速或临界车速的大小。

第 6 章

6.1 试建立考虑滑转滑移的履带车辆均匀转向动力学模型，分析车辆结构及地面参数对车辆转向性能的影响，以及与不考虑滑转滑移模型的比较。

6.2 试分析转向阻力系数的计算方法和影响因素？并说明平地均匀转向条件和转向灵活性判据的含义。

6.3 试建立履带车辆纯上坡转向、纯下坡转向、侧倾坡向上转向和侧倾坡向下转向时的坦克转向动力学模型，并分析转向牵引力、制动力的变化情况。

6.4 试建立斜坡转向、高速平地转向时的坦克转向动力学模型，并分析转向牵引力、制动力的变化情况，以及侧翻和侧滑的条件。

6.5 试建立坦克下坡反转向的转向动力学模型，并分析转向牵引力、制动力的变化情况，说明反转向条件和应对措施。

6.6 若已知某履带车辆相关参数 $W = 36$ t，$L = 3.8$ m，$B = 2.6$ m，在 $f = 0.07$，$\mu_{max} = 0.80$ 的水平地面上匀速转向，如果测得转向半径为 $R = 2B$，试计算高速侧履带上的牵引力 P_2；如果附着系数 $\varphi = 0.50$ 且转向半径为 $R = 2B$，试问此时车辆能否实现均匀转向？

第 7 章

7.1 简要说明如何从动力传动部件选型上提高车辆的加速性？并说明理由。

7.2 题 7.2 图为一具有 4 挡变速器的汽车的动力特性图，利用此图来说明：

（1）该汽车的最高车速；

（2）该汽车的爬坡度（假定附着条件充分）。

7.3 一汽车总重 20.02 kN，轴距 279.4 m，重心在前轴后 127 cm，距地高 50.8 cm，正面迎风面积 2.32 m²，空气阻力系数 0.45，滚动阻力系数 $f = 0.015 + 0.01 \times 10^{-7} v^2$，轮胎滚动半径 33 cm，道路附着系数 0.8。车辆发动机外特性如题 7.3 表所示，1 挡传动比为 4，2 挡传动比为 2.4，3 挡传动比为 1.47，4 挡传动比为 1 的变速箱和减速比为 2.91 的主传动，总传动效率为 0.88，试计算：

（1）车辆在 20% 纵坡上行驶，如前轴驱动时，由附着条件所限制的最大车速是多少？

（2）车辆分别在水平路面和 20% 纵坡上行驶，如后轴驱动时，由附着条件所限制的最大车速是多少？由发动机动力决定的最大车速是多少？车辆的实际最大车速是多少？

（3）车辆在 20% 坡地上行驶，如四轮驱动时，由附着条件所限制的最大车速是多少？对比前驱与后驱请说明四驱的优点。

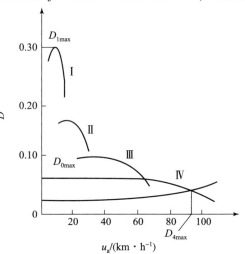

题 7.2 图

题 7.3 表

转速/(r·min⁻¹)	500	1 000	1 500	2 000	2 500	3 000	3 500	4 000	4 500
扭矩/(kN·m)	320	365	400	410	395	350	300	250	200

7.4 已知某轻型货车的汽油发动机使用外特性的 $T_{tq} - n$ 曲线的拟合公式为

$$T_{tq} = -19.313 + 295.27\left(\frac{n}{1\,000}\right) - 165.44\left(\frac{n}{1\,000}\right)^2 + 40.874\left(\frac{n}{1\,000}\right)^3 - 3.8445\left(\frac{n}{1\,000}\right)^4$$

T_{tq} 为发动机转矩（N·m），n 为发动机转速（r/min）。

该车的其他基本参数如题 7.4 表（1）所示，变速器传动比如题 7.4 表（2）所示，确定该轻型货车的动力性能（货车可装用 4 挡或 5 挡变速器，任选其中的一种进行整车性能计算）。

题 7.4 表（1）

参数	数值	参数	数值
装载质量/kg	2 000	飞轮转动惯量 I_f/(kg·m²)	0.218
整车整备质量/kg	1 800	二前轮转动惯量 I_{W1}/(kg·m²)	1.798
总质量/kg	3 880	四后轮转动惯量 I_{W2}/(kg·m²)	3.598
车轮半径/m	0.367	变速器	4 挡/5 挡
传动系机械效率 η_t	0.85	轴距 L/m	3.2
滚动阻力系数 f	0.013	质心距前轴距离（满载）a/m	1.947
空气阻力系数 × 迎风面积/m²	2.77	质心高（满载）h_g/m	0.9
主减速器传动比 i_0	5.83		

题 7.4 表（2）

变速器	传动比				
	1 挡	2 挡	3 挡	4 挡	5 挡
4 挡变速器	6.09	3.09	1.71	1.00	—
5 挡变速器	5.56	2.769	1.644	1.0	0.793

（1）绘制汽车驱动力–行驶阻力平衡图。

（2）求汽车最高车速、最大爬坡度及克服该坡度时相应的附着率。

（3）绘制汽车行驶加速度倒数曲线，用图解积分法求汽车用 2 挡起步加速行驶至 70 km/h 的车速–时间曲线，求汽车用 2 挡起步加速行驶至 70 km/h 的时间。

（注：本题最好上机计算，可以选择 Excel、VB、VC 等软件进行计算和画图。）

7.5 已知某路面车辆的满载质量为 1 700 kg，发动机最大输出转矩为 180 N·m，对应的发动机转速为 2 800 r/min；驱动轮滚动半径为 365 mm；空气阻力系数为 0.48；迎风面积为 2.8 m²；第 1 挡和最高挡工作时传动系统的总传动比分别为 20.5 和 4.63，相应的传动系统机械效率分别为 0.85 和 0.92。若滚动阻力系数为 0.015，重力加速度取为 9.8 m/s²，试求：

（1）该车第 1 挡的最大动力因数；

（2）该车最高挡的最大爬坡度。

7.6 加装液力变矩器的车辆具有较理想的动力特性，试说明主要原因是什么？

7.7 题 7.7 图是某轻型货车汽油发动机的负荷特性曲线与万有特性曲线，货车的其他参数与题 7.4 相同。负荷特性曲线的拟合公式为

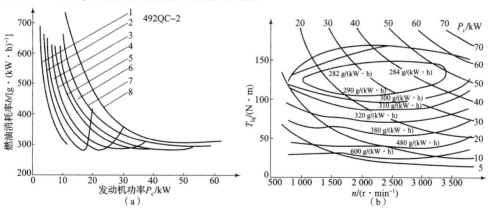

1—815 r/min；2—1 027 r/min；3—1 614 r/min；4—2 012 r/min；
5—2 603 r/min；6—3 006 r/min；7—3 406 r/min；8—3 804 r/min。

题 7.7 图

（a）负荷特性曲线；（b）万有特性曲线

$$b = B_0 + B_1 P_e + B_2 P_e^2 + B_3 P_e^3 + B_4 P_e^4$$

b 为燃油消耗率 [g/(kW·h)]，P_e 为发动机净功率（kW）。

拟合公式中的系数如题 7.7 表所示。

题 7.7 表（1）

$n/(\text{r}\cdot\text{min}^{-1})$	B_0	B_1	B_2	B_3	B_4
815	1 326.8	-416.46	72.379	-5.862 9	0.177 68
1 207	1 354.7	-303.98	36.657	-2.055 3	0.043 072
1 614	1 284.4	-189.75	14.524	-0.511 84	0.006 816 4
2 012	1 122.9	-121.59	7.003 5	-0.185 17	0.001 855 5
2 603	1 141.0	-98.893	4.476 3	-0.091 077	0.000 689 06
300 6	1 051.2	-73.714	2.859 3	-0.051 38	0.000 350 32
3 406	1 233.9	-84.478	2.978 8	-0.047 449	0.000 28 230
3 804	1 129.7	-45.291	0.711 13	-0.000 752 15	-0.000 038 568

怠速油耗 $Q_{id} = 0.299$ mL/s（怠速转速为 400 r/min）。

（1）绘制该轻型货车的功率平衡图。

（2）绘制最高挡与次高挡的匀速百公里油耗曲线。

（3）利用计算机求该货车按 JB 3352 - 1983 规定的六工况循环行驶的百公里油耗。计算中确定燃油消耗率值时，若发动机转速与负荷特性中给定的转速不相等，可由相邻转速的两条曲线用插值法求得。六工况循环的参数如题 7.7 表（2）所示。已知某履带车辆质量 $W = 42\ 000$ kg，水平行驶地面 $f = 0.07$，$\varphi = 0.60$，若坦克以某挡行驶，$D = 0.65$，$\delta = 1.3$，试计算可实现的最大加速度是多少？

题 7.7 表（2）

工况	累计行程/m	时间/s	累计时间/s	车速/(km·h^{-1})	说明
I	50	7.2	7.2	25	匀速
II	200	16.7	23.9	25~40	匀加速度为 0.25 m/s^2
III	450	22.5	46.4	40	匀速
IV	625	14.0	60.4	40~50	匀加速度为 0.2 m/s^2
V	875	18.0	78.4	50	匀速
VI	1 075	19.3	97.7	50~25	匀加速度为 0.36 m/s^2

7.8 59 式中型坦克质量为 36 000 kg，在 $f = 0.05$，$\varphi = 0.62$，$P_f = 176.52$ kN，试计算该坦克可实现的最大爬坡角 α_{max} 是多少？

7.9 试选择一种履带车辆的转向机构，如行星转向机、双侧变速箱或零差速双流传动，建立其转向功率平衡整车模型，分析其转向性能，车辆数据自查。

7.10 试说明动力传动部件的组成、结构特点和动态数学建模方法与程序，并结合实例进行仿真练习。

7.11 试建立动力传动典型部件的动态当量模型，并结合实例进行仿真试验与分析。

7.12 某单缸机，主要技术参数如题 7.12 表所示，请利用 GT - POWER 软件建立其工作过程计算模型，检验模型精度并给出标定工况下的有效功率、有效扭矩、平均有效压力、有效燃油消耗率、空气流量的计算结果，以及缸内气体温度、压力随曲轴转角变化的计算结果。

题 7.12 表

参数	数值	参数	数值
标定转速/(r·min^{-1})	2 000	连杆长/mm	320
标定工况单缸循环供油量/mg	132.64	进气门数目	2
缸径/mm	150	排气门数目	2
行程/mm	180	进气门直径/mm	54
压缩比	15	排气门直径/mm	50

7.13 试结合实例建立内燃机传热、散热模型，并分析各部件结构参数对其传散热性能的影响变化规律。

第 8 章

8.1 何为车辆通过性？其影响因素有哪些？试比较履带与轮式车辆在通过性方面的优劣。

8.2 简述土壤的物理特性和力学特性，并说明其承压和剪切特性的计算模型。

8.3 简述土壤中车轮的滚动阻力和牵引力的计算模型和影响因素。

8.4 简述土壤中履带的滚动阻力和牵引力的计算模型和影响因素。

8.5 试分析接地压力和履刺对履带牵引力和滚动阻力的影响。

8.6 何为土壤的可行驶性？其影响因素有哪些？如何进行计算和评价？如何进行快速试验测定？

8.7 车辆失去几何通过性的常见类型有哪些？

8.8 试分析车辆的越障条件，并针对崖壁、壕沟、凸岭等障碍建立几何通过性力学模型，分析车辆通过的条件和可能性。

8.9 选择一汽车实例，依托 ADAMS_Car 建立其轮胎及整车模型，试分析轮胎结构参数对车辆通过性的影响。

8.10 选择一履带车辆实例，依托 ADAMS_ATV 或 RecurDyn 软件建立其履带环及整车模型，试分析履带环各零部件结构参数对车辆通过性的影响。

8.11 一履带车辆总重 115.58 kN，履带长 3.0 m，宽 1.0 m；接地压力均匀分布。车辆在 $n=0.5$，$k_c=0.77$ kN/m^{n+1}，$k_\phi=51.91$ kN/m^{n+2}，$c=5.17$ kPa，$\phi=11°$，$k=5$ cm 和 $\gamma_s=16$ kN/m^3 的地面上行驶，请计算：

（1）计算该车辆的压实滚动阻力；

（2）计算牵引力与滑转率的关系；

（3）如果履带长增加 20%，履带宽减少 20%，上述计算结果将如何变化？

第 9 章

9.1 试选择一汽车车体，并依托有限元和动力学仿真软件，建立整车刚柔动力学模型，通过应力应变分析，校核车体的静强度、动强度和最大应力应变部位，并提出最佳的危险处置或减重方案。

9.2 试选择一传动部件箱体，并依托有限元和动力学仿真软件，建立基于该箱体边界和工作条件的刚柔动力学模型，通过应力应变分析，校核该箱体的静强度、动强度和最大应力应变部位，并提出最佳的危险处置或减重方案。

9.3 试选择一履带车辆的动力舱，依据实车结构组成及其参数，利用相关软件建立其动力舱温度场模型，并参考车辆工况进行动力舱热平衡分析计算，校核和验证车辆适宜的热力学工况和危险工作条件，提出有效的应对策略和技术措施，有条件的可进行试验验证。

9.4 试选择一两栖车辆的水上工况，依据实车结构组成及其参数，利用相关软件建立其水上行驶的流场模型，并参考车辆工况进行两栖车辆水上行驶阻力、航态和推力的分析计算，校核和验证车辆的水上机动性和稳定性，提出有效的应对策略和技术措施，有条件的可进行试验验证。

第 10 章

10.1 简述常用仿真软件及其用法特点，简述模块化建模的方法和程序。

10.2 简述复杂模型计算要点，简述多学科联合仿真的程序和方法。

10.3 试选择一汽车，建立其包括车体、悬架、动力传动、转向系、轮胎、路面的整车模型，进行该汽车动力性、平顺性及操纵稳定性仿真分析。

10.4 试选择一履带车辆，建立其包括车体、动力传动、行动、操控、路面的整车模型，进行该车辆动力性、平顺性及转向性仿真分析。

参 考 文 献

[1] [德] H-P威鲁麦特. 车辆动力学模拟及其方法[M]. 北京：北京理工大学出版社，1998.
[2] 康凤举，杨惠珍，高立娥，等. 现代仿真技术与应用[M]. 2版. 北京：国防工业出版社，2010.
[3] 郭晓林等编. 装甲车辆行驶理论[M]. 北京：国防工业出版社，2017.
[4] [美] 格里斯比. 车辆动力学基础[M]. 赵六奇，等译. 北京：清华大学出版社，2006.
[5] 项昌乐. 装甲车辆传动系统动力学[M]. 北京：国防工业出版社，2007.
[6] 杨士敏，傅香如. 工程机械地面力学与作业理论[M]. 北京：人民交通出版社，2010.
[7] [美] 贝克. 地面-车辆系统导论[M]. 北京：机械工业出版社，1978.
[8] 蒲宏武. 8×8轮式装甲车辆高速稳定性仿真研究[D]. 北京：装甲兵工程学院，2013.
[9] 程钢. 履带车辆推进系统一体化建模[D]. 北京：装甲兵工程学院，2007.
[10] 邢俊文. 多轴轮式装甲车操纵稳定性建模与仿真研究[D]. 北京：装甲兵工程学院，2010.
[11] 喻凡，林逸. 汽车系统动力学[M]. 北京：机械工业出版社，2005.
[12] 王普凯. 车用大功率柴油机热状态建模与计算研究[D]. 北京：装甲兵工程学院，2009.
[13] 鲍积润. 坦克动力舱空气流动与传热影响因素的仿真研究[D]. 北京：装甲兵工程学院，2005.